कवि की नई दुनिया

कवि की नई दुनिया

अज्ञेय, शमशेर, केदार, मुक्तिबोध और नागार्जुन की वैकल्पिक आधुनिकताएँ

शंभुनाथ

वाणी प्रकाशन

वाणी प्रकाशन

4695, 21-ए, दरियागंज, नयी दिल्ली 110 002

शाखा

अशोक राजपथ, पटना 800 004

फ़ोन : +91 11 23273167 फ़ैक्स : +91 11 23275710

www.vaniprakashan.in
vaniprakashan@gmail.com
sales@vaniprakashan.in

KAVI KI NAI DUNIYA
by Shambhunath

ISBN : 978-93-87409-36-1

Criticism

संस्करण 2012, 2013
आवृत्ति 2017

मूल्य : ₹ 225

सिटी प्रेस, दिल्ली-110 095 में मुद्रित

वाणी प्रकाशन का लोगो मक़बूल फ़िदा हुसेन की कूची से

अरुण कमल को

अनुक्रम

भूमिका	9
अज्ञेय : वैकल्पिक आधुनिकता के कवि	15
आधुनिकीकरण और अज्ञेय की चिंताएं	43
शमशेर : कौतुक से अधिक	66
कविता का कोलंबस	88
केदारनाथ अग्रवाल : क्रांति में खिड़कियां	107
आधुनिक पुनर्जागरण और मुक्तिबोध	135
भारतीय विवेक की ट्रैजडी	171
गांव का एक विद्रोही यात्री	201
नव-औपनिवेशिक संकट : नागार्जुन की लड़ाई	218
पृथ्वी के लिए कविता	265

भूमिका

इस किताब का संबंध कविता की नई दुनिया से है, जिसे अज्ञेय, शमशेर, केदारनाथ अग्रवाल, मुक्तिबोध और नागार्जुन कहीं मिलकर और कहीं टकराकर रचते हैं। इन कवियों पर अतीत में काफी चर्चा हुई है, पर शायद ही कभी इन्हें पश्चिम की औपनिवेशिक आधुनिकता के बरक्स एक साथ रखकर देखा गया हो। इन्हें अक्सर एक-दूसरे से लड़ाकर देखा गया। इसलिए कइयों के लिए यह सोचना भी मुश्किल है कि ये पांचों कवि महत्वपूर्ण हैं और इन्हें जोड़कर ही नई कविता की मुट्ठी बंधती है।

हिंदी आलोचना में लंबे समय तक प्रगतिशीलताविहीन आधुनिकता और आधुनिकताविहीन प्रगतिशीलता की एक छद्म कल्पना छाई रही है। इसलिए स्वाभाविक है कि कहीं अज्ञेय संदेह से देखे गए, कहीं शमशेर, कहीं मुक्तिबोध, तो कहीं नागार्जुन और केदारनाथ अग्रवाल। यह भग्न प्रगतिशीलता और भग्न आधुनिकता का चिह्न है, जिसे विडंबनापूर्ण मध्यवर्गीय मानसिकता की देन माना जाना चाहिए। घटना यह है कि उपर्युक्त पाँचों कवि कुछ सामान्य प्रवृत्तियों के साथ एक नई काव्यधारा की सूचना देते हैं, जिसके कारण भक्ति आंदोलन, नवजागरण और छायावाद के बाद हिंदी कविता की परंपरा में एक महत्वपूर्ण ऐतिहासिक प्रस्थान घटित होता है। इस दौर में अज्ञेय, शमशेर, केदारनाथ अग्रवाल, नागार्जुन और मुक्तिबोध हिंदी के नए आधुनिक कवि के रूप में सामने आते हैं। ये विशेष भारतीय स्थितियों में बने नए आधुनिक कवि हैं। इसलिए मानवीय मूल्यों की पक्षधरता के साथ इनका स्वाभाविक झुकाव जन-यथार्थों की तरफ भी कमोवेश है।

दरअसल आधुनिकता की विश्वव्यापी प्रक्रिया में जो पतनशील सभ्यता उभर रही थी, उससे अपनी-अपनी राह से विद्रोह करते हुए उपर्युक्त सभी कवि वैकल्पिक आधुनिकताओं की खोज करते हैं। ये अपनी विशिष्टता और अन्वेषणशील

मन के कारण ही नहीं, बल्कि हर मतांधता को निर्भीकतापूर्वक चुनौती देने के कारण भी हिंदी कविता में ऊंचा स्थान बनाते हैं। दरअसल मनुष्य के संघर्ष के एक ही रूप को अंतिम मान लेने की वजह से इन कवियों के मूल्यांकन में बड़ा भेदभाव हुआ, जबकि ये सभी कवि ही किसी न किसी जगह से संघर्ष करते हैं। अत: आज के बहिष्कारपरक समय में समावेशिक दृष्टि से इनका मूल्यांकन होना चाहिए।

परंपरा, आधुनिकता और प्रगति की तयशुदा मंजिलें नहीं हैं। यह बड़ा रोचक होगा, यदि हम इन तीनों से अज्ञेय, शमशेर, केदारनाथ अग्रवाल, मुक्तिबोध और नागार्जुन के रिश्ते को गहराई से जांचें। इनमें से किसी के लेखन में अतीत रूढ़ रूप में उपस्थित नहीं है, कहीं बहुत कम उपस्थित है। इन सभी कवियों ने धर्म, जाति, लिंग और राष्ट्रीयता के स्तर पर कूपमंडूकता से तीखा संघर्ष किया और मनुष्य की एक नई कल्पना की। इनकी कविता में ऐसी ही स्मृतियां हैं, जो पुनर्जीवन देती हैं। ये कवि आधुनिकता और प्रगति की राहों पर भी अपने-अपने ढंग से चले। इन्होंने कोई वर्चस्व या राजनीतिक डिक्टेट स्वीकार नहीं किया। ये सभी कवि मौन या मुखर विद्रोही थे। यायावर किस्म के, अनिश्चितता से घिरे, अशांत और कुछ अनोखे ढंग से अपना जीवन जीनेवाले। इनकी कविताओं में इनके समय की प्रतिध्वनियों के साथ ही इनका जीवन भी कलात्मक सच्चाई के साथ व्यक्त हुआ है। यही वजह है कि इनकी कविताएं पाठक के साथ बहुत देर तक सफर करती हैं।

आधुनिकीकरण ने मनुष्य में 'व्यक्ति' की अनुपम सृष्टि की और थोड़े काल बाद इसे मिटाना भी शुरू कर दिया। इसमें संदेह नहीं कि सामंतवाद से लड़ाई में वैयक्तिकता की एक अद्वितीय भूमिका है। यह पूंजीवाद से भी अपनी सीमा में टकराती है और मानवीय मूल्यों की पक्षधर बनती है। आधुनिक कवियों के मन में एक विवेकवान व्यक्ति बैठा था, जो बिना अनुभव से जांचे कुछ भी मानने के लिए तैयार नहीं था। यह लगभग सवा सौ सालों के सामाजिक आंदोलनों के भीतर से विकसित व्यक्ति-विवेक था। हमें निश्चय ही वैयक्तिकता और व्यक्तिवाद में या अनुभव और अनुभववाद में फर्क करना होगा। नई कविता के जमाने का कवि बड़ा सजग था। हर तरह के केंद्रवाद से असहमत था और साधारण के प्रति विश्वास से भरा था। वे चीजें जो बहुत साधारण थीं, उसकी कविता में असाधारण ढंग से शामिल होती थीं, सौंदर्य की अनोखी दीप्ति के साथ। आधुनिक कवि जीवन के उच्चतर मूल्यों के लिए संघर्ष करते थे। कहा जा सकता है कि भिन्न प्रेरणाओं के बावजूद ये कवि आधुनिक केंद्रवाद के साथ-साथ जातीय संकीर्णतावाद और वस्तुत: एक व्यापक मूल्य-क्षय से लड़ रहे थे, जो आज एक विश्वव्यापी संकट है।

सामान्यत: हम कविताओं से जानते हैं कि लोग कैसे जीते हैं, असहमति व्यक्त करते हैं या प्रेम करते हैं। ये हमें ऐसे परिवेश में ले जाती हैं, जहाँ मालूम होता है कि दुनिया ऐसे भी देखी जा सकती है। दुनिया कई तरह से देखी जा सकती है। यह कई तरह से पुरानी चीजों को हटाकर नई हो सकती है। नई कविता के गहमागहमी से भरे दौर की एक बड़ी खूबी उसका विविधता-भरा होना है। इसलिए अज्ञेय, शमशेर, केदार, मुक्तिबोध, नागार्जुन हों या उस जमाने के दूसरे कवि, उन सभी की कविताओं के प्राय: भिन्न चेहरे हैं। फिर भी यह संभव है कि भिन्न चेहरों के पीछे मानवता का एक ही दर्द हो। वैचारिक दूरियों के बावजूद इनके काव्यात्मक संघर्ष के कुछ सामान्य मानवीय लक्ष्य हैं। इसलिए ये इतने भिन्न नहीं हैं कि अलग-अलग ग्रहों के कवि लगें।

अज्ञेय, शमशेर, केदारनाथ अग्रवाल, मुक्तिबोध और नागार्जुन आधुनिक हिंदी कविता की परंपरा में पहली बार ऐसे कवि के रूप में उभर कर आए, जिनके लिए विराट दृश्यमान जगत का बड़ा महत्व था। ये उसी पर लिख रहे थे, जो देख रहे थे। उनका 'देखना' देखना भर न होकर नई कल्पना करना है, भिन्न अनुभव करना है और पुरानी-आधुनिक संकीर्णताओं से लड़ना है। हम जब तक उनके 'देखने' को इतने स्तरों पर नहीं देखते, उनकी कविताओं का मर्म उद्‌घाटित नहीं हो सकता। ये कवि खुद को, 'दूसरों' को और प्रकृति को आधुनिकीकरण के भारी कसाघातों के बीच देख रहे थे। ये उस समय लिख रहे थे जब जीवन, राजनीति और प्रकृति पर बाजार के दबाव बढ़ते जा रहे थे और आम मनुष्य नगण्य होता जा रहा था। इसमें संदेह नहीं कि इन कवियों ने अनुभव को प्रधानता दी और बौद्धिक स्वतंत्रता का अपना हक मुखरता से घोषित किया।

नई दुनिया के कवियों द्वारा अनुभव को प्रधानता देना निष्ठुर सत्ताओं की तानाशाही खत्म करना है। यह दर्शन को अस्वीकारना नहीं, पर इसकी भी तानाशाही खत्म करना है। इन सभी की कविताओं में निश्छल अनुभव हैं या दर्शन और अनुभव का द्वंद्वात्मक संबंध है। यह भी देखा जा सकता है कि इन कवियों ने अनुभव के साथ 'स्थान' को पूरी महत्ता दी, जो उस आततायी आधुनिकता को नकारना है जो 'वैश्विक' के नाम पर वस्तुत: केंद्रवादी है। कहीं यह स्मृति-ध्वंस तो नहीं कि आज हम कविता के साथ अपने 'अनुभव' और 'स्थान' तक से दूर चले जा रहे हैं। हमें अब वही अनुभव होता है, जो कराया जाता है। हमारे लिए 'स्थान' अब इतिहास का हिस्सा होता जा रहा है। हम उसे ही अपनी भाषा मान लेते हैं, जिसमें वे हमसे बात करते हैं। अब न संगीत में शब्द का महत्व है और न राजनीति में। अज्ञेय, शमशेर, केदारनाथ अग्रवाल, नागार्जुन, मुक्तिबोध–ये

सभी ऐसे कवि हैं, जिनकी रचनाओं में अनुभव, स्थान और शब्द का बड़ा महत्व है। इन्हें बचाने का अर्थ है जीवन को बचाना। ये सभी कवि कुछ न कुछ बचाने के लिए रच रहे थे और रचने के लिए काव्य शिल्प के स्तर पर भी बहुत कुछ तोड़ रहे थे। इनकी एक बड़ी भूमिका छायावादोत्तर कविता को एक व्यापक आधुनिक विन्यास देना है, जो लचीला होने की वजह से अटूट है।

आधुनिक कवि भाषा के प्रति बड़े सतर्क रहे हैं। शब्द ही इनके जीवन का पानी है। शब्द से ही ये ताकत के हर मिथक को तोड़ते हैं। ये महज शब्द-क्रीड़ा नहीं करते, क्योंकि ये कलाकार भर नहीं हैं। ये कवि हैं और सबसे पहले मनुष्य हैं—आत्मसजग जन। ये पूंजीवादी बाजार और राजनीतिक प्रलोभनों से दूर बौद्धिक स्वतंत्रता से भरे कवि हैं। ये सभी कवि जीवन से अथाह प्रेम करते हैं। ये भाषा को बड़ी शिद्दत से बचाना चाहते हैं, क्योंकि भाषा के ध्वंस का अर्थ है स्वतंत्रता का ध्वंस, जो स्वतंत्रता के ही नाम पर आज खूब हो रहा है।

बीसवीं सदी का वह युग अब हमसे कुछ दूर खड़ा है। छायावाद के बाद नागार्जुन के मृत्यु-वर्ष 1998 तक वह जमाना आधुनिकीकरण, जनतांत्रिक संघर्ष और वैश्वीकरण की विराट घटनाओं का साक्षी रहा है। नई दुनिया के भीतर इधर अनगिनत नई दुनियाएं बनी हैं, फिर भी अब बहुत कुछ होमोजीनियस है और हर जगह विविधता का अनादर है। पहले ज्ञान प्रसार के साथ संवेदना का प्रसार होता था। इसके विपरीत, आज ज्ञान बढ़ता जा रहा हो पर संवेदना सिकुड़ रही है, क्योंकि ज्ञान का अर्थ ही बदल कर अब हुनर है या चतुराई। आज आदमी के पास अनुभव की स्वतंत्रता नहीं है, क्योंकि न उपभोक्तावाद इसके लिए अवसर देता है, न सामुदायिक कट्टरवाद। पूंजीवाद ने उपभोक्तावाद को अपने नए मोर्चे पर इस तरह ला खड़ा किया है कि 'बेस्ट सेलर' के बीच कविता कहीं खो गई है। आज कविता से प्रेम का अर्थ है बूढ़ा हो जाना !

ऐसे माहौल में, जब बाजार ही रोज सुंदरता की परिभाषाएं दे रहा हो, अज्ञेय हों या नागार्जुन, शमशेर हों या केदारनाथ अग्रवाल और मुक्तिबोध-इन कवियों की दुनिया हमारे लिए महत्वपूर्ण हो उठती है। एक ही दुनिया के ये कवि अपनी-अपनी तरह से इसका अर्थ खोलते हैं। ये न सिर्फ व्यावसायिक मीडिया की ताकत द्वारा 'प्रचारित' और 'प्रचलित' आधुनिकता से मुठभेड़ करते हैं, बल्कि आधुनिकता के भारतीय अर्थ की तलाश करते हुए किसी बिंदु पर आधुनिक पुनर्जागरण के ठहरे कार्य की ओर भी पीड़ा-भरा इशारा करते हैं।

आज 'स्मृति के आक्रमण' से कम बड़ी समस्या 'स्मृति पर आक्रमण' नहीं है। यही वजह है कि सभ्यता के इस शिखर पर हम आधुनिकता की परंपराओं से

वस्तुतः विच्छिन्न हैं। हम संदेह नहीं कर पा रहे हैं, मन में कोई बौद्धिक अंतर्द्वंद्व नहीं बचा है और आत्म का पुनर्आविष्कार घटित नहीं हो रहा है। सभी अति-आधुनिक लोग एक जैसे खुदगर्ज होते जा रहे हैं और आम जन से विच्छिन्न भी। उनके भीतर का 'व्यक्ति' अब विलुप्त होकर किसी न किसी झुंड का हिस्सा है। समाज में कविता के लिए जगह नहीं है। समाज से विच्छिन्न कविता अब वस्तुतः शब्द-क्रीड़ा अधिक है। वह कहीं-कहीं कलात्मक भाषिक संरचना हो गई है, जिसमें 'निर्मित पीड़ा' है। कवि अब कलाकार अधिक हैं और पाठक में उपभोक्ता घुसता जा रहा है। ऐसे माहौल में अज्ञेय, शमशेर, केदारनाथ अग्रवाल, मुक्तिबोध और नागार्जुन का मूल्यांकन आज व्यर्थ का काम लग सकता है। मेरे लिए यह मूल्यांकन वर्तमान जीवन-विरोधी माहौल में जीवन की खोज है। इसका उद्देश्य न केवल आधुनिकता की ठहरी हुई परंपराओं को आवाज देना है, बल्कि आधुनिकता और प्रगतिशीलता के नकली झगड़े को मिटाना भी है।

हम देख सकते हैं कि उपर्युक्त सभी कवियों में विद्रोह, सृजनात्मक अन्वेषण और पुनर्गठन की चिंता है। इनकी रचनाओं में निरी वैयक्तिकता नहीं, बल्कि एक खास समय के भारतीय उद्वेलन हैं। ये कवि मनुष्य, प्रकृति और विश्व के साझे भविष्य की चिंता करते हैं। इनका सौंदर्यबोध रूढ़िभंजक है। हम कह सकते हैं कि ये कवि विश्वबोध के बावजूद अपना 'स्थान' नहीं खोते। इनकी रचनाओं में 'स्थान' बोलता है, 'चेहरे' दिखते हैं और 'मूल्यों' की चिंता है। इनके 'शब्द' में जीवन भरा हुआ है। इनके पास जो दृष्टि है, उसमें पर्याप्त 'स्पेस' है। इनके जो अनुभव हैं, उनमें यथार्थ के अलावा एक नई दुनिया का स्वप्न झांकता है। मुझे लगता है कि इन कवियों की नई दुनिया से रूबरू होकर हम थोड़ा-बहुत यह महसूस कर सकेंगे कि क्या खोते जा रहे हैं, कहाँ खड़े हैं और क्या हासिल करना है।

– शंभुनाथ

अज्ञेय : वैकल्पिक आधुनिकता के कवि

अज्ञेय की सबसे निर्मम आलोचना किसी प्रगतिवादी लेखक ने नहीं, निर्मल वर्मा ने की है, "अज्ञेय अधिकांश समय 'मैं' से उठकर 'अन्य' की ओर जाते हैं, 'अन्य' से मुड़कर 'मैं' की ओर। 'मैं' हमेशा सुसंस्कृत, सतर्क और शालीन है, 'अन्य' हमेशा उछाड़, गलत और हास्यापद। इस लड़ाई में अज्ञेय हमेशा जीत जाते हैं, बिना यह जाने कि जिस 'अन्य' का उन्होंने निर्माण किया है, वह उनके 'मैं' का ही अंधेरा पक्ष है।" उनका प्रहार और तीखा होता है, "जिस यातना और अकेलेपन की चर्चा अज्ञेय इतनी करते हैं, वह आगे बढ़कर हमें साझा करने के लिए उत्प्रेरित नहीं करती, आत्मा की टीस बनकर टिपटिपाती नहीं, झकझ ोरती नहीं, सिर्फ अज्ञेय की अर्जित, मूल्यवान, प्रेशस अनुभूति बनकर रह जाती है, प्रेशस अनुभवों का संचय, जो सच लगते हैं, सच हैं भी, लेकिन अपनी सच्चाई हमारे भीतर भोंकते नहीं।"(आधुनिकताबोध की पीड़ा)। अज्ञेय पर निर्मल वर्मा का आक्रमण स्वाभाविक है। इनके कथन में कितनी सत्यता है, यह जानना मुश्किल नहीं है, क्योंकि अज्ञेय आधुनिक युग के चंद लेखकों में थे, जिनके होने, दिखने और लिखने में फर्क न था।

अज्ञेय (1911-87) जब कविता की की ओर बढ़े, एक नारा छा रहा था 'हर चीज राजनीतिक है।' अब राजनीति प्रमुख होती जा रही थी। आदमी की जिंदगी के सभी पहलू, भाषा, साहित्य और सौंदर्यबोध भी राजनीति द्वारा निर्धारित होने लगे थे। बौद्धिक स्वतंत्रता संदेह से देखी जाने वाली चीज बन गई थी। किसी गंभीर राष्ट्रीय संकट या विषमता के समय ऐसा हो सकता है कि राजनीतिक कार्रवाई ही अधिक प्रधान हो जाए। यदि उपनिवेशवाद हो, थोपा हुआ युद्ध हो या राजनीतिक दमन की घटनाएँ हों, राजनीतिक आचरण को सबसे प्रासंगिक और श्रेष्ठ आचरण के रूप में देखा जाना संभव है। हम जानते हैं कि स्वाधीनता आंदोलनों के दिन में खुद अज्ञेय की एक लंबी संघर्षपूर्ण जिंदगी थी। वह

नौजवानी में काफी समय लाहौर और दिल्ली जेल में थे। कुछ समय नजरबंद थे। उनकी कविताओं में इन स्मृतियों की झलक नहीं मिलती, मानो एक समय की अतिशय सक्रियता दूसरे समय में अतिशय उदासीनता में तब्दील हो चुकी हो।

एक गहरे राजनीतिक समय में अज्ञेय की कविताएँ प्रत्यक्ष या छिपे रूप से भी राजनीतिक नहीं हैं, बल्कि इससे दूर हैं। वे प्रगतिवाद के उभार के दिन थे, जब राजनीतिक सक्रियता एक प्रधान कसौटी बनी हुई थी। शिक्षा और रोज की जिंदगी का तेजी से राजनीतिकरण हो रहा था। जीवन में जब 'पहली चीज राजनीति' हो उठी और राजनीति सर्वग्रासी बन गई, साहित्यिकता का स्थान तभी से सिकुड़ना शुरू हुआ। आज साहित्य समाज के हाशिए पर है। साहित्य ही नहीं सिद्धांत की भी दुर्दशा है। निश्चय ही साहित्य राजनीति के आगे मशाल लेकर चलने वाली सच्चाई है, यह कहना उतना ही संदेहास्पद है, जितना यह कहना कि 'पहली चीज राजनीति'। इनकी जगह साहित्य और राजनीति के गतिशील संबंध को समझना ज्यादा जरूरी है, यह न हो सका। ध्यान में रखना होगा कि बौद्धिक और साहित्यिक गतिविधियों पर राजनीति की बढ़ती प्रधानता के जमाने में अज्ञेय ने राजनीतिक प्रचारवाद से दूरी रखकर शब्द में नई जान डालने का जोखिम उठाया था। उन्हें अपने लेखन के कारण बहुत आलोचना सहनी पड़ी, यहाँ तक कि अमेरिका का पिट्ठू कहा गया। यह मान लिया गया कि वह निरे प्रयोगवादी और व्यक्तिवादी हैं। देखा जाना चाहिए कि अज्ञेय ऐसी चीजों से क्या कुछ भिन्न हैं और उनके 'मैं' का क्या कोई उजला पक्ष भी है।

एक समय नेहरू भारत को 'डिस्कवर' कर रहे थे और अज्ञेय आत्मजगत को। उन वर्षों के 'डिस्कवरी आफ इंडिया' और अज्ञेय के 'अन्वेषणों' में एक स्वाभाविक रिश्ता था। भारत को जानना, पश्चिम से इसके रिश्ते को पुनर्परिभाषित करना, नवोदित मध्यवर्गीय 'व्यक्ति' की भूमिका को पहचानना उस समय के प्रमुख बौद्धिक मुद्दे थे। भारत का नवोदित मध्यवर्ग सृष्टि के सुंदर विस्तार और आधुनिक जीवन की चुनौतियों के बीच अभी भी कठोर नैतिक रूढ़ियों से बंधा था। इस मामले ने अज्ञेय को हाँट किया। उनमें निश्चय ही सामाजिक सोच का विघटन झलकता है। वह सोच के नए औजारों की तलाश करते हैं। छायावाद में सामाजिक सोच की परंपरा थी, भले वहाँ वैयक्तिकता हो। प्रगतिशील धाराएँ इस परंपरा को आगे बढ़ा रही थीं। अज्ञेय की विलक्षणता है, उनके यहाँ मनोजगत प्रधान है। उन्होंने कविता के केंद्र में सामाजिक समस्याओं को रखने की जगह व्यक्ति के आंतरिक पहलुओं, आत्मान्वेषण को महत्व दिया। उन्हें आत्मजगत की लेबोरेटरी में जीवन का जो बोध हासिल हुआ, वह एक व्यक्तिबद्ध संसार का

निहायत संकुचित बोध है या वह समाज और सभ्यता के केंद्रीय प्रश्न भी सामने लाता है, यह देखने की जरूरत है।

रवींद्रनाथ को नेहरू का व्यक्तित्व उनके अपने जमाने के संपूर्ण माहौल से अधिक सच्चा लगा था। वह आकर्षक थे, उन पर लोग फिदा थे। इसी तरह साहित्य की दुनिया में एक समय अज्ञेय का व्यक्तित्व आकर्षक था। उनको पसंद करनेवाले काफी लोग थे। ऐसा आकर्षण उपलब्ध करना आसान नहीं है, खासकर तीव्र विरोधों और चुनौतियों के बीच। अज्ञेय एक ऊंचे कद-काठी के दर्शनीय कवि थे। वह लंबे समय जेल में थे। इसके अलावा, पुरातत्वावशेषों के मध्य बचपन बितानेवाले जिज्ञासु, अपनी तबीयत के बादशाह, निजीपन की तीव्र भावनावाले व्यक्ति, मर्यादावान विद्रोही, हस्तशिल्पी, एकांत के अभ्यस्त, प्रवासी मानसिकता से भरे, परंपरा को तोड़ने नहीं बदलनेवाले, भारत के आदमी, दूसरों के दृष्टिकोण के प्रति संवेदनशील, अपने देखने को देखते रहनेवाले – अपने संबंध में ऐसी कई बातें अज्ञेय ने 'लिखी कागद कोरे' में कही हैं। उन्होंने अपने बारे में लिखा, "जेल में अपने सहकर्मियों के दिन-रात के साहचर्य से त्रस्त होकर उसने स्वयं कालकोठरी की मांग की थी और महीनों उसमें रहता रहा।" (वही)। उन्हें जनसमूह से अधिक पसंद थे निर्जन पहाड़ और समुद्र। उनका जीवन घटनाओं से भरा था। वह अद्‌भुत ढंग से आधुनिक थे।

अज्ञेय ने अपने जीवन का एक बड़ा कठिन, दुस्साहसी और समझौताहीन रास्ता चुना था। वह स्वनिर्मित थे। वह स्वयं में स्वतंत्र थे। उन्होंने अपने को स्वतंत्र बना लिया था–परिवार, सामाजिक बंधनों और देश से भी प्रायः स्वतंत्र, पर संपूर्ण सृष्टि से, 'ममेतर' से जुड़े थे। वह बोलते तभी थे, जब कहीं लगाव का अनुभव करते थे, अन्यथा ज्यादातर चुप रहते थे। ये चीजें उनके व्यक्तित्व को आकर्षक बनाती थीं। हालांकि यह वस्तुतः संभव हुआ था प्रचलित परंपराओं से टकरा कर व्यक्ति की विवेकशील अंतर्सत्ता को गरिमा देने और छायावाद युग के सामंतवाद-विरोधी संघर्ष को आगे बढ़ाने के कारण। क्या अज्ञेय का साहित्य व्यक्ति की आत्ममुक्ति का उद्‌घोष है ? क्या उसे जीवन की जनतांत्रिक प्रक्रिया के एक अंग के रूप में देखा जा सकता है ? अज्ञेय सदा भीड़ से अलग खड़े एक स्वयंरचित संसार में बसे दिखाई देते हैं। वह अतिपरिचित पुरानी पहचानों को तोड़ते हुए अपनी एक अलग आधुनिक अस्मिता निर्मित करते हैं। क्या इसका संबंध वैकल्पिक आधुनिकता की खोज से है ?

'तारसप्तक' (1943) जितना विवादास्पद हो, कविता को नई आधुनिक जमीन पर खड़ा करने में उसकी एक बड़ी भूमिका है। इससे उन आधुनिक

प्रवृत्तियों की सूचना मिल जाती है, जिनका आजादी के बाद विभिन्न दिशाओं में विकास हुआ। छायावाद का दौर बीत चुका था। साहित्य पर प्रगतिवाद का असर बढ़ रहा था। कवि मानस में 'इतिहास के औपनिवेशिक पाठ' और 'निजी साहित्यिक अनुभव का तनाव' उभर आया था। यही वजह है कि 'तारसप्तक' में विविध स्वरों के ऐसे कवि थे, जो राह पा न चुके थे, बल्कि 'राहों के अन्वेषी' थे। वे हिटलर के फासीवाद से परिचित थे। दूसरे विश्वयुद्ध में उसका सामना पूंजीवादी देश इंग्लैंड, अमेरिका और समाजवादी देश रूस मिलकर कर रहे थे। यह मिलाजुलापन 'तारसप्तक' में भी था। निश्चय ही 'तारसप्तक' के कवि आत्मपहचान, स्वतंत्रता और प्रगति–इन सभी मुद्दों पर सोच रहे थे।

हम नहीं कह सकते कि 'तारसप्तक' से प्रयोगवाद की शुरुआत हुई। इसमें प्रयोग की भावना होते हुए भी कविता और समाज के बीच संबंध बना हुआ था। उस जमाने में हिंदी कविता जनतांत्रिक मूल्यबोध से इतनी ज्यादा संबद्ध थी–नरेंद्र शर्मा, केदारनाथ अग्रवाल, नागार्जुन सरीखे कवि ही नहीं, निराला और पंत जैसे वरिष्ठ कवि भी कविता और समाज का इतना घनिष्ठ रिश्ता स्थापित कर चुके थे कि 'तारसप्तक' को इस उभार से बाहर निकालकर एक भिन्न दिशा में ले जाना संभव नहीं था। अज्ञेय 1938 से पश्चिमी असर में नए युग को संशय और अस्वीकार के युग के रूप में देखने लगे थे, 'यह युग संशय, अस्वीकार और कुंठा का है।' फिर भी वह अपनी कविता में न रोमांटिसिज्म से बच पा रहे थे और न यथार्थवाद से। वह इस समय तक उतने व्यक्तिकेंद्रित न थे। 'तारसप्तक' के कवियों में रामविलास शर्मा, भारतभूषण अग्रवाल और नेमिचंद्र जैन स्पष्ट मार्क्सवादी पृष्ठभूमिवाले कवि थे। दो मराठी परिवार से आए कवि मुक्तिबोध और प्रभाकर माचवे मार्क्सवादी झुकावों के बावजूद अभी खुलकर सामने नहीं आए थे। गिरजा कुमार माथुर रोमांटिक पृष्ठभूमिवाले कवि थे। अज्ञेय रोमांटिसिज्म से भरे थे, पर वे बुद्धिवाद और पश्चिमी आधुनिकता के नए विचारों से ज्यादा प्रेरित थे। निश्चय ही वह युग ऐसा था, जब कई विचारधाराएँ कहीं साथ-साथ थीं और कहीं आमने-सामने थीं। इसलिए 'तारसप्तक' को प्रगति की जमीन पर प्रयोग का प्रस्फुटन कहा जाना चाहिए।

इसमें संदेह नहीं कि उस समय विज्ञान की ही तरह साहित्य में प्रयोग की महत्ता बढ़ गई थी। लेखक प्रयोग-सचेतन होने लगे थे, लेकिन प्रयोग के लिए प्रयोग 'तारसप्तक' के बाद की घटना है और एक छिटपुट मामला है। मुझसे एकबार विज्ञान के एक प्रोफेसर ने स्वभावत: पूछा, आजकल साहित्य में कौन-से प्रयोग चल रहे हैं। उनकी यह जिज्ञासा स्वाभाविक थी, क्योंकि आधुनिक और वैज्ञ

ानिक जमाने में विकास से तालमेल रखने के लिए हर क्षेत्र में, साहित्य के क्षेत्र में भी प्रयोग जरूरी थे। यदि छायावाद युग के बाद प्रयोग की जरूरत ज्यादा महसूस की जाने लगी, यह साहित्य का एक स्वाभाविक विकास था। प्रयोग के लिए प्रयोग का अर्थ है इसका परंपरा और प्रगति से संबंधविच्छेद। ऐसा बहुत कम हुआ और जितना हुआ, वह अनुकरण ज्यादा था। फिर भी प्रयोगवाद शब्द चला दिया गया, जबकि प्रयोग का रुझान बहुत सारे आधुनिक रुझानों में एक था।

इसमें संदेह नहीं कि अज्ञेय की बुनियादी काव्यात्मक मनोभूमि 'तारसप्तक' के समय ही बन चुकी थी। वह जीवन भर संवेदन और संप्रेषण की जिन समस्याओं से घिरे थे, उनसे हमारा परिचय 'तारसप्तक' में हो जाता है, "समस्याएँ अनेक हैं—काव्य विषय की, सामाजिक उत्तरदायित्व की, संवेदना के पुन:संस्कार की, आदि—उन सबका स्थान इसके पीछे है, क्योंकि कवि-कर्म की मौलिक समस्या है—साधारणीकरण और कम्यूनिकेशन(संप्रेषण) की समस्या। कवि को प्रयोगशीलता की ओर प्रेरित करनेवाली सबसे बड़ी शक्ति यही है।" नई आधुनिक कविता में 'साधारणीकरण' की बात पीछे छूट गई, 'संप्रेषण' केंद्रीय समस्या बन गई। आधुनिक जीवन में संप्रेषण की समस्या ने प्रयोगशीलता की ओर प्रेरित किया, जो स्वाभाविक था। 20 साल बाद के 'पुनश्च' में अज्ञेय इसी मुद्दे को अधिक आधुनिक तल्खी से उपस्थित करते हैं, "आज भी मेरे सामने जो समस्या है,...वह अर्थवान शब्द की समस्या है। काव्य सबसे पहले शब्द है और सबसे अंत में भी यही बात बच जाती है कि काव्य शब्द है।" अज्ञेय अपने वक्तव्य में भाषिक सर्जनात्मकता को केंद्रीयता देते हैं। कई आलोचकों के लिए अज्ञेय की कविता में शब्द ही धुरी है, पर अज्ञेय की कविताएँ ध्यान से देखी जाएँ, उनमें संवेदना के पुन:संस्कार पर भी समान वजन है। नि:संदेह काव्य संवेदना और भाषा में दो-तरफा संबंध है, भले कुछ नए आधुनिक आग्रहों के चलते कविता को शब्दों से खेल कहा गया।

अज्ञेय ने अपनी कविता में सामाजिक-सांस्कृतिक रूढ़ियों से टकरा कर उदित हो रहे 'भारतीय व्यक्ति' की संवेदना व्यक्त की है। उस युग में 'व्यक्ति' का अस्तित्व में आना एक सामंतवाद-विरोधी घटना है। आज के सामुदायिक कट्टरवाद और उपभोक्तावाद के युग में आदमी से 'व्यक्ति' का विलोप होता जा रहा है, जो एक बड़ी क्षति है। इससे वस्तुतः रूढ़ियों, कूपमंडूकता और बौद्धिक उपनिवेशन को चुनौती देने की मानवीय ताकत कम होती जा रही है। अज्ञेय का आत्मान्वेषण एक अधूरे, यातनाग्रस्त और अहं-जर्जरित मध्यवर्गीय व्यक्ति द्वारा परिपूर्ण मानव-सत्ता की खोज है, जिसमें भटकन और उपलब्धियाँ दोनों संभव हैं।

यह अलग बात है कि अज्ञेय के सृजनात्मक अन्वेषण को सिर्फ संदेह से देखा गया। उनकी चिंताएँ निश्चय ही आम जनता और निम्न-मध्यवर्गीय बुद्धिजीवियों के जीवन संघर्ष और संवेदना से भिन्न हैं। मुक्तिबोध ने एक महत्वपूर्ण बात कही है, "नई कविता के भीतर कई स्वर हैं, कई शैलियाँ हैं, कई शिल्प हैं और कई भाव पद्धतियाँ हैं।" (नई कविता का आत्मसंघर्ष)। अज्ञेय का भी अपना एक स्वर और शिल्प है। यह संभव है, उनकी मानवता की कल्पना अमूर्त्त हो। लेकिन यह नहीं कहा जा सकता कि अज्ञेय की कविता में लोकतंत्र की आत्मा नहीं है, उन्होंने किसी रूढ़ि को चुनौती नहीं दी, वे बेईमान बुद्धिजीवी थे या उन्होंने नुकसान के डर से अनुभव से पाया सत्य नहीं कहा।

मुख्य बात है, जनतांत्रिक चेतना से गुजर रहे भारतीय समाज में अज्ञेय की कुछ साहित्यिक धारणाओं से तीखी असहमति हो सकती है, पर उन्हें रिंग से बाहर फेंकने के प्रयासों को उचित नहीं कहा जा सकता। मेरी समझ से हिंदी में बहसें अक्सर साहित्यिक ऊंचाइयों तक पहुंचने के पहले ही जकड़नों की शिकार हो जाती हैं और संवाद की जगह एक सरलीकृत ध्रुवीकरण हो जाता है। लक्षित किया जा सकता है कि 'तारसप्तक' में अज्ञेय उस तरह के आधुनिकतावादी न थे, जिस तरह से उनके आधुनिकतावाद को देखा गया है और उनपर इसका टैग लगा दिया गया है। यह अध्ययन रोचक हो सकता है कि आधुनिकीकरण को लेकर अज्ञेय के मन में कैसी बेचैनी थी और वे वैकल्पिक आधुनिकता का अन्वेषण कितनी तरह से कर रहे थे।

यह अक्सर देखने को मिला है कि आधुनिकीकरण से गुजरता भारतीय भद्रलोक पश्चिम को अपने भौतिक जीवन की कसौटी बनाकर भी सामंती सामाजिक रूढ़ियों, रीतिवादी सौंदर्यदृष्टि और यौन वर्जनाओं का शिकार रहा है। अज्ञेय ने इन विडंबनाओं को हमेशा चुनौती के रूप में लिया। वह अपनी नवीनता के आग्रह की ठोस सामाजिक पृष्ठभूमि की ओर 'तारसप्तक' की भूमिका में संकेत दे देते हैं, "आधुनिक युग का साधारण व्यक्ति यौन वर्जनाओं का पुंज है। उसके जीवन का एक पक्ष है उसकी सामाजिक रूढ़ियों की लंबी परंपरा।" वह दूसरा पक्ष भी सामने लाते हैं, "इस आंतरिक संघर्ष के ऊपर जैसे काठी कसकर बाह्य संघर्ष भी बैठा है, जो व्यक्ति और व्यक्ति का नहीं, व्यक्ति-समूह और व्यक्ति-समूह का, वर्गों और श्रेणियों का संघर्ष है।" यह ज्यादा सोचना कहा जाएगा यदि इसी आधार पर अज्ञेय को वर्गचेतस कवि कहा जाए, पर उनकी रचनाओं से जाहिर है कि उनकी नजर किसान, सांप्रदायिक समस्याओं और युद्ध की तरफ गई है। अज्ञेय यथार्थवादी लेखक

न थे, पर उन्हें एक बिल्कुल समाज-विमुख लेखक भी नहीं कहा जा सकता। उनके सृजनात्मक मानस को पश्चिम की कसौटी जिस तरह तंग करती थी, सामाजिक रूढ़ियाँ, वर्जनाएँ और कभी-कभी विषमता भी कचोटती थी। इसमें संदेह नहीं कि उनकी चिंता के केंद्र में मनुष्य था।

1947 में जब हिंदुस्तान के असंख्य लोग भारत या पाकिस्तान में शरणार्थी बन गए थे – कत्लेआम मचा था, कविता की दुनिया में सिर्फ अज्ञेय थे, जिनकी विस्तृत नजर इस वहशीपन की तरफ गई। उन्होंने उसी समय घृणा, वैर और हिंसा के उस रक्तरंजित खेल पर 'शरणार्थी' शीर्षक से 11 कविताएँ लिखीं। इसका अर्थ है, वह 'तारसप्तक' के बावजूद अपने 'मैं' में कैद नहीं थे। वह देख रहे थे कि सीमा के उधर और इधर हिंदू और मुसलमान मारे जा रहे हैं, 'आजकल का चलन है – सब जंतुओं का खाल पहने हैं।' इसी विषय पर उनकी कहानी है 'शरणदाता'। अज्ञेय की इन रचनाओं में सांप्रदायिक बर्बरता का जो विरोध है, उसकी ज्यादा चर्चा नहीं हुई। निश्चय ही उनकी आधुनिकता मानवीय संवेदना से भरी थी। वे वस्तुतः इस घटना से विचलित थे। उन्होंने धर्मांधता का विरोध किया। उनका लंबा जीवन लाहौर में बीता था, इसलिए विभाजन देखकर उनका मानसिक उद्वेलन स्वाभाविक था।

> कहीं पर रौंदा हुआ अब भी तड़पता है
> सनातन मानव -
> खरा इन्सान -
> क्षण भर रुको तो उसको जगा लें
> नहीं यह धर्म ये तो पैंतरे हैं उन दरिंदों के
> रूढ़ि के नाखून पर मरजाद की मखमल चढ़ा कर,
> जो विचारों पर झपट्टा मारते हैं

अज्ञेय की आधुनिकता पर शुरू में प्रगतिशील जीवनदृष्टि का दबाव था। यही वजह है, वे 'तारसप्तक' (1943) में कह सके थे, "सत्य व्यक्तिबद्ध नहीं है, व्यापक है, और जितना ही व्यापक है काव्योत्कर्षकारी है। किंतु हम यह मान लेते हैं, तब हम 'व्यक्ति सत्य' और 'व्यापक सत्य' की दो पराकाष्ठाओं के बीच में उसके कई स्तरों की उद्भावना करते हैं और कवि इन स्तरों में से किसी पर भी हो सकता है।" अज्ञेय व्यक्ति स्वाधीनता और सामाजिक चेतना के बीच रिश्ता रखना चाहते थे।

छायावाद के बाद नए ढंग की जो कविताएँ लिखी जा रही थीं, वे 'व्यक्ति सत्य' और 'व्यापक सत्य ' के बीच ही कहीं न कहीं अपना स्थान बनाती थीं। यह

अमेरिका और रूस के बीच का शीतयुद्धीय खेल था, जिसके असर में कवियों को राजनीतिक तौर पर हड़पने की चेष्टाएँ हुईं। फिर भी कविता लिखना जिस तरह हमेशा सत्ता-समीकरणों से एक स्वतंत्र मामला रहा है, शायद ही उस युग का कोई महत्वपूर्ण कवि शिविरबद्ध होने के बावजूद हड़पा गया हो। कवि का हड़पा जाना कविता का समाधिस्थ होना है, उसकी मृत्यु है।

नई कविता के कवियों में अज्ञेय का काव्यात्मक विकास सबसे जटिल है। वह एक तरफ 'मैं' के कवि, आत्मान्वेषण के कवि हैं। दूसरी तरफ, एक कविता में लिखते हैं, "यह जो मिट्टी गोड़ता है/कोदई खाता है और गेहूं खिलाता है/ उसकी मैं साधना हूँ/...जो भी जहाँ भी पिसता है/पर हारता नहीं, न मरता है-/ पीड़ित श्रमरत मानव/अविजित दुर्जेय मानव/कमकर, श्रमकर, शिल्पी, स्रष्टा/ उसकी मैं कथा हूँ।" (मैं वहाँ हूँ, 1954, 'इंद्रधनु रौंदे हुए ये',1957, में संकलित) यह 'तारसप्तक' और 'दूसरा सप्तक' के बाद की कविता है, जब प्रयोगवाद का शोर आरंभ हो चुका था। उपर्युक्त कविता में अज्ञेय आश्चर्यजनक रूप से पहली बार कहते हैं, 'मैं सेतु हूँ', अन्यथा वह अपने लिए मुख्य रूप से 'द्वीप', 'हारिल', 'सोनमछली', 'बूंद', 'वन' जैसे प्रतीक चुनते हैं।

अज्ञेय की सामाजिक चिंता के कुछ उदाहरण उनके जीवन काल के आखिरी कविता संग्रह 'ऐसा कोई घर आपने देखा है'(1986) से हैं, "वे फिर आएँगे :/सुंदर होंगे/सुंदर यानों पर सवार दीखेंगे/दस हाथ उनकी संवेदन भरी उंगलियों से/कर सकते होंगे सौ-सौ करतब/पर जबड़ों से उनके टपक रहा होगा/ जो सर्प-रक्त/वह जहाँ गिरेगा/मट्टी हो जाएँगी मानव कृतियाँ..." (वे तो फिर आएँगे)। इस संग्रह में अज्ञेय युद्ध को लेकर चिंतित हैं, "हम अपने दुश्मनों को मारेंगे/यदि वे ही पहले हमें मार न गए।" (हम जरूर जीतेंगे)। इन कविताओं में स्पष्ट दिखता है कि अज्ञेय का स्वर आत्मपीड़ा में व्यंग्यात्मक हुआ है। उन्होंने अपने 'मैं' अपने 'आत्म' में मनुष्य को ही खोजना चाहा है। मनुष्यता ही उनकी ईहा है। कहा जा सकता है कि ऐसी कविताएँ उनके 'मैं' की खिड़कियाँ हैं, जिनसे वह समाज के हवा-पानी का जायजा लेते हैं। इनका संबंध उनके मूल स्वर से नहीं है, क्योंकि यह कवि वस्तुतः अपनी इन कविताओं की वजह से नहीं पहचाना गया। यह भी संभव है कि राजनीतिक कारणों से उसे अधूरा देखा गया। अज्ञेय के साहित्यिक व्यवहार कइयों को चिढ़ाने वाले होते थे। उन्हें किनारा कर देने की एक वजह यह हो सकती है। यह भी संभव है कि अपने आखिरी संग्रह तक आते-आते वह अपने को कुछ अधिक खोलना चाहते हों, उनका मौन चुक गया हो। फिर भी उनका आत्मान्वेषण अर्थात अपने को तलाशना अंत तक जारी

था। उपर्युक्त अंतिम संग्रह में उनका आत्मान्वेषण अधिक मूर्त्त, पारिवारिक और पीड़ामय हो गया है, जैसे यह उनका एकाकी अर्त्तनाद हो।

इस भीड़ में व्याकुल भाव से खोजता हूँ उन्हें
मेरे माता-पिता, मेरे परिवार जन
मेरे बच्चे
मेरे बच्चों की मां
एक एक चेहरे में झांकता हूँ मैं
और देखता हूँ
केवल आंखों के कोटरों में भरा हुआ दुख
बेकली, तड़पन, छटपटाती खोज
खोजता हूँ अपनों को : पाता हूँ
अपने ही प्रतिरूप
जब तक नहीं पा लूंगा अपने से इतर अपने को
कैसे होगी मुझे अपनी भी पहचान ?

क्या अज्ञेय को जीवन के अंतिम समय में यह अहसास हुआ कि उन्होंने इतना आत्मान्वेषण करके अंततः जो पाया, वह बेकली, तड़पन और छटपटाहट से भिन्न कुछ नहीं है ?

स्पष्ट करना उचित होगा कि अज्ञेय ने अपनी श्रेष्ठ कविताएँ 1935-67 के बीच लिख ली थीं। निःसंदेह 'भग्नदूत' से 'कितनी नावों में कितनी बार' तक उनकी कविताओं में सामाजिक चिंता के स्पष्ट चिह्न जहाँ-तहाँ ही हैं। उनकी कविताओं में सामाजिक चिंता केंद्रीय स्वर नहीं है और यह सदा प्रत्यक्ष रूप में नहीं है। फिर भी 'व्यक्ति सत्य' और 'व्यापक सत्य' के बीच अनगिनत स्तरों पर अज्ञेय कहाँ और कैसे खड़े हैं, यह उद्‌घाटित करने में कोई सरलीकरण दिखाना उचित नहीं होगा। आमतौर पर उन पर सम्मोहन या गुस्से में ज्यादा लिखा गया है। यह भी कहना जरूरी है कि इसका अवसर वह खुद देते थे।

कविता का काम मनुष्य के सौंदर्यबोध और संवेदना का परिष्कार ही नहीं है, इनका विस्तार करना भी है। पहले विज्ञान और बाद में संस्कृति-उद्योगों का विकास यह अहसास कराने लगा था कि अब जीवन में 'विशिष्ट' कुछ भी नहीं बचेगा। कविता सैकड़ों साल से समाज की सांस्कृतिक अभिव्यक्ति का एक विशिष्ट रूप रही है। उसका समाज में ऊंचा स्थान रहा है। नए आधुनिक युग में लगने लगा कि वैयक्तिक रचनात्मकता का महत्व धीरे-धीरे कम होता जा रहा है। शब्द संकट में है। इसलिए अज्ञेय ने ही नहीं, नई आधुनिक कविता के सभी

रचनाकारों ने शब्द को लेकर चिंता व्यक्त की, जो जीवन को लेकर चिंता है। शब्द का महत्वपूर्ण हो उठने का अर्थ है परंपरा, अन्वेषण और परिवर्तन को भाषा के सृजनात्मक उपयोग में निहित मान लेना। अज्ञेय की दृष्टि में कवि शब्दों का प्रयोगकर्ता है। शब्द के बीच अंतराल और अर्थगर्भित मौन के उपयोग में उसकी सृजनात्मकता निहित है। इसलिए वह कहते हैं, 'कविता शब्दों के बीच की नीरवताओं में होती है।' यह 'बिटविन द लाइन्स' का मुखर होना है। रोलां बार्थ ने एक उपमा दी थी कि देह का वह अंग अधिक आकर्षक होता है, जहाँ पोशाक उसे किंचित खुला छोड़ देती है। इस अंतराल, मौन या 'बिटविन द लाइन्स' का मुखर होना पाठक पर निर्भर करता है। ऐसे मौके पर पाठक की सृजनात्मक कल्पना सक्रिय हो उठती है। हम अज्ञेय की कविता में सुस्पष्ट अर्थ से भिन्न अनुगूंजें, संकेत और अर्थ की धुंधली प्रतिच्छायाएँ पाते हैं। इसलिए अज्ञेय की कविताएँ सामान्य रीति से अलग हट कर पाठ की मांग करती हैं।

अज्ञेय ने 'तारसप्तक' में अपने वक्तव्य की इस धारणा का विस्तार कभी नहीं किया, "अभिव्यक्ति में एक ग्राहक या पाठक या श्रोता मैं अनिवार्य मानता हूँ।" हालांकि उन्होंने अपने को तुरंत बंद करते हुए यह सवाल उठा दिया, "यह ग्राहक या पाठक कवि के बाहर क्यों हो- क्यों न उसी के व्यक्तित्व का एक अंश दूसरे अंश के लिए लिखे ?" पूछा जा सकता है कि फिर कवि अपनी रचनाएँ क्यों प्रकाशित कराता है या सुनाता है? कविता न शून्य में जन्म लेती है और न पाठक- श्रोता के बिना उसका भविष्य है। कहना यह चाहिए, पाठक खुद भी अर्थ उत्पन्न करने वाला एक व्यक्ति है। वह खुद भी एक सृजनकर्ता है–उसके बिना कवि की गति कहाँ ?

दुनिया में पिछली लगभग तीन सदियों से स्वतंत्रता को लेकर बहुत ज्यादा चिंतन और संघर्ष हुआ है, क्योंकि स्वतंत्रता ही इन शताब्दियों में सबसे ज्यादा खतरे में रही है। अज्ञेय स्वतंत्रता की बात करते रहे हैं, जो आज बाजार द्वारा स्वतंत्रता की की जा रही व्याख्याओं से भिन्न है। अज्ञेय स्वतंत्रता को आधारभूत मूल्य मानते हैं। वह इसे व्यक्ति से जोड़ते हुए भी कहते हैं, "दूसरे की स्वतंत्रता का आत्मचेतन दावा ही स्वतंत्रता का वास्तविक दावा है। इस 'दूसरे' के मुकुर में ही व्यक्ति अपनी अस्मिता को पहचान सकता है। 'मैं' के अधिकार का दावा तो एक जैविक प्रेरणा है, 'ममेतर' का दावा ही मनुष्यता की पहचान है।" (व्यक्ति और व्यवस्था : व्यक्ति और समाज, 'स्रोत और सेतु' में संकलित)। मनुष्य की विवेकशील आत्मचेतना "उसे आत्यंतिक रूप से पशु से अलग करती है।" (वही)। आज का भोगपशु अपनी स्वतंत्रता के प्रति ही नहीं, 'दूसरे' के

आईने में अपनी अस्मिता की खोज के प्रश्न पर भी बेहद कठमुल्ला है। अज्ञेय की स्वतंत्रता की अवधारणा व्यक्तिकेंद्रित होते हुए भी बुद्धिवाद और सामाजिक उत्तरदायित्व से विच्छिन्न नहीं है। वह वृहत्तर मनुष्यता से प्रेरित है और व्यक्तिवाद में बंद हो जानेवाली चीज नहीं है। पश्चिम के बुद्धिवाद और भारतीय परंपरा के 'आत्मबोध' को जोड़कर अज्ञेय ने उत्तरदायित्व से भरी स्वतंत्रता की जो धारणा दी, उसे कोरे व्यक्ति स्वातंत्र्य से जोड़कर देखने पर भ्रम पैदा होगा। अज्ञेय की लोकप्रिय कविता 'यह दीप अकेला' (1952) एक महत्वपूर्ण उदाहरण है। यह भावना उनके पूरे काव्य में गूंजती है।

> यह अद्वितीय; यह मेरा : यह मैं स्वयं विसर्जित :
> यह दीप, अकेला, स्नेह भरा
> है गर्व-भरा मदमाता, पर इसको भी पंक्ति को दे दो।

यदि व्यक्ति को 'दूसर' के दर्पण में अपनी अस्मिता तलाशनी है तो वह अकेला क्यों होता है? इसके अलावा, वह अद्वितीय कैसे है? व्यक्ति का अकेलापन पूंजीवादी व्यवस्था, आधुनिकीकरण और नगरीय जीवन की देन है। मनुष्य सामाजिक संगठनों में रहते हुए भी अकेलेपन का अनुभव करता है, यह एक यथार्थ है। अज्ञेय ने बार-बार यह दिखाना चाहा है कि अकेलेपन में भी आदमी कैसे जी सकता है। रूसी कवि युव्तेशेंकु ने साम्यवादी समाज में मनुष्य के अकेलेपन को देखा था, 'आइ लव माइ लोनलीनेस, बिकाज इट इज मोस्ट फेथफुल एमांग ऑल फेथफुलनेस।' अकेलापन वस्तुतः एक संकट है, पर यह अज्ञेय को उद्विग्न की जगह सम्मोहित ज्यादा करता है। यह सुकून देता है। कवि इसका औचित्य स्थापित करता है, बल्कि इसकी कातर यंत्रणा उद्‌घाटित करने की जगह इसका महिमामंडन करता है। उसकी धारणा है, व्यक्ति के पास एक खुला आत्मबोध हो, तो वह अपने अकेलेपन में भी संपूर्ण सृष्टि का अनुभव कर सकता है। 'यह दीप अकेला' कविता में इस बुनियादी धारणा को उजागर करने वाले दृश्य हैं। एक अकेला अंकुर धरती को फाड़ निर्भय होकर सूरज को देख रहा है। इस अकेलेपन में जीवन की समिधा पूरे हठ के साथ सुलग रही है। लघुता में भी व्यक्ति अपने भीतर कितना अडिग विश्वास रख सकता है, ये बातें 'यह दीप अकेला' में कही गई हैं। व्यक्ति में अकेलेपन में भी मनुष्यता बची है। वह द्रवित होता है, प्रेम करता है, जागरूक है और अपने विवेक को मारे बिना दूसरे व्यक्तियों के साथ है। आधुनिकीकरण मनुष्य के ये गुण मिटा नहीं सकता, मनुष्य चाहे जितना अकेला कर दिया जाए।

मनुष्य की सबसे बड़ी खूबी है कि वह सृजनशील होता है। अज्ञेय ने सृजन और सृजन प्रक्रिया पर काफी लिखा है। उनकी एक कविता (1954) में मरु और

खेत के बीच बातचीत है। मरु अपने स्वभाव के अनुसार सृजन-कर्म की व्यर्थता साबित करते हुए खेत से कहता है – लू बहेगी, पाला पड़ेगा, इसलिए बीज बोकर क्या होगा, वेदना मिलेगी ! खेत कहता है कि जब उसकी छाती फोड़कर अंकुर फूटेगा और वह अपनी गर्व ! भरी आस्था से निहारेगा, उसके लिए वह क्षण अद्वितीय होगा–'नव-सर्जन में जो अपने को होम कर देते हैं, आनंदमग्न/उनकी तो दृष्टि और होती है।' मनुष्य की सृजनात्मकता पर इतना जोर इसलिए दिया गया कि वह सत्ता के नियंत्रण में चलनेवाला महज एक उत्पादनकर्त्ता यंत्र न बन जाए। उसके पास स्वाधीन सोच हो, वह कल्पना कर सके और खुद अपने हाथों मानव भविष्य रचने का उसका विश्वास बचा रहे। वह अकेलेपन में भी कुछ रच कर जी सके। सृजन का आनंद एक और ही चीज है। अज्ञेय ने अपना जीवन सृजन के लिए समर्पित कर दिया था। एक समय ऐसे व्यक्ति थे। वे 'उत्पादक' नहीं, 'सृजनकर्ता' थे।

यूरोप और एशिया का फर्क दिखाते हुए कहा जाता है कि यूरोप वस्तुवादी होने की वजह से बहुकेंद्रिक है, जबकि एशिया आत्मपरक होने की वजह से केंद्रीयतावादी है - केंद्राभिसारी है। यह तर्क आगे बढ़कर भारत को एक ऐसा देश साबित करता है, जहाँ सदियों से निरंकुश केंद्रवाद रहा है। अज्ञेय को पश्चिम की तरफ देखने में कोई सकुचाहट नहीं है, पर वह भारत को औपनिवेशिक दृष्टि की जगह अपनी आंखों से देखते हैं। कबीर ने कहा था–'अनहद नाद', पर अज्ञेय ने एक विदेशी रहस्यदर्शी की उलटवांसी की सहायता से भारत की सांस्कृतिक विशिष्टता का चित्र स्पष्ट किया है, 'एक ऐसा वृत्त जिसका केंद्र सर्वत्र है और जिसकी परिधि कहीं नहीं है।' कुछ सच्चाइयाँ रहस्य में लिपटी हो सकती हैं, रहस्य को छांट दीजिए। अज्ञेय अपने विचार-विश्लेषण और कविता में कई बार रहस्यमय शैली में जीवन की सच्चाइयाँ कहना चाहते हैं। उपर्युक्त उलटवांसी से उनका वास्तविक अभिप्राय है, "हमारी परंपरा में गौरव की बात केवल राजनीतिक प्रामाण्यों की अनेक केंद्रीयता नहीं है, बल्कि उससे भी अधिक सांस्कृतिक अनेक केंद्रीयता है।" (व्यक्ति और व्यवस्था : व्यक्ति और समाज)। वह 'अनेक केंद्रीयता' के साथ तुरंत 'सार्वभौमता' का प्रश्न भी उठाते हैं, जिस तरह 'दीप' के साथ 'पंक्ति' की बात करते हैं।

आज भारत में केंद्र अपने कारणों से कमजोर होता जा रहा है, एक खास तरह से बहुत कुछ खंड-खंड हो रहा है। इसका अर्थ है, सामाजिक विभाजन और अनेककेंद्रीयता एक नहीं हैं। अज्ञेय ने कहा था, "केवल राजनीतिक लक्ष्यों अथवा आदर्शों की पूर्ति के लिए अनेक केंद्रीयता की मांग काफी नहीं है।" (वही)। वह केंद्रवाद का विरोध एक खास उद्देश्य से करते हैं, "सत्ता के श्रृंखलित तर्क को

निरंकुश एकाधिकार के समर्थन की युक्ति बना लिया जा सकता है।" (वही)। औपनिवेशिक दृष्टिकोण रखने के कारण यूरोप और अमेरिका अपने को 'केंद्र' तथा दुनिया के बाकी देशों को 'परिधि' समझते आए हैं। भारत में भी केंद्र और परिधि की समस्याएँ हैं। अज्ञेय के निबंध संग्रहों के एक खंड का शीर्षक ही है 'केंद्र और परिधि'। इसका अर्थ है केंद्रवाद ने उन्हें बड़े पैमाने पर विचलित किया था। वह व्यक्ति और समाज के रिश्ते के स्तर पर भी इस सोच को ले जाते हैं। इसलिए उनके व्यक्ति स्वातंत्र्य का एक अर्थ है, व्यक्ति की हर किस्म के केंद्रवाद से मुक्ति – वह चाहे प्राचीन निरंकुश केंद्रवाद हो, औपनिवेशिक केंद्रवाद हो या जनतांत्रिक केंद्रवाद हो। देखा गया है कि जनतांत्रिक केंद्रवाद में भी अक्सर केंद्रवाद ही रह जाता है, 'जनतांत्रिक' का धीरे-धीरे क्षय हो जाता है।

दुनिया में व्यक्ति को हर तरह की आजादी हासिल हो, कलाएँ पूर्णतः स्वतंत्र हों, ये और इसी तरह की अनगिनत काल्पनिक इच्छाएँ पूंजीवादी समाज में पैदा होती हैं। विडंबना यह है कि पूंजीवाद बड़े पैमाने पर व्यक्ति की स्वतंत्रता और सृजनशीलता को कुचलता भी है। वह केंद्र और परिधि की चिंतनीय स्थिति पैदा करता है। कहना न होगा कि एक बहुलतावादी समाज और विश्व-व्यवस्था में खंड-खंड को जोड़ने के कुछ सूत्र होने चाहिए, क्योंकि सामाजिक विभाजन मनुष्यता और जनतंत्र दोनों के लिए घातक है। क्या हम अज्ञेय को पूंजीवादी मानसिकता का कवि कह सकेंगे? क्या उन्होंने इसका थोड़ा भी अहसास किया था कि पूंजीवादी समाज में व्यक्ति-स्वातंत्र्य के नाम पर व्यक्तिवाद पनपता है, व्यक्ति कोई सच्ची मानवीय गरिमा हासिल नहीं करता, बल्कि खुदगर्जी और दिखावा में डूबा होता है? दरअसल ऐसे ही समाज में अज्ञेय एक शून्यता और अकेलेपन का अहसास करते हैं। उनको यह अहसास विलगाव की वजह से होता है। मनुष्य अपने विलगाव से उबरने के लिए पूंजीवाद का सामना कैसे करे, अज्ञेय कैसे करते हैं? उन्हें मौन की तरह ही 'सन्नाटा' विशेष रूप से पसंद रहा है। उन्होने 'समाज' की जगह 'सन्नाटे' में ही अपने विलगाव से मुठभेड़ किया।

पहले मैं सन्नाटा बुनता हूँ
उसी के लिए स्वर-तार चुनता हूँ
मैं सभी ओर से खुला हूँ
वन सा, वन सा अपने में बंद हूँ
शब्द में मेरी समायी नहीं होगी
मैं सन्नाटे का छंद हूँ।

सन्नाटा शहर के आधुनिक शोरगुल से एक अलग जगह है। पूंजीवाद आदमी की जिंदगी में 'रिक्तता' या 'शून्यता' पैदा करता है, उससे 'सन्नाटा' भिन्न है। यह कवि की रची अपनी जगह है, जहाँ से एक नई यात्रा शुरू हो सकती है। अज्ञेय 'मौन' या 'सन्नाटे' का उसी तरह उपयोग करते हैं, जिस तरह मुक्तिबोध 'अंधेरे' का करते हैं। अज्ञेय 'मौन' में 'अहं ब्रह्मास्मि' के तर्ज पर अपने उच्चतर 'मैं' को खोलते हैं, जबकि मुक्तिबोध के लिए 'अंधेरा' पूंजीवादी व्यवस्था को बेपर्द करने की जगह है। मौन अज्ञेय का एक दूसरा संसार है। यह चुप और वेध्य होना नहीं है, बल्कि मन को विराट बनाना है। यह मौन है जो कवि को झरने के साथ बहाता है, पक्षी के साथ गाने की जगह देता है, वृक्ष की कोंपलों के साथ थरथराने का अवसर देता है, पत्तों के साथ उसे मृत्यु और पुनर्जन्म देता है। यह मौन एक अंतर्सक्रिय और अंतर्वैयक्तिक जगह है। यह अपने में एक संपूर्ण भाषा है। यह अखबार के 'बिटविनस द लाइन्स' का मामला नहीं है। यह वह जगह है, जहाँ व्यक्ति अपने को पुनर्उपलब्ध करता है और भाव प्रसार करता है। 'चक्रांत शिला' में इसका एक रूप इस प्रकार है—

> वन के सन्नाटे के साथ मौन हूँ—
> क्योंकि वही मुझे बताता है कि मैं कौन हूँ
> जोड़ता है मुझको विराट से
> जो मौन, अपरिवर्त है, अपौरुषेय है
> जो सबको समोता है।

वन के घने सन्नाटे में ही अज्ञेय का 'मैं' विराट से जुड़ पाता है, उसे अपनी व्यापक पहचान का अहसास होता है। आखिरकार वर्ल्ड कप के लिए क्रिकेट टूर्नामेंट के दौरान मैदान के चिल्लाते-चीखते विशाल दर्शक समूह के बीच कोई विराट से क्यों नहीं जुड़ता, किसी बड़े म्युजिक कंसर्ट में श्रोताओं के बीच विराट से क्यों नहीं जुड़ता, किसी सिटी माल में विराट का अनुभव क्यों नहीं होता, जहाँ अनगिनत अंतर्राष्ट्रीय ब्रांड होते हैं ? वन की वेतरतीब, निष्कलंक और शांति से भरी प्राकृतिक विराटता अज्ञेय को आकर्षित करती है, क्योंकि आधुनिकीकरण के विभिन्न रूपों ने विराटता के साथ तुच्छता दी, मानवीय पहचान छीन ली एवं व्यक्ति में अहं भर दिया। वन का सन्नाटा एक मानवीय जगह है। यह सन्नाटा एक रचनात्मक छंद है, जहाँ व्यक्ति अहं से मुक्त होकर सृष्टि से एकात्मता का अनुभव कर सकता है।

अज्ञेय 'मौन' में विलगाव से मुक्त होकर अपने को प्रकृति, पशु-पक्षी, काल

के अविच्छिन्न प्रवाह, ऐतिहासिक कल्पना और दुनिया की अनगिनत चीजों से जोड़ते हैं। वह पूंजीवाद से कन्फ्रंट नहीं करते, अपने मन में एक स्वयंरचित दुनिया बनाते हैं। इसमें परिवार, सामाजिक बंधन और राजनीति के लिए जगह नहीं है। यदि देश आया भी है तो आत्मधिक्कार के लिए, जैसे – 'तू एक बार तन कर खड़ा तो होता मेरे लुजलुज भारतवासी ? ' (केले का पेड़, 1968)। अज्ञेय ने हर चीज को, बाहर को प्रवासी-भाव से देखा, 'तौल अपने पंख, सारस दूर के इस देश में तू है प्रवासी।' (सांझ के सारस,1986)। 'सदानीरा' की भूमिका में अज्ञेय की एक महत्वपूर्ण आत्मस्वीकृति है, "मैं परिस्थितिवश आरंभ से ही समाज से बाहर रहा और पुस्तकों का समाज ही मेरा समाज रहा।" उनकी वैयक्तिकता की पीड़ा है, 'मौन ही है गोद जिसमें/अनकही कुल व्यथा सोती है/मैं रह गया क्षितिज को अपलक देख...।' अज्ञेय ने एक आधुनिक जिंदगी जी, पर पूंजीवादी समाज को स्वीकार कर लिया, यह नहीं कहा जा सकता। वह पूंजीवाद से सीधे टकराते नहीं तो उसके आगे आत्मसमर्पण भी नहीं करते।

अज्ञेय की कविताओं में उनकी स्वयंरचित दुनिया का महिमामंडन है। यह लगभग एक जैसी है, इसलिए मोनोटोनस भी। अज्ञेय अपनी स्वयंरचित दुनिया का विस्तार करते हुए अपनी स्वतंत्रता का भी विस्तार करते हैं। वह किसी दूसरी जगह स्वतंत्रता का अनुभव नहीं करते। वह शहर, सेक्योरिटी और अतीत को आलोचनात्मक नजरिये से देखते हैं। 'पहले मैं सन्नाटा बुनता हूँ' कविता संग्रह में यही मामला है।

गाड़ी ठहराने के लिए
जगह खोजते-खोजते
हम घूम आए शहर

बीमे की किस्तें चुकाते
बीत गई जिंदगी
अतीत से कट गए
चढ़ाकर फूल चंदन
अब जिसमें जीते हैं
उससे मिले तो क्या मिले ?

शहरीकरण ने मनुष्य की बेगानगी बढ़ाई है, भले यहाँ कई सुख हों। बहुत मुश्किल है शहर में आत्मीयता का कोई कोना मिलना। शहर वे आधुनिक जगहें हैं, जहाँ बुद्धिवाद और पश्चिमी सभ्यता का व्यापक असर पड़ा। यह भी वास्तविकता

है कि आधुनिकता की छाया में यहाँ मानवता का बुनियादी रूप से व्यापक पतन घटित हुआ है। अज्ञेय ने 'सांप' से पूछा था – 'तुम सभ्य तो हुए नहीं/नगर में बसना भी तुम्हें नहीं आया/ एक बात पूछूं उत्तर दोगे ?/ फिर कैसे सीख डसना/ विष कहाँ पाया ?' यह व्यंग्य गहरी मानवीय पीड़ा से निकला था।

फिर भी शहर में स्पेस है। 'हरी घास पर क्षण भर' (1949) में घास 'आधुनिक मानव-मन की भावना' बन जाती है। यह एक वैकल्पिक आधुनिकता है, जिसमें नई सभ्यता की दरारें नहीं हैं। इस कविता में घास पर बैठना, आपस में धीरे-धीरे बातें करना, नकली आधुनिक सभ्यता से बाहर निकल कर क्षण भर प्रकृति में तल्लीन होना, कुछ अनायास याद करना – चीड़ों के वन के साथ स्टीमर की भर्रायी सीटी को, शिरीष के रेशम के साथ मस्जिद के गुंबद के पीछे सूर्य को, आंधी-पानी-लू के साथ संथाली झूमर को भी – यह सब सीमाहीन खुलेपन की चाह है। अज्ञेय का कहना है कि जीवन में सीमाहीन खुलेपन के बिना मानवीय बोध का विस्तार नहीं होगा, संवदेना का संस्कार नहीं होगा। उनके निकट स्वतंत्रता का अर्थ है मानवीय संवेदना का विस्तार। वह स्मृति चुनते हैं, पर 'याद कर सकें अनायास : और न मानें/हम अतीत के शरणार्थी हैं।' यह कविता क्षण के साथ स्मृति को महत्व देती है, पर कवि को अतीत का शरणार्थी होना पसंद नहीं है। उसे शहर में रहते हुए भी शहर पसंद नहीं है। इसका अर्थ गांव में लौटना, प्रकृति में लौटना नहीं है। अज्ञेय का आक्रमण शहर के माध्यम से नागरिक समाज, बुद्धिवाद और आधुनिकता की दुर्दशाओं पर है।

> नहीं सुनें हम वह नगरी के नागरिकों से
> जिनकी भाषा में अतिशय चिकनाई है साबुन की
> किंतु नहीं है करुणा
> उठो, चलें प्रिय !

शहरीकरण, इतिहास और राष्ट्र – आधुनिक युग की ऐसी कई चीजों से उदासीनता दुनिया के पिछले डेढ़-दो सौ साल के विकास पर संदेह है। यह विकास एक घटना है, फिर भी कोई इस पर संदेह कर सकता है। इस पर संदेह पीछे लौटने की सूचना नहीं है, अधिक मानवीय संवेदना, अधिक स्वतंत्रता के लिए आवाज है।

एक आधुनिक कवि के रूप में अज्ञेय जितना अतीत को प्रश्नांकित करते हैं, वह आधुनिकता को भी संदेह से देखते हैं। मानवीय गरिमा के लिए आधुनिकता के भीतर चली आ रही औपनिवेशिक आधुनिकता और मनुष्य को नए बंधनों से

जकड़नेवाली आधुनिक रूढ़ियाँ खतरनाक हैं। यही वजह है कि अज्ञेय ने परंपरा और आधुनिकता की टकराहट के साथ आधुनिकता और आधुनिकता की टकराहट को भी महत्व दिया। वह एक वैकल्पिक आधुनिकता की तलाश करते हैं। इसके लिए वह इतिहास को भी त्यागने के लिए तैयार दिखते हैं, क्योंकि यह मनुष्य को सीमित करता है और कभी-कभी हिंसक बना देता है। अज्ञेय ने बड़ी उग्रता से लिखा है, "एक विशेष नरक था/पर ये इसे/अपना इतिहासबोध कहते हैं!" इसी नरक से धर्मोन्माद का जन्म हुआ, जिसका अज्ञेय ने विरोध किया।

इन सबका यह अर्थ नहीं है कि अज्ञेय शहरों में नहीं रहे, इतिहास में कुछ नहीं है, राष्ट्र एक गैर-जरूरी जगह है या आधुनिकता अछूत हो गई। उनकी चिंता का विषय है, इन सभी का अमानवीय जगह हो उठना – मनुष्य की स्वतंत्रता के विस्तार में इन सभी का साधक की जगह बाधक बनते जाना। वह महसूस कर रहे थे कि नए जमाने की सभ्यता ने शहर, इतिहास, राष्ट्र और आधुनिकता को बदसूरत बना दिया है, ऐसा सृजनात्मक कल्पना के अवसर लगातार छीन कर किया है। मनुष्य की स्वतंत्रता की एक कसौटी यह है, वह 'गोचर अनुभवों की भूमि' पर खुद कल्पना कर पा रहा है या नहीं।

खासकर 21वीं सदी में मनुष्य की निजी कल्पनाशीलता का बड़े पैमाने पर ह्रास हुआ है, इसी तरह स्वतंत्रता का भी। मनुष्य उपभोग के स्तर पर आधुनिक है – वह शहर, इतिहास और राष्ट्र का खूब उपभोग कर रहा है, पर उसकी संवेदना आधुनिक संस्कारों से कोसों दूर है। उपभोग के स्तर पर आधुनिक होते जा रहे मनुष्य की संवेदना में न उदारता है और न गतिशीलता।

क्या मनुष्य की स्मृति उसकी यात्रा में रुकावट है? अज्ञेय लिखते हैं, "काल पर विजय यदि संभव है तो स्मरण के द्वारा नहीं है, आकांक्षा के द्वारा भी नहीं है, वह अत्यंत वर्तमान में एक आत्मचेतन अस्ति के द्वारा ही संभव है।" (काल का डमरू नाद)। मुश्किल है कि मनुष्य अपने अस्तित्व को भूलकर अतीत में ज्यादा जीता है या भविष्य में। वह वर्तमान को हेय समझता है। अज्ञेय के अनुसार हमारी काल चेतना "अनिवार्यतया स्मरण पर अथवा प्रतीक्षा पर आधारित है।"(वही)। बीते हुए का स्मरण और अनागत की प्रतीक्षा। वर्तमान वह क्षण है, "जिसकी न स्मृति है, न प्रतीक्षा अथवा कामना। कोई ऐसा क्षण पाया जा सके – ऐसे क्षण को कोई पा सके, आत्मचेतन होकर स्मृति और आकांक्षा से परे जी सके, तो वह ऐसा व्यक्ति हो जाएगा, जिसकी छाया नहीं होती।" (वही)। क्या व्यक्ति ऐसा हो सकता है, इतिहास से न कुछ ले और न उसके लिए कोई चिह्न छोड़े ? खुद जिस भाषा में अज्ञेय यह सब लिख रहे हैं, वह उनका या किसी एक

क्षण का अन्वेषण नहीं है। इलियट ने लिखा था, 'टु बि कांशस इज नाट टु बी इन टाइम'। आधुनिकता का शुरू में अर्थ था 'वर्तमानता', बाद में इसका अर्थ वस्तुओं और मूल्यों से जुड़ गया। आधुनिकता ने ही इतिहास दिया। अब इसी इतिहास से ऐसे हिंसक प्रेत जाग उठे और किसी-किसी देश में जैसा कि भारत में धर्म चेतना का मन पर बोझ इतना बढ़ता गया कि अतीत आततायी हो उठा। इसलिए एक नई आधुनिकता आई, जिसने इस पर जोर दिया कि मनुष्य क्षण को महत्व दे। वह इस रास्ते से अपने गोचर अनुभव और अस्तित्व के अनुभव को महत्व दे, क्योंकि इसके बिना उसकी स्वतंत्रता अधूरी है।

अज्ञेय द्वारा क्षण को महत्व देने को क्षणवाद कहा गया है। वह क्षण को महत्व देते हैं अतीत की सीमारेखाओं और भविष्यवाद से मुक्त होकर क्षण में प्रवाहमान संपूर्णता से नाता जोड़ने एवं व्यक्ति की स्वाधीनता के लिए। उनके क्षण के आग्रह के मूल में वर्तमानकेंद्रिकता नहीं है, जैसाकि आज का उपभोक्ता समाज हो गया है। अज्ञेय की इन पंक्तियों से उनके 'क्षण' का अर्थ स्पष्ट हो सकता है, 'एक क्षण : क्षण में प्रवाहमान व्याप्त संपूर्णता...एक क्षण। होने का, अस्तित्व का अजस्र अद्वितीय क्षण !' मानवीय अस्तित्व की संपूर्णता अतीत की स्मृति में जीने में नहीं है।

स्मृति भी है यातना
या कि हो सकती है –
पर जिनके पास रह गई उनको
सिवा हाँकने, दुहने
या कि बलि देकर खाने के
और कुछ नहीं आता

यह सही है कि स्मृति के दुरुपयोग हुए हैं। स्मृति अमानवीय सत्ता का उत्स बनी है। यह भी उतना ही सही है कि यदि स्मृति न हो, न देश होगा, न परिवार, न प्रेम, न संस्कृति और न भाषा। स्मृति नहीं होगी तो चारों तरफ सिर्फ उपनिवेश होंगे। स्मृति का बोझ हो उठना एक चीज है और इसका जीवन का जीवंत अंग होना एक बिल्कुल दूसरी चीज। खासकर भारत न स्मृतियों के बोझ से लद कर और न स्मृतियों के बिना अस्तित्वमान रह पाएगा। अतीत में सकारात्मक स्मृतियाँ हैं और नकारात्मक स्मृतियाँ भी हैं। मुख्य सवाल है, हम क्या याद कर रहे हैं। आधुनिक युग में – छायावाद तक, स्मृतियों के बिना कोई राष्ट्रीय आत्मछवि मुश्किल थी, जबकि आजाद भारत में स्मृतियाँ जकड़न बनने लगीं।

हम 60 और 70 के दशक की ओर दृष्टि ले जाएँ, जब अज्ञेय का श्रेष्ठ लेखन सामने आ रहा था, आधुनिकता जो कुछ प्रचलित था और बंधन बन रहा था, उससे विद्रोह के रूप में सामने आई थी। इतिहास ही नहीं, समाज भी असुविधाजनक जगह होता जा रहा था। 'व्यक्ति' विपद में था। मनुष्य में वैयक्तिकता का बचना जरूरी था। आधुनिक लेखकों को औद्योगिक भौतिकवाद, संकीर्ण राजनीति और कठोर धार्मिक नैतिकता उद्विग्न करती थी। वे परंपरा और आधुनिकीकरण दोनों पर संदेह कर रहे थे। उन्होंने बाहर के भौतिक जगत से निराश होकर आत्मजगत में आश्रय लिया। यह आत्मजगत ही सब कुछ था। कहीं भी जाकर इसी में लौटना था, बसने की एक जगह बची थी।

कांट ने आत्मजगत-केंद्रिकता की धारणा को एक बिंब के माध्यम से स्पष्ट किया है। एक उड़ता पक्षी जब उसी हवा को अवरोधक के रूप में देखता है, जिसके जरिये वह उड़ रहा है तो उसके मन में यह विचार आ सकता है कि वह हवारहित शून्य में शायद बेहतर उड़ान भर सकता है !

मनुष्य के लिए देश और काल अर्थ रखते हैं। वह कवि जो आत्मजगत-केंद्रिक है, वह भी बाह्य संसार की वस्तुओं के बिना न कोई अनुभव कर सकता है, न संवाद कर सकता है और न रचना कर सकता है। अज्ञेय ने कोई देश नहीं चुना। वह काल को भी टाल गए। वह दरअसल अपने अनुभव के देश-काल में थे। इसी जगह वह अपने को एक रहस्यमय तरीके से, संपूर्ण सृष्टि और मानवजगत से जोड़ते थे, क्योंकि वह आत्मबोध में ही मानवीय अखंडता क़ा अनुभव करना चाहते थे। आधुनिकता भारी चमक-दमक के साथ जैसे-जैसे नई संकीर्णताएँ पैदा करती जा रही थी, मानवता का स्पेस जितना सिकुड़ता जा रहा था, उतनी ही तल्खी से अज्ञेय संपूर्ण चराचर सृष्टि को अपने घर के आंगन के रूप में देखने लगे थे।

आंगन में द्वार हैं, पर वे खुले हुए हैं। द्वार पर कोई द्वारपाल नहीं है, सत्ता की धौंस नहीं है। कोई आगे नहीं है, कोई पीछे नहीं है। कोई कम महत्वपूर्ण, कोई अधिक महत्वपूर्ण नहीं है। सृष्टि के ओर-छोर में सभी एक दूसरे से घुले-मिले हैं और अखंड हैं। इस सीमाहीन खुलेपन के भीतर भवन का जो देवता है, वह खुद कभी पूजित होना नहीं चाहता, बल्कि वह समर्पण से भरा है और द्वार के रक्षक की पायलगी कर रहा है। यह भीतर का देवता व्यक्ति का निरहंकारी 'मैं' है, आत्मबोध है। द्वार का प्रतिहारी व्यक्ति की बुद्धि है। 'आंगन के पार द्वार' (1961) एक प्रतीकात्मक कविता है, जो अज्ञेय के जीवनबोध की विशिष्टता को व्यक्त करता है। उनके 'मैं' का विराट भवन उस आंगन में था भी और बुद्धि के आलोक में खो भी गया था।

आंगन के पार
द्वार खुले
द्वार के पार आंगन।
भवन ओर-छोर
सभी मिले -
उन्हीं में कहीं खो गया भवन।
कौन द्वारी
कौन आगारी, न जाने,
पर द्वार के प्रतिहारी को
भीतर के देवता ने
किया बार-बार पा-लागन।

आधुनिकतावादी लेखकों ने बाह्यजगत में असहजता का अनुभव करके अपने जीवन को आत्मकेंद्रित किया, क्योंकि वे सोचते थे कि केवल तभी वे स्वतंत्रता का अनुभव कर सकते हैं। उन्होंने ऐसे भाववादी रूपाकारों का अन्वेषण किया, जिनका भले सामाजिक जीवन से प्रत्यक्षतः लेना-देना न था, पर ये कुछ ठोस मानवीय चिंताओं से जन्मे थे। आज के उत्तर-उपभोक्तावादी समय में जब मानवीय अंतःकरण का निरंतर संहार किया जा रहा हो और सामुदायिक झुंडों में शामिल आदमी में 'व्यक्ति' या व्यक्ति-विवेक का कोई अता-पता न हो, शहरीकरण, इतिहास और राष्ट्र की संकुचित धारणाओं से विद्रोह करनेवाली वैकल्पिक आधुनिकता मानवीय मूल्य-चिंता से भरी-पूरी दिख सकती है। निश्चय ही नई आधुनिकता अमूर्तन और पारदर्शीकरण पर टिकी थी। यह भी सही है कि कला के भीतर से एक आत्मसंपूर्ण आधुनिक दुनिया की कल्पना रहस्यमयी और यूटोपियन है। कहना न होगा कि हर आधुनिकता अपना एक यूटोपिया बनाती है, जबकि उत्तर-आधुनिकतावादी आदमी स्वप्नहीन होता है।

रहस्यवाद काल से कालातीत में छलांग है, यह इतिहास से बाहर निकलना है। अज्ञेय के बारे में कहा जा सकता है कि वह पिछले युगों के रहस्यवादियों से भिन्न हैं। वह खुद कहते हैं, 'मेरा रहस्यवाद ईश्वर की ओर उन्मुख नहीं है।' मुख्य सवाल है, एक तरफ विज्ञान से प्रभावित होकर 'सत्यान्वेषण' के लिए प्रयोग पर जोर देना और दूसरी तरफ विज्ञान के युग में ही रहस्य की अनुभूति – इस अंतर्विरोध को कैसे समझा जाए। दूसरी बात है, उनकी कविता में रहस्यवाद नहीं है रहस्यमयता है। अज्ञेय की कविता में रहस्य का जोन वहाँ बनता है, जहाँ

आत्मान्वेषण के एक खास बिंदु पर वह किसी असीम भौतिक-मानवीय सत्ता से संबंध जोड़ना चाहते हैं। आत्मान्वेषण एक आत्म-अभिभूत दशा में ढल जाता है। अज्ञेय की रहस्यमयता एक खास किस्म की साहित्यिक संरचना है। इसे मानव रहस्य कहा जा सकता है, जिसका रिश्ता एक भिन्न नैतिकता से है और अमूर्त्तन से है। उनकी रहस्यमयता के पीछे विश्व की कुछ वे आधुनिक कला-प्रवृत्तियाँ काम कर रही थीं, जिनकी टकराहट अति-भौतिकवादी सभ्यता और इसकी पूंजीवादी प्रणाली से थी। इसलिए यदि अज्ञेय की कविताओं में 'विराट', 'अपौरुषेय', 'भीतर का देवता', 'आत्मा', 'स्वयंसिद्ध', 'मौन' जैसे भारतीय जीवन के आध्यात्मिक शब्द बार-बार आए हों, यह आश्चर्यचकित होने की चीज नहीं है।

नेहरू ने 1959 में आजाद मेमोरियल लेक्चर देते हुए एक सवाल रखा था, "क्या हमलोग विज्ञान और टेक्नोलॉजी की प्रगति के साथ मन-आत्मा की उन्नति भी करते रह सकते हैं? मेरा मुख्य सरोकार सिर्फ भौतिक प्रगति से ही नहीं है, बल्कि लोगों के आंतरिक गुणों और उनकी गहराई से भी है। औद्योगिक प्रक्रिया के जरिये सत्ता अर्जित करके लोग क्या संपत्ति और सुख की आकांक्षाओं के बीच अपने आपको खोते नहीं जा रहे हैं ?" नेहरू खुद आधुनिकीकरण के एक बड़े समर्थक थे। यह भारत की खोज का समय नहीं, भारत के नव-औपनिवेशिक आत्मविसर्जन का दौर था। नेहरू आधुनिकीकरण को पश्चिमीकरण से अलग नहीं कर पा रहे थे। अज्ञेय की कविता नेहरू युग की 'क्रिटीक' है, हालांकि अज्ञेय नेहरू से प्रभावित थे। प्रेमचंद जिस तरह गांधी से प्रभावित थे, अज्ञेय नेहरू से प्रभावित थे। उन्होंने नेहरू के अभिनंदन ग्रंथ के संपादन का काम भी किया था। वस्तुतः उस युग में मनुष्य की आधुनिक जिंदगी से जो खोता जा रहा था, उसे वह खोज रहे थे। वह नेहरू की उपर्युक्त चिंता में साझा करते हुए कुछ पुनःआविष्कार कर रहे थे। वह चाहते थे, संकट से घिरे मानव अस्तित्व को एक नए रास्ते से अर्थ मिले। उनका रास्ता यथार्थवादियों के रास्ते से अलग था। वह सही थे या गलत थे, इस तरह का कोई सरलीकृत निष्कर्ष देने की जगह यह देखना ज्यादा जरूरी है कि वह एक समय कला, साहित्यिकता, स्वातंत्र्य, मानवीय संवेदना, उच्चतर मानवीय मूल्य जैसी चीजों के पक्ष में इतनी दृढ़ता से क्यों खड़े थे।

60 और 70 के दशक के पूंजीवादी समाज में मध्यवर्गीय जीवन रोमांटिसिज्म, यथार्थवाद और अस्तित्ववाद के बीच कसमसा रहा था। वह कभी उदात्तता, कभी संघर्ष और कभी निस्सहायता के तट पर होता था। वह एक द्वैध और अंतर्विभाजन के लिए अभिशप्त था। नई कविता मुख्यतः ऐसे ही मध्यवर्गीय जीवन के आत्ममंथन,

संघर्ष और सौंदर्य को लेकर सामने आ रही थी। उस जमाने में परिवर्तन की राजनीति तेज थी, जन-आंदोलन थे। इन स्थितियों के बीच अज्ञेय की चिंता यह थी कि सामाजिक जीवन में व्यक्ति का सही स्थान क्या हो, बिखर रहे मानव जीवन में लय कैसे पैदा हो, व्यक्ति के बाहरी और आंतरिक संसार में कैसे एक सामंजस्य हो, व्यक्ति की स्वतंत्रता पर परंपरा और आधुनिक सभ्यता के बुर्ज से हो रहा आक्रमण कैसे रोका जाए, व्यक्ति की जिंदगी सभी तरह के अमानवीय हस्तक्षेपों से कैसे मुक्त हो, उसकी मानवीय अस्मिता पर कोई कृत्रिम सामूहिक पहचान कैसे न लदे। समाज को बदलने की जगह व्यक्ति स्वाधीनता की ऐसी चाहतें पूंजीवादी व्यवस्था से टकराहट थीं या उसका अंग थीं?

प्राचीन काल से ही अति-भौतिकवादी झुकावों के कारण जन्मा अहंकार मिथकीय चिंता का विषय रहा है। रावण, हिरण्यकश्यप, कंस प्राचीन अहं के प्रतीक थे। आधुनिक युग के अति-भौतिकवाद और ज्ञान की सत्ता ने व्यक्ति-व्यक्ति में अहंकार पैदा किया है। यह कई बार 'ईगो' का रूप में आता है। अज्ञ ेय के लिए आधुनिक युग का अहंकार चिंता का विषय रहा है।

अज्ञेय अपने व्यावहारिक जीवन में कुछ अधिक मानवीय स्वाभिमानवाले व्यक्ति रहे हों, उनके साहित्य में अहंवाद नहीं है। उनकी कविता में ऐसे सवाल हैं- "अहं। अंतर्गुहावासी! स्वरति! क्या मैं चीन्हता कोई न दूजी राह /जानता क्या नहीं निज में बद्ध होकर है नहीं निर्वाह ?" उनमें एक आधुनिक मिजाज का अहं स्वाभाविक है, पर यह बार-बार उच्चतर मानवीय जीवनबोध में विसर्जित हो जाता है। यह उनके लिए अन्य वस्तुओं की तरह ही महज एक वस्तु है, जो आत्मबोध में अंततः खो जाती है। अज्ञेय कई बार 'अपना नहीं होने' का बोध करते हैं। यह कहना सही नहीं है कि 'अहं' उनका सुरक्षात्मक कवच है। उनकी 'निरस्त्र' कविता में है, "यों मैं अपने रहस्य के साथ रह गया सन्नाटे से घिरा/ अकेला, अप्रस्तुत/अपनी ही जिज्ञासा के सम्मुख निरस्त्र/ निष्कवच/ बध्य।" अज्ञ ेय का अहं निरस्त्र ही नहीं निष्कवच भी है। वह मानवीय चेतना की क्रियाओं पर नियंत्रण नहीं रखता, बल्कि उनसे मंजता है, संस्कार प्राप्त करता है और अपने को लुटा देता है। अज्ञेय में एक बड़ा ही अर्थपूर्ण द्वैत है- 'मैं हूँ और दे दिया गया हूँ।' उनका अहं मानवीय चेतना की अनगिनत लहरों से मंजे मोती की तरह है, जो एक तरफ वैयक्तिकता का प्रतीक है और दूसरी तरफ विश्वप्रतिम है। यह भले सही हो कि अज्ञेय का 'मैं' आत्म-आलोचनात्मक नहीं है, आत्मश्लाघात्मक है, पर उनका 'मैं' अहं का प्रतिरूप नहीं है। अज्ञेय अपने 'मैं' के जरिये किसी स्वेच्छाचारिता की तरफ बढ़ना नहीं चाहते, बल्कि मानवीय जीवन की कुछ

उच्चतर चीजों की रक्षा करना चाहते हैं। उनमें अपने को अन्य से, 'मैं' को 'ममेतर' से जोड़ने की इच्छा है। यह कहना सही नहीं है कि अज्ञेय का 'अन्य' हमेशा उच्छाड़, गलत और हास्यास्पद है या यह उनके 'मैं' का अंधेरा पक्ष है। वह जिस 'अन्य' या 'ममेतर' से जुड़ना चाहते हैं, उपर्युक्त के ठीक विपरीत, एक विराट चराचर सृष्टि है। उस चराचर सृष्टि में समाज के लोग भी हैं।

ओ निस्संग ममेतर
ओ अभिन्न प्यार,
ओ धनी,
आज फिर एक बार
तुमको बुलाता हूँ –
और जो मैं हूँ, जो जाना-पहचाना
जिया- अपनाया है, मेरा है,
धन है, संचय है, उसकी एक-एक कली को
न्यौछावर लुटाता हूँ।

क्या ऐसा कवि पूंजीवादी या स्वेच्छाचारी हो सकता है ? अज्ञेय जब मरे, उनके पास अपना कुछ नहीं था। कोई अपना मकान, बैंक बैलेंस या वंश – कुछ नहीं था। लंबे समय तक उन्हें ठीक से याद करनेवाला कोई साहित्यप्रेमी नहीं था। बौद्धिक स्वातंत्र्य का प्रवक्ता होने के कारण उनके पीछे कोई राजनीतिक दल न था। यह भारत में आधुनिकता की दयनीय स्थिति का द्योतक है, लेखक दोनों तरफ से कुचला जाता है।

क्या अज्ञेय को प्रेम का कवि कहा जा सकता है? उनके जीवन का एक प्रेम वह है, जिसका कथात्मक प्रतिरूप 'शेखर एक जीवनी' की शशि है। ऐसा प्रेम भी है, जिसकी परिणति शादी में हुई। उनके प्रेम भरे जीवन में तनाव और उदासी के दौर भी आए। उनकी कविताओं में उनके प्रेम का बौद्धिक और उदात्त रूप है, जो स्त्री से प्रेम से आगे बढ़कर प्रकृति और मनुष्य से प्रेम तक चला गया है। उनका प्रेम एक अन्वेषण है और अस्तित्व का बोध भी। उनकी 'हरी घास पर क्षण भर' कविता में प्रेम इसी रूप में है, 'बना रहे विस्तार-हमारा बोध मुक्ति का।' अज्ञेय का प्रेम मानव मन को विस्तार और मुक्ति का अहसास देनेवाला है। उनका प्रेम सीमाहीन खुलेपन का अनुभव है। इसकी टकराहट रूढ़ियों, संकीर्णताओं और वर्जनाओं से है और इसमें गंभीरता है। अज्ञेय को समाज से काफी आघात और दर्द मिला था। वह अकेलापन कुछ ज्यादा महसूस करते थे, 'आज प्राण मेरे प्यासे

हैं आज थका हिय हारिल मेरा / आज अकेले ही उसको इस अंधियारी संध्या ने घेरा।' (1936)। एक अभिनव रोमांटिसिज्म उनके अंत:स्थल में शुरू से था, जो वस्तुत: कभी नहीं चुका।

अज्ञेय का सत्यान्वेषण चराचर विश्व में प्रेम का ही अन्वेषण है। उनकी बुनियादी समझ यह है, 'मैंने आहुति बन कर देखा यह प्रेम यज्ञ की ज्वाला है।' (1937)। वह साधारण तिनके को भी पावन मानते हैं। उनमें अकेले का साहस है, 'उड़ चल हारिल, लिए हाथ में यही अकेला ओछा तिनका/...कांप न यद्यपि दसों दिशा में तुझे शून्य नभ घेर रहा है।' (1938)। यह ओछा तिनका आगे पावन तिनका हो जाता है। सृष्टि की साधारण से साधारण चीज के प्रति, जिससे निर्माण हो सकता है, पावनता का बोध और जोखिम ही अकेलेपन की कठिन स्थिति में व्यक्ति का आत्मसंबल होता है। दसों दिशाओं से शून्य नभ का घेरना व्यक्ति को मिलने वाली कठोर औपनिवेशिक - सामंती चुनौतियाँ हैं। यह व्यक्ति पर परंपरा और औपनिवेशिक आधुनिकता का सम्मिलित आघात है। हारिल एक समय कवि का बड़ा ही प्रिय रूपक था, यह प्रेम से भरे सृजनशील व्यक्ति की आकांक्षाओं का रूपक था। अज्ञेय के काव्य मानस की बुनियाद में यदि प्रेम की अनुभूति है, कोई वजह नहीं है कि 'मैं' और 'ममेतर' के अंतर्संबंध में प्रेम ही मूल प्रेरणा न हो।

यह उल्लेखनीय है कि अज्ञेय बाद में नभ में उड़ते 'हारिल' को छोड़कर सागर की 'मछली' को अपना प्रिय प्रतीक बना लेते हैं। हारिल के हाथ में घर बनाने के लिए साधारण तिनका था, उसमें रोमांटिक साहस था। 'टेर रहा सागर' में मछली अकेलेपन की किसी गहरी यातना में है, "अर्थ हमारा/जितना है, सागर में नहीं/हमारी मछली में है/सभी दिशा से सागर जिसको घेर रहा है।" (1959)। यह अकेलेपन का रोमांटिक प्रभामंडल से बाहर निकल कर यातना के प्रदेश में पहुंचने का संकेत है। उनकी ग्लास टैंक में हाँफती सोन-मछली भी अपनी जिजीविषा में यातनाग्रस्त है। अज्ञेय अपने अंतिम संग्रह 'ऐसा कोई घर आपने देखा है' में 'आ रही मेरे दिवस की सांध्य बेला' (निराला) की तरह कहने लगते हैं –'घिर रहा है सांझ/हो रहा अब समय/घर कर ले उदासी/तौल अपने पंख, सारस दूर के/इस देश में तू है प्रसावी।' 'सांझ के सारस' उदासी की कविता है, 'यह अवसाद का लघु पल/निकल चल ! सारस अकेले !'

70 के दशक में आधुनिकीकरण अपने निर्मम रूप में था। आधुनिक जीवन में एक से बढ़कर एक उपभोक्ता वस्तुएँ आ रही थीं, लोग मानो एक जगमग जहाज पर सवार हों। व्यवस्था हृदयहीन थी। हम 'कितनी नावों में कितनी बार'

(1966) में आधुनिक मनुष्य के अकेलेपन का निर्मम रूप पाते हैं, "कितनी बार कितने जगमग जहाज/मुझे खींच कर ले गए हैं कितनी दूर/किन पराये देशों की बेदर्द हवाओं में/जहाँ नंगे अंधेरों को/और भी उघाड़ता रहता है/एक नंगा, तीखा, निर्मम प्रकाश/जिसमें कोई प्रभामंडल नहीं बनता।" नव-औपनिवेशिक आधुनिकता का प्रकाश बड़ा नंगा, तीखा और निर्मम था। वह नंगे अंधेरों को और गहरा करता था। जगमग आधुनिकीकरण मनुष्य का आत्मपरायापन बढ़ा रहा था। इससे टकराने के रोमांटिक साहस का पुराना जमाना बीत गया था। अब आदमी खिन्न, विकल और संत्रस्त था।

अज्ञेय को 'पूर्व अज्ञेय' और 'उत्तर अज्ञेय' के रूप में बांट कर कहा गया है कि बाद के अज्ञेय की कविताओं में साहसिकता, विविधता और खुलेपन का अभाव है। बाद के अज्ञेय के विकास को आधुनिक जीवन में छाती जा रही रिक्तता और तुच्छता के संदर्भ में देखना होगा। वह प्रकृति की ओर अधिक से अधिक जाने लगते हैं, ताकि अपने विलगाव से लड़ सकें। अब पुराने रोमांटिक साहस की संभावना कम रह गई थी। कवि का कला शोकात्मक हो गई थी। यह सिलसिला उनके अंतिम कविता संग्रह तक जारी है- "घर मेरा कोई है नहीं/ घर मुझे चाहिए/ घर के भीतर प्रकाश हो इसकी मुझे चिंता नहीं है/ प्रकाश के घेरे के भीतर मेरा घर हो - /इसी की मुझे तलाश है/ ऐसा कोई घर आपने देखा है ? " उनकी तलाश मरने से कुछ पूर्व, 1986 तक काफी उदास हो जाती है।

अज्ञेय ने काव्य भाषा में ही प्रयोग नहीं किए, अपने जीवन में भी प्रयोग किए। उन्होंने रहने के लिए हरे पेड़ पर एक घर बनवाया था, जिसकी तस्वीर उनके कविता संग्रह 'ऐसा कोई घर आपने देखा है' के कवर पर छपी थी। वह इसमें रह नहीं पाए थे। ऐसा घर उनका एक स्वप्न था, ऐसा जीवन उनका एक स्वप्न था।

अज्ञेय का विश्वास है, प्रेम की मिट्टी से ही पीढ़ी-दर-पीढ़ी मूल्यों का सृजन होता आया है। अज्ञेय के काव्य में प्रेम एक केंद्रीय तत्व है, 'वह मिट्टी ही है मूल्य/ प्यार की मिट्टी/जिससे सरजन होता है/मूल्यों का/पीढ़ी दर पीढ़ी।' प्रेम अंततः एक सृजनशील आत्मविस्तार है। यह जीवन के सबसे महान संगीत में अपने को डुबो देना है, आज की तरह उपभोग की एक चीज भर नहीं है। यह सही है कि उनकी शुरू की कविताओं में स्त्री से प्रेम है। उनके ऐसे प्रेम में सबसे प्रधान चीज है स्त्री को गरिमा, उसके स्वत्व का आदर। अज्ञेय के लिए बाद में प्रेम एक निजी, एक गोपन, एक मौन मामला बन गया। यह जैसे सृष्टि की एकतानता और उसके ऐश्वर्य का अपने भीतर अनुभव करना हो, सृष्टि की संपूर्णता को अपने भीतर

समोना। उनकी कविता 'कलगी बाजरे की' में उपमानों की विशिष्टता ही नहीं है, भाषा के जादू का कमाल प्रदर्शन ही नहीं है। इसमें एक नए प्रेम और नए सौंदर्यबोध का आविष्कार है – "मगर क्या तुम नहीं पहचान पाओगी :/तुम्हारे रूप के - तुम हो निकट हो इसी जादू के -/निजी किस सहज, गहरे बोध से/किस प्यार से मैं कह रहा हूँ-/अगर मैं यह कहूँ-/बिछली घास हो तुम/लहलहाती हवा में कलगी छरहरी बाजरे की।" निश्चय ही रूप का जादू प्रेम के जादू से अलग नहीं है। यह रूप शहरातियों का उपभोक्ता सामान नहीं है। इसीलिए प्रेमिका एक ऐसी हरी चिकनी घास लगती है, जो 'सृष्टि के विस्तार का- ऐश्वर्य का- सौंदर्य का' प्रतीक है। अज्ञेय प्रेम को सृष्टि की एक विराट पृष्ठभूमि में देखते हैं, जहाँ अकेलापन और विश्व अंतर्क्रियाशील हैं।

अज्ञेय एक तेजी से बदलते समय के साक्षी थे। प्रेम भी बदल रहा था। अज्ञेय का मन 'नदी की बांक पर छाया' से बदलने लगा था। उनका प्रेम बाहर न फैल कर एक दूसरी तरह के विषाद से भरे मौन में रिसने लगा, "नहीं, इस बार, मेरे मीत ! /नहीं उमड़ेगी धार/मैं नहीं गा सकूंगा गीत/इस बार, बस, घुमड़ेगा प्यार/और चुप में रिस जाएगा।" अब हर अच्छी चीज पर सभ्यता की नकली चमक थी। बुद्ध के मंदिर पर सोने की परत थी, 'क्षण का अन्वेषी/मंदिर से घिर गया है/सोने से मढ़ गया है।' दूसरी तरफ, पुते गालों के ऊपर-नकली भंवों के नीचे आंखों से प्यार के छलावे थे या तनी आंखों से घृणा की चिन्गारियाँ थीं। अज्ञेय कहते हैं, 'नहीं, ये मेरे देश की आंखें नहीं हैं'। वह एक निराशा की गिरफ्त में आते जा रहे थे।

मुश्किल यह है कि अज्ञेय नागर-रुचि की भाषा में लिखते हुए भी कभी किसी नागरिक से संवाद करना नहीं चाहते। उन्हें आदिम जीवन व्यतीत करते संथाली जरूर याद आते हैं। वे चट्टान, बावरा सूरज, ऐतिहासिक खंडहर, कार्तिक के चांद, नदी, सागर, रेत, सोनमछली, चिड़िया, फूल, वन और उन सारी चीजों से बात करते हैं, जहाँ सत्ता के रूप नहीं हैं। कोई दूसरा कवि नागरिक समाज से इतना विमुख नहीं हुआ। अज्ञेय को किसान जरूर याद आते हैं, "उसके पैरों में बिवाइयाँ थीं/उसके खेत में/सूखे की फटन/और उसकी आंखें/दोनों को जोड़ती थीं।...मेरे हृदय का गलना/उसके किस काम का?/तब क्या वह मेरा पाखंड है?/यह मेरा प्रश्न/मेरे पैरों की फटन है।" अज्ञेय का अपने को प्रश्नांकित करना इस ओर संकेत करता है कि वन-सा अपने में बंद होते हुए भी वह सभी ओर से खुले थे।

अज्ञेय के मन-प्राण प्रकृति में बसे थे। प्रकृति उनकी दूसरी दुनिया थी। इस

पर आधुनिक औद्योगिक सभ्यता का आक्रमण हो रहा था। अज्ञेय का प्रकृति-प्रेम जीवन के पर्यावरण की सुरक्षा के लिए है। यह गहरी जिजीविषा से जन्मा है। पर्यावरण-रक्षा के इतने प्रचार के बावजूद औद्योगिक सभ्यता प्रकृति के प्रति क्रूर है। 'नंदा देवी' (1972) बादलों और नदियों के बीच खड़े नंदा शिखर के सौंदर्य पर मुग्ध होकर लिखी गई एक कविता भर नहीं है। अज्ञेय इसमें कटते पेड़ों, सूखे झरनों और धुएँ में आधुनिकीकरण का आततायी रूप भी देखते हैं और दुखी होते हैं—"कल के लिए हमें/नाज का वायदा है-/ आज ठेकेदार को/हमारे पेड़ काट ले जाने दो।" जंगल के पेड़ न जाने कहाँ-कहाँ खप रहे हैं। अज्ञेय की पर्यावरण चिंता विकास के लिए जरूरी माने जा रहे अंधे आधुनिकीकरण पर प्रश्न उठाती है और एक विश्व-चिंता में साझा करती है।

नंदा
जल्दी ही -
बीस-तीस -पचास बरसों में
हम तुम्हारे नीचे एक मरु बिछा चुके होंगे
और तुम्हारे उस नदी-धौत सीढ़ी वाले मंदिर में
जला करेगा
एक मरु दीप !

आधुनिक युग के कवियों ने भागदौड़ की जिंदगी में महज एक सौंदर्यात्मक स्पेस पैदा करने के लिए प्रकृति पर कविताएँ नहीं लिखीं। उन्हें जीवन से प्रेम था, इसलिए उन्होंने प्रकृति का सौंदर्य देखा। प्रकृति अज्ञेय के व्यक्तित्व को पूर्णता प्रदान करती है और उनके प्रेम को भी। प्रकृति की गोद में जीवन एक आलोकमय संगीत बन जाता है। यह चीज उनके आखिरी कविता संग्रह 'ऐसा कोई घर आपने देखा है' की कविता 'आर्फ़ेउस' में भी है।

ग्रीक मिथक पर आधारित 'आर्फ़ेउस' अज्ञेय की एक कम चर्चित कविता है। यह टुकड़ों में एक लंबी कविता है, जिसमें प्रेम हमेशा मुक्त रखनेवाला एक संगीतात्मक अनुभव बनकर आता है। यह असंभव नहीं कि इस कविता में आर्फ़ेउस की जो पत्नी है, वह अज्ञेय की 'शशि' का प्रतिरूप हो। आर्फ़ेउस एक मिथकीय गायक है, जो अपनी पत्नी इयुरिडाइस को अपने संगीत के बल पर मृत्यु के पंजे से मुक्त करा लेता है। वह पीछे-पीछे आती है, पर आर्फ़ेउस उसे खो देता है, क्योंकि पीछे मुड़कर न देखने की शर्त निभा नहीं पाता – उसका विश्वास चुक जाता है। अज्ञेय कहते हैं, 'मैं गाता रहूँ और बढ़ता जाऊं/और मुड़कर न देखूं कि

यह विश्वास/ मेरा बना रहे कि तुम पीछे-पीछे आ रही हो।' मनुष्य का प्रेम जीवन में विश्वास ही तो लाता है। इस विश्वास में ही सारा आलोक भरा है ! मुक्तिबोध को 'अंधेरा' ज्यादा प्रिय था, जबकि अज्ञेय को 'आलोक' , पर दोनों जिंदगी में विश्वास मजबूत करने के लिए कविता लिख रहे थे। आधुनिक सभ्यता में सबसे बड़ा संकट इसी विश्वास पर था, 'तुम भी मरोगे आर्फ़ेउस, तुम भी मरोगे/पत्थर हो जाओगे/केवल संगीत बचेगा.../संगीत प्रकाश का एक घेरा/जो बांधता है/जो मुक्त करता है।' अज्ञेय ने प्रेम का यह रूप भी दिखाया।

मैं
यहीं गाऊं। गाता रहूँ
तुम
वहीं आओ। आती रहो।
धूप की थिगलियाँ।तितलियाँ।बसंत।
एक पाले का परदा।शिलित अंधकार।
अंधेरा संगीत/संगीत में आलोक की तड़पन।प्रतीति।
उधर
पग पग टटोलता
कांपता प्रकाश। ललक। प्रीति।

हम अज्ञेय से साझा नहीं कर सकते, उन्हें थोड़ा समझ जरूर सकते हैं। वह समाज से जितने भी अलग होकर अपने अकेलेपन में बसे रहे हों, उनमें आधुनिक जीवन के संकुचित होते जाने का गहरा दर्द है। वह समाज से उतने अलग भी नहीं हैं। यह उनका 'मैं' है, यह बाहरी संसार के कठोर आक्रमणों से बड़ी मुश्किल से सुरक्षित 'व्यक्ति' है, जो प्रकृति, संगीत और प्रेम में अपने होने का अहसास करता है। वह इस अहसास को मिटने देना नहीं चाहता। जीवन का आलोक – छुआ अपनापन ही अज्ञेय का आत्मान्वेषण है। वह अपने 'मैं' से बार-बार टकरा कर निरंतर इसे उदात्त बनाते हैं, ताकि व्यक्ति बचा रहे। व्यक्ति के मिटने पर झुंड ही बन सकता है, समाज नहीं।

आधुनिकीकरण और अज्ञेय की चिंताएं

आधुनिकीकरण की बड़ी परियोजनाओं ने समाज में दमनमूलक सत्ता के नए रूपों का निर्माण किया है। इन रूपों में नव-केंद्रीकरण, भौतिकवादी जीवन शैली और संस्कृति-उद्योगों का विस्तार मुख्य हैं। वर्चस्व के ये रूप मनुष्य को नगण्य बना देते हैं, कला को मास कल्चर का अंग बना लेते हैं और साहित्य का अवमूल्यन करते हैं। एक और चीज घटित होती है, भाषा मुख्यत: सत्ता का खिलौना बन जाती है। वह बाजार या राजनीति के संकेतों में ढलने लगती है। इसी तरह कल्पना में उपनिवेश बनने लगते हैं। इसमें संदेह नहीं कि आधुनिकीकरण के बिना विकास संभव नहीं है। यह उत्तर-औद्योगिक समाज की एक अनिवार्य घटना है। ऐसे परिवेश में विलक्षण है कि अज्ञेय जैसे कवियों ने आधुनिकीकरण को आलोचनात्मक निगाह से देखा और चाहा कि मनुष्य की महत्ता न गिरे, समाज में 'व्यक्ति' का विलोप न हो, अनुभव की महत्ता समझी जाए और साहित्यिकता की रक्षा हो।

अज्ञेय निजी सच के कवि नहीं हैं। उनकी कविता सब की कविता नहीं हो सकी है, पर वह उतनी निजी भी नहीं है। इधर कविता का निजीकरण करनेवाले कुछ कवि अज्ञेय को निजी सच के कवि के रूप में पेश करते हैं। निजीकरण कभी भी खुलापन नहीं है। यह उद्योग, इतिहास की विरासत और शिक्षा का हो या साहित्य का। निजीकरण और खुलापन दो चीजें हैं। अज्ञेय के पास नि:संदेह एक 'मैं' है, वैयक्तिकता है, पर उनकी कविता व्यक्तिगत नहीं है। इसलिए 'बूढ़ा गिद्ध पंख क्यों फैलाये' जैसी चीजें लिखनेवाले जब अज्ञेय का निजीकरण करते हैं, वे नहीं जानते कि गिद्ध का कोई पिंजड़ा नहीं होता। हर निजीकरण अपने साथ एक बहिष्कारपरकता लाता है। निजीकरण समावेशिक नहीं होता। दरअसल अज्ञेय ने 'व्यक्ति' के रूप में जो कुछ सोचा, आत्मबोध को महत्व दिया और साहित्यिकता के लिए संघर्ष किया—उसकी मानवीय अंतर्ध्वनियों को समझने की जरूरत है।

अज्ञेय में एक 'व्यक्ति' था, पर वह व्यक्ति-संवेदना के संस्कार की बात करते थे। वह मानवीय संवेदना की संकीर्णता और कृत्रिमता से मुक्ति चाहते थे। संकीर्णता एक हिंसा है, कृत्रिमता भी हिंसा है। दोनों एकरूपता की ओर ले जाती हैं। दोनों ही 'सृजनात्मकता' और 'विविधता' की शत्रु हैं। यह अधिक कहने की जरूरत नहीं है कि अज्ञेय 'सृजनात्मकता' और 'विविधता' पसंद करते थे। वैश्वीकरण का दौर भी सृजनात्मकता और विविधता का भक्षक है। अज्ञेय का सृजनात्मकता से प्रेम सर्वविदित है। वह विविधता को कितना पसंद करते थे, यह सप्तक के कवियों के चयन में देखा जा सकता है। इनमें सिर्फ उनके हमदम और हमराही नहीं हैं। अज्ञेय के निजी जीवन में कम विविधता नहीं है। उन्होंने विभिन्न छोर के देशों की यायावरी की। वह भारत में भी कहाँ-कहाँ नहीं घूमे। उन्होंने कितने ही जीव-जंतुओं, वन के पेड़-पौधों और प्रकृति की चीजों से रिश्ता बनाया। इन सब का साक्ष्य उनकी कविताएँ हैं।

हमारी मनुष्यता, आधुनिकता और जनतंत्र का एक लक्षण यह है कि हम 'दूसरे' को, जो हमराही नहीं हैं, हमसे सहमत नहीं हैं, हमारे परिवार-जाति-धर्म के नहीं हैं, हमजीव नहीं हैं, उनसे हम कितना खुला रिश्ता बनाते हैं। अज्ञेय के जीवन और साहित्य को देखकर बेखटके कहा जा सकता है कि वह एक उदारवादी भारतीय बुद्धिजीवी हैं। वह अहंजर्जर 'मैं' के नहीं, एक उदार, संवेदनशील और सार्वभौम 'मैं' के कवि हैं। आज हम चारों तरफ ऐसे लोग देख सकते हैं, जिनमें अहंजर्जर 'मैं' भरा हुआ है। इस वातावरण में अज्ञेय की कविता पढ़ना एक भिन्न अनुभव दे सकता है। यह हमारे मन में भारतीय परंपरा के एक व्यापक प्रेम की उर्वरता ला सकता है।

एक समय अज्ञेय का काफी विरोध हुआ, क्योंकि जनता की मुश्किलों और जन आंदोलनों के 50-60 के उन कठिन दशकों में वह इन सबसे विमुख थे। उन्होंने एक आभिजात्य धारण कर रखा था। उस दौर में उनसे टकराकर ही कई साहित्यिक प्रवृत्तियाँ अस्तित्व में आ सकती थीं, जो आईं। उनका विरोध उनकी शक्ति का द्योतक था। आज अज्ञेय को उनके विरोधी भी इसलिए स्वीकार कर रहे हैं कि वैश्वीकरण और सामुदायिक कट्टरवाद के दौर में मानवीय सृजनशीलता और बुनियादी बौद्धिक स्वतंत्रता गहरे संकट में हैं, बल्कि 'व्यक्ति' की जगह तेजी से 'झुंड' लेता जा रहा है। उस 'व्यक्ति' का तेजी से विलोप हो रहा है, जिसे अज्ञेय बचाना चाहते थे। स्थितियों में आए नए परिवर्तनों की वजह से अज्ञेय के संबध में धारणा बदल रही है और आधुनिकता की भूमिका को अधिक व्यापकता से जांचने की जरूरत महसूस की जा रही है।

अज्ञेय यथार्थवादी लेखक नहीं थे, पर वह समाज-विमुख लेखक भी न थे। किसी को यह मांग नहीं करनी चाहिए कि सभी कवि जीवन की समस्याओं को एक ही ढंग से उठाएँ और एक ही कोण से उठाएँ। यदि अज्ञेय की कविताओं में जीवन का स्पंदन है, उनमें जीवन की समस्याओं की अनुगूंज जरूर किसी न किसी रूप में होगी। यह उत्सुकता हो सकती है कि उनकी कविताओं में जीवन की कौन-सी समस्याएँ व्यक्त हुई हैं। हर उस कवि की संवेदना पर, जिसके आत्मबोध या 'स्व' में खुलापन है, जीवन की समस्याओं का प्रभाव पड़ता है। ऐसा हर कवि ही जीवन की समस्याओं के बीच अपनी जन्मी अनुभूतियों को शब्द देता है। अज्ञेय की काव्यानुभूतियाँ किसी न किसी गहन मानवीय समस्या से उपजी हैं। हम हिंदी के नव्य-रूपवादी कवियों की बंद अनुभूतियों में जीवन की समस्या की अनुगूंज नहीं पाते, जबकि अज्ञेय की शब्द को लेकर चिंता भी जीवन की चिंता है।

अज्ञेय सामाजिक होने की जगह अपने स्वयंरचित संसार में खड़े दिखाई देते हैं, पर वह उस सभ्यता से लड़ रहे थे जो व्यक्ति से उसकी सृजनात्मक कल्पना, मानवीय संवेदना और सौंदर्यबोध छीन रही थी। हम अपने समय में देख रहे हैं कि चारों तरफ निजीकरण का गर्म वातावरण है और सूचना-क्रांति के युग में निजता पर छाता संकट भी बहस में है। देश के एक बड़े उद्योगपति रतन टाटा की कारपोरेट लाबीदार नीरा राडिया से अधिक मुनाफे के लिए चोरी-छिपे लेन-देन की फोन पर हो रही बात टेप हो गई। रतन टाटा की ओर से कहा गया कि यह प्राइवेसी भंग करने का मामला है। प्रश्न उठता है कि क्या अज्ञेय की निजता ऐसी ही जगह थी, जहाँ चोरी-छिपे घृणित सौदे होते थे। रतन टाटा जैसे व्यक्तियों की प्राइवेट लाइफ मूल्यहीनता का क्रीड़ांगन है, जबकि अज्ञेय की आत्मीय निजता बाहर के आघातों से बचने और मूल्य-पुनर्गठन की जगह है। उनके जीवन संसार में अपने 'सेल्फ' को खोना और 'सेल्फिश' होना दो चीजें नहीं है। उनका 'सेल्फ', उनकी 'निजता' या उनका 'मैं' एक अधिक स्वाधीन, अधिक सुंदर और अधिक सच्चे विश्व की आकांक्षा है। वह अपनी एक कविता 'लौटे यात्री का वक्तव्य' (1957) में दिखाते हैं कि आधुनिक युग में किस तरह स्वाधीनता, सुंदरता और सच्चाई जैसी मूल्यवान चीजें छिपती जा रही हैं और ओछी चीजें सजधज के साथ छा रही हैं।

> सभी जगह
> जो मूल्यवान है सकुचा रहता है अदृश्य, सीपी के मोती-सा
> जो मिलता नहीं बिना सागर में डूबे
> सभी जगह

जो छिछला है, ओछा है
नकली कीमखाब पर सजा हुआ बैठा है लकदक
चौंधाता आंखों को

अज्ञेय भौतिकवादी सभ्यता और इसकी पूंजीवादी प्रणाली से अपने तरीके से मुठभेड़ करते हैं। उन्हें जीवन की समस्याएँ विचलित करती हैं। अज्ञेय के बारे में उनकी दो-चार कविताओं या उनके आत्मोन्मुख व्यक्तित्व के आधार पर किसी समय जल्दबाजी में धारणाएँ बनीं और प्रचारित हुईं। उनकी कविताओं में सांप्रदायिकता और युद्ध का बार-बार विरोध है और पश्चिम के अंधानुकरण की आलोचना है। उपर्युक्त कविता में ही अज्ञेय कहते हैं – 'जिसकी मुट्ठी में ताकत है/उसका भेजा है एक ओर भेड़िये/दूसरी पर मर्कट का'। भेड़िये-सी हिंसा और बंदर-सा अंधानुकरण आज भी सत्ता से चालित दिमाग की दो प्रधान खूबियाँ हैं। ये एक ही सिक्के के दो पहलू हैं। अज्ञेय ने सत्ता के सिक्के को पहचाना था। यही सिक्का बाजार में चल रहा था और मनुष्य नगण्य होता जा रहा था।

अज्ञेय मनुष्य की नगण्यता से घनघोर एतराज के कवि हैं। यही वजह है कि वह भीड़, छिछलापन, सत्ता, हिंसा और अंधानुकरण देखकर बार-बार विचलित होते हैं। उनकी उदासीनता इन्हीं चीजों से है। यह उदासीनता उन्हें उनके उदारवादी, गरिमावान और ताजातरीन 'मैं' के पास रखती है। बहुत से कवि कविता में प्रयोगशील, पर जीवन में रूढ़िवादी होते हैं। अज्ञेय ऐसे नहीं थे।

जो अनासक्त हैं, जिन्हें स्वयं कुछ नहीं किसी से लेना है
क्या दोगे ? कितना दोगे - दे सकते हो ?
मुझे नहीं जग भर को जीवन भर को
प्यार ?

भारतीय मध्यवर्ग की खूबी है कि वह लेना ही लेना जानता है, देना नहीं जानता। अज्ञेय जीवन वीमा, सुख-संपत्ति के संचय और जयजयकार से अनासक्त थे। उनकी कोई नियमित बड़ी आय नहीं थी। वह प्रश्न उठा रहे थे – बहुत लिया, क्या दे भी सकते हो ? मुक्तिबोध भी मध्यवर्ग की बौद्धिक पतनशीलता देखकर उसपर सवाल दागते हैं, "अब तक क्या किया/जीवन क्या जिया !! बहुत-बहुत ज्यादा लिया/दिया बहुत-बहुत कम/मर गया देश, अरे जीवित रह गए तुम !" मध्यवर्ग क्रूरता और लोभ से भरता जा रहा था। आधुनिकता का एक लक्षण है, यह प्रश्न उठाती है। आधुनिकता खुद आधुनिकता पर प्रश्न उठाती है।

अज्ञेय के लिए प्रकृति उनके जीवन का आंगन है। उन्हें प्राकृतिक सौंदर्य से

साक्षात्कार में ही स्वतंत्रता दिखी और निर्मल अपनापन मिला, भले यह क्षण भर का साक्षात्कार हो।

मैंने देखा
एक बूंद सहसा
उछली सागर के झाग से
रंग गई क्षण-भर
ढलते सूरज की आग से

मुझको दीख गया :
सूने विराट के सम्मुख
हर आलोक- छुआ अपनापन
है उन्मोचन
नश्वरता के दाग से

कवि द्रष्टा होता है। स्रष्टा को पहले द्रष्टा होना पड़ता है। कविता का जन्म ही कुछ देखने से हुआ है। वाल्मीकि ने पहले कुछ देखा था। अज्ञेय एक 'बूंद' कविता में पहले कहते हैं, 'मैंने देखा', फिर प्रकृति की वस्तुओं के पार जाकर लिखते हैं – 'मुझको दीख गया'। कवि सामने की दृष्टिगोचर वस्तुओं को देखता है और उन वस्तुओं के पार भी अपनी कल्पना से जाता है। छायावादी कवियों की तुलना में अज्ञेय का प्रकृति से सरोकार भिन्न है। छायावाद में प्रकृति की वस्तुएँ कल्पना में अधिक रंग जाती थीं और वे प्रायः खो जाती थीं। वहाँ सुबह, सांझ, नदी की लहर, झरने, पर्वत को कवि अपनी अनुभूतियों की ओट में डाल देता था। अज्ञेय की कविता में प्रकृति उनके 'मैं' को ओट में डाल देती है। प्रकृति कवि के अनुभवों की दीप्ति के बावजूद अपने पूरे सौंदर्य के साथ आती है। यहाँ सुबह सुबह होती है, समुद्र समुद्र होता है, सूर्य सूर्य होता है। अज्ञेय बार-बार प्रकृति के करीब जाते हैं, ताकि यह अपना सौंदर्य बिखेर कर उनके 'मैं' को अपनी ओट में ले ले, व्यक्ति के मन से अहं की कलौंस मिटा दे –'ले, मैं खोल देता हूँ कपाट सारे'। इसका अर्थ है, वह कल्पना की राह से प्रकृति की वस्तुओं के पार भी जाते हैं और छोटे-छोटे यूटोपिया रचते हैं।

अज्ञेय समुद्र के समान विराट ही नहीं, बूंद के समान छोटी चीज भी देखते हैं। वह एक बूंद के उछलने और क्षण भर के लिए सूर्य की किरणों से उसके रंग जाने का अमर सौंदर्य देखते हैं। इसके अलावा, वह उछली बूंद को प्रेम के रूपक में ढाल देते हैं। निश्चय ही अज्ञेय की मानवीय संवेदना का प्रधान स्रोत प्रेम है।

इसे वह कई नामों से पुकारते हैं – स्नेह, प्रीति, अपनापन, सिहरन, आत्मिक वासना, हृदय का आलोक, अंतःस्पंदन, वेदना, ललक, समर्पण, अपना सबकुछ न्यौछावर करना, अकुलाहट, सन्नाटे की गूंज। यही सब तो प्रेम है, जो महानगर-सभ्यता में दुर्लभ है। यह प्रेम हमेशा आत्मनिवेदन के शिल्प में व्यक्त होता है। अज्ञेय के साहित्य में बौद्धिक स्वतंत्रता और प्रेम इन दो चीजों का सबसे अधिक महत्व है। प्रेम करना स्वतंत्र होना है। यह हिंसा और कृत्रिमता और इन दोनों से भरे अहंकार से मुक्त होना है। यह मनुष्यता का अब तक का सबसे बड़ा मूल्य है, जिसका प्राचीन समय से ही कवियों ने कभी भी सत्ता के साथ खड़ा होकर नहीं, हमेशा प्रतिपक्ष में रहकर गान किया और इसके लिए आहुति भी दी।

क्या किस्म-किस्म की हिंसा और उपभोक्ता समाज की कृत्रिमता दुनिया से प्रेम को हमेशा के लिए मिटा देंगी या प्रेम को 'वस्तु' बना देंगी ? अज्ञेय 'सूने विराट के सम्मुख' क्यों कहते हैं ? इस भौतिकवादी विराट में इतना सूनापन क्यों है ? यह सूनापन इसलिए है कि सबकुछ है, आलोक-छुआ अपनापन नहीं है। वर्तमान सभ्यता में चारों तरफ वीरता और श्रृंगार के हिंसात्मक दृश्य हैं। भौतिक बल प्रदर्शन हो या ज्वेलरी, कास्मेटिक्स और फैशन के कपड़ों से बढ़ता श्रृंगारवाद, ये आधुनिक मन की बढ़ती विपन्नता के लक्षण हैं।

अज्ञेय का 'बाहर' जितना उजड़ा हो, उनका मन उदात्त सौंदर्यानुभवों से भरा है। इसमें आधुनिक मनोरुग्णता की जगह जीवन के प्रति गहरी आस्था है – 'फिर छनेंगे हम/जमेंगे हम/कहीं फिर पैर टेकेंगे।' यह भारी विनाश के बाद भी 'नदी के द्वीप' (1949) का व्यक्त होनेवाला संकल्प है। उनकी सहसा उछली एक बूंद हो या झरता पत्ता, ये नश्वरता के दाग से मुक्त दिखते हैं और आस्था के सूचक हैं। यदि संसार में जीवन का स्पंदन है, न कभी प्रेम खत्म होगा, न हरापन मिटेगा और न सौंदर्य चुकेगा।

एक चीज यह भी उभर कर आती है कि जीवन की अविच्छिन्न निरंतरता पर ही काल की अविच्छिन्न निरंतरता टिकी है। कविता हो या देश-काल, ये जीवन से ही बनते हैं। अज्ञेय की कविता में जीवन की बहुत अधिक उपस्थिति है, भले उसमें राजनीतिक संघर्ष की वैसी आवाजें न हों, जो उनके समय में थीं।

पिकासो ने कहा था कि कला एक झूठ है, जिससे हमें पता चलता है कि सच क्या है। वह प्रसन्नता के क्षणों में मुखौटों से खेला करता था और अपने से सवाल किया करता था, क्या मैं यह हूँ, क्या मैं यह हूँ – वह भीतर-बाहर कुछ तलाश करते हुए काफी भटकते-अटकते एक जवाब तक पहुँचता था। आज यह

बताना बल्कि घोषित करना आसान है कि मैं यह हूँ - हिंदू हूँ, मुसलमान हूँ, दलित हूँ, स्त्री हूँ, मराठी हूँ, अमेरिकन हूँ, आदिवासी हूँ। अज्ञेय इतनी जल्दी फैसला नहीं कर पाते थे। वह मानवतावादी थे। वह 'मैं हूँ' से 'मैं कल्पना कर रहा हूँ' या 'मैं आधुनिक जीवन का पुनर्आविष्कार कर रहा हूँ' तक जाते थे। उनकी धारणा थी, मेरे स्वातंत्र्य में दूसरे की स्वतंत्रता की कामना निहित है। मेरे प्रेम में दूसरे का प्रेम और मेरे निषेध में दूसरे की निषेध भावना निहित है। उनका 'मैं' विशिष्ट होकर भी एक अखंडता और अंतर्वैयक्तिता से भरा है। अज्ञेय यह महसूस करते थे कि अपनी हर सांस के साथ दूसरे की हर सांस को भी 'दिला सकेंगे और अधिक सहजता, अनाकुल उन्मुक्ति और गहरा उल्लास।' वह 'मैं' में बंद नहीं थे। उनका 'मैं' एक गरिमापूर्ण वैयक्तिक इकाई है, अनुभूति की राह से 'अन्य' से जुड़ा।

अज्ञेय की 'असाध्य वीणा' (1961) उनकी सबसे महत्वपूर्ण कविता है। इसके मिथकीय चरित्र प्रियंवद से उनका एक गहरा साहित्यिक तादात्म्य स्थापित हुआ है। क्या मैं ओछा तिनका हाथ में लिए हारिल हूँ, क्या नदी का द्वीप हूँ? क्या मैं सहसा उछली एक बूंद हूँ? क्या मैं प्रियंवद हूँ? 'असाध्य वीणा' अज्ञेय को अन्य कविताओं से ज्यादा खोलती है। इसलिए इस पर विस्तार से विचार की जरूरत है। केशकंबली प्रियंवद नगर से दूर गुफा में रहता है। मुझे अचानक निर्मल वर्मा की कहानी 'कव्वे और काला पानी' (1982) की याद आ रही है। इसमें सहजी बाबा शहर का अपना घर छोड़कर एक पहाड़ी गुफा में रहने लगते हैं। वे दोनों जगहों का अंतर बतलाते है, 'वहाँ दूसरों के लिए मेरा कोई मतलब न था। . . .यहाँ दूसरे नहीं हैं।' अर्थात 'दूसरे' का कोई बोध नहीं है। प्रियंवद का लक्ष्य सिर्फ असाध्य वीणा को साधना ही नहीं है, सत्ता-केंद्रिक आधुनिकतावादी परिवेश का सामना करना भी है। वह अपने 'मैं' और पृथ्वी के बीच हर दीवार पहले ही तोड़ चुका होता है। इसलिए वह सफलतापूर्वक सामना करता है।

अज्ञेय की कविताएँ शुरू में प्रगीतात्मक थीं। बाद में उन्होंने मितकथन का रास्ता चुना। उन्होंने कम शब्दोंवाली छोटी छंदमुक्त कविताएँ ज्यादा लिखीं। इसका अर्थ है, वह जानते हैं कि एक-एक शब्द का कितना महत्व है और यह किस तरह मानव अस्तित्व का द्योतक है। शब्दों के बीच की मुखर नीरवताओं को वही जान सकता है, जो हर शब्द के प्रति जिम्मेदार हो। यही वजह है कि कुछ लंबी कविताएँ लिखने के बावजूद अज्ञेय ने कहा, 'वह ढंग दूसरा है, और कहूँ कि वह ढंग मेरा नहीं है।' अज्ञेय को अपनी लंबी कविताएँ आगे चलकर ज्यादा अपनी नहीं लगीं।

'असाध्य वीणा' सुव्यवस्थित कथात्मक पृष्ठभूमिवाली एकमात्र लंबी कविता है, जो कलात्मक अखंडता की दृष्टि से परिपूर्ण है। अज्ञेय की अन्य लंबी कविताओं में 'असाध्य वीणा' - सी कलात्मक अखंडता नहीं है। वे एक शीर्षक देकर टुकड़ों में अलग-अलग दृश्य, घटना या अनुभूति पर लिखी गई हैं। बिना किसी पुरावृत्तांत के लंबी कविता लिखना एक समय आधुनिकतावादियों के लिए चुनौती पूर्ण रहा है। संभवतः इसीलिए अज्ञेय ने कथा का सहयोग लेकर बाद में 'आर्फ़ेउस' के अलावा कोई लंबी कविता नहीं लिखी। उनकी अन्य लंबी कविताएँ स्वतंत्र अनुभूति-खंडों की श्रृंखला में हैं, उदाहरण के तौर पर 'शरणार्थी', 'ओ निःसंग ममेतर', 'सागरमुद्रा', 'नंदा देवी'। इन सभी से 'असाध्य वीणा' का ढांचा अलग है।

अज्ञेय की कविताओं में कविता और जीवन का वैसा विभाजन नहीं है, जैसा कि मान लिया गया है। साहित्य में आधुनिकता इतनी अतिवादी नहीं हो सकती थी कि जिंदगी से एकदम विमुख हो जाए। 'असाध्य वीणा' की ही तरह उनके अंतिम दौर की लंबी कविताओं में एक है 'आर्फ़ेउस', जो ग्रीक मिथक पर आधारित है। दोनों में समानता यह है कि उनमें समान रूप से संगीत की महिमा है। 'आर्फ़ेउस' की एक लाइन है, 'संगीत/वही एक अमरत्व है।' इसमें भी कहा गया है, 'स्मृति ही संगीत है'। अज्ञेय के लिए स्मृति निश्चय ही उस इतिहास से अलग है, जो एक युद्धभूमि बनता जा रहा था। वह संगीत को हमेशा महत्व देते हैं, 'मुझे उस तक पहुँचना है/अपने संगीत की भुजा फैलाकर/वह आए तो उसी भुजा में बंधी आएगी।' 'आर्फ़ेउस' में कहा गया है, 'मुझे गाना है क्योंकि मुझे प्राण फूंकने हैं।' अज्ञेय ने कविताएँ क्यों लिखीं ?

अज्ञेय कोई संगीतकार न थे, पर उनकी कविता में बार-बार संगीत आता है। कुछ गुनगुनाने का दृश्य आता है। वह जीवन को संगीत की आंखों से देखते हैं। आज पॉश शैक्षिक संस्थानों के उत्सवों में राक म्युजिक बैंड की जैसी धूम है और जैसा आधुनिक पागलपन दिखाई देता है, उससे बिल्कुल भिन्न है अज्ञेय के संगीत का मिजाज। आज शोर ही संगीत है। आधुनिक जीवन में बढ़ता शोर, विघटन और हिंसा देखकर बहुत तल्खी से अज्ञेय महसूस करते होंगे कि नए जमाने में सबसे ज्यादा जरूरत हार्मोनी की है। 'असाध्य वीणा' आधुनिक शोर, विघटन और हिंसा के युग में हार्मोनी की कविता है।

आधुनिक कवियों ने युद्ध का हमेशा विरोध किया। अज्ञेय को एक शांतिवादी कवि के रूप में याद किया जा सकता है। उन्होंने सवाल उठाया – युद्ध क्यों ? भारत-पाक युद्ध के वक्त की एक कविता है 'युद्ध विराम'। इसमें युद्ध रोकने की बात के साथ यह भावना है, 'हमें अब भी चिकनी लगती/संगीन की धार से/हल

के फाल की चमक।' अज्ञेय का युद्ध जैसी चीजों के प्रतिपक्ष में खड़ा होना एक खास अर्थ रखता है, जबकि दूसरे विश्व युद्ध के दौरान वे फौज की सेवा में थे। ऐसा कवि जो सांप्रदायिकता, युद्ध और हिंसा का विरोधी हो, यह जरूर चाहेगा कि स्मृति अपने साथ गोला-बारूद लेकर नहीं संगीत लेकर आए।

अज्ञेय के लिए इतिहास समस्या है। वह राष्ट्रवाद के संकट की ओर इशारा करते हैं, जिस ओर उत्तर-औपनिवेशिक सिद्धांतकारों की अलग तरह से नजर गई है। वह कहते हैं, "हम सनातन काल से ही 'वसुधैव कुटुंबकम्' मानने वाले मानवतावादी रहे, लेकिन वास्तव में 'उदार चरित' हम नहीं थे। न जिन परिस्थितियों में हमारे इस राष्ट्रवाद का नया दौर आरंभ हुआ, वे परिस्थितियाँ ही उदारता का पोषण करनेवाली थीं, बल्कि बीसवीं सदी के आरंभ के साथ पाश्चात्य विचारों की खाद से पनपने वाले राष्ट्रवाद में दीक्षित होकर कदम उठाते ही हम यह देखने और सीखने को बाध्य हुए कि राष्ट्रशक्ति उदारता की शक्ति नहीं है, बल्कि संकीर्णता की शक्ति है।" (साहित्य प्रवृत्तियों की सामाजिक पृष्ठभूमि)। इतिहास राष्ट्र की सत्ता का ही आधुनिक प्रतिबिंब है। इस संबंध में कुछ दूसरे लेखक भी सतर्क करते रहे हैं। अज्ञेय विज्ञान की परंपरा से आकर कवि बने थे, पर उन्होंने उत्तर-औद्योगिक समाज में विज्ञान को भी यह कहते हुए प्रश्नांकित किया कि वैज्ञानिक प्रगति मनुष्य को – "एक नीतिविहीन अथवा अतिनैतिक (क्योंकि यांत्रिक) समाज में रहनेवाला 'नैतिक जीव' बना रहा है।" 20वीं सदी की इन चिंताओं को नजर में रखे बिना अज्ञेय के आधुनिकताबोध का तात्पर्य स्पष्ट नहीं हो सकता।

'असाध्य वीणा' में वीणा दुनिया के भौतिक-राजनीतिक जीवन से अलग चीज नहीं है। असाध्य वीणा एक विराट देश-काल में वज्रकीर्ति की जीवन भर की हठ – साधना से बनी है। यह मिथकीय किरीटी तरु से बनी है। कवि-कल्पना से किरीटी तरु कृष्ण के विराट रूप-सा हो जाता है– धरती, आकाश और पाताल को समेटता। वैसे भी भारतीय परंपरा में वृक्ष जीवन की समग्रता का रूपक है। किरीटी तरु के कंधों पर बादल सोते हैं। उसकी छाया में वनचर आराम करते हैं। उसकी शीतल जड़ें वासुकि नाग पर टिकी हैं। मूल चीनी लोककथा में उसकी जगह ड्रैगन है। किरीटी तरु के संपूर्ण शब्द-चित्र से मनुष्य जाति के उस प्राचीन जीवन का बोध होता है, जिससे होकर हम आज आधुनिक युग तक पहुँचे हैं। मुश्किल है कि इतने विकास के बावजूद आधुनिकता साधे नहीं सध रही है। राजा के सभी कलावंत असफल हो चुके हैं। 'असाध्य वीणा' में राजा द्वारा संकेतित 'मेरे कलावंत' की श्रेणी में हम ऐसे कलाकारों,

बुद्धिजीवियों, राजनीतिज्ञों, उद्योगपतियों, तकनीकविदों और विशेषज्ञों को शामिल कर सकते है, जो किसी न किसी रूप में सत्ता का अंग होने की वजह से आत्मदर्प से भरे हैं।

मेरे हार गए सब जाने-माने कलावंत
सबकी विद्या हो गई अकारथ, दर्प चूर,
कोई ज्ञानी गुणी आज तक इसे न साध सका
अब यह असाध्य वीणा ही ख्यात हो गई

एक लंबी कविता की रचना के पीछे कई प्रेरणाएँ काम करती हैं। इसलिए ऐसी कविता को, खासकर 'असाध्य वीणा' को एक अर्थ में नहीं बांधा जा सकता। इस कविता की कई व्याख्याएँ हुई हैं। इसमें ऐसे दोष भी निकाले गए हैं कि पेड़ के कोटर में भालू कैसे बस सकते हैं, कोटर में तो पक्षी बसते हैं। हमारे सामने मुख्य समस्या कविता के अर्थपूर्ण संगीतात्मक प्रवाह, नाटकीयता और शब्दों के बीच की नीरवताओं को समझने की है। ऐसी कविताओं में अर्थ की परछाइयों को पहचानते समय अक्सर कवि के अभिप्राय को एक चौकोर व्याख्या में बांध दिया जाता है। यह व्याख्या कविता से किसी खुले साहित्यिक इंटरैक्शन की देन नहीं होती, बल्कि एक ऐसी कलात्मक या राजनीतिक अवधारणा से संचालित होती है, जो संकीर्ण हो सकती है। 'असाध्य वीणा' को अनुभूति की वैयक्तिकता की देन, व्यक्तित्व की खोज, आधुनिक परिवेश के साथ समझौते का सूचक, हिंदू चेतना की उपज, ऐसा ही बहुत कुछ कहा गया है, जबकि इसे आधुनिकीकरण के 'क्रिटीक' के रूप में पढ़ा जाना चाहिए।

हरबर्ट मार्क्युज ने 'वन डाइमेंशनल मैन' (1964) में बताया है कि औद्योगिक समाज किस तरह अपने लोभनीय उपकरणों से मानवीय अंतःकरण को वस्तु-उन्मुख बना देता है, मूल्यों की जगह भौतिक जरूरतें प्रधान हो जाती हैं। एक ऐसा तकनीकी बुद्धिवाद विकसित होता है, जो आदर्शवादी संस्कृति का निषेध करता है। शांति और सत्ता, स्वतंत्रता और सत्ता, इरॉस और सत्ता एक दूसरे के विरोधी हो जाते हैं। सत्ता हर अच्छाई को खा जाना चाहती है। 20वीं सदी में आधुनिकीकरण उत्पादक भूमिका के साथ विध्वंसात्मक भूमिका भी निभा रहा था। 60-70 के दशक की केंद्रीय चिंता यह थी कि मनुष्य एकायामी होता जा रहा है। वह यांत्रिक होता जा रहा है और 'वस्तु' में बदल रहा है। इसलिए 'असाध्य वीणा' के प्रियंवद का मानवीय अंतर्जगत और संपूर्ण चराचर सृष्टि को महत्व देना वस्तुतः उस इतिहास, बुद्धिवाद और यंत्रीकरण का निषेध है, जो मनुष्य का शत्रु

होता जा रहा था। यह ज्ञान को महज तकनीकी ज्ञान न मान कर उसे मानवीय तर्कों और मूल्यों से जोड़ने की कोशिश भी कही जा सकती है।

प्रियंवद सच्चा स्वर-साधक था। वह सबसे पहले राजा के इस कथन का विनम्रतापूर्वक प्रत्याख्यान करता है कि वह कोई कलावंत या स्वरसिद्ध है – 'कलावंत हूँ नहीं, शिष्य, साधक हूँ।' उसने वाद्य उठाकर गोद में रख लिया और उस पर मस्तक टेक दिया। वह मौन था, 'मौन प्रियंवद साध रहा था वीणा-/नहीं, स्वयं अपने को शोध रहा था' उसका मौन 'वस्तुओं' के बीच 'मूल्यों' के लिए जगह बनाना है। यह निरी चुप्पी नहीं है, क्योंकि हम प्रियंवद को विशाल किरीटी तरु से आंतरिक संवाद करता हुआ पाते हैं। वह संवाद तभी कर पाता है, जब अपने अहं का विसर्जन कर आत्मलीन होता है। वीणा प्रियंवद की गोद में नहीं है, खुद प्रियंवद वीणा और इसके माध्यम से किरीटी तरु और अखंड चराचर सृष्टि की गोद में मोद-भरे बालक-सा बैठा है। वह दूसरे कलावंतों की तरह सिद्ध नहीं है, साधनावस्था में है। उसे न कोई अहं है और न उस पर इतिहास, बुद्धिवाद और यांत्रिक नैतिकता का दबाव है। आधुनिक कलावंतों की तरह वह टाइम को पैसे में नहीं आंकता, बल्कि टाइम की गहराई में जाता है। उसके लिए 'टाइम इज मनी' का कोई अर्थ नहीं है – आया, परफार्म किया, डालर लिया और चल दिया ! प्रियंवद एक भिन्न तरह का कला-साधक है। इसलिए जब वीणा पर झुके काफी समय बीत गया, बात-बात पर समय देखने वाले कलाप्रेमी एक अपरिचित दृश्य देखकर सोचते हैं, 'सभा चकित थी- अरे, प्रियंवद क्या सोता है ?'

प्रियवंद का संबंध सीधे किरीटी तरु के उस विराट संसार से स्थापित हो रहा था, जो विरुद्धों में सामंजस्य से बना था। ये भिन्नताएँ ही हैं, जिनमें सौंदर्य और अर्थ होता है, अन्यथा आज जिस म्युजिक को ग्लोबल कहा जा रहा है, वह पश्चिम का पॉप म्युजिक है। संगीत में ऐसा कुछ नहीं हो सकता जो ग्लोबल हो, क्योंकि कोई भी विश्व संगीत हमेशा भिन्नताओं में एकात्मता स्थापित करके ही बन सकता है। 'असाध्य वीणा' में अनगिनत संगीतात्मक रूप हैं, जो सुंदर जीवन दृश्य बनाते हैं। इस दृश्यमान संसार में खद्योत और झिल्ली-दादुर एकसाथ हैं। विद्युत-भरी वर्षा की पट-पट और रात में महुए का चुपचाप टपकना एकसाथ है। पर्वतीय गांव के उत्सव-ढोलक की थाप और हाथियों का चिंघाड़ एकसाथ है। ओस-बूंद की ढरकन और चट्टानों का टूट कर गिरना एकसाथ है। वहाँ सांय-सांय है तो मृगों की चौकड़ियों की मधुर लय भी है। वहाँ साधारण और उदात्त दोनों हैं और उनमें अखंडता है। किरीटी तरु की अनहद नादमय संसृति एक अलग

जीवन के चित्र लाती है। वहाँ भिन्नताएँ हैं, विशिष्टताएँ हैं और एक अखंडता भी है। प्रियंवद प्रकृति की इसी विराट संसृति में तल्लीन होता है। यह ध्यान में रखना होगा, इस संसृति में पर्वतीय गांव के आम लोग शामिल हैं।

ओ विशाल तरु !
शत-सहस्र पल्लवन पतझरों ने जिसका निज रूप संवारा
कितनी बरसातों कितने खद्योतों ने आरती उतारी
दिन भौंरे कर गए गुंजरित
रातों में झिल्ली ने अनथक मंगल-गान सुनाए
....
हाँ, मुझे स्मरण है
बदली-कौंध-पत्तियों पर वर्षा-बूंदों की पट-पट
घनी रात में महुए का चुप-चाप टपकना
चौंके खग-शावक की चिहुँक
शिलाओं को दुलराते वन-झरने के
द्रुत लहरीले जल का कल-निदान
कुहरे में छन कर आती
पर्वती गांव के उत्सव-ढोलक की थाप।
....
मैं नहीं, नहीं ! मैं कहीं नहीं !
ओ रे तरु ! ओ वन !
ओ स्वर - संभार !
नाद-मय संसृति !
आ, मुझे भुला ;
....
तू उतर बीन के तारों में
अपने को गा
अपने से गा–
अपने खग-कुल को मुखरित कर

यहाँ महज प्रकृति नहीं है, एक संसृति है। एक पूरा संसार है, जहाँ पर्वत, नदी-नाले, पशु-पक्षी, ग्रामीण लोगों का जीवन सभी मिलकर एक संगीत बनाते हैं। संगीत खुद एक अनथक यायावर है, जो भौगोलिक, भाषायी, राजनीतिक और

सांस्कृतिक सीमारेखाओं को तोड़ देता है। इस संसार में 'स्थानीय' और 'वैश्विक' का विभाजन नहीं होता। प्रियंवद के लिए संगीत जितना आत्मदर्शन है, उतना ही विश्व-दर्शन भी। वह खुद संसार के जल, मिट्टी, चट्टान, लोकजीवन, तर्क, सत्य और मानवता से बना है। आज यह देखकर अच्छा लग सकता है कि प्रियंवद एक उदासीन, आत्मलिप्त या आत्ममगन व्यक्ति नहीं है। वह अपने 'मैं की स्वभूमि' को बचाकर संपूर्ण संसृति से अपना रिश्ता जोड़ता है। वह साधारण और महत्तर दोनों को अपनाता है।

अज्ञेय 'असाध्य वीणा' में आधुनिकीकरण के बरक्स संगीत को एक रूपक बना देते हैं। वह संगीत से आधुनिक जीवन का एक ऐसा यूटोपियन संसार रचते हैं, जिसमें अहं, कटुता, द्वेष, हिंसा, खुदगर्जी और यांत्रिकता नहीं है। उन्हें जो समाज में नहीं मिला, वह उन्होंने प्रकृति के संगीत में खोजा, कहना चाहिए, उसका स्वप्न देखा।

हम जानते हैं, प्रकृति अंतर्विरोधों से भरी जगह है, जहाँ इतिहास की तरह अस्तित्व के लिए अंधा हिंसक संघर्ष होता है। बड़ी मछली छोटी मछली को खा जाती है। इतिहास, बुद्धिवाद और टेक्नोलोजी प्रकृति पर विजय हासिल कर उसका स्वामी बनना चाहते हैं। ये निश्चय ही मनुष्य के भौतिक अभाव कम करते हैं, आधुनिकीकरण लाते हैं, स्वतंत्रता लाते हैं, पर व्यक्ति के अंतर्जगत को खोखला भी करते जाते हैं। इतिहास प्रकृति का निषेध है, पर इतिहास प्रकृति से ज्यादा बेहतर जगह नहीं बन पाया, क्योंकि उसका संचालक एक ऐसा बुद्धिवाद है, जो अब महज तकनीकी बुद्धिवाद में सीमित है।

'असाध्य वीणा' का संगीत जीवन से विच्छिन्न नहीं है। उसकी जड़ें उस किरीटी तरु में हैं, जो एक विविधतापूर्ण जीवन संसार का रूपक है। इस कविता में जीवन की इतनी विविधता है और सौंदर्य के इतने रूप हैं कि ये आधुनिकीकरण द्वारा लाई जा रही एकरूपता के सामने चुनौती से दिखते हैं। प्रियंवद द्वारा अनुभव किए जा रहे संसार की खूबी है कि यह विविधता के बावजूद अंतर्विरोधों से मुक्त है। ऐसा लगता है कि कबीर की उलटवांसी 'ठारे सिंह चरावै गाई' एक जादुई यथार्थ की तरह उपस्थित है। विविधता में अखंडता एक बड़ी समस्या है, खासकर भारत जैसे देशों के संदर्भ में। प्रियंवद एक सृजनशील कलाकार है। उसका संगीत यह संदेश देता है कि यदि सृजनशीलता है, विविधता समस्या नहीं है। सृजनशीलता हो तो कट्टरवाद भी नहीं होगा। इसलिए मनुष्य जीवन में सृजनशीलता जरूरी है और इसके लिए बौद्धिक स्वतंत्रता जरूरी है।

'असाध्य वीणा' में साधारण प्रकृति वर्णन नहीं है। प्रकृति संसृति के

महानाद के साथ है। यह 'दूसरी प्रकृति' है। यह कवि के भीतर की स्वयंरचित प्रकृति है, जहाँ बुद्धि विरुद्धों के बीच सामंजस्य का एक भिन्न नतीजा ले आती है। यह बुद्धि अहं, भेदभाव और यांत्रिकता को मिटाकर एक अभिनव वातावरण बनाती है। आधुनिकता ने एक समय तर्कबुद्धि (रीजन) को धर्म, समाज, राजनीति, विज्ञान सारी चीजों के केंद्र में स्थापित कर दिया था। अज्ञेय आधुनिकता की इस देन से विमुख नहीं हैं। वह सिर्फ तकनीकी बुद्धिवाद और 'रैशनल एनिमल' की अवधारणा का विरोध करते हैं। हम देख सकते हैं कि वह 'रैशनलटी' को मनुष्यता के बड़े उद्देश्यों से जोड़ना चाहते हैं। उनकी 'रैशनलिटी' मानवीय अंत:करण का संहार करनेवाली नहीं है, उसे समृद्ध करने वाली है। इस 'रैशनलटी' को एक जगह विवेक के रूप में उपस्थित करते हुए अज्ञेय कहते हैं, "मेरे विवेक के सामर्थ्य भर जो मुझे सत्य दिखता है, उस पर आचरण करना चाहता हूँ और उसके लिए जो दंड मिलता है, उसे भोगने के लिए तैयार हूँ।" (केंद्र और परिधि)। आधुनिकता का एक तकाजा है मतादर्श के लिए दंड भोगने को हमेशा तैयार रहना, जबकि उत्तर-आधुनिक आदमी का लक्ष्य है मतादर्श बेचकर मजा खरीदना!

निश्चय ही अज्ञेय 'असाध्य वीणा' में किरीटी तरु के मिथकीय लोक में ले जाकर वस्तुत: यूटोपिया की रचना कर रहे होते हैं, जो तर्कातीत है। हर मिथक एक लोकविश्वास पर आधारित होता है, वह तर्कातीत होता है, पर उसमें कोई एक सार्वभौम सच की अनुगूंज होती है। 'असाध्य वीणा' का मिथकीय लोक आधुनिकीकरण के संकट के परिदृश्य में प्रेम, भेद में अभेद और जीवन के अकृत्रिम उल्लास का जो संदेश देता है, वह नि:संदेह बुद्धि-प्रसूत है, यह सच्चे आधुनिक विवेक की देन है।

अज्ञेय के व्यक्ति-स्वातंत्र्य का अर्थ बौद्धिक स्वतंत्रता है, जिसके बिना मानवीय सृजनात्मकता संभव नहीं है। उन्होंने 'स्मृति-लेखा' में कहा है कि प्रेमचंद ने नैतिक मानव को अपने साहित्य का विषय बनाया है। वह यह बात प्रेमचंद की सराहना में नहीं कहते हैं, उनकी सीमा उजागर करने के लिए कहते हैं। वह नैतिक मानव की जगह स्वातंत्र्यकामी मानव की अवधारणा लेकर चल रहे थे। आधुनिकतावादी लेखक 'नैतिक' और 'सामाजिक' की जगह 'वैयक्तिक' को प्रधानता देते हैं। समाज की जगह व्यक्ति ज्यादा महत्वपूर्ण विषय हो जाता है। साहित्य प्रातिनिधिक की जगह आत्मसंदर्भात्मक होता है। ऐसे खास समय में अज्ञेय जैसे लेखकों का जैसा साहित्य आया, उसे आज किस नजर से देखा जाए, यह एक समस्या है। उनकी प्रयोगशील कविताओं ने एक समय विचारोत्तेजना पैदा

की थी और वे नकारी भी गई थीं। आज इस पर आश्चर्य नहीं करना चाहिए, यदि कहा जाए कि उनमें समाज व्यवस्था की एक न एक स्तर से आलोचना है। यह आलोचना व्यक्ति की अनुभूतियों के स्तर से है। व्यक्ति आधुनिकीकरण के निर्मम, भेदभावमूलक और यांत्रिक परिवेश में अपनी पहचान खोने लगा था। वह अपने 'आत्म' स्तर पर ही कुछ सोच और सृजन कर पा रहा था। इस मामले को एक सामाजिक परिघटना के रूप में पहचानना चाहिए। हम देख रहे हैं कि सामुदायिक झुंड और बाजार में 'व्यक्ति' विलुप्त हो गया है, जबकि आज उसकी बेहद जरूरत है।

अज्ञेय को इतिहास 'राख का ढेर' और एक निर्मम स्थान लगता है। वह इतिहास को नहीं, स्मृति को चुनते हैं। उनका स्मृति से दोहरा रिश्ता है। वह एक कारागार है और वह सुरंग भी है। अज्ञेय ने 'अरे यायावर रहेगा याद', 'एक बूंद सहसा उछली' जैसे संस्मरण ग्रंथ लिखे हैं। इसलिए यह नहीं कहा जा सकता कि स्मृतियों से उन्हें परहेज है और उन्होंने इनका सृजनात्मक उपयोग नहीं किया है। वह इतिहास के सिर्फ अनुक्रम और तर्कवाद को अस्वीकारते हैं,क्योंकि इसे एकायामी, एकरेखीय और निर्धारणवाद की कठोरता से भरा पाते हैं। वह इतिहास को राष्ट्रीय आत्मछवि के रूप में नहीं देख पाते, क्योंकि 'राष्ट्र' उन्हें धीरे-धीरे एक कठोर जगह में बदलता दिखता है। वह वर्तमानता को सबसे अधिक महत्व देते हैं। इसलिए उनकी स्मृति में वे ही दृश्य हैं, जो अपूर्व जगमगाते क्षण में कीलित हो गए हों। पेड़ से झरता पत्ता नीचे न गिर कर एक हरी डाल पर अटक जाता है। यह एक अंत है, पर एक ऐसी प्रक्रिया भी है, जिसमें अंत नहीं है। यह बिंब अज्ञेय को बड़ा प्रिय था –

झरना : झरता पत्ता
हरी डाल से
अटक गया

अज्ञेय की कविता में चीजें उनकी मानवीय संवेदना के विभिन्न रूपों में ढल कर आती हैं। हर रूप एक स्वतंत्र इकाई है, पर हर रूप का दूसरे रूप से एक लयात्मक संबंध है। इतिहास और भविष्य भी कवि-संवेदना की निजी संरचना में उपस्थित होते हैं, वे स्वतंत्र चीजें नहीं हैं। इसलिए अनुभूति की तत्क्षणता का बहुत महत्व है। यह व्यक्ति-स्वातंत्र्य को महत्व देना है। अज्ञेय के लिए अर्थ सागर में नहीं मछली में है, इसकी जिजीविषा में है। इसी के बल पर मछली सागर के अनंत परिवेश में जीती है और उसे जानना चाहती है। उसकी सारी गति सागर

में है, इसके बाहर उसका अस्तित्व नहीं है। इसलिए उसके जीवन का निजी अर्थ भी अंतहीन सागर के भीतर है। उसके होने का अहसास सागर ही देता है – 'देता है सीमाहीन अवकाश/जानने का हमारी गति को।' यह अज्ञेय के व्यक्ति-मन की 'मछली' है, जो आधुनिक परिवेश में जी रहे मध्यवर्ग की अकुलाहट को व्यक्त करती है। अज्ञेय की कविता में एक दार्शनिक टोन है, भले वह कविता को दर्शन में नहीं पहुंचाते।

आधुनिक लेखकों के लिए स्मृति एक बड़ी समस्या रही है, किसे चुनें और किसे छोड़ें। एक वैयक्तिक स्मृति है और एक राष्ट्रीय स्मृति है। व्यक्ति की सारी स्मृतियाँ वैयक्तिक नहीं होतीं। इसी तरह एक तरफ विकृत स्मृति है, दूसरी तरफ स्मृति-ध्वंस है। अज्ञेय 'संवत्सर'(1978) में लिखते हैं, "सांस्कृतिक स्मृति-भ्रंश के कारण हमारे अनुभव का क्षेत्र संकुचित और हमारा अनुभव शिथिल और निर्जीव होता जाता है। यह जानी हुई बात है कि स्मृति का विघटन बुद्धि और व्यक्तित्व के नाश का कारण बनता है।" यही वजह है कि 'असाध्य वीणा' में प्रियंवद बार-बार दोहराता है, 'मुझे स्मरण है...मुझे स्मरण है ! ' इसका यह अर्थ नहीं है कि अज्ञेय पुनरुत्थानवादी हैं। इसके विपरीत वह बुद्धिपरकता को महत्व देते हैं। वह सनातनता की तलाश करते हुए स्मृति की विकृति का प्रश्न उठाते हैं, 'स्मृति की विकृति का एक पहलू है काल की प्रतीति का असंतुलन।' स्मृति में विकृति काल के एकाधिक आयामों के एकसाथ अनुभव की अक्षमता का नतीजा है। मनुष्य का कोई भी सच्चा अनुभव एकायामी या एककोणीय नहीं हो सकता। कालबोध सीमित या एकायामी हो जाने पर मनुष्य की स्मृति संकुचित, विकृत या सांप्रदायिक होगी। अज्ञेय एक तीसरी चीज कहते हैं, 'इतिहास के आधार पर काल का पुनर्निर्माण नहीं किया जा सकता'(वही)। वह मानते हैं, 'इतिहास केवल एक चक्की रह गया है, जिसमें अतीत को निर्विवेक ढंग से पीसा जा रहा है।' 'असाध्य वीणा' में स्मरण को, स्मृति को इतना महत्व देने का एक अर्थ है 'इतिहासवाद' की निरर्थकता स्थापित करना, आज के संदर्भ में भले वह सामुदायिक इतिहासवाद ही क्यों न हो।

आधुनिकीकरण का एक दूसरा निर्मम रूप पूंजीवाद का उत्थान, अंध-औद्योगिक विकास और यंत्रीकरण है। इसे लेकर एक समय वे यूरोपीय बुद्धिजीवी भी काफी चिंतित थे, जो मार्क्सवादी न थे। यह सही है कि उनका झुकाव 'परिवर्तन' की तरफ न होकर 'संकट' को उजागर करनेवाले कलात्मक बौद्धिक प्रयोगों की तरफ था। वे इन प्रयोगों के जरिये अमानवीय आधुनिकीकरण से अपनी असहमति व्यक्त करते थे। हम जानते हैं कि आज साइबर संसार ने उत्तर-

आधुनिक जीवन को पहले से अधिक अमानवीय, यांत्रिक और अति-परिपक्व बना दिया है और एक वैकल्पिक सभ्यता की जरूरत बढ़ा दी है।

अज्ञेय आधुनिकीकरण के निर्मम रूपों का विरोध करते हुए पश्चिम के प्रति कितना खुला रुख रखते हैं, यह उनका यात्रा वृत्तांत 'एक बूंद सहसा उछली' पढ़ कर पता चल सकता है। उनका मिजाज सार्वदेशिक है। वह भारतीय सनातनता और पश्चिमी खुलेपन को परस्पर विरोधी चीजों के रूप में नहीं देखते। उन्होंने 'यूरोप की अमरावती : रोमा' में पश्चिमी सभ्यता के संकट को पहचाना। उन्हें इटली घूमते हुए पश्चिम का आदमी कुछ ऐसा लगा – 'अंगारे-सा, भगवान-सा अकेला।' उनके वर्णन में ऊष्मा, आवेग के साथ अनुभव का तीखापन भी है। पश्चिमी देशों की अधिक यात्रा के कारण वह अधिक नजदीक से आधुनिकीकरण का अत्याचार देखते हैं, "मशीन ऐसा हावी हो गई है कि वह व्यक्ति को ही कुचल दे रही है। वह अपने को अधिकाधिक नगण्य पाता हुआ दौड़ रहा है, दौड़ रहा है और दौड़ता हुआ भी क्रमशः और नगण्य होता जा रहा है। अस्तित्ववाद के नाम पर यूरोप में जो कुछ आया, सब स्वस्थ नहीं था, पर जो स्वस्थ था, उसके मूल में इसी अकिंचनत्व का साहसपूर्ण साक्षात्कार था और मानव की इस परिस्थिति से उबरने के मार्ग की खोज।"(संवत्सर) अज्ञेय पश्चिमी चिंतकों में सार्त्र की जगह कार्ल यास्पर्स को अपने अधिक नजदीक पाते हैं, जिसने यह कहकर आधुनिक मनुष्य की निस्सहायता का चित्र खींचा था कि इसके पास वरण की स्वतंत्रता नहीं है।

आज के समय में आदमी की नगण्यता बढ़ी है। वह आज कुछ भी चुनने के लिए बाजार का पहले से अधिक गुलाम है। यह नहीं कहा जा सकता कि 'असाध्य वीणा' में इस स्थिति से उबरने का कोई स्पष्ट मार्ग है। उसमें एक चीज जरूर है, प्रियंवद दूसरे कलावंतों की तरह हारने की जगह अपनी पहचान की खोज करता है। वह एक कोशिश करता है। वह इतिहास के दर्प, 'टाइम इज मनी' की विचारधारा और उत्तर-औद्योगिक यांत्रिकता से अपने को बचाता है। वह अपनी सांस्कृतिक आत्मा के नगर की विराटता को पहचानना चाहता है। आधुनिक जमाने में दो किस्म की आधुनिकताएँ थीं – सर्वग्रासी आधुनिकता और संरक्षणशील आधुनिकता। हम देखते हैं कि प्रियंवद का आत्मबोध या अस्मिताबोध आधुनिकीकरण के उस जटिल समय में एक प्रतिरोध है। वह कुछ बचाना चाहता है। अज्ञेय ने प्रश्न किया, 'क्या यह अनिवार्य है कि हम जैसे-जैसे काल को पहचानते चलें, वैसे-वैसे सनातन को गंवाते चलें ?' (वही)। प्रियंवद विविधता और अखंडता में रिश्ता पैदा कर असाध्य वीणा को ही नहीं साधता, बल्कि सनातन को भी

पुनर्उपलब्ध करता है। यह आधुनिकता को मानवीय बनाने की जरूरत बताना है। यह समस्या का यथार्थवादी समाधान नहीं है, पर सेल्फ-अवेयरनेस का चिह्न जरूर है। अज्ञेय ने 'स्मृति-लेखा' में प्रेमचंद पर लिखते हुए कहा था, 'साहित्यकार विपरीत परिस्थितियों में पूरे समाज की जागृत आत्मा का काम करता है।' अज्ञेय का साहित्य आधुनिक चेतना के अंतर्विरोध का उद्घाटन करता है, यह समझने की जरूरत है।

आधुनिकीकरण ने राज्य संगठन को मजबूत बनाया, राज्य और जनता के बीच दूरी पैदा की। राज्य सत्ता का केंद्र बनता गया एवं औजार भी। यह राजनीतिक वजन से भारी होता गया। 'असाध्य वीणा' में हम पाते हैं कि वीणा के सहसा झनझना उठने के बाद राजा पर व्यापक असर पड़ा। यह साधारण संगीत न था। प्रियंवद के अस्पर्श छुअन ने सिर्फ वीणा को नहीं, एक अखंड संसृति को ध्वनित कर दिया था। इस संगीत से जैसे मनुष्यजाति के सांस्कृतिक अचेतन का कोई महान आद्यबिंब व्यक्त हो रहा हो। यह आत्मबोध था, मानो मनुष्य की सामाजिक चेतना की परतों में छिपा अविभाज्य महामौन गा रहा हो, 'अवतरित हुआ संगीत स्वयंभू/जिसमें होता है अखंड ब्रह्मा का मौन/अशेष प्रभामय।' इस संगीत ने युग पलट दिया।

> राजा जागे...
> राज-मुकुट सहसा हलका हो आया था, मानो हो फूल सिरिस का
> ईर्ष्या, महदाकांक्षा, द्वेष, चाटुता
> सभी पुराने लुगड़े से झर गए, निखर आया था जीवन-कांचन
> धर्म-भाव से जिसे निछावर वह कर देगा।

राजमुकुट का हल्का होना तंत्र का जन में बंट जाना है। यह उस जनतंत्र के ढकोसले का मिटना है जहाँ ईर्ष्या, द्वेष, असीमित महत्वाकांक्षा और चाटुकारिता ही राजनीतिक मूल्य हैं। महसूस किया जा सकता है कि आधुनिक युग में राजनीति के जीवन पर ज्यादा छा जाने की वजह से, जीवन में जीवन को थोड़ा भी बचाना निरंतर मुश्किल हो गया। राजनीति को जीवन के हर कोने में न घुसने देने की राजनीति अब नहीं है। वीणा के संगीत से राजनीति के सभी बुरे तत्व लुगड़े से झर गए। जीवन का सोना तप कर निखर आया। इस जगह धर्म भाव वस्तुतः एक उच्चतर मूल्यबोध है, यह किसी सांप्रदायिक अर्थ में नहीं है। हर अन्वेषण एक परिवर्तन है। अज्ञेय का अन्वेषण मनोजगत में परिवर्तन है। वह मनोजगत का महत्व स्थापित करना चाहते हैं। दुनिया तेजी से बदल रही है।

आदमी का मन कितना बदल रहा है ? यह प्रश्न कम महत्वपूर्ण नहीं है।

रानी पर भी वीणा के संगीत का असर हुआ। उसे इसका अहसास हो गया कि उसकी ज्वेलरी, कृत्रिम भौतिक इच्छाएँ 'सब अंधकार के कण हैं ये/आलोक एक/प्यार अनन्य !/उसी की विद्युल्लता घेरती रहती है रस-भार मेघ को।' विद्युत और बादल का अनन्य हो जानेवाला प्रेम ही अज्ञेय का चरम जीवन मूल्य है। उनके लिए प्रेम एक सृजनशील आत्मविस्तार है। यह एक संगीत में अपने को खो देना है। यह 'कृत्रिमता' की जगह 'गहनता' को चुनना है। आधुनिक समाज तेजी से दमन और हिंसा की जगह बनता जा रहा है, 'असाध्य वीणा' का संगीत हर तरह के आतंकवाद से मुक्ति का आश्वासन बनता है। यह देखने की चीज है कि इस संगीत का सभी पर अलग-अलग असर पड़ा, जिस तरह कविता हर पाठक पर अलग-अलग असर डालती है।

वीणा का संगीत इकहरा नहीं है, अनेकरूपात्मक है। अज्ञेय जब इसका चित्र खींचते हैं, कविता और जीवन के बीच बहुत दूरी नहीं रह जाती। यह कहीं बटुली में बहुत दिनों के बाद अन्न की सोंधी खुशबू है। नागार्जुन की यह पंक्ति देखिए, 'दाने आए घर के अंदर बहुत दिनों के बाद।' यह कहीं जाल में फंसी मछली की तड़पन है, कहीं नभ में उड़ती चिड़िया की चहक है, कहीं लंगर पर कसमसा रही नौका पर लहरों की अविराम थपकियाँ हैं। यह कहीं मंडी में ग्राहकों की स्पर्धा भरी बोलियाँ हैं, तो कहीं लुहार द्वारा लोहे पर चोट है। यह कहीं जीवन की पहली अंगड़ाई है, कहीं मृत्यु है। मृत्यु भी एक संगीत है। इस तरह कई जगहों के स्वर से यह संगीत बना है। इसके विस्तार को देखते हुए नहीं लगता कि अज्ञेय किसी रहस्यमय संगीत की बात कर रहे हैं। यही लगता है कि वह अपने समय की अराजक व्यवस्था में एक सहज, उन्मुक्त और प्रेम-भरे जीवन की कामना कर रहे हैं। यह सृष्टि और समाज के भीतर जो भी सारमय छिपा-दबा-शब्दहीन है, उसका अन्वेषण है। राजा का, सत्ता का अभिवादन के लिए बढ़ा हाथ रोकता हुआ प्रियंवद कहता है –

श्रेय नहीं कुछ मेरा :
मैं तो डूब गया था स्वयं शून्य में -
वीणा के माध्यम से अपने को मैंने -
सब कुछ को सौंप दिया था -
सुना आपने जो वह मेरा नहीं,
न वीणा का था :
वह तो सबकुछ की तथता थी

महाशून्य
वह महामौन
अविभाज्य, अनाप्त, अद्रवित, अप्रमेय
जो शब्दहीन
सब में गाता है।

गौर करने की बात है कि अज्ञेय 'असाध्य वीणा' को अपनी मुख्य शैली की कविता नहीं मानते थे। वह इसे उसी तरह हाशिए पर रखते थे, जिस तरह 'शेखर एक जीवनी' को रखा था। उन्हें अपनी छोटी कविताएँ पसंद थीं। इस लंबी कविता में विराट से विराट की आवाज के साथ लघु से लघु की आवाज को समेटते हुए जो उदात्तता है, वह एक समय अवसाद से भरे अज्ञेय को बहुत नजदीक की चीज नहीं लगती होगी। इस कविता में साधना की, प्रयत्न की महत्ता है, जबकि अज्ञेय ने एक समय अपने को स्वयंसिद्ध मान लिया। इसके अलावा, एक अन्य उल्लेखनीय बात यह है कि 'असाध्य वीणा' में आधुनिकताबोध की पीड़ा से अधिक आधुनिकताबोध का उल्लास है। आधुनिकीकरण की आलोचना के बरक्स यह उल्लास भले यूटोपियन अर्थ रखता हो, फिर भी भिन्नताओं में एकात्मता के अन्वेषण के संदर्भ में उसका महत्व समझा जाना चाहिए। यदि 'असाध्य वीणा' को लेकर एक संगीतात्मक काव्य नृत्य बने, क्योंकि कविता एक पाठ के अलावा किसी बिंदु पर 'परफार्मेंस' भी है, ऐसा नृत्य कई अर्थ खोल सकता है।

अज्ञेय के आत्मान्वेषण की सीमा यह है कि उसमें कहीं भटकन नहीं है। वह हमें उद्विग्न नहीं करता, बल्कि 'कंफर्टेबल' लगता है। हमें मंजिल का पता चलता है, पर यह कहीं स्पष्ट नहीं होता कि कवि किस राह से चला था और उसे कैसे-कैसे कड़वे-मीठे अनुभवों या बाधा-विपत्तियों का सामना करना पड़ा। उसने अपना निजी जीवन लगभग रहस्यमय बनाकर रखा। आत्मजीवनी जैसा कभी कुछ नहीं लिखा, कभी कुछ ज्यादा नहीं खोला। कवि जैसे पाए हुए जीवन सत्य को ही बार-बार खोजता है, वह अपनी काव्यानुभूति में कोई बड़ा प्रस्थान करता दिखाई नहीं देता। यह जरूर है कि अज्ञेय ने यह आवश्यक समझा कि वह अपने पूर्ववर्ती कवियों, यहाँ तक कि समकालीनों से भी संवेदना और शैली के स्तर पर अलग दिखें। उनके बारे में कहा जाता है कि वह अनुभूति की अद्वितीयता के कवि हैं। उनका अनुभव इस अर्थ में अद्वितीय है कि न पहले इसका अस्तित्व था और न आगे होगा। यह 'व्यक्ति' को महत्ता देना हुआ, खासकर उसकी सृजनात्मकता को।

कई बार कला अपना लक्ष्य आप होती है। यह देखना होगा कि वह अपने लक्ष्य तक पहुँचनेवाली राहों को खुला रखती है या नहीं। यदि राहें खुली हैं, उस कला में जीवन की ओर बढ़ने की संभावना हो सकती है। ऐसी कला कलावाद से बाहर झांकती है, क्योंकि वह रूपाकार भर नहीं होती, वह एक जीवनानुभूति भी होती है। 'असाध्य वीणा' के संगीत का जीवन से अविच्छिन्न संबंध है। दरअसल आधुनिक लेखकों पर भी सामाजिक जीवन की घटनाओं का असर रहा है। हम आज देखते हैं, यदि आदमी बुरा है, भ्रष्ट है, उसकी तुरंत एक लॉबी बन जाती है। वह सच्चा है तो अकेला हो जाता है। इस समाज में कई बार सच्चा होना अकेला होने का ही एक तरीका है। मनुष्य का अकेलापन एक आधुनिक सच्चाई है। सवाल है, वह अकेलेपन में क्या चाहता है – क्या अकेलापन ही ?

अज्ञेय बाहरी जगत की अमानवीयता से टकरा कर अपने 'आत्म' (सेल्फ) के नए रूप की कल्पना करते हैं, ताकि बाहर की अमानवीय घटनाओं से जन्मी पीड़ा से स्वतंत्र हुआ जा सके। आधुनिक समाज में विषमता, हिंसा, सामाजिक अन्याय और जीवन की यांत्रिकता है। इनके विरुद्ध संघर्ष में उतरना एक सामाजिक चेतना-संपन्न व्यक्ति का लक्ष्य होना चाहिए। ऐसे व्यक्ति को लग सकता है कि अज्ञेय 'असाध्य वीणा' में एक नकली मनोराज्य बना कर शांत हो गए, 'प्रिय पाठक ! यों मेरी वाणी भी/मौन हुई।' यह एक सामाजिक घटना है कि ईमानदार व्यक्ति को राजनीति कई बार दृश्य से बाहर फेंक देती है। उसे साइड कर दिया जाता है। सामाजिक बदल की राजनीति में भी आत्मपरकता, चालाकी या क्रूरता आ सकती है, अब इससे इन्कार नहीं किया जा सकता। ऐसी घड़ी में काफी लोग अपने को अकेला महसूस करते हैं। सवाल है, इस अकेलेपन के प्रति सम्मोहन है या व्यक्ति क्रिटिकल है और दुनिया के जीवन से आंतरिक स्तर पर ही सही एक रिश्ते का अनुभव करता है।

अज्ञेय की कविता महानगरीय जीवन में निरंतर अधिक अकेले होते जा रहे लेखक की कविता है। कवि इस अकेलेपन से उपजी निस्संगता के दर्द का अनुभव करता है। इस दर्द में ही वह प्रेम करता है, प्रकृति की सुंदरताएँ देखता है, यायावरी करता है और अप्रदूषित लोकजीवन में संभावनाओं की तलाश करता है। एक महानगरीय कवि की रचनाओं में लोकशब्दों का बहुतायत से आना एक अर्थ रखता है। यह दिखावा या सायास नहीं है। 'असाध्य वीणा' में तत्समबहुलता के समानांतर 'चीन्हे', 'अंधियारा', 'लुगड़ी', 'फुलसुंघनी', 'ढोलक-थाप', 'पाला', 'मोमाखी' जैसे कई शब्द हैं। अज्ञेय कार्तिक की पूर्णिमा को 'कतकी पूनो' कहते हैं। इस तरह एक आभिजात्यवादी दायरा बनाने के बावजूद वह जमीन की मिट्टी

के प्रति निहायत बेरूखे नहीं हैं। यह भी घटित होता है कि कुछ नया या भिन्न कहने के लिए अज्ञेय इतने उत्साहित हो उठते हैं कि मौन हो जाते हैं, 'क्या जरूरी है दिखाना तुम्हें वह जो दर्द/मेरे पास है ?'

क्या 'रोमांटिसिज्म' बहुत बुरी चीज है ? समाज में जब तक सामंती रूढ़ियाँ और बंधन हैं, रोमांटिसिज्म की सार्थकता है। यह चिंताजनक है कि वर्तमान समय में 'कंज्युमरिज्म' ने 'रोमांटिसिज्म' की जगह ले ली है। अज्ञेय यायावर थे। आज के यात्री पर्यटक हैं, वह भी पैकेज टूर के। कहीं पर्वत शिखर को देखते हुए 'मौन' हो गए और सन्नाटा बुनने लगे तो टूरिस्ट बस छूट जाएगी। रोमांटिसिज्म अज्ञेय की ताकत है। यह धारणा सही नहीं है कि अज्ञेय से हिंदी की गैर-रोमांटिक कविता की शुरुआत होती है। वह पोस्ट-रोमांटिसिज्म के कवि हैं, फिर भी रोमांटिसिज्म का 'उदात्त' उनके अन्वेषण का एक मुख्य विषय है। उनका मन अस्तित्ववाद के 'ऊलजलूल' की जगह रोमांटिसिज्म के 'उदात्त' में रमता है। यही वजह है कि, वह आधुनिकता की यंत्रणा झेलते हुए अपने जीवन की तुलना सिगरेट से नहीं करके अगरबत्ती से करते हैं, 'अपने निवेदन का धुआं बन/अपनी अगरबत्ती सा मैं चुक जाऊंगा।' अस्तित्ववाद से उन्होंने मानवीय नगण्यता की पीड़ा से जन्मा 'निषेध' लिया– इतिहास, औद्योगिक सभ्यता और राज्य सत्ता की अमानवीयताओं का निषेध। वह इस बिंदु पर जरूर रोमांटिसिज्म से आगे बढ़े। उनके भीतर थोड़ा-बहुत जो टैगोरीय मिजाज था, वह इस जगह टूटता है। ऐसे बुद्धिजीवियों का यह विश्वास रहा है कि एक अणु-तुल्य निषेध भी उथलपुथल मचाता है और संसार की नई सृष्टि में योगदान देता है। यह विश्वास अस्तित्व की चेतना को ताकत देता है। यह खतरों के सामने जाने का साहस पैदा करता है।

एक समय दगाल के शासन में सार्त्र अत्याचार के विरोध में युवाओं के साथ पेरिस की सड़कों पर उतर आए थे। अज्ञेय के पास आपातकाल के दौर में 'चुप की दहाड़' थी। यह जरूर कहा जा सकता है कि वह तानाशाही के राजनीतिक शिविर में कभी नहीं गए।

यह भी एक वास्तविकता है कि अज्ञेय ने टी.एस. इलियट की चर्चा फिजूल छेड़ी, क्योंकि 'निर्वैक्तिकता' का आदर्श उनसे कविता में भी नहीं निभ सकता था।

युग बदल रहा था। अज्ञेय एक महत्वूर्ण प्रस्थान थे। उन्होंने लोकप्रिय धार्मिक मिथकों से कोई सरोकार नहीं रखा और अपने अलग मिथक रचे। इनमें कुछ निजी, रहस्यमय या भव्य थे, फिर भी उनका बुनियादी संबंध आत्मसचेत करनेवाली आधुनिकता से था। उनके लिए सारा पुराना बेकार न था, जिस तरह

सारी आधुनिक चीजें सार्थक नहीं थीं। वह आधुनिकीकरण से गुजरते नए विश्व में 'व्यक्ति' का खोते जाना देख रहे थे, पर इसे खुद खोना नहीं चाहते थे। वह व्यक्ति की सृजनात्मकता में उसकी स्वाधीनता देखते थे और इतिहास या राजनीति की जैसी हालत थी, अकेलेपन में ही मानवीय अखंडता और गरिमा का अहसास करते थे। वह ऐसा दौर था, जब कविता खुद एक संसार थी। कविता एक जादुई जगह थी और कवि एक अनोखा द्रष्टा ही नहीं स्वप्नों को धरती पर लानेवाला स्रष्टा भी था। अज्ञेय जब अपने कवित्व के शिखर पर थे, उन्होंने इसका अहसास कराया कि धर्म, इतिहास और राजनीति की विकृतियों के बावजूद कविता अब भी एक सुंदर जगह है, जहाँ शब्द 'व्यक्ति' को बचाते हैं और स्वाधीनता का बोध देते हैं।

शमशेर : कौतुक से अधिक

एक समय आधुनिक बुद्धिजीवी होने का अर्थ था मार्मिक हीरो होना, जो बुद्धि का रथ पूरी ताकत से गंतव्य की ओर ले जाने की कोशिश करते हुए भी अंतत: विफल होता है। शमशेर आधुनिकता की ट्रैजडी के शिकार एक ऐसे ही हीरो थे, 'मैं स्पष्ट देख सकने की स्थिति में हूँ कि वह हीरो मैं स्वयं था।' (आत्मकथन)। उस समय आधुनिकता कुछ नया कर गुजरनेवाला नायकत्व पैदा कर रही थी और विफलता का अवसाद भी दे रही थी। यह मामला सिर्फ शमशेर का नहीं था, एक खास दौर की आधुनिकतावादी पीढ़ियों का था। उन्हें वास्तविक संसार की चीजें जीवनहीन लगती थीं। यदि यह भी लगने लगे कि इतिहास दिशाहीन होकर अंधव्यवस्था में बदल रहा है, फिर इतिहास की जगह शब्द ही सोचने और जीने की वस्तु हो जाते हैं। आधुनिकतावादी साहित्य में शब्द इसीलिए महत्वपूर्ण हो उठे।

शमशेर (1911-93) पश्चिम के आधुनिकतावादी आंदोलनों के सबसे अधिक स्वागत में थे। इसी का नतीजा है, उनकी कविताएँ व्यक्ति की निजताओं के ही नहीं, शब्द की स्वतंत्रता के भी दस्तावेज हैं, हालांकि उन्होंने अपने को मार्क्सवादी माना है। उनकी कई कविताएँ सामाजिक चिंता में डूबी हुई हैं। क्या भारत में आधुनिकतावाद एक धूपछांही खेल है? हमेशा धूप आती है और कोई छांह उसका पीछा करने लगती है। आधुनिकतावादी लेखकों की एक खूबी दुविधाग्रस्तता है, एक मन में कई मन होना। इसे व्यक्तित्व का अंतर्विभाजन कहना उचित नहीं है, क्योंकि टूटे और बिखरेपन में भी एक रिश्ते की रौ होती है, एक गूंज होती है। शमशेर की अपनी जिंदगी टूटी हुई-बिखरी हुई रही है। आरंभिक दौर की कविताओं के संग्रह 'उदिता' में वह कहते हैं, "गद्य के आवरण में टूटा हुआ था काव्य/ स्वयं टूटा हुआ-सा था/ स्वयं जीवन के समान/मौन था अति मुखर केवल/ मौन ही था काव्य।" मौन ही वह सृजनात्मक जगह है, जहाँ एक मध्यवर्गीय कवि सृष्टि से अपने रिश्तों की गूंज महसूस करता है, कुछ नई शुरुआतें भी करता है।

शमशेर बचपन में अपने घर में 'रामचरितमानस' सुनते थे, उन्हें तुलसी प्रिय थे। उन्हें हाली, गालिब, इकबाल, शेक्सपियर, सुर्रियलस्ट हर्बट रीड, पाब्लो नेरूदा, निराला, पंत और अज्ञेय अच्छे लगते थे। ये सभी किसी न किसी मात्रा में उनके आदर्श थे। हम देख सकते हैं कि उनके रुझान कितनी विपरीत दिशाओं वाले थे। वह एक तरफ सादगी पसंद करते थे और दूसरी तरफ कलात्मक निपुणता। उनकी कविताओं में दोनों के अनोखे मेल की कोशिश झलकती है। वह अपने लक्ष्य में कामयाब हों या न हों, पर चाहते थे कि कविता को बोधगम्य बनाते हुए अपनी अनुभूति की विशिष्टता को भी सुरक्षित रखें। आधुनिकता की ओर बढ़ते हुए भी यथार्थ का दामन न छोड़ें। कविता में संगीत के साथ चित्र भी आए। शमशेर ऐसे कवि थे, जो आधुनिकता से आत्मीयता का अनुभव करते थे और तनाव भी रखते थे। उनका आधुनिकता से आत्मीय तनाव का रिश्ता था।

एक समय आधुनिकता से रिश्ता रखते हुए भी कवियों का उसमें बह जाने से बचना एक ऐसी घटना है, जिसका उल्लेख किया जाना चाहिए। शमशेर ने 'दोआब' (1948) के अपने लेख 'मुक्त छंद' में फ्रांस के बिंबवादी रिंबो और प्रतीकवादी मलार्मे को अस्वस्थ मनोदशा का कवि कहा था। इन्होंने उनकी मुक्त छंद की आधुनिक कविताओं को विशृंखल, असंबद्ध, अगम्य, रहस्यमय, अनेकार्थतायुक्त और अराजक तक कहा था। उन्हें मायकोवस्की की कविता में भी 'डिकेडेंस' का तत्व मिला, 'उसकी रचनाएँ ओजपूर्ण यद्यपि अर्थ में अस्पष्ट प्रतीकों की एक असंबद्ध श्रृंखला होती थी।' शमशेर यूरोपीय साहित्य पढ़ते थे। वे उसका विरोध करते-करते उसके निकट भी चले गए थे। उस तरह की कविता वे खुद लिख रहे थे, भले वह मुख्यत: पेंटिंग के रास्ते से पश्चिमी आधुनिकता के करीब आए हों।

शमशेर की कविताएँ जिस ढंग का विन्यास, उपमाएँ और शैली लेकर आती हैं, उस पर पश्चिमी काव्य आंदोलनों का असर स्पष्ट है। टूटी-बिखरी लाइनें, कहीं दीर्घ अंतराल, कहीं डैश, कभी ब्रैकेट में अचानक कौंधी हुई कोई बात, कभी लयभंग करती कोई ध्वनि और अंतत: शब्दों का निजी काव्यात्मक संगठन। एक समय इसे काफी लोग कविता मानने से हिचकते थे। शमशेर ने खुद स्वीकार किया है, "मैंने जो ये पेंटिंग के स्टाइल थे, सुर्रियलिज्म के एब्स्ट्रैक्ट के, वे मैंने शब्दों में उनका प्रयोग शुरू कर दिया था।··· यूरोप के आधुनिक नए कवियों की चीजें पढ़ने की इच्छा हुई थी और उनसे सीखने का कदम पर कदम रखकर चलने या उनसे होड़ लेने की इच्छा।" (बातचीत, पूर्वग्रह, जनवरी-अप्रैल 1976)। शमशेर 'कुछ और कविताएँ' में सुर्रियलिज्म से सैद्धांतिक विरोध की घोषणा करते हुए भी उससे प्रभावित होकर शब्द-चित्र निर्माण छोड़ नहीं सके। हालांकि

यह बात ध्यान में रखनी होगी कि उनकी कविताएँ पश्चिमी आंदोलनों से बंधी हुई नहीं हैं।

शमशेर के साथ बौद्धिक जटिलता यह थी कि उन्हें कला-साहित्य के पश्चिमी आंदोलन आकर्षित करते थे। लंदन का 'टाइम्स लिटररी सप्लिमेंट' भारत आता था और एक खास मिजाज के हिंदी लेखकों के बीच नियमित पढ़ा जाता था। ये लेखक अमेरिकी और यूरोपीय साहित्य की तरफ आकर्षित थे। संभव है, दूसरे विश्व युद्ध के समय फासीवाद - विरोधी व्यापक गठबंधन के कारण भी अमेरिका-यूरोप का आधुनिक साहित्य इन लेखकों पर असर डाल रहा हो।

एक तरफ, पश्चिम का बढ़ता प्रभाव बढ़ता जा रहा था। दूसरी तरफ, भारतीय परंपराओं और यथार्थों का दबाव भी था। शमशेर ने बताया है कि उन्हें उर्दू कवि हाली सादगी में कितने पावरफुल लगते हैं, 'यानी हृदय भर आता है'। जो कवि मलार्मे, एजरा पाउंड और लुई अरागां की ओर आकर्षित होगा, उसे भावुक नहीं होना चाहिए। शमशेर भावुक हो जाते थे। वह उर्दू की नफासत, निराला काव्य की तत्समबहुलता और सुर्रियलिस्टों की कलात्मक विशिष्टता तीनों को एकसाथ साधना चाहते थे। उनमें पंत की सुकुमारता थी। शमशेर जिस जमाने में बहुत से देशों, बहुत से समयों के कवियों की तकनीक और अनुभूतियों से प्रेरणा पा रहे थे और बहुत से प्रभावों के बीच से अपनी शमशेरियत गढ़ रहे थे, उस समय प्रगतिशील आंदोलन का मामला भी कम महत्वपूर्ण न था। इसलिए शमशेर यह भी कहते थे, 'कला का संघर्ष समाज के संघर्ष से एकदम कोई अलग चीज नहीं हो सकती।' (वक्तव्य, दूसरा सप्तक)। उस जटिल समय में शमशेर के आधुनिकताबोध की खूबी यह है कि उसमें न कहीं कृत्रिम फैशन है और न कट्टरता है। उसमें वस्तुतः एक सादगी, समावेशिकता और एक गहरी मानवीय पीड़ा दिखाई देती है। उनकी कविताएँ दुरूह लगती हैं, जबकि उनके भीतर एक सादगी है - सादगी में परिष्कृति।

शमशेर ने सरलता के ही कारण कुछ भी छिपाया नहीं है, "उन दिनों (1938-39) मैं सुर्रियलिज्म से बहुत ज्यादा प्रभावित हुआ, बहुत ज्यादा। मुझे लगा मैं इसी में डूब जाऊंगा।" (साक्षात्कार, कवियों का कवि शमशेर, रंजना अरगड़े)। इस साक्षात्कार (1981) में उन्होंने मन खोलकर अपनी बातें कही हैं, "मैं बहुत इमेजिनेटिव हूँ। मैं बहुत जल्दी अपने फेयरी लैंड में चला जाता हूँ।...मुझे एक्सपेरिमेंट करने का बहुत शौक है।...मेरे बिंब बड़े प्राकृतिक हैं।...मैं एजरा पाउंड, शेक्सपियर की कविताएँ पसंद करता हूँ।...मैंने हमेशा एकांत चाहा,

केवल आइडियोलॉजी से सोशल था।...मेरे काव्य मन पर मैरिएन मूर का भी प्रभाव रहा–बाद में। टी.एस. इलियट की समकालीन हैं। वे अद्‌भुत कलाकार हैं। क्लासिकल टोन में भावनाओं का इतना संयम कि असंभव लगे। वह ठंडी कलाकार हैं, एकदम संगमरमर की तरह। उनमें कलात्मक पूर्णता है। मैं उसे उपलब्ध करना चाहता हूँ।...जब कविता की बात आती है, आइ एम हेल्पलेस, फिर भी सामाजिक चेतना में मेरा विश्वास है।...मेरा ननिहाल कल्चर्ड था। उसका पूरा शहरी मिजाज था। उर्दू वे लोग पढ़ते थे।...बट आइ लाइक्ड इंग्लिश। (शमशेर उर्दू से इंग्लिश में फिर दोनों से हिंदी में आए।)...मेरी मां बहुत कल्चर्ड थीं। वह सुंदरता की प्रतिमूर्ति थीं। उनमें तमाम हार्मोनी थी।...मैंने पार्टी वर्क किया, वैसे मैं ड्रीमर ही था।...मेरे जीवन में कुछ भी उल्लास नहीं रह गया था।...हिंदी में लिखना मेरे लिए नया था। मैं उर्दू में ही लिखता रहा था।...मैं कविता पर बहुत सचेत होकर काम करता हूँ।...मैं अपने शिल्प के लिए निराला, पंत और अंग्रेजी के कवियों के प्रति बहुत आभारी हूँ।...मेरी दृष्टि शिल्प पर पहले से ही जियादा रही।...हमारे मन में एक बात बैठ गई थी, गवर्मेंट जाब नहीं करेंगे।...कला में हम एक तरह से कलाकार के व्यक्तित्व की आंतरिक आत्मा को देख सकते हैं। शब्द-ध्वनि, रंग और रेखा द्वारा हम एक तरह से जीवन को ही देखते हैं।...महाकाव्य का लेखन महान कवि ही कर सकता है, जो मैं नहीं हूँ।" साक्षात्कार हमेशा एक खुला और रोचक व्यापार है।

उपर्युक्त टुकड़ों में शमशेर के काव्यात्मक मिजाज की बुनावट स्पष्ट हो जाती है कि वह कैसे प्रगतिशील, कैसे प्रयोगशील, कैसे सुर्रियलिस्ट या कैसे कवि हैं। खासकर यह भी पता चलता है कि वह कितनी ईमानदारी से प्रभावों की बात स्वीकार कर सकते हैं। वह हाली, गालिब, इकबाल, निराला, पंत के प्रभाव की बात करते हैं। उन्होंने बहुत से भारतीय व्यक्तियों पर कविताएँ लिखी हैं। इसका अर्थ है, उन पर भारतीय प्रभाव कम नहीं हैं। हम यह भी देखते हैं कि जिसे जटिल कवि कहा जाता है, वह कितना कम जटिल है। शमशेर एक जटिल समय के सरल कवि हैं, बस उन्हें कुछ ज्यादा निकटता से पढ़ना होगा।

आधुनिक युग एकसाथ बहुत-सी प्रवृत्तियाँ लेकर आया था और आज की तरह 'होमोजीनियस' नहीं था। आधुनिक होने का एक अर्थ अर्ध-बर्बर होना होता जा रहा था। यह संस्कृति उद्योगों के विकास और मास कल्चर की शुरुआत का समय था। ऐसी स्थितियों में कुछ भी रचनात्मक लिखने का अर्थ था अपने लेखन को इतिहास, बाजार, परंपरावाद और मास कल्चर का औजार बनने से बचाना। इसके लिए रूढ़ियों से विद्रोह जरूरी था। आधुनिकता के जिस तरह सैकड़ों

ट्रैजिक हीरो थे, उसी तरह इसके अनगिनत खलनायक भी थे। इसलिए क्या सुंदर और मूल्यवान है, यह सतर्क अन्वेषण का विषय हो गया। यह विराट आधुनिक चीजों की तुच्छता को चुनौती देना था, जो आधुनिकता को शब्द की स्वतंत्रता का रूप देकर ही संभव था। इससे भाषा की रूढ़ियों को तोड़कर शाब्दिक बांकपन लाने का रास्ता खुला। कविता शब्दों के बीच रचनात्मक मेधा का नृत्य हो उठी। यही सब शमशेर के यहाँ रूढ़िभंजक शब्द-चित्रों के रूप में है, जो सिर्फ कुछ दिखाकर नहीं रह जाते, बल्कि भीतर से कुछ कहते भी हैं। उनके कुछ शब्द-चित्र उदासी से भरे हों, पर ये दरअसल उनके समय के प्रचलित सांचे, तुच्छताओं और 'डिकेडेंस' के प्रतिवाद में हैं।

शिला का खून पीती थी
वह जड़
जो कि पत्थर की स्वयं।
सीढ़ियाँ थीं बादलों की झूलती
टहनियों-सी।
और वह पक्का चबूतरा
ढाल में चिकना :
सुतल था
आत्मा के कल्पतरु का ?

एक हताशा से भरते जा रहे समय में शिला से निकली जड़ों द्वारा शिला का खून पीना एक दुर्दम्य जिजीविषा का प्रतीक है। बादल झूलती टहनियों से दिखाई देते हैं, मानो वे जीवन की सुंदर सीढ़ियाँ हों। ये जड़ें और टहनियाँ आत्मा के उस कल्पतरू की हैं, जो दुनिया को सुंदर बनाता है। ऐसे शब्द-चित्रों को सुर्रियलिस्ट असर कहा जाता है। शिला से निकली जड़ों का शिला से भी कड़ा होकर उससे जीवन-रस लेना एक अद्‌भुत जीवन संघर्ष है। यह खुद शमशेर का जीवन संघर्ष है और उनके युग के आम मानव का जीवन संघर्ष भी। यह संघर्ष के सौंदर्य का लाक्षणिक शब्द-चित्र है। 'शिला का खून पीती थी' एक स्मृति की ओर भी संकेत करती है, जो अंततः मूल वस्तुगत संदर्भ से बंधी नहीं रह जाती। यह कोई प्रकृति वर्णन नहीं है, बल्कि कला के स्तर पर आधुनिक जीवन की दुखदायी स्थितियों से विद्रोह है।

शमशेर ने 'कुछ और कविताएँ' के वक्तव्य में कला के बारे में कहा था, "वह कलाकार की अपनी बहुत निजी चीज है। जितनी ही अधिक वह उसकी

अपनी निजी है, उतनी ही कालांतर में वह औरों की भी हो सकती है।" उनका मानना था कि कोई सामाजिक अनुभूति काव्य पक्ष के अंतर्गत ही महत्वपूर्ण हो सकती है। शमशेर सामाजिक जीवन की कोई चीज उठाते हैं तो उनकी एक चिंता यह होती है कि वह कविता के स्तर पर भी खरी हो। शमशेर कहते हैं, "अभिव्यक्ति अपनी ओर से सच्ची हो, यही मात्र मेरी कोशिश रही। उसके रास्ते में किसी भी बाहरी आग्रह का आरोप मैंने सहन नहीं किया।" (कुछ और कविताएँ)। कोई बाहरी आग्रह न सहने की वजह है बौद्धिक स्वायत्तता की चाह, जो पश्चिमी बिंबवादी, प्रतीकवादी और सुर्रियलिस्ट कवियों में थी।

सुर्रियलिज्म का हिंदी में प्रचलित अर्थ है अतियथार्थवाद, जबकि इसे 'स्वप्निल यथार्थवाद' समझना चाहिए। यह बौद्धिक स्वायत्तता का प्रवक्ता था। इस आंदोलन में खोखली परंपराओं से मुक्ति हासिल करती मानसिक संरचना, क्रांति और हताशा के द्वैत से भरे विद्रोह भाव और उथल-पुथल मचा देनेवाले सौंदर्य की प्रधानता थी। इस आंदोलन से प्रभावित कला अचेतन इच्छाओं और स्वप्नों को भी व्यक्त करती थी, हालांकि यह आंदोलन अध्यात्मवाद की जगह सृष्टि की प्रत्यक्ष वस्तुओं को महत्ता देता था। ब्रेतां और अरागां ने इस आंदोलन को प्रतिष्ठित किया। चित्रकला के क्षेत्र में दाली, पिकासो आदि इससे प्रभावित थे। दाली का एक चित्र काफी लोकप्रिय है, जिसमें टेबुल पर रखी घड़ियाँ पिघली हुई हैं। पिकासो का विश्वयुद्ध की विकरालता को प्रदर्शित करता 'गुएर्निका' दुनिया का सबसे अधिक देखा गया चित्र है। स्वप्निल यथार्थवाद से जुड़े लुई अरागां जैसे लेखकों का संबंध कम्युनिस्ट आंदोलन से था। स्वप्निल यथार्थवाद को रोमांटिसिज्म का नया अवतार कहा जा सकता है, जो इंप्रेशनिज्म, बिंबवाद और प्रतीकवाद के साथ एक समय हिंदी की नई कविता में थोड़े स्थानीय रूपभेद के साथ आ धमका। हम जानते हैं कि शमशेर, मुक्तिबोध जैसे कवियों का अपना एक भारतीय ढंग का स्वप्निल यथार्थवाद था और उनका कम्युनिस्ट आंदोलन से संबंध था।

20वीं सदी के आरंभिक दशकों के आधुनिक साहित्यिक आंदोलनों, विद्रोहों और प्रयोगों ने दुनिया भर की कलाओं, संस्कृतियों और विचारों को प्रभावित किया था। इन्होंने आधुनिकता की सतही चीजों के समानांतर मानवीय सौंदर्य-दृष्टि में परिष्कार और विस्तार लाने का काम किया और रूढ़ियों के प्रति व्रिदोह-भाव जगाया। इन आधुनिकतावादी आंदोलनों ने उन तुच्छताओं का जमकर विरोध किया, जो आज उत्तर-आधुनिक परिदृश्य में चारों तरफ पहले से ज्यादा छाई हैं। उनसे प्रभावित कलाओं ने मनुष्य के आत्मजगत को सौंदर्यात्मक मूल्यों का स्रोत

बनाया, पर इन मूल्यों तक पहुंचनेवाली राहों को खुला रखा। हिंदी के आधुनिक कवियों को पश्चिमी साहित्यिक दुनिया की तरह बारी-बारी से ये आंदोलन नहीं मिले, बल्कि उनका किसी झंझावात की तरह एक साथ आगमन हुआ। निश्चय ही हिंदी में इनका आगमन तब हुआ, जब पश्चिम में ये 1930 तक चुक गए थे। इन आंदोलनों का असर प्रगतिशील कवियों पर भी पड़ा था, हालांकि इस असर को रूपवाद, कलावाद, प्रयोगवाद, अस्तित्ववाद, उग्र- आधुनिकतावाद आदि कह कर धिक्कारा ज्यादा गया।

हिंदी में आधुनिकतावाद के असर को रुग्ण मानसिकता, अवसाद की आधुनिकता या कलावाद कह देने से हम एक खास साहित्यिक विकास को – उसकी प्रकृति, अंतर्वस्तु और दिशाओं को समझ नहीं सकते। ऐसे भी, शमशेर हों या आधुनिकतावादी असरवाले कुछ दूसरे कवि, वे रोमांटिकता और प्रगतिशीलता से एक न एक रूप में जुड़े रहे हैं। भारत में कोई कवि एकांगी रूप से आधुनिकतावादी नहीं हो सकता था। आधुनिकतावाद का प्रवेश यदि घरों, कल-कारखानों, दफ्तरों, शिक्षा और चिकित्सा में निरंतर हो रहा हो, कविता को उसके असर से मुक्त रखने की मांग गैर- वाजिब कही जाएगी। आधुनिकतावादी आंदोलनों ने कुछ और नहीं तो एक सार्थक भूमिका यह निभाई कि भाषा के प्रति कवियों को काफी सचेतन और सतर्क कर दिया। कवियों ने भाषा को साधारण नियमों और रूढ़ियों से मुक्त किया।

> भाषाओं की नस-नस एक दूसरे से गुथी हुई है
>   (मगर उलझी हुई नहीं)
> हमारी सांस-सांस में उनका सौंदर्य है
>   (मॉडर्निस्टिक्) कहो मत
> अभी हमें लड़ने दो
> यह स्टेज महान
>   मूर्खों के लिए है
> आह यह आधुनिक स्टेज
> ....
> इस नाटक के लिए
> आधुनिकतम निर्देशक अमरीका से बुलाओ
>   और फ्रांस से। और जापान से
> तभी हम लिखेंगे और रक्त के समान उज्ज्वल

हमारी भाषाओं का तिलक होगा!!
हम एक हैं !!
(घोषणा)
मगर कहाँ! मगर कहाँ! मगर कहाँ!
यह आध्यात्मिक प्रश्न
हमें लहूलुहान कर रहा है
जर्मन और अमरीकी और फ्रांसीसी और फिरंगी और रूसी
और समस्त योरपीय प्राच्यविद्याविद
हमारा अगम ज्ञान सागर मंथन कर रहे हैं...
....
सभी शब्द हमारे हमारे ही कोश में हैं
एक प्यार के वास्तविक शब्द को छोड़कर!
हमारा वर्ग एक-दूसरे को पीस रहा है
हम मात्र जबड़े हैं
अत्यंत शक्तिशाली जबड़े हम सभी।

शमशेर पश्चिम से कुछ ले रहे थे और उसके प्रति क्रिटिकल भी थे। भारत के लोगों के लिए उनकी अपनी भाषाएँ बहुत महत्वपूर्ण हैं। उनकी सांसों में बसी उनकी भाषाओं का अपना अद्‌भुत सौंदर्य है। शमशेर की कविता 'भाषा' (1965) में तीखे व्यंग्य हैं। इसमें उस नव-उपनिवेशवाद को लेकर गहरी चिंता है, जो पश्चिम की बौद्धिक आंधियों के साथ भारतीय जीवन में आ रहा था। गौर करने की बात है, इस कविता में हिंदी राष्ट्रवाद नहीं है, भारतीय भाषाओं के आत्मसम्मान का प्रश्न है, भारतीय पहचान का प्रश्न है। यह कविता जिस समय लिखी गई, वह भाषा आंदोलन का समय था। भारत के आधुनिक स्टेज पर राजनीतिक ड्रामा एक आत्मघातक रूप ले रहा था। भारतीय एकता छिन्न-भिन्न हो रही थी। इस कविता में विदेशी पूंजी और ओरियंटलिस्ट मेधा का पर्दाफाश किया गया है, क्योंकि इन्हीं के बल पर बौद्धिक उपनिवेशवाद सघन हो रहा था। पश्चिम के प्राच्यविद्याविद बता रहे थे कि भारत का इतिहास कितना पिछड़ा है, सभ्यता कितनी पिछड़ी है और भारत कितना अंतर्विभाजित है। इस कविता में यह विडंबना भी पहचानी गई है कि प्राचीन ज्ञान की पूजा करने वाले पुनरुत्थानवादी किस तरह नव-उपनिवेशवाद के अभिनंदन में डूबे हुए हैं। इसके अलावा, एटमिक बंदनवार भी सजे हैं! सेना की संगीनें हैं। सत्ता के जबड़े हैं। कला, विज्ञान और टेक्नोलॉजी हैं। लोगों के जीवन

में बस एक चीज नहीं है प्रेम, जो सिर्फ भारत की उन भाषाओं से संभव है, जिसकी नस-नस एक-दूसरे से गुथी हुई है।

यदि कोई कवि होगा, उसके भीतर प्रेम होगा। प्रेम ही आदमी को कवि बनाता है। कवि की जरूरत इसलिए होती है कि जब हवाओं में घृणा भरी हो, वह प्रेम का संगीत बांटता है। वह सुंदरता से प्रेम करना सिखाता है और बताता है, क्या सुंदर है क्या नहीं। आधुनिकतावादी समय में प्रेम की भाषा ठीक वैसी नहीं हो सकती थी, जैसी क्लासिकल या रोमांटिक युग में थी। बदलती जीवन स्थितियों में प्रेम का अनुभव अलग तरह का होगा, पर उसमें क्लासिक और रोमांटिक संस्कारों की गूंज न हो, यह संभव नहीं है। यदि प्रेम में अनुभव की सच्चाई के साथ एक कलात्मक गहराई मौजूद हो, इन संस्कारों की गूंज होगी जरूर। अज्ञेय, नागार्जुन, केदारनाथ अग्रवाल और शमशेर की कविताओं में प्रेम धड़ल्ले से उपस्थित होनेवाली विषयवस्तु है। यह मुक्तिबोध की भी कई कविताओं में है। शमशेर की कविताओं में प्रेम ही प्रधान विषयवस्तु है। इसी को घेर कर उनकी सारी प्रकृति चेतना, स्मृतियां, मांसलता, उदासियाँ और अनुभव की यात्राएँ बनी हैं।

प्रात नभ था बहुत नीला शंख जैसे
भोर का नभ
राख से लीपा हुआ चौका
(अभी गीला पड़ा है)
बहुत काली सिल जरा-से लाल केसर से
कि जैसे धुल गई हो
स्लेट पर या लाल खड़िया चाक
मल दी हो किसी ने

यह कविता शमशेर की इंप्रेशनिस्ट पहचान से गहरे रूप में जुड़ी है, जबकि इसमें स्मृतियाँ भरी हैं। इंप्रेशनिस्ट कविता या चित्र में स्मृतियों को वर्तमान का ध्वंस करनेवाला माना जाता है। 'उषा' कविता किसी आस्थावान के शंख, घर के चौके, रसोई की सिल और बच्चे की काली स्लेट जैसी घरेलू स्मृतियों के भीतर से अपना जादू फैलाती है। यह जितना प्रकृति वर्णन है, उतना ही जीवन का आख्यान भी। इसमें आसमान के रंग बदलने की कथा है, जो अपने क्लाइमेक्स पर तब पहुंचती है जब जल में किसी की गौर झिलमिल देह हिलती दिखाई देती है – 'नील जल में या किसी की/गौर झिलमिल देह/जैसे हिल रही हो।' आसमान का सौंदर्य धरती पर उतर आता है, जैसे यह सौंदर्य मानव देह के बिना

अधूरा रह जाता। उषा का चित्र कवि के मानस पर पड़ी एक अंतर्संदर्भात्मक छाप भर नहीं है। यह एक घर की कथा भी है। इसे 'अवचेतन की मनःप्रतिमाएँ' या महज एक बिंब समझना गलत है। इसमें चूल्हा-चौका है, बच्चा है, स्त्री है और हैं नीले, स्याह, केसरिया जैसे जीवन के बहुत से रंग और बहुत से दुख-सुख। इस कविता में सूर्योदय के उदय से एक जादू टूटता हैं, पर दूसरा जादू शुरू हो जाता है। यह जीवन क्या किसी जादू से कम है ?

> रवि
> कमल के नाल पर बैठा हुआ मानो
> एक एड़ी पर टिकाए
> मौन।

यह प्रभात का सूर्य है, जो शमशेर के नाजुक मिजाज की वजह से तेज दमकता नहीं है, बल्कि उनकी पुतलियों में शीतल स्नान करता है और कमल के नाल की तरह एक एड़ी पर टिका मौन बन जाता है। शमशेर 'यथार्थ' की सीमाओं को आधुनिक प्रेरणा से बार-बार तोड़ते हैं। वह बाह्य दृश्य को अनोखे बिंब में ढाल देते हैं। वह अपने काव्य विन्यास में कहीं स्पेस, कहीं पूर्ण विराम और कहीं चुप्पी का इच्छानुसार प्रयोग करते हैं। उनका काव्य विन्यास कहीं विश्रृंखलित होता है, कहीं लयात्मक। आधुनिकता के गहरे असर में उनका सौंदर्यान्वेषण बड़ा सतर्क और असाधारण है, पर यथार्थवाद के असर की वजह से उनका सौंदर्यबोध एक जागरण भी है, "लेकर सीधा नारा/कौन पुकारा/अंतिम आशाओं की संध्याओं से?" कभी मौन है, कभी नारा है। आधुनिकता और यथार्थ का अद्वैत शमशेर की कविता की बुनियादी खूबी है।

मुक्तिबोध ने शमशेर के दृश्य चित्र की 'प्रभावपूर्ण संकेत-शक्ति' की ओर इशारा करते हुए एक अच्छी बात कही है, "यदि यह (दृश्य चित्र का) संवेदनाघात दर्शक के हृदय में पहुंच गया तो दर्शक अचित्रित शेष अंशों को अपनी सृजनशील कल्पना से भर लेगा।" (शमशेर मेरी दृष्टि में)। उस जमाने के कवियों ने पाठक को निष्क्रिय आस्वादनकर्ता न मानकर कल्पनाशील माना है। यह पाठक की मानसिकता का आधुनिकीकरण है। शमशेर कविता के शिल्प के स्तर पर पश्चिम का आधुनिकतावादी प्रभाव लेते हों और उनके काव्यात्मक रूप में विशिष्टता हो, पर अंतःस्थल में चमत्कृत करनेवाली सादगी है। वह काव्य के विशिष्ट रूपों में जीवन की सरलता और गरमाहट के अतिरिक्त कुछ नहीं दिखाते। आदमी की जीवन शैली में आधुनिकता आ रही थी। एक बहुत बारीक और जटिल प्रक्रिया में

सभी चीजें बदल रही थीं। फिर काव्य-रूप में आधुनिकता क्यों नहीं आती? यह एक तरह से पाठक के मन की जड़ता और रूढ़ियों को तोड़ना है, ताकि वह निष्क्रिय आस्वादनकर्त्ता भर न रह जाए, जैसाकि आधुनिक जमाने में लोग होते जा रहे थे। वह कल्पनाशील होकर अपने सृजनात्मक दायित्वों को भी समझ ले।

आधुनिक कवियों ने भाषा को अनुभव की गतिविधि के रूप में देखा है, गतिविधि के अनुभव के रूप में नहीं। शमशेर का काव्यानुभव स्मृतियों और कल्पनाओं में फैलता है, अपना लोकेशन बनाता है और परंपराओं को भी उपलब्ध करता है। उनके अनुभव की गतिविधि भौतिकता से जबर्दस्त रूप में बंधी है, पर एकदम वर्तमानकेंद्रित नहीं है।

लौट आ ओ धार
टूट मत ओ सांझ के पत्थर
हृदय पर
(मैं समय की एक लंबी आह मौन लंबी आह)
लौट आ, ओ फूल की पंखड़ी
फिर
फूल में लग जा

शमशेर कहते हैं, "मेरे इमेजेज बहुत ही रीयल और फेल्ट हैं, पर उतने या कहें बिल्कुल ठोस नहीं हैं।" (साक्षात्कार, 1981)। वह अपने बचपन से मृत्यु देखते आए थे। उसमें पत्नी की मृत्यु भी है, और इसके साथ घर की मृत्यु भी। यदि शमशेर के पास घर-परिवार होता, कोई अच्छी नौकरी हाती, अपनी कविताएँ लेकर विदेश यात्राएँ करते होते, क्या वे 'लौट आ ओ धार' लिख पाते? उनका जीवन समय की एक मौन लंबी आह है। उनका प्रेम हर बार 'ओ फूल की पंखड़ी फिर फूल में लग जा' की आकांक्षा है। सांझ जैसी अच्छी बेला भी पत्थर हो जाती है और स्मृति की धार उससे टकराकर बार-बार टूट जाती है। 'लौट आ ओ धार' शमशेर की निजी कथा होने के साथ उनके समय के एक बड़े सांस्कृतिक विच्छेद की कथा भी है। आधुनिकता घर, परिवार, गांव, समाज और संस्कृति से व्यक्ति का महाविच्छेद घटित कर रही थी। अब बहुत ज्यादा लोग अकेले और कभी यहाँ-कभी वहाँ रहनेवाले हो गए थे। शमशेर को जीवन की किसी खोई धुन की खोज थी, मन में नवीनता की व्यग्रता लिए हुए। एक अन्य कविता में वह कहते हैं, 'सूरज उगाया जाता फूलों में : यदि हम एकसाथ हँस पड़ते।' क्या साधारण आदमी में सौंदर्य के ऐश्वर्य की आकांक्षा नहीं हो सकती ? आकांक्षा यथार्थ से

टकराकर बार-बार टूट जाती थी। वही बात, ये सभी व्यक्ति मार्मिक हीरो थे। वे अपना विलाप प्रदर्शित नहीं करते थे, पर भाषा के पीछे रोते रहते थे। इसलिए शमशेर के काव्य में यथार्थ ठोस नहीं हैं, वाष्प की तरह हल्के हैं। उन्हें देखा जा सकता है, महसूस भी किया जा सकता है, पर छुआ नहीं जा सकता।

> हाँ तुम मुझसे प्रेम करो जैसे मछलियाँ लहरों से करती हैं
> ...जिनमें वह फंसने नहीं आतीं
> जैसे हवाएँ मेरे सीने से करती हैं
> ...
> एक फूल ऊषा की खिलखिलाहट पहन कर
> रात का गड़ता हुआ काला कंबल उतारता हुआ
> मुझसे लिपट गया
> ...
> मेरी याददास्त को तुमने गुनाहगार बनाया – और उसका
> सूद बहुत बढ़ाकर मुझसे वसूल किया।
> ...
> आह, तुम्हारे दांतों से जो दूब के तिनके की नोक
> उस पिकनिक में चिपकी रह गई थी,
> आज तक मेरी नींद में गड़ती है।

स्मृतियों से कल्पना की पोशाक पहनकर निकले ये सुंदर बिंब प्रेम के हैं। यह प्रेम की नई जमीन है, जहाँ स्वतंत्रता है, निष्कलंकता है, वासना की तीव्रता है, फिर एक उदासी है। शमशेर की कविता 'टूटी हुई बिखरी हुई' अंततः एक उदास स्मृति है। यह ऐसी स्त्री की स्मृति है, जिसके 'पांवों की दिशा मेरी आंखों को लेकर चली गई थी।' शमशेर हर प्रेम में उसी स्त्री को देखते हैं और अपनी कविता 'आओ' में उसी स्त्री से कहते हैं, 'तुम आओ, तो खुद घर मेरा आ जाएगा।' मुख्य बात यह नहीं है कि उनकी कविताओं में स्मृति की उपस्थिति बहुत ज्यादा है। उल्लेखनीय यह है कि प्रेम के रूपकों में उन्होंने जीवन की गरमाई व्यक्त की है और मनुष्य की अमरता की उद्घोषणा की है, 'मैं तो जैसे इसी शरीर से अमर हूँ– तुम्हारी बरकत'। यह प्रेम ऐसे आदमी का है, जिसका जीवन इतिहास के पैरों के नीचे रौंदी पत्तियों की तरह है। फिर भी जीवन जिजीविषा से भरा है, "बाल, झड़े हुए, मैले से रूखे, गिरे हुए, गर्दन से फिर भी चिपके/कुछ ऐसी मेरी खाल/मुझसे अलग-सी, मिट्टी में मिली-सी।" यह मध्यवर्ग की बदहाली है। इस आधुनिक विलगाव के बरक्स प्रेम का अनुभव एक गहरा अर्थ

रखता है। इसकी उदास करनेवाली स्मृतियाँ भी जीवंत हैं। यह भी स्पष्ट होता है कि प्रेम का अर्थ वही जानता है जो टूटा है - बिखरा है और प्रेम करने को उदास होने का फकत एक ढंग मानता है।

कहना न होगा कि शमशेर की कविता में रोमांटिसिज्म छायावादी रोमानीपन से भिन्न है। उसमें यथार्थवाद और आधुनिकतावाद भी घुले हुए हैं। इस बिंदु पर एक सवाल उठ सकता है कि शमशेर स्त्री को किस नज़रिये से देखते हैं। छायावाद का स्त्री के संबंध में उदात्त नजरिया था। शमशेर विचार से मानते हैं कि स्त्री से प्रेम का अर्थ है सर्वप्रथम उसे आदर देना, पर वह अपनी कविता में उन उर्दू कवियों से ज्यादा प्रभावित हैं, जो स्त्री को एक भौतिक जगह समझते हैं। शमशेर की यादें भौतिक तृप्ति, मांसलता और कामुकता से अधिक जुड़ी हैं। यही वजह है, शमशेर को स्त्री देह कुछ ऐसी दिखती है, 'एक ठोस बदन अष्टधातु का-सा/सचमुच?/जंघाएँ दो ठोस दरिया ठै रे हुए- से।' यह आधुनिकता का असर है, जिसने धार्मिक नैतिकता पर कला की श्रेष्ठता स्थापित की और कामुकता को दिमागी स्वतंत्रता के लिए जरूरी बना दिया। कामुकता एक समय मौन रूढ़ियों, वर्जनाओं और छायावादी पवित्रता से विद्रोह बन कर आई। वह तब भीनी हवा में खुल कर सांस लेने की जगह थी, बाजार की वस्तु नहीं थी।

यह पूरा
कोमल कांसे में ढला
गोलाइयों का आईना
मेरे सीने से कसकर भी
आजाद है
जैसे किसी खुले बाग में
सुबह की सादा
भीनी-भीनी हवा

दरअसल संस्कृति मशीन युग के साथ बदल रही थी। अतः कामुकता और परिवार के बारे में भी धारणा बदली। आधुनिकता ने एक खुलापन ला दिया था, घर का जीवन मशीनी लगने लगा था। कामुकता अब स्वातंत्र्यबोध थी, व्यक्ति द्वारा निजी मूल्यों की कुंठारहित खोज। यह उत्तर-औद्योगिक सभ्यता की यांत्रिकता को भी एक चुनौती थी। कामुकता एक तरह से सामंती और भ्रष्ट औद्योगिक व्यवस्था के विरुद्ध एक स्वाभाविक प्रतिक्रिया थी। शमशेर अमेरिकी कवि एलेन गिन्सवर्ग से मिले थे। उन पर एक कविता भी लिखी थी। उस दौर में विद्रोही

आधुनिकता कामुकता के प्रतीकों के जरिये यही कह रही थी कि नए युग की सभ्यता रुग्ण हो गई है।

लग सकता है, शमशेर अपनी कविता में उर्दू कवियों के कुछ अधिक असर के कारण स्त्री की श्रृंगारकालीन इकसार छवि नहीं तोड़ सके। छायावाद का फेमिनिज्म से रिश्ता था। महादेवी की 'श्रृंखला की कड़ियां' और निराला की कुछ कविताएँ स्त्री का दर्द और एक भिन्न चेहरा लेकर आई थीं। शमशेर की आधुनिकता का स्त्री चेतना से कोई संपर्क नहीं है, बल्कि उनका रोमांटिसिज्म कहीं-कहीं ठोस भौतिकवाद के साथ उपस्थित हुआ है। उनकी कविता में पंत की स्त्री भी नहीं है, "तुम मुग्धा थी अति भावप्रवण/उकसे थे अंबियों से उरोज/चंचल प्रगल्भ हँसमुख उदार/मैं सजल तुम्हें था रहा खोज।" इसकी जगह शमशेर में है, "सुंदर !/ उठाओ निज वक्ष/और और कस, उभर!" इस कविता में निराला की प्रगीतात्मक शैली में प्रेम का आह्वान है, "अंकित कर अंतर आरक्त स्नेह से नव, कर पुष्ट, बढ़ूं/सत्वर, चिर यौवन वर, सुंदर ! / उठाओ निज वक्ष और और कस, उभर।" शमशेर की कविता में कामुक सौंदर्य के साथ प्रेम भी जरूर मौजूद है। निराला की 'तोड़ती पत्थर' में स्त्री खुद भी कवि को देखती है या 'स्फटिक शिला' में काली दलित युवती की अपनी आवाज है। शमशेर की कविताओं में स्त्री सिर्फ एक दृश्य है या एक भौतिक तृप्ति है। प्रेयसी, तुम 'बदन के माध्यम से ही बात करती हो।' शमशेर की कविताओं में गालिब का गम है, पंत की सुकुमारता है, पर निराला का प्रभाव उनके काव्य-स्थापत्य तक सीमित है।

'कुछ और कविताएँ'(1961) के बाद शमशेर का कविता संग्रह 'चुका भी हूँ नहीं मैं' 1979 में आता है, हालांकि इसमें कविताएँ चौथे दशक की भी हैं। इसमें शमशेर कहते हैं, "अपनी काव्य कृतियाँ मुझे दरअसल सामाजिक दृष्टि से बहुत मूल्यवान नहीं लगतीं।" इसे उनके शालीनतापूर्ण कथन से ज्यादा महत्व नहीं देना चाहिए। कुछ प्रगतिशील लेखकों की सामाजिक उपयोगिता संबंधी धारणाएँ काफी अनुदार थीं, अन्यथा यह समझने में मुश्किल नहीं आनी चाहिए थी कि कविता बहुत भीतरी ढंग से सामाजिक हस्तक्षेप करती है या रूढ़ियों को तोड़ती है।

चुका भी हूँ मैं नहीं
कहाँ किया मैंने प्रेम अभी।
जब करूंगा प्रेम
पिघल उठेंगे
युगों के भूधर

उफन उठेंगे सात सागर।
किंतु मैं हूँ मौन आज
कहाँ सजे मैंने साज

प्रेम चाहे जिससे हो, जिस तरह का हो मानवीय संवेदना का विस्तार करता है। जहाँ प्रेम नहीं होता, वहाँ खुदगर्जी होती है। शमशेर की स्त्री पर लिखी कुछ कविताओं में मध्यकालीन श्रृंगार और परंपरागत उर्दू मिजाज की प्रतिध्वनियाँ हैं, लेकिन समग्रता में प्रेम प्रधान है। प्रेम का यह रूप, जो पहाड़ों को पिघला और समुद्रों को उफना सकता है, अधिक तीव्र है। प्रेम परिवर्तन का चिह्न है। हर परिवर्तन के मूल में कोई प्रेम है। देश से हो, जनता से हो, संस्कृति से हो या व्यक्ति का निजी प्रेम हो। शमशेर के बाद हिंदी के कई कवि अपनी-अपनी प्रेम कविताओं की किताब छपाने लगे, जबकि हम जानते हैं कि न इनमें शमशेर की कविता-सी कटु-तिक्त अनुभूतियाँ हैं, न देह की वह अनोखी भाषा, न वह दर्द और न वह खिड़की है जो एक बड़ी मानवीय संवेदना और परंपरा की ओर खुलती है।

भारतीय मध्यवर्ग इतिहास के एक मोड़ पर आकार दयनीय हो चुका है, पर एक खास समय में अंतर्द्वंद्व से भरा था। उसमें दुविधा, अवसाद, निस्सहायता आदि के बावजूद आग अभी बुझी नहीं थी। शमशेर का 'महीन युग-भाव' इसी वर्ग से जुड़ा है। इसके पास 'इन्सानियत की तलछट का छोड़ा हुआ स्वाद' है, जिसे शमशेर ने किसी महत्वाकांक्षा या उँची आशा के तारों में पिरोने की कोशिश नहीं की, बस उसे अपनी शर्तों पर गहण किया। उनकी मुख्य चिंता है, 'मेरा अपना स्वर सच्चा रहे।' उनका जीवन ज्यादातर अकेलेपन और उदासी में बीता था, 'चिड़िया-सा छिपा लुका मेरा डरा मन है।' उनके मन में द्वंद्व है। एकतरफ वह कहते हैं, 'इंक्लाब! जीवन का बीज है', दूसरी तरफ उनका मन 'बार-बार चाहता है एकांत'। इस द्वैध के बीच ही उन्हें 'शब्द का परिष्कार' करना था और 'सत्य का चेहरा' बताना था। शमशेर का जीवन ऐसी चकाचौंध-भरी और दमनमूलक स्थितियों से घिरा था, जो सर्वग्रासी थीं। उनके भीतर एक अन्यतम व्यक्ति बचा था। यह मध्यवर्ग का एक क्रांतिकारी रोमान से भरा व्यक्ति है, जो नीले दरिये की तरह निर्मल है। वह शक्ति और प्रेम और सादगी और ताजा मोती के आब की तरह नए मानों और एक शांत सरल आनंद, जोश और आत्मा के धर्म गर्व से भरा है। नए युग के साथ नया मध्यवर्ग आ रहा है, 'आ युग आ/मुझे उठा/ जरा सा और लिये चल जरा सा'। वह नए-नए अन्वेषणों में शरीक होना चाहता है। वह न चुका है और न थका। 60 का दशक ऐसा ही था। शमशेर चौथे-पांचवें

दशक के अपने काव्य शिल्प से भले बंधे रह गए हों, पर काव्यात्मक मनोभूमि पर अवसाद के बावजूद उपर्युक्त उज्ज्वल तत्वों से भरे थे।

शमशेर 'नीला दरिया बरस रहा' में ऊबड़-खाबड़ मध्यवर्गीय जीवन की बेचैनी, उसकी उजड़ी आशाओं के पहाड़ और सुलगता दर्द दिखाते हैं। उन्हें प्रसाद की तरह नीला रंग पसंद है या फिर कत्थई। नीला रंग दर्द के लिए है, इसलिए नीला दरिया दर्द का दरिया है। मध्यवर्ग के जीवन में अशांति है, व्यर्थताबोध है, पर उसमें एक 'मैं', एक 'स्व' का गहरा बोध भी है। उसमें आत्मसंघर्ष है, "सीढ़ियों के-से उलझे-पुलझे पथों से/चढ़ रहा हूँ उतर रहा हूँ चढ़ रहा...।" इस कविता में उन्होंने आशा व्यक्त की है। कोई कवि यदि नहीं जानता कि वह क्या व्यक्त करना चाहता है, वह अच्छी कविता नहीं लिख सकता।

समय के
चौराहों के चकित केंद्रों से
उद्भुत होता है कोई : 'उसे-व्यक्ति-कहो':
कि यही काव्य है

व्यक्ति का महान उद्भव और थोड़े समय बाद उसका विलोप दोनों ही आधुनिक युग की घटनाएँ हैं। उसका विलोप समुदायवाद और बाजारवाद में हुआ। इसलिए आधुनिक होते हुए भी आधुनिकीकरण से जन्मी विकृतियों से संघर्ष का भाव शमशेर में है। आधुनिकता आकर्षित करती है, पर उसके अत्याचार भी हैं। उसने मनुष्य से उसके सारे मानवीय गुण छीनने शुरू कर दिए – उसकी आत्मशांति, प्रेमानुभूति, सहिष्णुता, बौद्धिक स्वतंत्रता, तर्कशीलता, त्याग और दूसरे सार्वभौम गुण। मनुष्य धीरे-धीरे नगण्य होता गया। वह सत्ता की राजनीति और तकनीक पर अधिकाधिक निर्भर होता गया। पब्लिक दुर्दशा के अंतिम कगार पर पहुंच गई। सबसे बड़ी विडंबना यह है कि समाज में ऐसे व्यक्ति कम होते गए, जिन्हें अपना कहा जा सके, फलतः व्यक्ति का अकेलापन बढ़ा।

खुश हूँ कि अकेला हूँ
कोई पास नहीं है
बजुज एक सुराही के
बजुज एक चटाई के
बजुज एक जरा से आकाश के
जो मेरा पड़ोसी है मेरी छत पर

आधुनिकता का संबंध एक ही तरह के ग्लोबल विस्तार से है। बड़े भवन, बड़े उद्योग, मारक युद्धास्त्र, बड़े-बड़े जनाकीर्ण महानगर, बड़े ब्रांड और बड़े संस्कृति उद्योग। रामविलास शर्मा ने एक सभा में एकबार शमशेर को दिखा कर ठट्ठा किया था, शमशेर बजुज एक सुराही, जरा से आसमान के भी रह सकते हैं! आज आदमी किस्म-किस्म के झुंड, सामूहिक व्यवस्था या मॉल-मल्टीप्लेक्स का ऐसा अंग हो गया है कि उस समय के आधुनिक अकेलेपन की कल्पना नहीं कर सकता। उस समय के व्यक्ति में जो मानवीय पीड़ा है और 'जरा से आकाश' की जो आशा है, वह व्यक्तिगत नहीं है, सार्वभौम है। ऐसे अकेलेपन में भी आदमी हीरो था, भले ट्रैजिक हीरो था। इस अकेलेपन को खोकर आधुनिक मनुष्य भावनात्मक और तकनीकी रूप से परवश होता गया। अब व्यक्ति काव्य नहीं रह गया है वह सभ्यता के जंगल में खो गया। इसलिए नई आधुनिक कविता में खोखली आधुनिकता का विरोध एक बड़ी घटना है।

कुछ सौ साल पहले मनुष्य ने जिस आधुनिकता की शक्ति से अपने को पुनर्परिभाषित करना शुरू किया था और वह नए लक्ष्यों की ओर बढ़ रहा था, उस आधुनिकता का अपहरण हो गया। अब जिंदगी समझौतों और चतुराइयों से चल रही थी। ऐसी ही जिंदगी पर व्यंग्य करते हुए शमशेर ने मोहन राकेश के मरने पर लिखी कविता में कहा, "ओह माडर्न आर्टिस्ट/काश तुम इतने माडर्न न होते/ताकि जिंदा रहते/जिंदा रहते/अभी कुछ और दिन जिंदा रहते।" एक समय युद्ध, उद्योग या जीवन शैली में माडर्न होने का जो भी अर्थ हो, कला-साहित्य में माडर्न होने का अर्थ था अपने भीतर के व्यक्ति, बौद्धिक स्वतंत्रता और प्रेम को बचाना।

आधुनिकता आधुनिकता
डूब रही है महासागर में
किसी कोंपल के ओंठ पे
उभरी ओस के महासागर में
डूब रही है

इतिहास में असहनीय रूप से दयनीय हो गया था मध्यवर्ग का आदमी, लुट कर। शमशेर ने माना है कि उनके मन में इसी वर्ग का अंधेरा छाया हुआ है। वह इस छाया से निकलने की कोशिश करते हैं। वह ओस के महासागर में डूबते हैं, अधरों के अंगारों में झुलसते हैं, किसी की आंसू की झलक में एक किरण बन जाना चाहते हैं, सत्य की जबान होना चाहते हैं, पीली रुग्ण शाम की जगह बार-बार प्रभात और सूर्योदय देखते हैं। वह पूछते हैं, 'वीर वलिदानी की सदी है यह

– हमीं उठेंगे क्या ? ' एक ही सदी में इतना उत्थान और इतना पतन! इस पतन में भी शमशेर एक ऊबड़-खाबड़ रोमानी गूंज छोड़ जाते हैं।

रामविलास शर्मा नई आधुनिक कविता की अंतरात्मा के साथ न्याय नहीं कर सके। फिर भी उनकी सहानुभूति शमशेर को मिली है। उनका कहना है, "वे भी जनता की तरफ से बोलते हैं। लेकिन अधिक व्यक्तिकेंद्रित होने की वजह से ऐसा मालूम होता है मानो शमशेर अपने लिए कह रहे हैं कि मैं काल से होड़ लेता हूँ। उनका जो 'मैं' है, वह सारी हिंदी कविता की तरफ से है, हिंदी जनता की तरफ से है।"(साक्षात्कार)। वैयक्तिक होना व्यक्तिकेंद्रित या व्यक्तिवादी होना नहीं है। ऐसा कवि, जिसमें एक न एक स्तर पर विद्रोही आधुनिकता हो, कभी व्यक्तिवादी नहीं हो सकता। शमशेर दरअसल व्यक्ति की कलात्मक स्तर पर रक्षा करके उस समाज को ही बचा रहे थे, जो आधुनिकता के निर्मम चक्र द्वारा झुंड में रूपांतरित किया जा रहा था। झुंड में कोई आदमी व्यक्ति नहीं होता। आज हमारे चारों तरफ झुंड ही हैं।

काल तुझसे होड़ है मेरी : अपराजित तू –
तुझमें अपराजित मैं वास करूं।
इसीलिए तेरे हृदय में समा रहा हूँ
सीधा तीर-सा
....
जो मैं हूँ
मैं कि जिसमें सब कुछ है...
क्रांतियां, कम्यून,
कम्युनिस्ट समाज के
नाना कला विज्ञान और दर्शन के
जीवंत वैभव से समन्वित
व्यक्ति मैं

हिंदी पट्टी में क्रांतियां, कम्यून, कम्युनिस्ट समाज अपनी पहली सीढ़ी भी नहीं चढ़ सका। शमशेर इसी पट्टी के कवि थे। वह व्यक्ति स्तर से, एक कवि रूप में सारी लड़ाइयाँ अपने आत्मसंसार में ही लड़ सकते थे– कला के औजारों से। काल कभी नहीं हारता। ऐसे ही काल में वास कर वह चाहते हैं कि उनकी कला भी अपराजेय रहे। यदि कला पराजित नहीं हुई, व्यक्ति भी – हर मनुष्य में जो व्यक्ति है, वह भी गुम नहीं होगा। समझने की जरूरत है कि एक खास आधुनिक

समय में व्यक्ति को कला के औजारों से बचाने का संघर्ष कितना महत्वपूर्ण था। यह 'शब्द की ढाल पर कला की अमरता' को बचाने का मामला था। कला की अमरता कला के लिए नहीं व्यक्ति के अस्तित्व के लिए जरूरी थी। यह कला के बाजार की एक क्षयशील 'वस्तु' बन जाने से भिन्न मामला था। बहुत से कवि और कलाकार इस संघर्ष में लगे हुए थे। यह संघर्ष जितना कला के लिए था, व्यक्ति के आंतरिक अस्तित्व के लिए भी था।

आधुनिकता नए दौर में बहुत सारी चीजों का सामना कर रही थी, मसलन शहरी समाज, उद्योगीकरण, व्यापक तकनीकी परिवर्तन, युद्ध और नव-उपनिवेशवाद। इनके साथ नए-नए दार्शनिक विचारों का सामना भी हो रहा था। निश्चय ही कम्युनिस्ट कहे जानेवाले नेताओं और बुद्धिजीवियों में जो एक नए ढंग का सामंतवाद सेंध लगा रहा था, जिसके कारण यह आंदोलन विस्तार न पा सका,वह भी सामने था। व्यक्ति चारों तरफ से घिरा था। इसका एक संपूर्ण बिंब 'लहरें घेर लेती हैं' कविता में है, जो छोटी होकर भी शमशेर को हर दिशा से खोलती है।

ये लहरें घेर लेती हैं
ये लहरें...
उभर कर अर्द्ध द्वितीया
टूट जाता है...
अंतरिक्ष में
ठहरा एक
दीर्घ रहेगा समतल–मौन

शमशेर की भाषिक सादगी और सतर्कता या बारीकी का मेल इस कविता में है। इसमें एक चित्र है और बहुआयामी संकेत भी। एक शब्द 'लहरें' में ही अनगिनत संकेत हैं। ये औद्योगिक सभ्यता की लहरें हो सकती हैं और किसी की बेरोजगारी या प्रेम की लहरें भी। ये युद्ध की दुश्चिंताएँ हो सकती हैं। ये देश की राजनीतिक पार्टियों के तरह-तरह के नारे और आश्वासन हो सकते हैं। शमशेर ने अपने एक साक्षात्कार में बताया है, 'मुक्तिबोध जितने कांक्रीट हैं, मैं उतना ही एब्स्ट्रैक्ट हूँ।' (कवियों का कवि शमशेर)। दूसरी पंक्ति में 'ये लहरें...' लहरों के निरंतर घेरने की सूचना है। आधुनिक जीवन में एक साथ अनगिनत चोटें हैं। 'उभरकर अर्द्ध द्वितीया' का तात्पर्य उभरता चांद है। कोई निजी या राष्ट्रीय मनोरथ उभरता है और टूट जाता है, आधुनिकता की परियोजनाएँ अधूरी रह जाती हैं। 'द्वितीया' के कई काव्यात्मक आसंग हैं। वह हमारी कोई कामना है,

जिससे हमारे जीवन की खुशी, राष्ट्रीय जीवन या विश्व की कोई भावी उपलब्धि जुड़ी हुई है। हमारे जीवन की अर्द्धद्वितीया का टूटना जैसे किसी उम्मीद का टूटना है। उम्मीद बनी हुई थी, पर अब निराशा है, एक दीर्घ मौन है जीवन के समतल से शुरू होकर अंतरिक्ष तक फैला। उपर्युक्त कविता की अंतिम पंक्तियाँ हैं, 'अगिन व्यथा पर सहसा/कौन भाव/बिखर गया इन सब पर?' मौन की व्यथा अग्निमय है, जिससे बिखरे हुए जीवन में आशा की एक झलक पुनः मिल जाती है। मौन अज्ञेय की तरह ही शमशेर की कविता में भी एक खास अर्थ रखता है, यह पुनर्जीवन हासिल करने की जगह है।

शमशेर शब्द के पीछे से बोलते हैं, उनका कथन व्यंजनात्मक है। उनकी भाषा बोलचालवाली है, पर इशारे कवि के हैं। एक-एक शब्द कई-कई अर्थ-ध्वनियों के साथ है। शमशेर ने कहा है, "मैं कोशिश यही करता हूँ कि उस सरलता पर आ जाऊँ कि वह अधिक लोगों को बोधगम्य भी हो और उसके साथ-साथ मेरी अनुभूतियों की जो विशिष्टता है, वह भी कायम रहे।" (बातचीत, पूर्वग्रह, 12-13)। नई आधुनिक कविता में अनुभूति की विशिष्टता का गहरा तकाजा है। इसका एक मतलब यह है कि अब कविता किसी लोकप्रियतावादी पाठ से एक अलग मामला है। यह फिल्म, टेलिविजन और ठोस सांस्कृतिक मूल्य वहन करनेवाली चीजों से अलग है। कविता कभी भी ऐसी कोई उत्पादित सांस्कृतिक वस्तु नहीं है, जिसकी पहुंच सरलता के कारण ज्यादा लोगों तक होती है और जिसकी बाजार में एक कीमत होती है। फिर भी कविता इस कदर महत्वपूर्ण है, जो नहीं पढ़ेगा उसे कहीं पिछड़ जाना होगा।

नई कविता का दौर, यदि हम शमशेर को देखें, 40 के दशक से शुरू हो जाता है। उनकी नए ढंग की कविताएँ 1937-38 से आने लगती हैं, जिनमें कुछ 'उदिता' और 'कुछ कविताएँ' में संकलित हैं। इनके बाद ही 'तारसप्तक' (1943) का इतिहास आता है। शमशेर उम्र में ही अपने समकालीनों से बड़े नहीं हैं, नई कविता के मामले में भी पथ प्रदर्शक हैं। इस दौर में कथन-भंगिमा में भिन्नता के बावजूद कवियों ने सम्मिलित रूप से बार-बार कहा कि कविता में काव्यात्मकता पहली चीज है, भले अंतिम चीज नहीं। शमशेर को कुछ चीजें देखकर कविता के संबंध में लगता था, "अभिव्यक्ति गद्य में भी हो सकती है। लेकिन इस अभिव्यक्ति के साथ जो काव्यात्मक पक्ष है, यानी उसमें काव्य की गहराई का जोर, कविता का जो जोर है उसकी तरफ ध्यान शायद इतना नहीं है।"(वही)। साहित्यकार का एक दायित्व नागरिक की हैसियत से है कि वह सामाजिक समस्याओं को उठाए, पर शमशेर मानते थे, "डाइडैक्टिक किस्म का

साहित्य, कविता, कहानी वगैरह लिखना एक बड़ी गलत-सी बात है।" (वही)। एक सांस्कृतिक अवधारणा के दायरे से आते हुए भी साहित्यिकता क्या है, काव्यात्मकता क्या है, यह हर लेखक की अपनी तलाश की चीज रही है। फिर भी हर युग में इतना जरूर तय रहा है कि कविता एक कल्पनाशील लेखन है और इसे दूसरे सांस्कृतिक रूपों से कुछ 'भिन्न' होना चाहिए।

यह लक्षित किया जा सकता है कि शमशेर में परंपराओं की कोई घुलीमिली उपस्थिति नहीं है। कोई एकदम प्रगतिशील मिजाज की कविता है कोई भिन्न एकदम प्रयोगात्मक है। कहीं पश्चिमी कला आंदोलन झांकते हैं। कहीं निराला और कहीं गालिब झांकते हैं। कहीं पंत दिखाई पड़ते हैं। कहीं बिल्कुल उर्दू अल्फ़ाज़ हैं, कहीं तत्समबहुलता है। शमशेर में सबसे अधिक विविधता है, सबसे कम कविताओं के बावजूद। उन्होंने जहाँ यह लिखा 'सरकारें पलटती हैं जहाँ हम दर्द से करवट बदलते हैं', वहीं यह भी लिखा, 'वो दुश्मन मेरा इतना अच्छा है क्यों/जो अपना नहीं है वो अपना है क्यों।' गालिब भी दुविधा में थे, 'काबा मेरे आगे है, कलीसा मेरे पीछे।' एक तरफ मजहब-ईमान था, दूसरी तरफ चमकदार अंग्रेजी राज था। यह दुविधा आधुनिक समय की वास्तविकता है, पर शमशेर को इसे लेकर कोई दुविधा नहीं है कि कविता में पहली चीज है काव्यात्मकता। उन्होंने अपनी कविता में उग्र राजनीतिक ढंग से कोई बात नहीं कही। जो कुछ कहा, बहुत धीमे और गहराई से कहा।

> लेकर सीधा नारा
> कौन पुकारा
> अंतिम आशाओं की संध्या से ?
> पलकें डूबी ही सी थीं -
> पर अभी नहीं
> कोई सुनता सा था मुझे
> कहीं,
> फिर किसने यह, सातों सागर के पार
> एकाकीपन से ही, मानो – हार,
> एकाकी उठ मुझे पुकारा
> कई बार?

कवि के पास एक साइलेंसर होता है, इससे नारा भी कविता बन जाती है। ऐसी कविता जीवन में दूर तक काम करती है। वह निशाने को, मर्म को अधिक

गहराई से बेधती है। कवि झुंड के साथ चिल्लाकर नहीं, अकेले ही उठकर जब सच्चाई से पुकारता है, उसकी आवाज सात सागरों के पार तक जा सकती है। भारत में वामपंथी आंदोलन की दशा कुछ ऐसी रही है कि बहुत से कवि, बहुत लेखक सिर्फ मन ही मन इससे जुड़े रह सके। वे कई बार आंदोलनों में शरीक होकर भी एकाकी थे। ऐसी बहुत-सी तकलीफदेह चीजें थीं, जिनके कारण हिंदी क्षेत्र में कवि-बुद्धिजीवी महसूस करते थे कि मानवता की मुक्ति के लिए कुछ अंतिम आशाएँ ही हैं, पर कैसी ट्रैजडी कि इनकी भी संध्या आ रही है। शमशेर के काव्य में उषा जागरण की लालिमा से भरी दिखती है, पर शाम तो बस - 'एक पीली शाम/पतझर का जरा अटका हुआ पत्ता' है। उपर्युक्त कविता में 'अंतिम आशाओं की संध्या से' एकाकी ही जो पुकार उठती है, उसमें जितनी गहरी उदासी है, उस पुकार में एक उतना ही गहरा सहारा भी है।

कोई कविता व्यक्तिगत नहीं हो सकती। ऐसा कोई घर नहीं है, जिसका दरवाजा हमेशा बंद हो। निश्चय ही कविता निजी संवेदना के परिसर में घटित होती है, पर उसकी ध्वनि-प्रतिध्वनि समाज की घटनाओं से असंपर्कित नहीं रह पाती। शमशेर की अनुभूतियों की जो विशिष्टता या अन्वेषणशीलता है, वह उनके जीवन, परिवार, समाज और देश से जुड़ी हुई है। उस पर दुनिया की साहित्यिक और राजनीतिक हलचलों का दबाव है। शमशेर के पास दर्द से भरा एक पागल मन है। उनकी कविता में शब्दालाप करता एक पागल है। उन्होंने शिल्प के स्तर पर भले बहुत सोच-समझ कर अपना शब्दगणित बैठाकर ही सबकुछ लिखा हो, उनकी अनुभूति में खुलापन और विस्तार है। बल्कि उनका शिल्प-गठन ऐसा है कि उसके चित्र और संगीत में पाठक दूर-दूर की यात्रा कर सकें। वे ओझल सच्चाइयों को जान सकें, मौन पदचापों को सुन सकें और सौंदर्य का सौंदर्य देख सकें।

कविता का कोलंबस

कहानी की खोज में निकला था वह। हाँ, कोलंबस ही था वह भी अपने क्षेत्र में। लेकिन वह अकेला था। वह अकेला ही एक महान कहानी ढूंढ़ने निकला।...

इस निर्मल आकाशगंगा में, शहर के बीच, रात्रि के इस निर्जन-से प्रहर में, निरर्थक कोलाहल से घिरे हुए प्रत्येक मनुष्य के अकेलेपन में – उसमें और इस लड़ाई में और जो कुछ भी संबंध हो, इनमें कहानी का कोई तार नहीं।...

हमीं क्यों असहाय हैं? क्यों हमारे विश्वास व्यर्थ और मूल्यहीन हैं। निस्सार खोखले शब्दों की तरह हमारा जीवन है।...विश्वव्यापी घटनाएँ हरेक के जीवन में आ गई हैं।...

जहाँ अब भी मधुमक्खियों का गुंजार है - कम से कम वहाँ बम न गिराना।...

एक महान शांति का प्लाट मुझे चाहिए।

शमशेर, **प्लाट का मोर्चा**

शमशेर की कहानी 'प्लाट का मोर्चा' उनकी कविता की गुत्थियाँ खोलती है। उनकी किताबी कविताओं को पढ़ने का आज क्या अर्थ है, जब कविता वैश्वीकरण के जमाने में उत्सव का रूप ले रही है और पांच सितारा साहित्यिक जमावड़ों में अब प्रदर्शन की चीज है। शमशेर अपनी कविताओं के प्रकाशन तक से हिचकते थे, देशी-विदेशी लेखकों के प्रायोजित मंच पर अपने साहित्य का बाजार बनाना उनके लिए दूर की बात थी। उनके लिए न विश्वबोध एक उत्सव है और न सौंदर्य और न शांति। उनके जमाने से अब कविता के समाज में एक बड़ा बदलाव आ गया है।

कवि को अब दिखना भी चाहिए, उसे पब्लिक में सुना जाना चाहिए और उसे भी सेलिब्रिटी होना चाहिए। अब किताबी कवि की जगह ले रहे हैं प्रदर्शनधर्मी कवि। अब राजनीतिज्ञ और फिल्मकार भी अचानक कवि बन जा रहे हैं, थकान

आने पर। कभी आप्रवासी धनाढ्य कविता में अपनी जड़ें खोजने लगते हैं। जयपुर फेस्टिवल जैसे उत्सवों में बहुतों को विदेशी कवियों के बीच बैठकर ही अब विश्व-भाव का बोध होता है, कवि ग्लोबल होने का अनुभव करते हैं। कार फेस्टिवल, फूड फेस्टिवल की तरह आयोजित होनेवाले साहित्योत्सवों में मूल भावना साहित्य न होकर बौद्धिक बाजार है, लालच है और ऐसे उत्सवों में भारतीय भाषाओं की जगह अंग्रेजी साहित्य को ही विशेष तौर पर बढ़ावा दिया जाता है। कई एनआरआइ साहित्य-प्रेमी और विदेशी लेखक माहौल को वैश्विक - वैश्विक बनाते दिखते हैं। यह बेखटके कहा जा सकता है कि शमशेर इस रास्ते से विश्वबोध से नहीं जुड़े थे। कहना न होगा कि बड़ी पूंजी के बल पर आयोजित होनेवाले ऐसे उत्सवों से जुड़े होते हैं कई तरह के नाटकीय खेल, पूंजी की सुंदरताएँ और बने-ठने साहित्यप्रेमियों की भीड़ें। विश्वबोध जब ऐसे ही उत्सवों से मिल रहा हो, सौंदर्य की परिभाषाएँ जब बाजार दे रहा हो और शांति का राग हिंसक सत्ताएँ अलाप रही हों, शमशेर की कविताओं में विश्वबोध, सौंदर्य और शांति की भूख को पढ़ना कठिन हो सकता है।

इस समय दुनिया एक खुली जगह है और एक-दूसरे से संबंधहीन टुकड़ों का ऐसा ढेर भी, जहाँ मनुष्य एकबार फिर अपने को 'एलियन' महसूस कर रहा है, पृथ्वी जैसे कोई दूसरा ग्रह हो। हम क्या सोचें, क्या कल्पना करें, क्या मानें-क्या न मानें, यह अब हमारे हाथ में नहीं है। यह कठोर वास्तविकता है कि निरर्थक कोलाहल से घिरे मनुष्य के अकेलेपन में अब कविता कहीं नहीं है। उसे जाति दबोचती है, धर्म अपने फंदे में लेता है, स्थानीय जातीयता अपनी भीड़ का हिस्सा बना लेती है, रंगों-भरा मल्टीप्लेक्स खींचता है या कोई शिविर बांध लेता है। कई बार मन पूछता है, क्या इससे बाहर निकला जा सकता है? दूर-दूर तक भ्रष्टाचार और हिंसा से सुरक्षित कोई कोना नजर नहीं आता। 'प्लाट का मोर्चा' का सार है, 'आंसुओं का देश सूख गया है।' हममें से जब हर कोई एक न एक फंदे में फंसा हो, शब्द पर विपत्ति हो और नई पूंजीवादी सभ्यता में वे गुण खोते जा रहे हों जो एक बच्चे, आदिवासी या बावरे में होते हैं, एकबार शमशेर को खोलकर देख लेना चाहिए। हो सकता है, वहाँ हमें अपनी परिचित पृथ्वी मिले और अपनी खोती जा रही कई खास दिमागी क्षमताओं का पुनर्जीवन संभव हो।

शमशेर उस दौर के कवि हैं, जब राष्ट्रीय महामानव किसी दानव की तरह जगा था। पहले विश्वयुद्ध ने जिस परभक्षी राष्ट्रवाद को जगाया, उसकी ज्वाला कभी शांत नहीं हुई। दूसरे विश्वयुद्ध ने फासिज्म का अंत नहीं किया, इसकी शक्ल बदल दी। इसलिए नीत्से से लेकर उसके भक्त हिटलर और फूको तक

यदि राष्ट्रीय महामानव निरंतर आततायी होता गया, हम देख सकते हैं कि दुनिया में इसका सबसे अधिक असर विश्वबोध, जीवन के सौंदर्य और शांति पर पड़ा है। यह परभक्षी राष्ट्रीय महामानव कहीं नस्लवादी गोरे रंग का है, कहीं सांप्रदायिक पोशाक में है, कहीं पितृसत्तात्मक ढांचे में है, कहीं जातिवाद के बघनखे पहनकर खड़ा है और कहीं स्वेच्छाचारी केंद्रवाद की वल्गा थामे है। यह भी स्पष्ट हो गया कि इस आततायी राष्ट्रीयता की सांठगांठ औद्योगिक सभ्यता से जन्मी आततायी आधुनिकता से है। ऐसे ही वातावरण में हिंदी के नए आधुनिक कवि आए, जिन्होंने व्यक्तिपरक कविताएँ लिखते हुए भी किसी न किसी स्तर पर परभक्षी राष्ट्रवाद और पूंजीवादी सभ्यता को चुनौती दी। वे जितना भी अकेलापन महसूस करते हों, उन्होंने दरअसल सामुदायिक राष्ट्रवाद और व्यक्तिवाद दोनों का विरोध किया।

ओ मेरे घर
ओ हे मेरी पृथ्वी
सांस के एवज तूने क्या दिया मुझे
- ओ मेरी मां ?
तूने युद्ध ही मुझे दिया
प्रेम ही मुझे दिया क्रूरतम कटुतम
और क्या दिया
मुझे भगवान दिए कई-कई
मुझसे भी निरीह मुझसे भी निरीह !
और अद्भुत शक्तिशाली मकानीकी प्रतिमाएँ !

शमशेर के लिए पृथ्वी एक घर है। उनमें विश्वमानव की गहरी पीड़ा है, क्योंकि उपनिवेशवाद और आधुनिकता का निकाह दुनिया में एक कहर ला रहा था। पश्चिम की साम्राज्यवादी ताकतों ने लंबे समय से दुनिया में अपना औपनिवेशिक जाल बिछा रखा था। उन्होंने नस्लीय और जातीय झगड़ों के बीज भी बो दिए थे। इसी से निकले थे कई युद्ध, नस्लीय और सांप्रदायिक दंगे, जो गहरी चिंता के विषय थे। आधुनिक सभ्यता की बड़ी उपलब्धियों के बीच पृथ्वी एक घर बन सकती थी। शमशेर इसी रूप में उसे देखना चाहते थे। वह उपनिवेशवाद और आधुनिकता के बीच संबंधविच्छेद चाहते थे। हालात विपरीत थे। यह इतिहास की निस्सहायता थी कि मनुष्य दर्शकशाला में खड़ा था। आधुनिक पृथ्वी ने और क्या दिया, "और दी मुझे एक लंबे नाटक की/हँसी फैली हुई/दर्शकशाला के इस ओर से उस छोर तक।" और "सब कुछ तो दे दिया : जब मुझे मेरे कवि का बीज

दिया कटु-तिक्त।" शमशेर की कविता विश्वबोध से भरी हो, वह प्रस्फुटित हुई थी उनके अपने ही आत्मसचेत कड़वे-तीखे जीवन से। कहा जा सकता है कि वह अपने निजी जीवन में एक यातना भरा विश्वजीवन भी जी रहे थे, जो आज के आदमी की ग्लोबल गतिविधियों से भिन्न था।

कविता आधुनिक युग में व्यक्तिगत यथार्थ से बंधी नहीं थी। वह कलावाद और कठमुल्लेपन से लोहा ले रही थी। शमशेर की 'ओ मेरे घर', 'बात बोलेगी', 'वाम वाम वाम दिशा', 'अमन का राग', 'ईश्वर अगर मैंने अरबी में प्रार्थना की', 'एक आदमी दो पहाड़ों को कुहुनियों से ठेलता', 'बैल', 'अफ्रीका' जैसी कई कविताएँ हैं जो उनके विश्वबोध, सौंदर्य चेतना और उनकी शांति भावना को बड़े ताकतवर ढंग से व्यक्त करती हैं। ये उनकी प्रेम और अकेलेपन की कविताओं से अलग न होते हुए भी विशिष्ट हैं।

शमशेर दौड़-दौड़ कर विदेश घूमने नहीं जाते थे। वह उचक-उचककर विश्व नागरिकता का दावा नहीं करते थे। विश्वमानववाद विशिष्टवर्गी अंतर्राष्ट्रीयता का एक औपनिवेशिक पहलू है। यह मास कल्चर का उत्पादन है या विश्व बाजार का। शमशेर विश्वमानववादी न थे, विश्वमानवतावादी थे। उन्हें अपने देश और जन्मभूमि से प्रेम था। वह कहते हैं, "बच्चों-सा है मेरा दुख जो खोए गए हों/दुनिया के, महामरु में/जिनको अपनाने काफिले आंधी के उठते हों केवल।" इस कविता अंश में दुनिया के बच्चों का निस्सहायता से घिरा एक मार्मिक भोलापन है। शमशेर में कला की चतुराई जितनी हो, मन की एक दुर्लभ सादगी है। वह बच्चों की भोली-बावरी आंखों से दुनिया की आंधियों को देखते हैं, जो इन्सान को अकेला करती हैं। अपने घर में अकेले होने से अधिक बेचैन करनेवाली स्थिति है दुनिया का होकर अकेला होना।

कविता का विश्व से रिश्ता बनानेवाले कवियों को अक्सर इसकी कीमत चुकानी पड़ी है, खासकर उन कवियों को जिन्होंने विश्व को एक आध्यात्मिक नहीं, भौतिक सृष्टि के रूप में देखा था और मानवीय अखंडता का संदेश दिया था। ज्ञानेश्वर और कबीर समाज में दबा दिए गए। गेटे के साहित्य को अपमानित किया गया, क्योंकि उनके अंतर्राष्ट्रीय विचार नाजी शासन के संकुचित राष्ट्रवाद की सीमा में अंट नहीं पाते थे। भारत में विश्वप्रेम का आदर्शवाद प्राचीन काल से था। पूंजीवाद ने समाज का एक नया भौतिक आधार बनाना शुरू किया और समाज विश्व की तरफ अधिक तेज गति से खुलने लगे। बांग्ला नवजागरण के राममोहन राय को लगा था, 'संपूर्ण मानवजाति एक बड़ा परिवार है, असंख्य राष्ट्र और कबीले उसकी शाखाएँ भर हैं।' रवींद्रनाथ विश्व मानव हो उठे थे।

अंतर्राष्ट्रीयतावाद की तरफ आकर्षित होनेवाले दो तरह के कवि -बुद्धिजीवी हैं। एक वे हैं, जिनके लिए राष्ट्र निरर्थक है, प्रत्येक राष्ट्र एक ही मानवता या बाजार का हिस्सा है। दूसरे वे हैं, जो विश्वभावना रखते हुए भी अपनी उच्च परंपराओं, राष्ट्रीय अपेक्षाओं और देश की जनता की अवहेलना नहीं करते। वे अपने विश्वबोध को स्वतंत्रता, प्रगति और शांति के लिए नैतिक ताकत के रूप में देखते हैं।

शमशेर ने वैश्वीकरण को उतना न देखा हो, क्योंकि 1993 में उनकी मृत्यु हो गई, पर औपनिवेशिक अंतर्राष्ट्रीयता को पहचाना था। इसलिए 'अमन का राग' लिखते हुए और इस धरती को 'इन्क्लाबों की मां' कहते हुए भी वह 'ओ मेरे घर' में अंतर्राष्ट्रीयतावाद के औपनिवेशिक पहलुओं को उद्‌घाटित करते हैं। उन्हें इस तरह का अंतर्राष्ट्रीयतावाद एक लंबे नाटक की कटु- क्रूर हँसी-सा दिखता है। 'अमन का राग' में यदि उनका स्वप्न है, 'ओ मेरे घर' में विश्व यथार्थ है। शमशेर के घर में आखिरकार घर कहाँ है ? वह इस मामले में काफी सशंक हैं, वह मुग्ध नहीं हैं। इसलिए औपनिवेशिक अंतर्राष्ट्रीयता की पोल खोलते हुए वह 'अफ्रीका' कविता में तीसरी दुनिया के जागरण का चित्र रखते हैं, 'काले के ही बल पर/ टिका है सफेद।/...डमाडम ! डमाडम ! डमाडम !' पश्चिमी साहित्यिक आंदोलनों की तरफ आकर्षित एक कवि पश्चिम को मुग्ध भाव से देखने की जगह पर्याप्त सचेत होकर अपना निशाना बनाता है। शमशेर के अगम अंतर में अनगिनत सूराखें हैं, जिनमें उनके विद्रोही भाव दृढ़ता से मौजूद हैं, 'कठिन प्रस्तर में अगिन सूराख।' उनकी कविता में पत्थर, शिला, पहाड़, चट्टान बहुत आते हैं, जैसे दृढ़ता के किसी कठोर अंत:कवच में जीवन की कुछ कोमल चीजें जी रही हों। कवि इन्हें कभी खोने के लिए तैयार नहीं है। उन्हीं कोमल चीजों में एक अमन का राग है।

शीत युद्ध का समय था, जगह-जगह रणभेरियाँ गरज रही थीं। दुनिया की कई सरहदों पर धुआं उठ रहा था। ऐसे में कविता 'अमन का राग' एक भारतीय आवाज बनकर आई। यह जैसे उस भारत की सनातन आकांक्षा हो, जिसने इतिहास के किसी भी दौर में दुनिया को 'हम' और 'वे' में बांटकर नहीं देखा। यह एक बेहतरीन कविता है, जिसके लिए शमशेर चर्चित हुए। कविता में एशियाई अंतर्विरोधों के इंद्रधनुष के सतरंगी किरणों में बदलने का स्वप्न है। यह एक दुर्लभ स्वप्न है। इस कविता में औपनिवेशिक अंतर्राष्ट्रीयतावाद के बरक्स उदार जनतांत्रिक अंतर्राष्ट्रीयतावाद का महान स्वर व्यक्त हुआ है, जो शांति की चिर तड़पन से भरे किसी विश्व हृदय से निकला जान पड़ता है। यह जैसे हर अदने इंसान की तरफ से व्यक्त कवि की एक बिल्कुल निजी आकांक्षा है।

ये पूरब पश्चिम मेरी आत्मा के ताने-बाने हैं
मैंने एशिया की सतरंगी किरनों को अपनी दिशाओं के गिर्द
लपेट लिया
और मैं यूरोप और अमरीका की नर्म आंच की धूप-छांव पर
बहुत हौले-हौले नाच रहा हूँ
सब संस्कृतियाँ मेरे सरगम में विभोर हैं
क्योंकि मैं हृदय की सच्ची सुख-शांति का राग हूँ
बहुत आदिम, बहुत अभिनव

शमशेर के सामने हमेशा बच्चे हैं, हमेशा उषा है, संगीत है, सत्य की खोज है और शांति की स्निग्ध कला में डूबा मन है। उनकी सारी कविताएँ जैसे विश्व में शांति और सौंदर्य की खोज हों। ये जैसे इतिहास की गहरी पथरीली नीवों में जागती सच्चाइयाँ हों। शमशेर होमर, तुलसी और हाफिज को याद करते हैं। वह गोर्की को होरी के आंगन में देखते हैं। अरागों उनके दिल की कहानी की सुर्खी बन जाते हैं। वह पंत के सुकुमार छायावादी सावन-भादों की चोट में होते हैं। वह निराला के राम के आंसू में अपने को देखते हैं। इतना व्यापक आत्मविस्तार है। फूल भी अपने रंगों के साथ आते हैं। पश्चिम के काले-सफेद, पूर्व के पीले , लाल, नीले और चंपई और 'दुनिया में हरियाली कहाँ नहीं/जहाँ भी आसमान बादलों से जरा भी पोंछे जाते हों।' कहने के ढंग में अपूर्व नवीनता। अनुभव की अनगिनत काव्यात्मक यात्राएँ। युद्ध के हिरण्यकश्यप को चीरने के लिए प्रह्लाद की तपस्याएँ भी याद आ जाती हैं, कवि मिथकों में भी जाता है। अंत में यह कामना है कि जनता की आंखों के इस सपने को काश दुनिया के नेता देख रहे हों।

शमशेर प्रश्न करते हैं। वह अपनी कविता में बड़े भोलेपन से प्रश्न करते हैं, जो विचलित करते हैं। आधुनिकता का लक्षण है प्रश्नशीलता। शमशेर का मन दस तरफ दौड़ता है और प्रश्न करता है। वह धार्मिक कट्टरवाद को भी उसी तरह दागते हैं, जिस तरह साम्राज्यवादी युद्ध-पिपासा को।

ईश्वर अगर मैंने अरबी में
प्रार्थना की तू मुझसे
नाराज हो जाएगा ?
अल्लाह यदि मैंने संस्कृत में
संध्या कर ली तो तू
मुझे दोजख में डालेगा ?

सांप्रदायिकता के प्रश्न ने शमशेर को बहुत अधिक उद्वेलित किया था। उन्हें लगा, देश में दंगे एक अलग संस्कृति रच रहे हैं। उनके लिए कविता में सांप्रदायिकता के खिलाफ बोलना महज उस पर एक कविता लिख देना नहीं है। उनके लिए यह एक बेहद गहरा अफसोस है। उनकी एक फुटकर कविता है –

अच्छा हुआ जो धर्मों ने
आपस में लड़-लड़ कर
भरम अपना मिटा डाला
दिलों से आम इन्सां के।

हिंदी में नई आधुनिक कविता को एक साहित्यिक क्रांति के रूप में देखा जाना चाहिए, जो उतनी ही महत्वपूर्ण है, जितना महत्वपूर्ण छायावादी आंदोलन है। कविता का एक नया समय था, जब एक भिन्न या विशिष्ट भाषा अपनाने का अर्थ था एक बदली हुई जिंदगी की ओर बढ़ना, एक वैकल्पिक भूमंडल के लिए सचेत होना। यह अलग बात है कि आधुनिकतावादी साहित्य को लेकर जितनी अधिक गहमागहमी रही है, उतनी ही तीव्र असहमतियाँ भी रही हैं। शमशेर की कविता में कोई सामाजिक अभिप्राय है या यह महज निजी डायरी है ?

नई आधुनिक कविताओं पर होनेवाली चर्चाओं में लगभग तय मान लिया गया कि नागार्जुन, केदारनाथ अग्रवाल और मुक्तिबोध प्रयोगशील नहीं हैं और अज्ञेय-शमशेर प्रगतिशील नहीं हैं। शमशेर को सौंदर्य का रूमानी कवि कहा गया। बहुत सहानुभूति हुई तो उनके संबंध में यह धारणा बनाई गई कि वह 'अंतर्विरोधों के कवि' हैं, अर्थात उनमें यह भी है और वह भी है। उनमें यथार्थवाद भी है और आधुनिकतावाद भी है। शमशेर की सादगी, निश्छलता, भावुकता आदि की प्रशंसा करते हुए उनकी प्रगतिशीलता विवाद ही नहीं दबे व्यंग्य का विषय भी थी। हिंदी में सराहना कई बार व्यक्तिगत या घरेलू संबंधों पर निर्भर करती है। अज्ञेय ने उन्हें 'कवियों का कवि' कह दिया। शमशेर भी उनपर किसी अन्य से ज्यादा मुग्ध थे। उन्हें कहा, 'सौंदर्य की मौन अमरता'। रामविलास शर्मा ने शमशेर की इसलिए कुछ तारीफ की कि वे कम्युनिस्ट आंदोलन से प्रतिबद्ध थे। उनके गद्य की सराहना की, पर कविता की सराहना नहीं की। हालांकि अंत में थोड़ा नरम पड़े, 'शमशेर स्वयं अपने मन की निराशा और विषाद से लड़ रहे थे।' शमशेर की निराशा और विषाद सिर्फ उनके अपने मन की नहीं थी, उनके युग की थी।

रामविलास शर्मा को एक पत्र में शमशेर ने प्रेम-भरे गुस्से से लिखा, "तुम एक पार्टिजन हो, जानता हूँ। एकदम पार्टिजन। ऐलानिया पार्टिजन।...यह हर

चीज का सरलीकरण कर देता है...बहुत ज्यादा। क्या यह कोई समाधान भी देता है।...रचनाकार क्या सोल्यूशन खोजता है ? उसे एक ही रंग की, लगभग एक ही रंग की वर्दी चाहिए? बहुत सी बातों का एक सीधा जवाब है : जानता हूँ। जिंदगी एक सीधा जवाब है, यह नहीं मानता।...कलाकार स्वयं को बदलेगा, बदलेगा एक माध्यम बनाने के लिए, अपने को एक अधिक सेंसिटिव माध्यम, सक्षम द्रष्टा, पोयट इन द एन्सिएँट सेंस, अ मेकर।...बहुत-सी बातें मेरे दिल में उठती हैं, अपना हल खोजती हैं, डोग्मा में नहीं, 'लाइन' में नहीं...अपने उस इतिहास में जिसका मैं एक अभिन्न अंग हूँ, जिसका मैं और मेरे नीचे की मंजिल में सिलाई की मशीन चलानेवाले शब्बीर मास्टर अभिन्न अंग हैं...और मैं और वह कितने अलग-अलग हैं।" (18 मई 1963 को लिखा पत्र)। शमशेर मतांधता का विरोध करते हैं। वह एक संवेदनशील द्रष्टा बनने के लिए अपने को बदलना चाहते हैं, ताकि परिवेश को बदल सके। वह अपने को उसी इतिहास का अंग मानते हैं, जिसमें शब्बीर मास्टर हैं। कुछ लेखक हैं, जो उन्हें सौंदर्यवादी कह कर चुट्टी पा जाते हैं या बड़े मजे से उनका नाम लेकर अपने पतनोन्मुख मध्यवर्गीय व्यक्तिवाद को महिमामंडित करते हैं।

शमशेर 'क्लासिकल' हैं, 'रोमांटिक' हैं या 'आधुनिकतावादी' हैं ? ये तीनों ही बातें उनके संबंध में कही गई हैं। उन्हें मुक्तिबोध ने 'क्लासिकल पूर्णता' का कवि कहा है। उन्हें रोमांटिक प्राय: सभी मानते हैं। उन पर एजरा पाउंड, मलार्मे आदि का टैग लगा कर आधुनिकतावाद चस्पा किया गया है। पश्चिमी साहित्यिक दुनिया में ये तीनों परस्पर विरोधी साहित्यिक धाराएँ हैं। 'क्लासिकल' का विरोध करके 'रोमांटिक' आया। 'रोमांटिक' का विरोध करके 'माडर्निज्म' विकसित हुआ। मोटे तौर पर एक में सच की पूर्णता है, दूसरे में बंधनों और रीतियों से स्वच्छंदता की वेदना है और तीसरे में अकेलेपन का साहस है। यह अजूबा कैसे घटा कि शमशेर में तीनों का सह-अस्तित्व है। पश्चिम में जो घटित नहीं हुआ, उसे शमशेरियत ने संभव किया। शमशेर के पास सौंदर्यवाद नहीं, सौंदर्य-विवेक था, उस पर समय के बत्तीसो दांत गड़े थे।

यह समंदर की पछाड़
तोड़ती है हाड़ तट का –
अति कठोर पहाड़।

पी गया हूँ दृश्य वर्षा का :
हर्ष बादल का

हृदय में भर कर हुआ हूँ हवा-सा हल्का।
धुन रही थीं सर
व्यर्थ व्याकुल मत्त लहरें
वहीं आ- आकर
जहाँ था मैं खड़ा
मौन ;
समय के आघात से पोली, खड़ी दीवारें
जिस तरह घहरें
एक के बाद एक, सहसा।

समय के ऐतिहासिक आघात से दीवारें पोली हो चुकी हैं, फिर भी मन के भीतर और बाहर दोनों जगह उसी तरह खड़ी हैं। क्या 'चांदनी में लोटती' और 'बिजलियों में कौंदती'- जितनी ही शीतल, उतनी ही गर्जन-भरी लहरें कुछ कर सकती हैं? दीवारें आधुनिकीकरण के जमाने में बढ़ती गईं। 'स्वप्न में रौंदी हुई-सी विकल सिकता' क्या कर सकती है, आंख मूंद लेती है। आंख बंद होने पर भी बहुत कुछ दिखता है, दृश्य अंतर्दृश्य बन जाता है। एक आशा है, समंदर की पछाड़ अति कठोर पहाड़ की हाड़ तोड़ सकती है। इस 'पछाड़' में एक दर्द है। 'गोदान' का अंत धनिया के पछाड़ खाकर गिरने से होता है। समुद्र की लहरों के पछाड़ खाकर गिरने में, गर्जन भरी वेदना के पलटवार में जो सौंदर्य है, वह मनुष्य के जीवन संघर्ष का ही सौंदर्य है।

शमशेर के दृष्टि-पथ में यह हमेशा था कि वह कुछ बदलने के लिए लिख रहे हैं। उनकी कविता की सुंदरताएँ उनके पास जाना चाहती हैं, जो अकेले और असंतुष्ट हैं, शक्तिहीन हैं, परंपराओं से जकड़े हैं, दमन करनेवालों से परेशान हैं और उन अत्याचारों से भी जिनकी कल्पना नहीं की जा सकती। उनकी कविता उन सभी के पास जाना चाहती है जो श्रृंखलाओं में कसे हुए हैं। नागार्जुन ने हँसी-हँसी में उन्हें 'मनाधार वाला कवि' कह दिया था और ऐसे ही कवियों पर व्यंग्य करके लिखा था, 'मांजो-मांजो, और मांजो, और मांजो...।' निश्चय ही शमशेर की कविता परंपरावाद और आधुनिकीकरण द्वारा उत्पीड़ित लोगों के पास जा नहीं सकी। वह जनाधार न पा सकी। वह अपने को बार-बार 'विफल' कहते रहे हैं। उनकी इस विफलता को समझे बिना, खासकर कवियों की जनता से सभ्यतागत कारणों से बढ़ती दूरी को लेकर शमशेर के अफसोस को समझे बिना, इस विफलता को ही ज्यादा प्रचारित किया गया। शायद बदले विश्व में कवि की

सफलता इसमें है कि वह कितने सुख-सुविधाओं में अपनी जिंदगी बिताता है। आधुनिक कवियों ने रोजमर्रा की चीजों, आम लोगों और उनके उद्वेलनों से आंखें मूंद कर नहीं लिखा। कविता के अंतःइतिहास में बहुत कुछ चुपचाप दर्ज होता है। वह गहरे अर्थ में सशक्त ऐतिहासिक दस्तावेज होती है। शमशेर अपने को इतिहास का अभिन्न अंग मानते थे। यह भी कहते थे कि कविता सैकड़ों तरह से लिखी जा सकती है। एक जमाने में साहित्यिक स्थिति यह थी कि कविता के इसी रूप को अंतिम मानो। हिंदी में निराला एकमात्र कवि हैं, जिनकी कविता के विभिन्न रूप हैं और वह अपनी कविता की पुरानी केंचुल छोड़कर कई बार बाहर निकले हैं। वह कविता में कई बार पुनर्जन्म लेते हैं। यदि नागार्जुन को थोड़ा-बहुत इस परंपरा में ले लें तो बाद में फिर कभी यह देखने को नहीं मिला। शायद इसकी कुछ वजह राजनीतिक शिविरबंदी हो या कविता को लेकर गंभीरता की कमी हो।

शमशेर को अपने एक अधूरे लेख में अफसोस है, "मैं सोचता हूँ कभी कभी, मुझे अपनी राह बदल लेनी चाहिए। लौट कर वहाँ चलना चाहिए, जहाँ प्रेमचंद अपना 'कफन' लाकर रख गए हैं। बल्कि और भी पीछे, जहाँ भारतेंदु 'राजा हरिश्चंद्र' को मणिकर्णिका घाट पर लेकर बैठे हैं। नहीं और भी पीछे चलें, आगरे में आइए। देखिये के मियाँ नजीर ऊंची नोक वाली टोपी लगाये, हाथ में सांप की लहराता हुआ असा लिये, तहमद बांधे, एक रंगीले फ़कीर की तरह गाता जा रहा है - जब लाद चलेगा बंजारा...।" (1974, 'साक्षात्कार' 81-84,1986)। शमशेर राह नहीं बदल सकते थे, पर उनके भीतर परंपराएँ बसी हुई थीं। हर कवि अपनी तरह से ही कविता लिख सकता है, भले इसके रूप-ढंग में समय-समय पर कुछ परिवर्तन करता चले। शमशेर ने एक-एक शब्द को मांज-रगड़ कर नए रूप-ढंग से कुछ लिखा। देखना चाहिए, उसमें क्या है और सबकुछ भले थोड़ा हो, पर वह कैसे है।

कविता लिखना शमशेर के लिए बांस पर चढ़नें जैसा है। कोई बांस पर चढ़ा है ? वह स्वीकार करते हैं कि यह 'शौक पेंटिंग से आया।' समझने की जरूरत है कि यह 'चित्रकार के सिंहासन' पर कवि को बिठाना या अपनी मनःप्रतिमाओं में 'नाटकीय विधान' प्रस्तुत करना नहीं है, जैसा कि मुक्तिबोध ने लिखा है। उन्होंने लिखा है, "कवि को चित्रकार का स्थानापन्न बना देने से और उस स्थानापन्न कवि के सम्मुख कार्यक्षेत्र विस्तृत कर देने से, शमशेर की रचनात्मक प्रतिभा ने कई बार घोटाला कर दिया है, ऐसा मेरा ख्याल है।" (मुक्तिबोध रचनावली-5)। वह आगे संदेह की सुविधा देते हैं, "शायद यह अनुमान गलत हो।

गलत हो तो अच्छा ही है।" शमशेर और मुक्तिबोध कविता के दो छोर नहीं हैं, जैसाकि श्रीकांत वर्मा ने कह दिया था। दोनों के पास एक जागृत 'व्यक्ति' था। दोनों 'अकेले' और 'अंधेरे' में लिख रहे थे। शमशेर ने लिखा है, "बांस पर नटगरी दिखाने का (वह भी अकेले में और अंधेरे में और वो भी खुद के हमजाद को वाह ! वाह !)।" ('साक्षात्कार',81-84)। इससे भी बड़ी समानता यह है कि दोनों में जीवन का गहरा स्पंदन है, जीने की भूख है और ये अपने दुश्मन पक्ष को समझते हैं।

हम शमशेर के उसी अधूरे लेख में देखते हैं कि उन्होंने शब्दों से बनाए अपने चित्रों के बारे में कहा है, "इस तरह की पेंटिंग, विभिन्न प्रकार के तिनकों का घोंसला होती है। जिसमें थक कर आर्टिस्ट बेचारे की खस्ता हाल रूह नींद और सपने के बीच के आलम में मौन दुबकी रहती है। बात ये है, आज दुनिया में हर तरह का शोर बढ़ गया है। इस दुबके हुए नये मौन की भी कीमत हो गई है। मगर उस आंख मूंदे हुए परिंदे से कुछ इस तरह बेवक्त छेड़-छाड़ ऐसा ही जैसे रात को चिड़ियों को जगाना। वो समाज की जिंदगी आज एक बावैला है, एक शोर का अंधेरा है, एक शोर का अंधड़ है। शोर के अंधड़ में और तूफान के अंधेरे में ये खस्ताहाल परिंदा ये अंडा दे रहा है और उसे उसके हाल पर कोई छोड़ना नहीं चाहता।" कविता का भले एक सामाजिक अभिप्राय होना चाहिए, पर शमशेर को लगता था कि यह एक बड़ी नाजुक और संवेदनशील चीज है, इससे चालू किस्म का व्यवहार नहीं किया जा सकता।

दरअसल नए आधुनिक कवियों की विशिष्टता उनकी अन्वेषणशीलता में है। ऊपर चिड़िया के जरिये शमशेर ने अपने शोर भरे घनघोर अराजक समय में उस मनःस्थिति की ओर इशारा किया है, जिसमें काव्यात्मक अन्वेषण संभव है। यह एक चलता-फिरता या मांग और पूर्ति का काम नहीं है। वह कविता के लिए सबसे पहले स्पेस चाहते हैं, जो उनके समय में तेजी से सिमटता जा रहा था और इसका वह अनुभव कर रहे थे।

कविता शब्दों का संवेदना में औचक आकर घोंसला बनाना ही तो है। यह बादलों में घोसला बनाना है। शमशेर बड़ी निरीहता या शालीनता से जो कह देते हैं, उसे हम उनकी निरीहता या शालीनता समझ कर बहुत कुछ उन्हें माफ करने या छूट देने के गर्व से भर जाते हैं। कवि होना कितना कठिन है, यह भक्त कवियों और छायावादी कवियों ही नहीं, ऐसे आधुनिकतावादी कवियों को देखकर भी पता चलता है। वे सभी विशिष्ट हैं, वे सभी अन्वेषणशील हैं। वे सभी विशिष्ट इसीलिए हैं कि अन्वेषणशील हैं।

ऐसा नहीं है कि विशिष्टता सिर्फ आधुनिक जमाने के साहित्य का लक्षण

है। यह हर युग के बड़े कवि में होती है, क्योंकि उनकी विशिष्टता ही उन्हें अपने पूर्ववर्तियों और समकालीनों से अलग करती है और कुछ सामान्य लक्षणों के बावजूद उन्हें एक भिन्न साहित्यिक पहचान देती है। हम आधुनिक कवियों के संदर्भ में खासतौर पर कह सकते हैं कि उन्होंने प्रचलित काव्यात्मक नियमों और फैशनों को बिल्कुल तोड़कर कविता की भाषा को अपने नए अनुभवों के कारण पूरा बदल दिया। उनके अन्वेषण में इतनी गति और व्यापकता आ गई, जैसी पहले कभी नहीं थी। यह बहस का विषय है कि नए आधुनिक कवियों के भाषिक अन्वेषणों को कितनी सामाजिक स्वीकृति मिली और उनके अन्वेषण की विशिष्ट आधुनिक प्रकृति ने कैसी समस्याएँ पैदा कीं।

यह सोचना गलत नहीं है कि शमशेर के अन्वेषण हिंदी की काव्य परंपराओं के भीतर हैं। ये निश्चय ही एक खास सांस्कृतिक क्षेत्र से जुड़े हैं। उनका रंगों का चुनाव हो या उषा, संध्या, बादल, अष्टधातु की मूर्ति और बहुत सारे घरेलू विवरण, ये सभी यही बताते हैं। उन्होंने अपने काव्यात्मक अन्वेषण की प्रक्रिया की तरह-तरह से व्याख्या की है, जो कई बार रहस्यात्मक भी हो गई है, जैसा कि 'चिड़िया के अंडे सेने' का उपर्युक्त बिंब। फिर भी ऐसे बिंबों की रहस्यमयता को समझना होगा, क्योंकि तभी उनके समय की जटिलता स्पष्ट होगी। एक रहस्यहीन कवि हमेशा बोदा और रिक्त होता है, हालांकि महज रहस्यमयता महानता की कसौटी नहीं है।

मुख्य चीज है भाषा का सृजनात्मक इस्तेमाल, जो उस ढांचे से कुछ भिन्न देखना, अनुभव करना और कल्पना करना है जो किसी समाज में राजनीति या संस्कृति द्वारा पहले से निर्धारित है। नई कविता में 'नई' का बुनियादी अर्थ यही है कि संवेदना, सौंदर्यबोध और राजनीतिक चेतना के स्तर पर वह सब पाना जो पुराने भाषिक ढांचे में संभव नहीं था। यही वजह है, नई कविता नई दुनियाएँ लेकर आई। ऐसे हर कवि में 'फर्क' या 'विशिष्टता' की सृजनात्मक इच्छा थी। उसमें कविता के बाहर और भीतर एक भिन्न दुनिया के लिए तड़प थी। कवि 'प्रचलित' की जगह 'भिन्न' या 'विशिष्ट' को तभी पाता, जब वह अन्वेषणशील होता। भाषा की पुरानी संरचनाओं को तोड़कर ही संवेदना और सौंदर्यबोध में भिन्नता पैदा होती। ऐसे भी, नए आधुनिक जमाने में अन्वेषणशीलता सामान्य रूप से जीवन की कसौटी थी। मनुष्यता का विकास करना हो तो हमेशा कुछ नया खोजो। आज कहा जाएगा कि सत्ताधारी बनना हो तो पुरानी संकीर्ण पहचानों में लौटो, अस्मिता की राजनीति करो। अन्वेषणशील नहीं, उपभोक्ता बनो। अधिक से अधिक खोजो नहीं, अधिक से अधिक भोगो।

हम शमशेर की राजनीतिक चेतना-संपन्न कविताओं में भी पाएँगे कि उनमें

अन्वेषणशीलता है। ये स्थूल नारे नहीं हैं। ऐसी कविताओं में कवि अपने लिए पूरा स्पेस रखता है, क्योंकि वह एक राजनीतिक मशीन नहीं है, सचेत व्यक्ति है। शमशेर की कविता 'बात बोलेगी हम नहीं' से ही स्पष्ट है कि कविता राजनीतिक मशीन से निकला वक्तव्य नहीं है। जीवन की जो बातें हैं, काम हैं, वे ही सारे भेद खोलेंगे और झूठ-सच पहचान में आएँगे। इकहरे आत्मपरक वक्तव्य से कुछ नहीं होगा। उपर्युक्त कविता में निर्मल वस्तुपरकता पर बल है। यही वजह है कि कवि राजनीति के रास्ते से ही चलती-फिरती राजनीति का कटु आलोचक है, क्योंकि चारों तरफ दैन्य, क्रूरता और निर्बुद्धिपरकता के शिकार मजूरों की दशा अति दारुण है और इतनी राजनीति के बावजूद स्वतंत्रता खतरे में है।

सत्य का
क्या रंग ?
पूछो
एक संग
एक - जनता का
दुख : एक।
हवा में उड़ती पताकाएँ
अनेक।
. . . .
एक जनता का—अमर वर :
एकता का स्वर
अन्यथा स्वातंत्र्य इति।

अन्वेषण अंततः स्वतंत्रता है या परिवर्तन ? हो सकता है, कुछ के लिए अन्वेषण सिर्फ स्वतंत्रता है। हर अन्वेषण अधिक स्वतंत्रता देता है, लेकिन एक सार्थक अन्वेषण स्वतंत्रता के साथ परिवर्तन भी है। वह मानव चेतना में परिवर्तन लाए या समाज में। शमशेर के लिए अन्वेषण, स्वतंत्रता और परिवर्तन के बीच निकटता है, इनके बीच दीवारें नहीं हैं।

इसमें संदेह नहीं कि एक सफल और सार्थक काव्यात्मक अन्वेषण पाठक पर असर डालता है। उसे अधिक मानवीय बनाता है, उसकी संवेदना का विस्तार करता है और कई बार बंद वैचारिक अवधारणाओं को खोलता है। इस तरह का अन्वेषण भी बड़े शांत ढंग से परिवर्तन का काम करता है। शमशेर परिवर्तन का काम कभी चुपचाप करते हैं, जैसे अपनी कविता 'बैल' में और कभी मुखर होकर

करते हैं जैसे कविता 'वाम वाम दिशा, समय साम्यवादी' में। दोनों में एक समानता है, मध्यवर्ग की दशा को लेकर गहरी चिंता है। खासकर 'बैल' एक अद्‌भुत गढ़न की कविता है। इसमें शमशेर अपनी पूरी कलात्मक ताकत लगा देते हैं और अंत में कहते हैं—'यह दुनिया मुझे बैल मालूम होती है/बां ा ा ा ा ! /बां ा ा ा ! /बां ा ा ा ा ! '

अन्वेषण के साथ यह खतरा है कि यह धुंधलापन को जन्म देता है, अगर प्रयोगशाला कवि का एकांत आत्मजगत हो। खासकर जब काव्य भाषा में अन्वेषण होता है, नियम टूट जाते हैं, संकेत बदल जाते हैं और लय कुछ का कुछ कहने लगती है। खाली जगहें भी अर्थवान हो उठती है। अनजाना जाना हुआ हो जाता है। दूसरापन अपनापन हो जाता है। अचानक कभी लय की जगह कोई तनाव आ जाता है। अंततः जो बनता है, वह विस्मय है। शमशेर की कविता की अर्थछवियाँ विस्मय पैदा करती हैं। वह कई बार कविता पूरी नहीं कर पाते या कमी रह जाती है। अन्वेषण में बार-बार विफलता संभव है। शमशेर को इसका गहरा अहसास है और वह कह देते हैं। यह सही है कि परंपरागत सांस्कृतिक ढांचे से विद्रोह करके जन्मी विशिष्ट अनुभव की कविताएँ समाज में लोकप्रियतावादी चीजों की तरह खप नहीं पातीं। ये ऊपर तैरती रह जाती हैं, इन्हें समझने के लिए अपने भीतर के पाठक को थोड़े काव्य संस्कार की जरूरत पड़ती है।

हम शमशेर के मानस को तभी समझ सकते हैं, जब चालीस के दशक से साठ के दशक के आधुनिक सामाजिक माहौल की हलचलों को ध्यान में रखें। उस उथल-पुथल के जमाने में एक कैसा शोर और अंधेरा और आधुनिकीकरण की आंधियाँ छाती जा रही थीं। मानवता को कसनेवाली नई-नई जंजीरें दिखाई पड़ रही थीं। राजनीतिक राहें पर्याप्त नहीं लग रही थीं, वे कभी पर्याप्त नहीं होतीं। धार्मिक और अंध-राष्ट्रीय घेरेबंदियाँ अलग से थीं। मध्यवर्गीय मनुष्य में बढ़ती खुदगर्जी थी और किसिम-किसिम के तमाशे थे। यह शोर, अंधेरा, और तमाशे वैश्वीकरण के जमाने में आज चरम पर हैं। आज़ का संगीत ही देखिए, जो सबसे बड़ा शोर है। आज के संगीत से 'व्यक्ति' विलुप्त है। तानसेन के नाती कान में इलेक्ट्रानिक ठेपी लगाकर घूमते हैं ! मीडिया विदेशी पूंजी का बंधक बना हुआ है। इन चीजों को ध्यान में रखने पर ही समझ में आएगा खस्ता हाल परिंदे के अंडा सेने का अर्थ, शब्दों के घोंसले का अर्थ और राजनीति में कवि के लिए स्पेस का अर्थ !

वे सभी आधुनिक कवि भले 80 और 90 के दशक में भी लिखते रहे हों, पर उनका मन 40 से 60 के दशक के बीच ही बन चुका था। इस दौर में ही उन्होंने

शोर, अंधेरे और तमाशे का अपने-अपने ढंग से सामना किया, बंधनों को तोड़ा और साहित्यिक संसार को अपने काव्यात्मक अन्वेषणों से गुंजित किया। शमशेर की आत्मस्वीकृतियाँ बड़ी महत्वपूर्ण हैं। वह भी मुक्तिबोध की तरह आत्मग्लानि से भरे होते हैं। वे सभी लोग अपनी सीमाएँ कहने से झिझकते नहीं थे।

शमशेर ने लिखा, "एक अर्सा गुजरा तो मैं भी अपने बारे में जरा सीरियस हुआ। अपने को पड़ताला-अच्छी तरह देखा-भाला। आंख खोल चारों तरफ नजर डाली। गौर किया, सोचा : ऐं ! ये मैं कहाँ आ गया ? ये क्या जगह है ? ये तो 1974 है! ओफ्फो ! मेरी आत्मा तो कहीं सन् पचास, सन् छप्पन, सन् सत्तावन में ही भटक रही है। यानी मेरी कवि की आत्मा और उस शायर की आत्मा पर जो कुछ हावी है वो साफ नजर आता है – और भी पीछे का माहौल और मंजर है - यानी कुछ सन् उनतालीस- सन चालीस का, कुछ इकतालीस- तियालिस का और इसके साथ-साथ खासा हिस्सा शायद बत्तीस-तैंतीस का, सत्ताईस, अठाईस, उन्तीस, तीस, इकत्तीस का है। जी हाँ ऽऽऽ जी हाँ ऽऽऽ।" (अधूरा लेख, 'साक्षात्कार'- 81-84)। यह एक बड़ा महत्वपूर्ण अधूरा लेख है। साहित्यिक दुनिया के लोग जानते हैं, ऊपर के ये सभी साल शमशेर के जीवन के संदर्भ में किस तरह महत्वपूर्ण हैं और कितनी शालीनता से उन्होंने माना कि ये उनकी सीमाएँ हैं, हालांकि ये उपलब्धियाँ हैं।

यह अक्सर कहा जाता है कि आधुनिक कवियों ने अपनी कोई परंपरा नहीं बनाई, क्योंकि वे खुद परंपरा से नहीं बने। यह एक बड़ा प्रश्न है, क्या आधुनिकता की कोई परंपरा है और उत्तर-आधुनिक परिदृश्य में क्या वह बची हुई है ? यदि हो, यह सुकून की बात होगी। फिलहाल इतना कहना पर्याप्त होगा कि आधुनिकता के आ जाने से जिस तरह परंपरा विलुप्त नहीं हुई, उत्तर- आधुनिकता के आने से आधुनिकता भी नहीं मिटी है। अभी दुनिया में उत्तर- आधुनिकतावाद क्या, आधुनिकता ही ठीक से नहीं आ पाई है। वस्तुतः सादे मन से अपनी सीमाओं को बार-बार समझना, सत्ताओं के आगे अपनी असहायता का अहसास, सुंदर चीजों के अस्तित्व को अतिरंजित करके उनमें पुनःविश्वास जगाना, प्रेम, स्वतंत्रता और साम्य का उद्घोष, बुद्धि-प्रसूत चिंतन, परंपरा का मौन या मुखर रूप से बुद्धिपरक निरीक्षण, निर्दय आधुनिकीकरण के प्रति सम्मोहित न हो उससे मुठभेड़, बच्चों, जनजातियों, प्रकृति के भोलेपन के प्रति आकर्षण और कोई न कोई एक ईमानदार जुनून, अकेलेपन में भी साहस – ये ही सब तो हमारी, दुनिया भर के लोगों की आधुनिकताएँ हैं।

ऐसा नहीं है कि शमशेर की कविता परंपरा से एक संपूर्ण प्रस्थान है और

उसमें इसकी धुकधुकी नहीं है। वह निराला को बार-बार याद करते हैं, जो रामविलास शर्मा को भी प्रिय थे। शमशेर एकबार रामविलास जी को याद दिलाते हैं कि निराला तुम्हारे भी प्रिय-मेरे भी प्रिय, फिर मेरी इतनी लानत-मलामत क्यों ! वह अज्ञेय और नागार्जुन को उनके भिन्न तेवरों के बावजूद एकसाथ अपनाते हैं, उनकी बौद्धिक समावेशिकता इतनी है। इतना 'स्पेस' किसके पास होता है ? उसके पास, जो सचमुच माडर्न हैं। वे माडर्न लोग वैचारिक भिन्नता के बावजूद कितनी मित्रता से भरे थे। आज आधुनिकीकरण के इतने भव्य प्रदर्शनों के बीच बस सच्ची मित्रता कहीं दिखाई नहीं देती। शहर के एक कवि में इतना प्रेम क्या सूचित नहीं करता कि उसमें एक गांव है ? उनकी एक लाइन है, 'द्रव्य नहीं कुछ मेरे पास/फिर भी मैं करता हूँ प्यार।' शमशेर की इस कबीरी को भी पहचानने की जरूरत है, जो स्त्री-देह के सौंदर्य से शुरू होकर स्त्री-देह पर खत्म नहीं होती, एशियाई जागरण से होते हुए अमन के राग तक चली जाती है। एक व्यापक समाई है शमशेर में।

शमशेर अंध-हिंदी प्रेमियों की आलोचना देखकर बेझिझक कहते हैं, "हिंदी में आना 'भूल कर' क्यों महसूस होती है ? यूँ महसूस होती है कि (जैसा कि कई दोस्तों- आलोचकों ने कहा भी है) हिंदी परंपरा से मैं पूरी तरह अपने आप को अंदर तक जोड़ नहीं सका। हिंदी परंपरा में मैं पूरी तरह अपनी रचना को ला नहीं सका। मेरी आत्मा हिंदी ही हिंदी, मात्र हिंदी ही हिंदी की नहीं बन सकी। हालांकि मेरी आत्मा में तुलसी की रामायण खासी हद तक बसी हुई है। कबीर और सूर भी अपने अंतर से प्यारे हैं, मगर मेरी आत्मा में और भी बहुत कुछ घुला-मिला हुआ है - जो अंग्रेजी का है उर्दू का है। मेरी भाषा का परिवेश उर्दू था।"(वही)। शमशेर कहते थे, 'मैं उर्दू और हिंदी का दोआब हूँ।' प्रेमचंद के बाद उर्दू और हिंदी को जोड़नेवाली शख्सियत शमशेर थे। वह जोर देकर कहते थे, "भाषा की अवहेलना किसी रचना को सहज ही साहित्य के क्षेत्र से बाहर फेंक देती है और शिल्प की अवहेलना कलात्मकता के क्षेत्र से। अब तक शिल्प और भाषा की साधना में जो कुछ प्राप्त हो चुका है, उससे अज्ञान अक्षम्य है।" शमशेर ने कविता में भाषा के करतब नहीं दिखाए, वह भाषा में जीते थे। उनको निश्चय ही साहित्यिक संसार में सम्मान मिला, पर उन्हें समझने की कोशिश कम हुई।

एक आधुनिकता थी, जो अपनी औपनिवेशिक रूढ़ियों से जीवन और कविता को जकड़ रही थी। एक वैकल्पिक आधुनिकता थी, जो जीवन को सौंदर्य, विश्व शांति और प्रेम की तरफ खोल रही थी। यह दूसरी तरह का आधुनिक मन राजनीति को पर्याप्त नहीं मान पा रहा था। वह नस्ल-भेद, सांप्रदायिक भेदभाव,

अंध-जातीयता, अतिस्थानीयतावाद और इन्सान-इन्सान के बीच भेदभाव के अन्य रूपों के खिलाफ एक सांस्कृतिक जागरण चाहता था। वह इन चीजों को सौंदर्यात्मक अन्वेषण के स्तर पर पुनउर्पलब्ध करना चाहता था। एक अच्छी संस्कृति से ही एक अच्छी राजनीति निकल सकती थी, जबकि शमशेर के समय में संस्कृति सड़ती जा रही थी।

फिर भी शमशेर के भीतर कोई अटल विश्वास था, जिसके कारण वह अपने जीवन की टूटी हुई – बिखरी हुई चीजों के भीतर से भी अनोखी सौंदर्य-छवियाँ खोज सके और शांति का गीत गा सके। वह जब कहते हैं, 'जागरण की चेतना से मैं नहा उट्ठा/सूर्य मेरी पुतलियों में स्नान करता' या जब वह 'सूर्य मेरी अस्थियों में मौन डूबा ' कहते हैं, वह दरअसल इन्सान की जिजीविषा व्यक्त करते हैं। उन्हें इन्सान से प्रेम था। उन्हें इन्सान की ताकत पर भरोसा था, हालांकि अपने बौद्धिक संसगर को देखकर वह पीड़ा के साथ यह भी कहते हैं, 'मुझको मिलते हैं अदीब और कलाकार बहुत/लेकिन इन्सान के दर्शन हैं मुहाल।' शमशेर का अंधेरे में लिखते हुए भी सूर्य से बार-बार नाता जोड़ना और इन्सान पर उनका अटल विश्वास उनके अन्वेषण को अंधेरे में रहने नहीं देता।

एक कविता है 'यूनानी वर्णमाला का कोरस'। इसमें बाल कविता की शैली है। सिकंदर बच्चों को विश्वशांति का गीत सुनाता है। सिकंदर, जिसे एक महान योद्धा माना गया है, बच्चों को मिठाई खिलाता है। वह खून से तरबतर धरती पर अब और खून न गिराने के लिए कहता है। शमशेर की अन्य कविताओं की तरह ही इसमें कल्पनाशील अन्वेषण है और शब्दों का बड़ा सतर्क इस्तेमाल है। वह मानो चित्र से आगे बढ़कर मूर्ति गढ़ रहे हों। यूनानी वर्णमाला के बीच हिंदी अक्षरों की उपस्थिति ने जैसे पश्चिम और पूर्व को मिठाइयों, हँसी-खुशी और शांति के टेबुल पर बैठा दिया हो। नन्हें भोले बच्चे नागार्जुन की कविता में हैं या फिर शमशेर की कविता में। शमशेर में बांकपन और कोमलता दोनों चीजें हैं। बच्चों की कविता की तरह लिखी गई कविता 'यूनानी वर्णमाला का कोरस' उन महानों के लिए है, जो क्रूर हो चुके हैं।

> बड़ा सिकंदर वाह वाह
> दरियायों को ठेलता
> हिंदुस्तान में आया हँसता खेलता
> अल्फा बेटा मम्मा डेल्टा
> ....

कूद के बोला बड़ा सिकंदर
नाच के बोला वाह वा
नाच के बोला बड़ा सिकंदर
....
हँस कर बोला विक्रम वीर
लाओ खीर
रासमलाई लाओ !
रास मलाई लाओ !
मिल के खाओ पीओ आओ
लेकिन देखो भाई
रस न टपकाओ !
....
हाथ मिलाओ पोरस भाई
मौज करेगा पोरस भाई
राज करेगा पोरस भाई
ओ मे गा

यूनानी वर्णमाला का उपयोग करती हुई यह कविता शांति और प्रेम का आह्वान है। यह 'अमन का राग' का नया चरण है। कविता से यह समझना मुश्किल नहीं है कि शमशेर किस तरह सौंदर्य के कवि ही नहीं हैं, वह शांति और प्रेम के कवि भी हैं। उनकी कविता की मूल आवाज विश्वशांति और प्रेम है। युद्ध के विरुद्ध शांति के लिए इतना समर्पित कवि दूसरा नहीं हुआ।

शमशेर की उषा, शाम, पत्थर जैसे विषयों पर लिखी कुछ कविताएँ उठाकर ही टैग लगा दिया जाता है - इंप्रेशनिज्म। इनके अलावा भी शमशेर का काफी साहित्य है। शमशेर प्रभाववादी या प्रतीकवादी कवि नहीं हैं। वे हो भी नहीं सकते थे। विश्वयुद्ध, गरीबी और पचास तरह के भारतीय बंधनों के बीच कोई कवि सिर्फ पश्चिमी कविताओं को मॉडल बनाकर लिख नहीं सकता था। उनकी 'कुछ और कविताएँ' में एक कविता है 'एक आदमी दो पहाड़ों को कुहुनियों से ठेलता'। यह महज एक सुंदर शब्द-चित्र या 'इंप्रेशन' नहीं है। एक आदमी पूरब से पश्चिम को एक कदम से नापता बढ़ रहा है। वह अंध-राष्ट्रवादी महामानव नहीं, जनता का महामानव है। चांद-तारों में उलझी हुई घासों से अपने घुटनों को निकालता वह बढ़ रहा है। उसकी राह कोलंबस की राह की तरह भीषण है। वह

दिन-रात एक कर रहा है। कवि पूछता है, 'फिर क्यों/दो बादलों के तार/उसे महज उलझा रहे हैं ?' पूरब और पश्चिम दोनों जगहों पर कई किस्म के विभाजन के बादल उमड़ते-घुमड़ते रहे हैं। वैश्वीकरण के बावजूद हर देश में सामाजिक विभाजन एक वास्तविकता है। यह विभाजन बारीकी से बढ़ता जा रहा है। वैश्वीकरण के गर्भ में अनगिनत शीत युद्ध पनप रहे हैं। कहा जाना चाहिए कि अनुभूति की विशिष्टता और भाषिक अन्वेषण को महत्व देते हुए आधुनिक कवियों का मुख्य लक्ष्य था जिंदगी की जड़ता, भेदभाव और मिथ्या चेतनाओं को चुनौती देना, ताकि मनुष्यता अधिक स्वतंत्रता की तरफ बढ़े।

कविता के जो नए रूप आधुनिक कवियों ने विकसित किए, उनकी परंपरा का अंत नहीं होना है, क्योंकि परंपरा की ही तरह आधुनिकता अनंत है। इन कवियों ने कहना चाहा, शब्द का सोच-समझ कर सतर्क इस्तेमाल करो। बिना अन्वेषण के मिला शब्द बासी, सतही या कृत्रिम होगा। बिना अन्वेषण के प्रेम भी घड़ियाली प्रेम होगा, जरा घड़ियाल और बंदर की प्रेम कहानी याद करें। उन आधुनिक कवियों ने यही कहा– शब्द जीवन का पानी है, उसकी एक-एक बूंद बचाओ। उसका महत्व समझो। कबीर ने भी तो सबद और आखर को महत्व दिया था। आज के शोर में हो सकता है, जीवन के इस पानी का अर्थ कम समझ में आए। एक बुनियादी बात है, इसका अर्थ जब समझ में आएगा, केवल तभी जीवन बदलेगा। जीवन का भौतिक चीजों से सजते जाना जीवन को जानना, जीना और बदलना नहीं है।

केदारनाथ अग्रवाल : क्रांति में खिड़कियां

केदारनाथ अग्रवाल ऐसे हिंदी क्षेत्र के कवि थे, जहाँ आधुनिकता कम पहुँची थी, वामपंथी आंदोलन अनुपस्थित था, कृषक अत्याचारों से पीड़ित थे और रेत के सीने में पहले की तरह केन नदी बह रही थी। वह कई दूसरे कवियों की तरह घुमक्कड़ नहीं थे। वह क्रांतिकारी संघर्ष में शामिल नहीं थे। इसके बारे में पढ़ते थे, सुनते थे। एक पिछड़े इलाके की यथास्थितिवादी जीवन-स्थितियों में उन्होंने प्रगतिशील चेतना की आवेग भरी कविताएँ लिखी थीं और एक भिन्न ढंग से आजादी के स्वप्न देखे थे। वह अपने समकालीन कवियों से कुछ अलग हैं, क्योंकि अज्ञेय और शमशेर की तुलना में कम शहरी हैं। इसके बावजूद उनकी कविता बुद्धिवाद, श्रम-संवेदना और सौंदर्यबोध में पर्याप्त खुलापन लेकर सामने आती है।

1936 से संगठित रूप से शुरू हुए प्रगतिशील आंदोलन का साहित्य पर असर यह पड़ा कि आदर्शवाद के कोहरे से यथार्थ बाहर आया। केदारनाथ अग्रवाल (1911-2000) 1931 के पहले से लिख रहे थे। आरंभिक दौर में उनमें सामान्य किस्म के रोमानी भाव थे। उनकी कविता में जान तब आई, जब वह प्रगतिशील आंदोलन के संपर्क में आए और मार्क्सवादी हो गए। उनके पहले कविता संग्रह 'युग की गंगा' (1947) में यथार्थ की अग्निवर्षा है। प्रगतिशील आंदोलन ने एक समय हिंदी के लेखकों को रोमांटिक भावोच्छ्वास, आदर्शवाद और अंतर्मुखता से किस तरह बाहर निकाला था, इसके एक उदाहरण कवि केदार हैं। इसी आंदोलन की वजह से पूंजीवाद और शोषण भरे उद्योगीकरण का शैतानी चेहरा दिखाई पड़ा था, आधुनिकीकरण का छल उजागर हुआ था और समझ में आया था कि किसान और श्रमजीवी लोग बदहाली में जीवन यापन करते हुए भी क़ैसी अपराजेय शक्ति से भरे हैं। इस तरह, जिस वर्ग के जीवन की तरफ कवियों का पहले ठीक से ध्यान नहीं गया था, उसको प्रमुखता मिलनी शुरू हुई।

आजादी से पहले केदारनाथ अग्रवाल ने 'स्मृति' से 'प्रत्यक्ष' पर आकर

प्रगतिशील तेवर की जो कविताएँ लिखीं, वे 'युग की गंगा' में संकलित हैं। उनसे पहले निराला और पंत छायावाद का अतिक्रमण कर अपने-अपने तरीके से पूंजीपति-जमींदार गठजोड़ पर प्रहार कर चुके थे। 'तारसप्तक' के कई कवियों ने श्रमजीवी जनता का जागरण दिखाया था, पूंजीवाद के ध्वंस की कामना की थी। पूंजीवादी दुनिया पहले विश्वयुद्ध के बाद से ही जिस कदर नृशंस होती जा रही थी, स्वाधीनता आंदोलन के उस खास दौर में जन-मनोभूमि के कवियों को आजादी के राष्ट्रीय और वैयक्तिक अर्थ पर्याप्त नहीं लगते थे। इसका यह मतलब नहीं है कि आजादी के संघर्ष निरर्थक थे। मामला सिर्फ यह था कि आजादी को देखने के एकसाथ कई कोण बन रहे थे। एक गरीब किसान के लिए आजादी का वही अर्थ नहीं है, जो शहरी बुद्धिजीवी के लिए है। प्रगतिशील आंदोलन ने आजादी, राष्ट्रीयता, संस्कृति आदि के दबे हुए अर्थों को उद्‌घाटित किया था, उसे इसी रूप में देखना चाहिए। दरअसल उस युग की बुनियादी बौद्धिक टकराहट कुछ और नहीं, आजादी की बन रही धारणाओं को लेकर थी।

> जब बाप मरा तब यह पाया, भूखे किसान के बेटे ने
> घर का मलवा, टूटी खटिया, कुछ हाथ भूमि
> वह भी परती। चमरौधे जूते का तल्ला
> छोटी, टूटी बुढ़िया औगी ...
> वह क्या जाने आजादी क्या ? आजाद देश की बातें क्या ?

केदारनाथ अग्रवाल की कविता 'पैतृक संपत्ति' लंबे समय तक प्रगतिशील कविता के उदाहरण के रूप में प्रस्तुत की जाती रही है। यह सामाजिक विषमता की वजह से पुश्त-दर-पुश्त चली आ रही गरीबी का चित्र है, साथ ही आजादी के सवाल का दायरा बढ़ाने की मांग भी है। आजादी की लड़ाई के दौरान लाखों गरीब लोगों को मालूम न था कि आजादी क्या चीज है और आजाद देश का क्या मतलब है। एक कठोर परंपरागत समाज में आजादियों की इच्छा जगना एक मुश्किल बात है। कई वर्चस्व थे। इसलिए अंग्रेजी राज से भारतीय जनता के अंतर्विरोध के साथ दूसरे अंतर्विरोधों की ओर नजर जाना स्वाभाविक था।

विषमता और आजादी, दोनों चीजें साथ नहीं चल सकतीं। उन कवियों की रचनाओं में यह चिंता ज्यादा उभरकर आई, जिनके अन्वेषण का क्षेत्र आत्मजगत के साथ व्यापक वस्तुजगत भी था। यही वजह है, अद्वितीयता के साथ साधारणता भी काव्यात्मक चिंता का विषय बनती गई। कवि अब बहुत-से अनुभवों, अवधारणाओं तथा ऐतिहासिक- सामाजिक सच्चाइयों का सामना करने लगे थे। उनके सामने

साहित्यिकता का प्रश्न प्रमुख जरूर था, पर समाज के यथार्थ भी उन्हें विचलित करते थे। हम पाते हैं कि 'पैतृक संपत्ति' से लेकर 'हमने उसको जब-जब देखा/ लोहा देखा/ लोहा जैसा/ तपते देखा/ गलते देखा/ढलते देखा/मैंने उसको/ गोली जैसा चलते देखा' तक केदारनाथ अग्रवाल की कविता में साहित्यिकता और साधारणता का एक अटूट बंधन है। यह कला के प्रति कम सावधानी नहीं है, सिर्फ युगानुरूप बहिर्मुखता को समान महत्व देना है।

20वीं सदी के पूर्वार्ध में दुनिया के मजदूरों की एकता का नारा बड़ा अर्थ रखता था। सार्वभौमता या सार्वभौम मूल्यों की बात अमेरिका भी करता था। आधुनिकता की राह पकड़कर विश्वमानववाद घुस रहा था। केदारनाथ अग्रवाल की स्थिति भिन्न थी। वह मार्क्सवादी होने के कारण सर्वहारा अंतर्राष्ट्रीयतावाद से जुड़े थे। उनकी प्रगतिशील चेतना की यह विशिष्टता उल्लेखनीय है कि सर्वहारा अंतर्राष्ट्रीयतावाद से प्रतिबद्ध होते हुए भी, एक खास किस्म की सार्वमौमता को मान कर भी वह अपनी निश्छल स्थानीयता को बहुत महत्व देते हैं। वह बुंदेलखंड और हिंदी की जातीय धरती से प्यार करते हैं। शायद ही हिंदी का कोई कवि हो, जिसने अपनी स्थानीय धरती को अपने प्राणों में इतना बसा लिया हो, घर के पास बहती नदी पर इतनी कविताएँ लिखी हों और जो त्राताविहीन स्थानीय लोगों के जीवन को कविता में इतना अधिक लाता हो, उनकी खास तरह की जड़ता को देखकर इतना दुखी हो।

छायावाद के बाद की यह एक महत्वपूर्ण घटना है कि कविता में आम लोगों को उनके चेहरे के साथ प्रवेश मिला। विश्वबोध के बावजूद स्थानीयता इतने महत्व के साथ सामने आई। निराला ने यह चीज शुरू की थी। केदारनाथ अग्रवाल के लिए उनके बांदा के लोग बड़े महत्वपूर्ण थे। उनके चारों तरफ का भौतिक परिवेश महत्वपूर्ण था। यह महत्वपूर्ण था कि वे लोग कैसे जीते हैं, कैसे काम करते हैं, कैसे प्यार करते हैं और क्या उनकी आशाएँ हैं। कवि यदि थोड़ा भी यथार्थपरक होगा, वह धरती पर उतर कर कल्पना करेगा। वह अपने को समाज से काट नहीं सकता और अपनी निजी जिंदगी से बाहर की सच्चाइयों से विमुख नहीं हो सकता।

छायावाद के बाद सभी कवि ही एक विशेष काव्यात्मक प्रतिज्ञा लेकर चल रहे थे कि उन्हें अन्वेषणशील होना है। उन्हें प्रचलित रूढ़ियों से बंधे नहीं रहना है। प्रगतिशील कवियों का जिस तरह सांस्कृतिक परंपराओं के प्रति उच्छेदवादी रवैया सामान्यतः नहीं था, उसी तरह वे अन्वेषण को भी गलत नहीं मानते थे। यह धारणा गलत है कि प्रगतिशील कवि अन्वेषणशील नहीं थे। हम कह सकते हैं कि उनका विरोध अन्वेषण को सिर्फ शिल्प का विषय बना देने से था। निश्चय ही

जीवन के यथार्थों को व्यक्त करने के मामले में कवि को लकीर का फकीर होने की जगह अन्वेषणशील होना ही चाहिए। यहाँ तक कि कोई भी सामाजिक परिवर्तन अन्वेषण के बिना संभव नहीं है, खोज की ताकत के बिना संभव नहीं है। परिवर्तन निर्भर ही करता है नए-नए औजारों के निरंतर अन्वेषण पर। खुद आजादी अनवरत चलनेवाला सीढ़ी-दर-सीढ़ी मानवीय अन्वेषण है। इसलिए केदारनाथ अग्रवाल की मुख्य आपत्ति यह थी, "राहों का अन्वेषण महज शिल्प का अन्वेषण बन कर रह गया। यह अन्वेषण केवल वैयक्तिक अन्वेषण था, न कि सार्वजनिक वैज्ञानिक कविता का अन्वेषण था, जिसमें जीवन भरा रहता है, उबाल और उछाल लेता है और संघर्ष की अभिव्यक्ति होती है।" (छायावादोत्तर हिंदी काव्य परिदृश्य, 1986)। इसका अर्थ है, उनका विरोध अन्वेषण मात्र से नहीं था, क्योंकि प्रगतिशील कवियों का आधुनिक जीवन और कलात्मक उपकरणों से विरोध नहीं हो सकता था और न यह अपेक्षित था। उनका विरोध व्यक्तिवाद, बौद्धिक औपनिवेशिकता और शिल्प को ही सबकुछ मान लेने की आत्मसंकुचित आधुनिक दृष्टि से था। उनका विरोध रूढ़िभंजक आधुनिकता से नहीं था।

प्रगतिशीलता और आधुनिकता खासकर प्रगतिशील आंदोलन के सबसे चहल-पहलवाले दिनों में एक-दूसरे के विरोधी के रूप में देखे जाते रहे हैं। शमशेर और मुक्तिबोध पर आरोप लगे कि वे मार्क्सवाद की विरोधी विचारधाराओं की ओर आकर्षित हैं। केदारनाथ अग्रवाल पर यह आरोप कभी नहीं लगा। वह अपने प्रायः हर कविता संग्रह की भूमिका में आधुनिकता की एक खास मूर्ति पर हमला करते हैं। उनकी शिकायत है कि आधुनिकतावादी कवियों ने 'सब्जेक्ट-आब्जेक्ट रिलेशनशिप' नहीं माना। वे अपनी आत्मनिष्ठता में कैद हैं। वे सभी कवि आधुनिकता की अंधेरी गलियों में चक्कर लगाते हैं। केदार ने वस्तुजगत से कटे आत्मनिष्ठ कवि की एक काल्पनिक मूर्ति गढ़ रखी थी। उन्होंने शमशेर, अज्ञेय, मुक्तिबोध आदि का जो अक्सर विरोध किया, इसके लिए वह खुद जिम्मेदार नहीं थे। वस्तुतः उन्हें यथार्थवाद के नाम पर कला के विरोध से सरासर एतराज था, "कविताएँ कविताएँ हैं, राजनीतिक गोलाबारी या धुआं-धक्कड़ नहीं हैं।" (भूमिका, पंख और पतवार, 1978)। वह वस्तुनिष्ठता के साथ आत्मनिष्ठता जरूरी मानते थे। मुश्किल यह है कि वह साहित्यिक समय राजनीतिक आग्रहों के कारण नदी के दो किनारों की तरह बंटा था, जबकि नदी एक थी।

प्रगतिशील आंदोलन की शुरुआत में केदार उसके प्रचारित सिद्धांतों से कुछ ज्यादा प्रभावित बंधे थे, जबकि इन सिद्धांतों में कुछ ऐसे थे, जो प्रगतिशीलता और साहित्य दोनों के लिए घातक थे। 'युग की गंगा' की भूमिका के दो वक्तव्यों

में यह घटना स्पष्ट है। एक खास दौर में भारतीय साहित्यिक परंपराओं के प्रति चरम नकारात्मक रुख प्रगतिशील आंदोलन के एक बड़े विचलन के रूप में सामने आया था। उसके असर में केदारनाथ अग्रवाल ने लिखा, "पिछला समस्त भारतीय साहित्य केवल मात्र ईश्वर, भूपति, पुरोहित, चमूपति और व्यापारियों के संसार की मानसिक प्रक्रिया का साहित्य है।" वह लंबे समय तक मानते रहे कि अतीत में काव्य और साहित्य का जो सृजन हुआ, वह 'यथास्थिति में जीते रहने की प्रवृत्ति का ही साहित्य था।' इस धारणा के अनुसार, समाजवादी देशों में क्रांतियों के बाद जाकर प्रगतिशील साहित्य की रचना शुरू हुई। इसकी कोई भारतीय परंपरा नहीं है। इसी तरह 'युग की गंगा' की भूमिका में वह अति उत्साह में कह गए, "कवि अथवा उसके व्यक्तित्व को अर्थनीति का अंश समझना चाहिए।" देखा जा सकता है कि यह केदारनाथ अग्रवाल की नहीं, एक समय प्रगतिशील आंदोलन के भीतर जो संकीर्ण और यांत्रिक समझ की एक प्रबल धारा काम कर रही थी, यह उसकी विडंबना है।

प्रगतिशील लेखक संघ के लखनऊ घोषणापत्र (1936) में 'भारतीय संस्कृति की परंपराओं की रक्षा' का दायित्व स्पष्ट कर दिया गया था। इसके बावजूद भारतीय संस्कृति की उच्च परंपराओं की आलोचनात्मक सराहना एक समय दुर्लभ बात थी। उन परंपराओं से आदर्शवाद की बू आती थी या वे निरर्थक थीं। रामविलास शर्मा इस संकीर्ण और यांत्रिक समझ से संघर्ष कर रहे थे, "किसी भी युग को समझने के लिए आर्थिक संबंधों को जानना जरूरी है, लेकिन साहित्य या कला इन संबंधों की छायामात्र नहीं है।" (प्रगतिशील साहित्य पर कुछ प्रश्न, 1947)। यह कथन उसी दौर का है, जिससे स्पष्ट होता है कि प्रगतिशील साहित्य में दृष्टिकोणों की टकराहट थी। उस जमाने में आधुनिकतावादी मनोरुग्णता से बचना जितना जरूरी था, साहित्य की संकीर्ण और यांत्रिक राजनीतिक समझ के खतरों से सावधान रहने की भी उतनी ही जरूरत थी। रामविलास शर्मा ने इन दोनों विडंबनाओं के विरुद्ध तीव्र वैचारिक संघर्ष छेड़ा और ऐतिहासिक संदर्भों की पुन:व्याख्या की। इससे सामाजिक विकास और साहित्यिक पाठों की एक नई समझ सामने आई। खासकर 1947 से 1953 तक वाद-विवाद के दौर में प्रगतिशील साहित्य के बारे में व्यक्त किए गए उनके विचारों का असर केदारनाथ अग्रवाल पर पड़ा। दोनों एक-दूसरे के इतने प्रिय हो गए कि केदारनाथ अग्रवाल की नजर में रामविलास शर्मा जैसा कोई आलोचक नहीं था और रामविलास शर्मा की नजर में निराला के बाद एक ही कवि थे केदारनाथ अग्रवाल !

केदारनाथ अग्रवाल ने 1960 में लिखा, "मैं नई कविता का विरोधी नहीं,

उसके उन सब तत्वों का विरोधी हूँ जो उसे कविता नहीं, 'मस्तिष्क की विकृति' और 'युग विशेष की एकांगी अनुकृति' बना देते हैं। नई उपमाओं, नए उपमान, नए स्पर्शों के धरातल, नए आकार, नई ग्रहणशीलता आदि आदि सबका स्वागत है।" (अशोक वाजपेयी को पत्र, 'साक्षात्कार', अगस्त-नवंबर 1986)। 1947 के पहले से ही पूंजीवाद, आधुनिकता और नई तकनीक का असर भारतीय जीवन पर पड़ रहा था। यह असर आजादी के बाद बढ़ता ही गया। प्रगतिशील रचनाकार पूंजीवाद की आलोचना करते हुए भी आधुनिकता और आधुनिक काव्यात्मक रूपों को छोड़ नहीं सकते थे। आधुनिकता से परहेज का अर्थ था क्रांति के हवाई स्वप्न देखना, जिस तरह आधुनिकता के प्रति क्रिटिकल न होकर उससे चिपक जाने का अर्थ था आत्मविसर्जन। मुख्य सवाल है, मार्क्सवादी रचनाकारों ने जन-यथार्थ व्यक्त करते हुए भी आधुनिकता से कैसा रिश्ता बनाया। उन्होंने इससे कितना संघर्ष किया और इसे कितना रूपांतरित किया। इसी तरह, आधुनिकता ने प्रगतिशील चेतना को संकीर्णता और यांत्रिकता से कितना मुक्त किया, उसे कितना समावेशी और विविध बनाया। दरअसल प्रगतिशीलता को एक नई बौद्धिकता का रूप लेना था, न कि बौद्धिक मतांधता बनना था।

खुद रामविलास शर्मा ने केदारनाथ अग्रवाल की कविताओं के संग्रह 'श्रम का सूरज' के मूल्यांकन-खंड में उदारवाद के साथ लिखा, "प्रगतिशील मानवीय चेतना और कवियों की निजी, विशिष्ट बोध की वैयक्तिक चेतना - इनमें कोई मौलिक विरोध नहीं है। वास्तव में स्वयं केदार बहुत ही विशिष्ट बोध वाली वैयक्तिक चेतना के कवि हैं। यह वैयक्तिक चेतना प्रगतिशील मानवीय चेतना के अनुरूप हो सकती है और उसकी विरोधी भी। यह प्रगतिशील मानवीय चेतना कोई स्थिर इकाई नहीं है। इस समय जितने कम्युनिस्ट गुट हैं, उतने ही इस मानव चेतना के रूप हैं।" केदारनाथ अग्रवाल को शमशेर, मुक्तिबोध आदि के संदर्भ में लगा था कि इन कवियों की प्रगतिशील चेतना उनकी निजी, विशिष्ट और वैयक्तिक चेतना में बदलती जा रही है। यह सही समझ नहीं थी। रामविलास शर्मा ने ऊपर इसी मामले को साफ किया, क्योंकि खुद केदार की कविता में भी निजी, वैयक्तिक और विशिष्ट बोध की कमी नहीं है। रामविलास शर्मा को मुक्तिबोध में एक दूसरी कमजोरी दिखी थी, "वह किसान जतना से अपरिचित हैं।" (वही)। उन्हें मुक्तिबोध परिहार्य लगे, "केदार की रचनाओं में आत्मसंघर्ष की कमी नहीं है।"(वही)। उनके कहने का तात्पर्य यह था कि मुक्तिबोध यदि अपने आत्मसंघर्ष के कारण जरूरी कवि लगते हों तो केदारनाथ अग्रवाल में ही आत्मसंघर्ष ढूंढ़कर काम चलाओ।

केदारनाथ अग्रवाल ने अपने एक काव्यात्मक बयान में कहा है, "मैं हूँ एक

स्वाभिमानी कवि-वकील/बांदा का निवासी/गांव से आया गांव के संस्कार लिए/जातीय जनजीवन की भाषा स्वीकार किए।" (बोले बोल बबोल)। केदार का कवि-मन स्वाभिमानी है, बांदा की स्थानीयता से प्रबल लगाव के बाबजूद वह व्यापक हिंदी जातीय जीवन से जुड़ा है। उसमें महानगरीय की जगह भारतीय गांव के संस्कार हैं। केदार एक सरल मन के कवि हैं। यह एक निश्छल मानवीय हृदय की सरलता है, जिसे आज की नाटकबाजी और संवेदनहीनता के युग में समझना थोड़ा कठिन है। केदार सुखी-संपन्न होते हुए भी आम जन जीवन की धूल चाटकर बड़े हुए थे। इस वजह से उनकी कविताओं में आधुनिक जीवन की जटिलता और आत्मसंघर्ष यदि न मिले, यह स्वाभाविक है। इन चीजों के स्थान पर उनमें संकल्प है, यह बड़ी दृढ़ता से है और कविता की सादगी है।

प्रगतिशीलता का एक प्रमुख लक्षण है श्रमजीवियों के व्यापक जीवन से प्रतिबद्धता तो दूसरा प्रमुख लक्षण है अन्वेषण और परिवर्तन के लिए दिमागी खुलापन। यह सर्वविदित है कि प्रगतिशीलता के दायरे को संकुचित करने के प्रयास हुए। साहित्यिक विशुद्धतावाद की तरह राजनीतिक संकीर्णतावाद साहित्य पर लंबे समय तक हावी था। इसने प्रगतिशील आंदोलन का कई स्तरों पर नुकसान किया। केदारनाथ अग्रवाल प्रगतिशील आंदोलन की उपज थे। उनकी कविता और उनके जीवन के बीच दूरी नहीं थी। उन्होंने मौन ढंग से प्रगतिशील आंदोलन का जितना काम किया, उतना बड़े संगठनकर्ता भी नहीं कर सके। यह भी सच है कि उन्हें सिद्धांतवादियों के कठोर रुख से तकलीफ हुई। एक बार अपनी ही कविताएँ सामने रखते हुए उन्होंने चिंता व्यक्त की, "इन कविताओं का स्वर और स्वभाव ऐसा है कि प्रचलित मान्यता के बल पर इन्हें प्रगतिशील रचना का सौभाग्य न प्राप्त हो। लोग तो प्रगतिशील कविता में राजनीति की चर्चा मात्र चाहते हैं। वे कविताएँ जो प्रेम से, प्रकृति से, आसपास के आदमियों से, लोकजीवन से, सुंदर दृश्यों से, भू-चित्रों से, यथावत चल रहे व्यवहारों से और इसी तरह की अनेकरूपताओं से विरचित होती हैं, प्रगतिशील नहीं मानी जातीं। मेरी प्रगतिशीलता में इन तथाकथित वर्जित विषयों का बहिष्कार नहीं है।" (भूमिका, अपूर्वा,1984)। केदार में ऐसी कुछ चीजें हैं, जो प्रचलित प्रगतिशील चिंताओं में नहीं दिखतीं। इसका अर्थ है कि प्रगतिशील रचनात्मकता को मतांध प्रगतिशीलता से बार-बार टकराना पड़ा, ताकि कविता संभव हो और प्रगतिशील आंदोलन की बंद खिडकियाँ खुलें। अन्वेषणधर्मी प्रगतिशीलता ने हमेशा साहित्य को समृद्ध किया और लेखकों का एक बड़ा आत्मीय परिवार बनाया, जबकि परजीवी प्रगतिशीलता ने हमेशा साहित्यिक भगदड़ पैदा की।

प्रगतिशील कविता में विविधता है। इस कोशिश का कोई अर्थ नहीं था कि कविता को कुछ तयशुदा विचारों, नारों और रूपों के अधीन ला दिया जाए। सभी एक ही विषय पर एक जैसी कविताएँ लिखें। दरअसल विविधता को स्वीकार न करने और समरूपता के कठोर दृष्टिकोण की वजह से दूरियाँ बनीं। ये नकली दूरियाँ थीं। फिलहाल इस मामले के विस्तार में न जाकर देखने की जरूरत है कि केदार की कविताओं में प्रगतिशील चेतना के साथ निजी, विशिष्ट और वैयक्तिक संस्पर्श किस रूप में है। उनकी आधुनिकता किस तरह जमीनी है। यह उनकी कविताओं को किस तरह 'होमोजीनियस' होने से बचाती है।

केदार के पहले कविता संग्रह 'युग की गंगा' में ही उनके युगबोध के कई आयाम हैं। उनकी एक कविता में देवमूर्ति का बुद्धिवादी मखौल है। देवमूर्ति इतनी सारहीन है कि एक चूहे के धक्के से टूट जाती है। इस संग्रह की कई कविताओं के केंद्र में किसान है, "काटो काटो काटो करबी/मारो मारो मारो हँसिया/हिंसा और अहिंसा क्या है/जीवन से बढ़ हिंसा क्या है।" राम विलास शर्मा को लगा, " 'युग की गंगा' में श्रमिक हैं, श्रम का जयघोष नहीं है।" उनको लगा, अभी "केदार अपने आस्था के स्रोत टटोल रहे थे।" केदार वस्तुतः 'यह धरती है उस किसान की', 'काटो काटो काटो करबी' 'चंद्रग्रहना से लौटती बेर' आदि कविताओं में अपनी काव्यात्मक आस्था पा चुके थे। यह विभाजन ठीक नहीं है कि सूरज यदि स्पष्ट गोल और लाल हो तो प्रगतिशीलता और यदि आंख को चकमकाता 'एक चांदी का बड़ा-सा गोल खंभा' हो – वह एक बिंब हो तो आधुनिकता। केदारनाथ अग्रवाल का पहला संग्रह 'युग की गंगा' उनका हिरावल संग्रह है। यह श्रम के सौंदर्य का गान है, जो आजादी के भोर के साथ आया है। इसमें प्रकृति के अनोखे बिंब हैं।

एक बीते के बराबर
यह हरा ठिंगना चना
बांधे मुरैठा शीश पर
छोटे गुलाबी फूल का,
सजकर खड़ा है
पास ही मिल कर उगी है
बीच में अलसी हठीली
....
और सरसों की न पूछो -

हो गई सबसे सयानी
हाथ पीले कर लिए हैं
....
इस विजन में
दूर व्यापारिक नगर से
प्रेम की प्रिय भूमि उपजाऊ अधिक है।

'चंद्रगहना से लौटती बेर' में कवि एक पोखर के किनारे खेत की मेड़ पर बैठा प्रकृति के अचंभों को देख रहा है। यह कविता विविधतामय प्रकृति का एक गतिशील सौंदर्य चित्र भर नहीं है। इसमें गुलाबी रंग के फूलों से सजे मुरैठा की तरह दिखता चना का पौधा साधारण की गरिमा का उद्घोष है। कवि खेत में भले अकेले बैठा हो, पर हिलमिल कर उगे अलसी के पौधों की एकता पर उसकी नजर जाती है। उसके मन में जनता की एकता का बिंब है। केदार को बिंब से परहेज नहीं है। वह लोकजीवन की संवेदना से भरा हृदय लेकर बड़े जीवन-स्पर्शी बिंब रचते हैं। खेत में सरसों के पीले हाथ दिखते हैं, एक सांस्कृतिक बिंब बनता है। प्रकृति की एक-एक चीज के साथ कवि का मन दौड़ता है और उसे सुंदर बना देता है।

इस विराट प्रकृति में पोखर के नीले जल में हवा से उठती लहरें हैं। जल की भूरी घासें भी जीवन से भरी हैं। यहाँ बगुला है। चोंच में मछली दबाकर आसमान में उड़ पड़ी एक काले माथवाली चतुर चिड़िया है। कांटेदार रूखे पेड़ हैं। चित्रकूट की ऊंची पहाड़ियाँ हैं। इस प्राकृतिक छटा के बीच ही रेल की लाइन गई है। यह ट्रेन का टाइम नहीं है, इसलिए कवि के पास पूरा अवकाश है। वह वन के सन्नाटे को चीरता सुग्गे का टें-टें और सारस का टिरटों-टिरटों सुनता है। हरे खेत में पंख फैलाए सारस की क्रीड़ारत जुगुल जोड़ी है। उसको देखकर चाहता है, 'हरे खेत में/सच्ची प्रेम कहानी सुन लूँ / चुप्पे-चुप्पे।' यह कम उल्लेखनीय नहीं है कि इस कविता में नगर की आधुनिक व्यावसायिक बुद्धि से गहरा असंतोष है। कवि नगरीय जीवन में एकता और प्रेम न पाकर इन चीजों को प्रकृति के बिंबों में खोजता है। ये बिंब क्रांति का मार्ग नहीं खोलते, पर क्रांति से पहले 'साधारण' की जो प्रतिष्ठा जरूरी है, जनता का हिलमिल कर रहना जरूरी है और प्रेम की उपजाऊ भूमि जरूरी है, उसकी ओर संकेत जरूर करते हैं।

यह एक अनोखी बात लग सकती है कि छायावादी कवियों की तरह कविता के नए कवियों अज्ञेय, शमशेर, नागार्जुन और केदार ने प्रेम को पूरी महत्ता

के साथ विषय बनाया। इन्हें प्रेम में एक नई दुनिया दिखी। इन कवियों का प्रेम ऐंद्रिक, मांसल और वास्तविक है। इनके लिए यह जीवन का मूल्य ही नहीं, जीवन का आनंद भी है। एक प्रगतिशील कवि प्रेम कर सकता है, यह एक समय सोचा नहीं जाता था। क्रांति क्यों, साधारण-सी असहमति और प्रतिवाद के लिए मानवीय संवेदना की जिस गरमाहट की जरूरत है, एक समय इसे लेकर कोई चिंता नहीं थी। केदारनाथ अग्रवाल को जब कटु यथार्थ से लड़ते-लड़ते लगता था कि अब लड़ा नहीं जा रहा है, वह पत्नी से कहते थे, 'अब तुम ही थोड़ा मुसका दो।' यह डेविएशन हो जाता था, जबकि प्रेम कर्ममय बनाता है। केदार ने कई रंग की प्रेम कविताएँ लिखी है, "मैं पहाड़ हूँ/और तुम/मेरी गोद में बहती नदी हो।" केदार में एक यथार्थवादी रोमानीपन है, जो किसी अमूर्तता के जाल में फंसा न होकर देह-मन की जरूरत पर आधारित है।

इसकी एक अलग कहानी है कि पिछले लगभग 90 सालों के वामपंथी राजनीतिक आंदोलनों से हिंदी क्षेत्र में 'साधारण' उभर कर कितना सामने आया, प्रेम की उपजाऊ भूमि कितनी बनी, सामंती रूढ़ियों का कितना नाश हुआ और विशिष्ट भद्रजन ही कितनी अपनी महत्वाकांक्षाएँ पूरी करते रह गए। हिंदी में प्रगतिशील आंदोलन जितना अधिक विवादों से भरा रहा है, इस पट्टी में वामपंथी राजनीतिक पृष्ठभूमि उतनी ही कच्ची रही है। हिंदी जीवन के रेश-रेशे में सामंती संस्कार प्रबल रहे हैं। पूंजीवाद का भी उतना ही पतित रूप सामने आया। जितना तीव्र शोषण रहा है, उतना ही तीव्र दमन हुआ। हिंदी पट्टी में भारत के किसी भी क्षेत्र से ज्यादा कलह है। बौद्धिक और शैक्षिक क्षेत्र पर आज भी उसकी छाया है। ऐसे हालात में भी हिंदी में प्रगतिशील चेतना की बड़ी साहित्यिक उपलब्धियाँ सामने आईं, यह उल्लेखनीय है।

केदारनाथ अग्रवाल की कई कविताओं पर समय की उदासी की छाप है। उन्हें क्रांतिकारी स्थितियों के अभाव का दुख है। कोई कवि हमेशा घन जैसा नहीं गरज सकता, हमेशा गोली जैसा नहीं चल सकता। उसे समाज में फैली जड़ता, निष्क्रियता और उदास प्रतीक्षाएँ भी उद्वेलित करती हैं। उसे श्रम का सूरज जरूर प्रेरणा देता है, पर सूर्यग्रहण भी बेचैन करता है। केदारनाथ अग्रवाल कई बार प्रकृति की गोद में क्रांतिकारी स्वप्नों का सुख लेते हैं। वह राजनीति से प्रकृति की ओर जाते हैं। वह हिंदी क्षेत्र की अद्‌भुत जड़ता देखकर दुख पाते हैं, खासकर जब उनका स्थानीय यथार्थ की तरफ ध्यान जाता है।

हम केदार की उद्‌बोधनकारी कविताओं की प्रशंसा करते हुए उनकी ऐसी कविताओं से किनारा नहीं कर सकते, जिनमें विडंबनाओं के चित्र हैं। लक्षित

किया जा सकता है कि केदार की कविताओं में हिंदी पट्टी के किसी बड़े संघर्ष का चित्र नहीं है। 'कानपुर की सारी सत्ता' में एक स्पष्ट चित्र आया भी है तो इसमें श्रमजीवियों की हड्डी को 'सभ्य आदमी के समाज ने टेढ़ी करके मोड़ दिया है', यह हालत है।

केदार का 'सभ्य आदमी के समाज' से क्या मतलब है ? उपर्युक्त कविता में श्रमजीवियों की हड्डी दमन से टेढ़ी हो जाने की निराशा क्यों है ? श्रम के सूरज का बार-बार स्वागत करनेवाले कवि की इतनी निराशा और एक हद तक पराजयबोध का कुछ अर्थ जरूर है। निराशा हिंदी क्षेत्र में वामपंथी आंदोलन के संकटग्रस्त स्वरूप के कारण है। हिंदी पट्टी में वामपंथी आंदोलन फैल नहीं पाया। इस बारे में सीमाओं और गलतियों की बार-बार आलोचना हुई है। रामविलास शर्मा ने इस मामले में सबसे अर्थवान इशारे किए हैं। उन्होंने बार-बार कहा कि प्रगतिशील लोग वर्ग चेतना और साम्यवाद की बात करते हैं, पर राष्ट्रीय स्वाधीनता और जनतंत्र के लिए संघर्ष के मुद्दे टाल जाते हैं। वह स्पष्ट करते हैं, "प्रगतिशील लेखकों के लिए सबसे बड़ा खतरा यह है कि वे जन-आंदोलन के सामंत-विरोधी पहलू को भुला दें। जन आंदोलन के सामंत-विरोधी पहलू को भुला देने का मतलब है देश की 80 फीसदी जनता की जिंदगी और मौत के सवाल को भुला देना। हमारा देश खेती प्रधान देश है। यहाँ की आबादी का बहुसंख्यक हिस्सा सामंती अवशेषों और बहुत जगह प्राचीन गुलामी के बंधनों से पीड़ित है।" यही वजह है कि साम्राज्यवाद-विरोधी संघर्ष में व्यापकता नहीं आ सकी। यह एक दुखद विडंबना है कि वामपंथी आंदोलन शहरी, मध्यवर्गीय और चुनावकेंद्रिक होता गया। इसके जनतांत्रिक केंद्रीयतावाद में सिर्फ केंद्रीयतावाद रह गया।

हम केदारनाथ अग्रवाल की कविता में किसान को लेकर व्यापक चिंता पाते हैं। वह नई सभ्यता को किसान का विरोधी मानते हैं। यह जहरीली गैसों, आणविक पनडुब्बी और धार्मिक हिंसा की सभ्यता है। केदार 1939 के अपने लेख 'बैल के सींग' में कहते हैं, "बैल के सींग दो हैं, छोटे हैं। कम खतरे हैं। पर हमारी समझ में हमारे सिर पर इन सींगों से कहीं बढ़कर जोखिम वाले करोड़ों सींग पैदा हो गए हैं। जैसे पुरखे लड़ मरे, जूझ गए, बाद को संतान कमजोर रह गई जो खून से सनी जमीन पर रहने लगे वैसे ही हम भी नया प्रलय रचकर अपनी पूरी ताकत का परिचय देने चले हैं।...हमारे सींग उग आए हैं, यह सींगों की सभ्यता है।" जाहिर है, केदार कानपुरवाली कविता में इसी सभ्यता के बारे में बता रहे थे, जिसने श्रमजीवियों को अंतर्विभाजित कर दिया। आज श्रमजीवी उठ न पा रहे हों, पर कभी वे उठे थे। वे यदि कभी उठे थे तो भविष्य में भी उठ सकेंगे।

एक महत्वपूर्ण बात यह है कि केदारनाथ अग्रवाल की कविता में नागार्जुन की तरह स्थान - विरह नहीं है, बल्कि स्थान का उल्लास है। वह अधिकतर बुंदेलखंड की धरती पर बसे और रमे रह गए थे। एक अभाव जरूर था, वहाँ राजनीतिक-साहित्यिक गहमागहमी नहीं थी। जन-प्रतिरोध अशक्त था। इसलिए नागार्जुन जब बांदा आए, उन्हें लगा कि उनका अकेलापन टूटा है। वे साथ बंबेश्वर शिखर पर चढ़े। उनका हृदय नागार्जुन से मिलकर खिल गया। उन्होंने इस घटना पर जो कविता लिखी, उसमें उनकी मनोदशा की झलक है, "इसीलिए रहता उदास हूँ खोया-खोया/अपने दुख-दर्दों में डूबा/जन साधारण की हालत से ऊबा-ऊबा/बाण बिंधे पक्षी-सा घायल/जल से निकली हुई मीन-सा विकल तड़पता/इसीलिए आतुर रहता हूँ/कभी-कभी तो कोई आए/छठे-छमाहे चार-पांच दिन तो रह जाए/मेरे साथ बिताए/" केदार सामाजिक जड़ता से ऊबे हुए हैं, उदास हैं। उनमें स्थान-विरह की जगह क्रांति से विरह का दर्द है। हिंदी पट्टी में इतने शोषण और अन्याय के बावजूद क्रांति नहीं हो रही है !

बहुत-सी प्रगतिशील कविताओं में देखा जा सकता है कि सार्वभौम उद्‌बोधन है। उनमें स्थान नहीं बोलता, स्थानीय पहचान नहीं होती और किसान-मजदूर इकसार चेहरेवाले लोग होते हैं। वामपंथी राजनीति की एक बड़ी कमी यह रही है कि इसने स्थानीयता, विविधता और अस्मिताओं को संबोधित नहीं किया और कुछ सार्वभौम नारों के बल पर सबको आकर्षित करना चाहा। इस मामले में आधुनिकीकरण और वामपंथ दोनों के रुख में काफी समानता है, दोनों सार्वभौमवादी हैं। प्रगतिशील कवि इसलिए याद किए जाने चाहिए कि उन्होंने अपने जातीय क्षेत्र को संबोधित किया। उनकी कविता सार्वभौम संदेश के बावजूद चेहराविहीन नहीं है, क्योंकि चेहराविहीन होने का अर्थ है अपनी जमीन खोना। केदारनाथ अग्रवाल की कविताओं में किसान और श्रमजीवी स्थानीय चेहरे के साथ हैं। केदार जड़ता दिखा रहे हों या परिवर्तन का सूरज, दोनों चीजें एक खास जातीय क्षेत्र की पहचान लेकर आती हैं।

> हट्टे-कट्टे हाड़ों वाले, चौड़ी, चकली काठी वाले
> थोड़ी खेती-बाड़ी रखे, केवल खाते-पीते जीते !
> ......
> दीपक की छोटी बाती की मंदी उजियारी के नीचे
> घंटों आल्हा सुनते-सुनते, सो जाते हैं मुरदा जैसे !!

यह बांदा है, जहाँ मार, कबार, कछासर और मड़ुआ की फसलें हैं! यहाँ पर राम पदारथ, रामनिहोरे, बेनी पंडित जैसे लोग हैं। इनका अपना एक खास डीलडौल है। इनके जीवन में फूहड़ता है, आलस्य और रूढ़िवाद है। बुंदेलखंड में आल्हा सुनकर कभी लड़ाई के लिए भुजाएँ फड़कने लगती थीं। कवि को चिंता होती है कि अब किसान खेती-बाड़ी करते हैं, खाते-पीते हैं और आल्हा सुनकर मुरदे की तरह सो जाते हैं। उनकी जिंदगी रद्दी की टोकड़ी-सी है। ऐसी उपमा केदार देते हैं। वह एक अन्य कविता में अभिनव प्रयोगशीलता के साथ कहते हैं, 'यह उदास दिन/पेंसन पाए चपरासी-सा/और जुए मे हारे जन-सा/आपे में खोए गदहे-सा/मौन खड़ा है।' केदार भी जीवन के दुखों और उदासी में कभी मौन हो जाते हैं। वह खरा कहते, खरा दिखाते हैं। उनमें समग्रत: यह आस्था भरी है कि एक दिन ये श्रमजीवी बहुत कुछ करेंगे, 'जिंदगी को/ वह गढ़ेंगे जो शिलाएँ तोड़ते हैं।'

केदार की कविताएँ अपनी पूरी मिट्टी लेकर आई हैं। उनके शब्द स्थानीय मिट्टी को जीवित रखते हैं। यह मिट्टी आम किसान के जीवन की है, जो मुखर है और एकबार फिर एजेंडे पर है। वह "तपकर, गलकर, जीकर मरकर/खपा रहा है जीवन अपना/देख रहा है मिट्टी में सोने का सपना।" यह मिट्टी उसके पुरखों की है, इसमें वह अपने सपने बोता है। केदार की कविताओं में औद्योगिक मजदूर अपना जीवन संसार लेकर नहीं आ पाते, इस बिंदु पर प्रतीकवाद ज्यादा है। किसान अपने चेहरे के साथ है। इसके अलावा, एक जगह उनकी कविता दलित पहचान और उसके सामंतवाद-विरोधी संघर्ष का संधान करती है। यदि किसान कहीं मुरदा जैसे हैं तो कहीं फौलादी हाथोंवाले हैं।

डंका बजा गांव के भीतर
सब चमार हो गए इकट्ठा
एक उठा बोला दहाड़ कर :
हम पचास हैं,
मगर हाथ सौ फौलादी हैं
सौ हाथों के एका का बल बहुत बड़ा है
हम पहाड़ को भी उखाड़ कर रख सकते हैं।

यह पहाड़ सामंतवाद का है। केदारनाथ अग्रवाल की दृष्टि दलित पर जाती है, क्योंकि उसकी लड़ाई के बगैर सामंतवाद का किला टूट नहीं सकता। उपर्युक्त कविता के दलित वस्तुत: कृषक मजूर हैं। उनकी लड़ाई जमींदार से है।

औपनिवेशिक समय से कृषक विशेष तरह के सामंती शोषण के शिकार रहे हैं। हिंदी पट्टी के कई हिस्सों में 19वीं सदी में हुए बंदोबस्त के अनुरूप महालबारी प्रथा थी। इसके तहत किसानों से साल में दो बार खलिहानी ली जाती थी और जाति जितनी नीची हो खलिहानी उतनी ज्यादा होती थी। पिछड़ों और दलितों को सबसे ज्यादा खलिहानी देनी पड़ती थी, जो एक तरह से उनके किसान होने का दंड था। प्रेमचंद की कहानी 'सवा सेर गेहूँ' में 'खलिहानी' का जिक्र है। केदारनाथ अग्रवाल की कविता में औपनिवेशिक-सामंती शोषण से घायल वे ही दलित हैं। उनकी कविता के दलित मजूर सिर्फ जाति प्रथा ही नहीं, सामंतवाद के समूचे पहाड़ को उखाड़ने की बात करते हैं।

जनता के प्रेम से भरे सरल हृदय में असीम ताकत है। जनता की ताकत का अर्थ सिर्फ उसके क्रांतिकारी संगठन की ताकत ही नहीं है, क्रांतिकारी समझदारी की ताकत ही नहीं है, बल्कि जूझनेवाले लोगों की मनुष्यता और ईमानदारी की ताकत भी है। क्रांतिकारी गर्मी का कोई अर्थ नहीं है, यदि उसके पीछे प्रेम से भरा हृदय, संवेदनशीलता और ईमानदारी न हो। केदारनाथ अग्रवाल क्रांति नहीं कर रहे थे। वह अपनी कविता से समाज में मानवीय सरलता, संवेदनशीलता और ईमानदारी के बीज बो रहे थे, जिनके बिना वामपंथी लोग समाज में मामूली बदलाव भी नहीं ला सकते।

देश की आजादी के बाद जन जीवन की दुर्दशा बढ़ती गई। केदारनाथ अग्रवाल की दृष्टि मध्यवर्गीय श्रमजीवियों के जीवन और इसकी जटिल संवेदना की तरफ नहीं गई, पर उन्होंने सामान्य मध्यवर्गीय दशा का चित्र खींचा, 'उड़ जाता है वेतन/जैसे गंध कपूर।' उनका जी गांव के गरीबों से ज्यादा जुड़ा है, "किंतु झोपड़ी वही खड़ी है/नहीं ईंट तक नई लगी है। वही गरीबी भरी पड़ी है/वही धुआं है वही क्षुधा है।" आज भी देश में तीस करोड़ से ज्यादा लोग सरकारी हिसाब से गरीबी रेखा के नीचे हैं। उनके रोज का जीवन एक युद्ध से कम नहीं है। केदार ने उनके बारे में सोचा। वह अपनी कविता में सतही नारे नहीं उछालते, आग भरी बातें नहीं करते। वह खरा-खरा कहते हैं, 'हाथ में किताब लिए सूरज की/आदमी अंधेरे में बैठा है।' इस व्यंग्य की मार्मिकता को वे ही समझ पाएँगे जो भारतीय क्रांति की विडंबनाओं से अवगत होंगे। केदार साम्राज्यवाद के नए आक्रमण की ओर इशारा करने से नहीं चूकते, "गांव के सभापति ! /फैलती हुई, नई आग की आंधी/समुद्री मार्गों से/तुम्हारे गांव तक आ पहुंची है।" वह सामंतवाद के साथ-साथ नए साम्राज्यवाद के प्रति भी सचेत करते हैं।

एक राजनीतिक आदमी कविता में सबसे पहले कवि की विचारधारा

देखेगा, लेकिन एक साहित्यिक पाठक देखना चाहेगा कि सत्य के साथ कल्पना का खेल कैसा है। प्रगतिशीलता और कल्पना के बीच संबंध न देखना गलत है। इन दोनों के बीच एक बड़ा सार्थक संबंध है। केदारनाथ अग्रवाल की कविता में कल्पना रूढ़ियों और बंधनों से विद्रोह का आनंद है। कल्पना जीवन से जुड़ने के एक ही रास्ते से बंधा न रखकर हजारों रास्ते खोलती है और सत्य के इकहरेपन से मुक्त करती है। इससे प्रत्यक्ष का विस्तार होता है और जीवन की समझ वृहत्तरता हासिल करती है।

यह प्रगतिशील आंदोलन के असर से संभव हुआ कि अब कल्पना गिनी-चुनी चीजों या एक चौकोर सांचे में चक्कर नहीं लगा रही थी। वह जीवन की ऊबड़-खाबड़, यातनादायक और उल्लासपूर्ण अनुभवों के बीच, अनगिनत अनुभवों के बीच जाती है। वहाँ से बार-बार कविता का ऐसा संसार लेकर आती है, जो न अतिपरिचित है और न अपरिचित। अब कल्पना जमीन पर थी, जमीन के ठोस यथार्थों के बीच उसके सारे खेल थे। ठोस यथार्थों का महत्व बढ़ रहा था। इसलिए कल्पना रहस्य, वायवीय आदर्शवाद या मनोरुग्णता की दिशाओं में नहीं जाती थी। केदारनाथ अग्रवाल की कविता में विचारधारा कल्पना पर सवारी न करके उसमें अदृश्य गरमाहट की तरह घुल जाती है। वह पारदर्शी होती है और कल्पना के लिए एक भरापूरा स्पेस छोड़ती है।

केन किनारे/पल्थी मारे/पत्थर बैठा गुमसुम!
सूरज पत्थर/सेंक रहा है गुमसुम!
सांप हवा में/झूम रहा है गुमसुम!
पानी पत्थर/चाट रहा है गुमसुम!
सहमा राही/ताक रहा है गुमसुम!

पानी कभी चट्टानों के ऊपर चढ़कर घूंसे मारता है और कभी सबकुछ गुमसुम है। इससे प्रगतिशील और वामपंथी आंदोलन के उतार-चढ़ाव के साथ कवि की मनोदशा के अनेक रूपों का बोध होता है। सांप का हवा में झूमना पश्चिमी सभ्यता के जहर का फैलना है, हालांकि वह भी अथाह जनशक्ति को देखकर गुमसुम है। इस कविता में एक सौंदर्य है, एक व्यंजना है, एक राही की पीड़ा है – वह राही खुद कवि है।

एक तरफ प्रकृति का गुमसुम रूप है, दूसरी तरफ 'बसंती हवा' में जैसे वह हवा न हो एक खिलंदड़ी उछलती-कूदती गंवई लड़की हो। केदार ने यह कविता अपने मन के संपूर्ण उल्लास के साथ लिखी है, "चढ़ी पेड़ महुआ थपाथप

मचाया/गिरी धम्म से फिर, चढ़ी आम ऊपर/उसे भी झकोरा, किया कान में 'कू' /उतर कर भगी मैं हरे खेत पहुँची-/वहाँ गेहुंओं में लहर खूब मारी/पहर-दो पहर क्या अनेकों पहर तक/इसी में रही मैं।" इस कविता में प्रकृति की विविधता और काव्यात्मक तन्मयता दोनों चीजें हैं। वसंती हवा का मन खेत में ज्यादा रमा। हम एक और चीज गौर कर सकते हैं कि केदार की कविताओं में, वे उदासी की हों या उल्लास की, संगीत की ताकत बहुत काम करती है। उन्होंने काव्य रूप की जमीन पर ही नहीं, संगीत के मामले में भी लोक और आधुनिक दोनों को पकड़ा। उनके संगीत में गहराई है तो 'स्पीड' भी है। उनकी जिन कविताओं में संगीत है, उनका अर्थ सुनिश्चित सीमारेखाओं से मुक्त हो जाता है। जल-थल से बनी व्यापक पृथ्वी से जुड़ी इन पंक्तियों का ठीक-ठीक क्या अर्थ होगा ?

मांझी न बजाओ बंशी मेरा मन डोलता
मेरा मन डोलता है जैसे जल डोलता
जल का जहाज जैसे पल-पल डोलता
मांझी न बजाओ बंशी मेरा प्रन टूटता
मेरा प्रन टूटता है जैसे तृन टूटता
तृन का निवास जैसे बन-बन टूटता

प्रकृति आदमी को कैसे जुबान दे देती है, यह आपातकाल के दिनों में लिखी गई केदार की इन पंक्तियों को देखकर लगता है, "संसद और संविधान में नाचती है निर्मम नायिका/छमाछम बजता है पिता का साज/पुत्र के तबले से उठती है धूम-धड़ाके की आवाज/लेकिन तड़पती है पिंजड़े में पड़ी/ आम आदमी की मैना।" यह एक राजनीतिक लाइन का अतिक्रमण करती कविता की आवाज है, यह बौद्धिक स्वतंत्रता की आवाज है। वह कवि जो आर्थिक स्वाधीनता का प्रेमी होगा, वह बौद्धिक स्वतंत्रता, वाणी की स्वतंत्रता छीना जाना पसंद नहीं करेगा।

प्रकृति से मनुष्य का उतने तरह का संबंध है, जितने तरह की खुद प्रकृति है और मनुष्य की मनोदशा है। प्रकृति का सौंदर्य 'वस्तु-व्यक्ति संबंध' की देन है, जो एकरूप नहीं है। केदार के प्रकृति वर्णन में प्रकृति की अपनी भरीपूरी उपस्थिति है। इसके सौंदर्य में अपने ढंग की अद्वितीयता है, जो जीवन संघर्षों से जुड़ी अनोखी कल्पना से उपजी है। अनोखापन या अद्वितीयता एक आधुनिक मामला है, पर जब यह जीवन-संघर्षों के बीच से आकार लेती है, हमारी संवेदना को अधिक छूती है। चाहे वह उदासी के फलक पर हो या उल्लास के फलक पर।

हमें केन नदी के कवि को तोड़कर देखने की जरूरत नहीं है। नागार्जुन ने जब कहा था, 'केन कूल की काली मिट्टी, वह भी तुम हो', वह चट्टानों पर पानी का घूंसा देखने से कुछ अधिक इशारा कर रहे थे। आखिरकार छायावाद के बाद नई कविता के जमाने में भी सारे के सारे कवि प्रकृति से इतनी निकटता क्यों खोजते थे ? जैसे वे प्रकृति में वह सब पा रहे हों, जो समाज में न था। अज्ञेय प्रकृति में अपने 'मैं' का उन्मोचन पाते हैं। शमशेर प्रकृति में एक खोई स्त्री देह अधिक देखते हैं। केदारनाथ अग्रवाल की प्रकृति उनकी स्थानीय अस्मिता की द्योतक है, यह जैसे जातीय गुणों की तलाश है। नागार्जुन प्रकृति को इंद्रियों की सारी ताकत से भोगते हैं, हजारों साल की प्यास लिए। आदिवासी प्रकृति के बहुत नजदीक होते हैं, ये सभी कवि बुद्धिदीप्त आदिवासी थे। मुक्तिबोध के पास सबसे कम प्रकृति है। वह सामाजिक बेचैनियों और अपने जीवन की अपूर्णताओं में ही बुद्धिदीप्तता के साथ डूबे रह गए। वह सबसे कम आदिवासी थे।

केदार जब कहते हैं, 'दुनिया के दुख-द्वंद्व बिसारे/मैं घूमूंगा केन किनारे', वह भारत के लोगों का प्रकृति से हजारों साल का रागात्मक रिश्ता दिखा रहे होते हैं। वह आधुनिक जमाने का ढंग देखकर चिंतित थे, "प्रकृति में हम रहते हैं, जो हमारी मां है।...उसी को हमने अपने साहित्य से निष्कासित कर दिया है और हम हो गए हैं प्रकृतिविहीन निस्संग आदमी।" (प्रगतिशील साहित्यकारों से)। केदार प्रकृति के बिना आदमी के जीवन की कल्पना नहीं कर सकते थे, 'मैं अब नहीं रह गया मैं/बिना मेघ के बिना मोर के।' उन्हें प्रकृति पर इतना अधिक भरोसा था कि उन्हें लगता था, "मैं गाऊं या कभी न गाऊं/...यारो पक्षी गाएँगे ही/यारो जुगनू जागेंगे ही।" यह भरोसा बाहरी प्रकृति पर नहीं, मानव प्रकृति पर है, वह अन्याय नहीं सह सकता।

इसमें संदेह नहीं कि पूंजीवाद समाज के लिए एक बड़ी आफत के रूप में मौजूद था, पर जीवन की यही एक सच्चाई नहीं थी। लोग अपने दुखों के बीच भी हँसते थे, जीते थे, प्रेम करते थे और प्रकृति के साहचर्य का आनंद लेते थे।

केदार की कविता में प्रकृति का जो अद्‌भुत सौंदर्य है, उसे क्रांति का उद्दीपक भर मानना या किसी अन्य तरह से उस सौंदर्य की महत्ता को संकुचित करना ठीक नहीं है। दरअसल प्रकृति के सौंदर्य की उपेक्षा जीवन का हनन है। यह समझने की जरूरत है कि जिस तरह उन्होंने 'स्थानीय चेहरे' को महत्ता दी, उसी तरह प्रकृति के संदर्भ में एक व्यापक पर्यावरणवादी दृष्टि की जरूरत महसूस करके उन्होंने प्रगतिशील चेतना की एक और बंद खिड़की खोली।

चिड़ीमार ने चिड़िया मारी
नन्हीं मुन्नी तड़प गई
प्यारी बेचारी
....
अब भी वह चिड़िया जिंदा है
मेरे भीतर
नीड़ बनाए मेरे दिल में
सुबुक-सुबुक कर चूँ चूँ करती
चिड़ीमार से डरी-डरी-सी

भारत के मध्यवर्गीय लोग जब आधुनिकता की अंधेरी गलियों में निराश चक्कर लगा रहे थे, केदारनाथ अग्रवाल ने श्रमजीवियों के आंदोलन के साथ-साथ प्रकृति से भी बंधुत्व का रिश्ता बनाया। प्रकृति उनकी पत्नी की तरह ही उनकी रोज की सहचर थी। आधुनिक जीवन से प्रकृति भले बिछुड़ती जा रही हो, केदार ने केन नदी और उसके चारों तरफ की रेत से नाता जोड़ रखा था। अज्ञेय की कविता में जो हरी घास है, वही केदार की कविता में रेत है। वह रेत पर बैठते हैं। इसे मुट्ठियों में लेते हैं, जैसे यह उनके जीवन का अंश हो। केन नदी में वह पत्थरों को देखते हैं। उन्हें नदी कभी 'खुली जांघ' और कभी 'म्यान से खिंची एक तलवार' नजर आती है। यह गरम रेत पर कभी विद्युत की तरह तड़पती है, कभी बिल्कुल उदास हो जाती है और कभी चट्टानों के ऊपर चढ़कर घूंसे मारनेवाला 'तेज धारा का कर्मठ पानी' बन जाती है। मनुष्य का जीवन इसी तरह विविधता-भरा है। केदार को खेत और सूर्य से केन कम पसंद नहीं है। केन के अनेक रूपों की तरह केन के कवि का मन भी कई तरह के भावों से भरा है, वह एकरस नहीं है। केदार केन के प्रति वाकई बेहद संवेदनशील हैं।

आज नदी बिल्कुल उदास थी
सोयी थी अपने पानी में
उसके दर्पण पर
बादल का वस्त्र पड़ा था
मैंने उसको नहीं जगाया
दबे पांव घर वापस आया

ऐसे कवि की न राष्ट्रीयता संकीर्ण हो सकती है और न सांस्कृतिक चेतना। केदारनाथ अग्रवाल ने 'युग की गंगा' की भूमिका में किसी संकीर्ण प्रगतिवादी

असर में भारतीय साहित्य की परंपराओं पर प्रहार कर दिया हो, वह आगे चलकर भारतीय साहित्य के प्रति अपनी व्याकुलता व्यक्त करते हैं। वह नागार्जुन के बांदा आने पर लिखी गई कविता में कहते हैं, "एक प्राण हैं, एक देह हैं,एक गीत हैं, एक गूंज हैं/इस विराट फैली धरती के" और "हमीं तो वाल्मीकि हैं, कालिदास हैं/तुलसी हैं, हिंदी कविता के हरिश्चंद्र हैं/और निराला हमीं लोग हैं।" वह नागार्जुन में व्यापे विद्यापति को गले लगाना चाहते हैं। वह जयदेव का 'गीत गोबिंद' पसंद करते हैं। अपने को कबीर जैसे संतों का बढ़भागी वंशज कहते हैं। वह नाजिम हिकमत, पाब्लो नेरूदा की प्रशंसा करते हैं। वह जनता की सांस्कृतिक एकता का समानांतर आख्यान रचते हैं।

केदारनाथ अग्रवाल की पत्नी पर लिखी कविताओं की व्यापक चर्चा हुई है। किसी के लिए पत्नी ही प्रेयसी है। यह आज के माहौल में थोड़ी चौंकानेवाली बात है। केदारनाथ अग्रवाल के स्वकीया प्रेम की सराहना हुई है, जो भारतीय वातावरण में स्वाभाविक है। उनके पत्नी से प्रेम में बड़ी उत्कटता है, "रेत मैं हूँ - जमुन जल तुम/ मुझे तुमने हृदय तल से ढक दिया है।" यह प्रेम यमुना के जल और रेत का अनंत खेल है, जिसमें कामुकता भी अकुंठ भाव से शामिल है। यह भी कहना होगा कि केदारनाथ अग्रवाल ने तन के आकाश में उड़ानें भरी थीं, मन की धरती पर खड़ा होकर। गृहस्थी के भीतर प्रेम की बहुरंगी लीला विवाहित स्त्री की गरिमा का उद्‌बोधन ही नहीं है, यह करोड़ों लोगों के जीवन की वास्तविकता है।

परिवार और स्वकीया प्रेम के बीच गहरा संबंध है। आज पश्चिम के अति-आधुनिक देशों में परिवार की भारतीय धारणा एक आश्चर्य के रूप में देखी जाती है, जबकि हमारे यहाँ आधुनिकता ही नहीं प्रगतिशीलता भी व्यवहारतः पत्नी को किनारे करके दूसरी स्त्री से संबंध में देखी गई है। मुख्य बात है, केदारनाथ अग्रवाल ने इस मामले को एक नैतिक प्रश्न के रूप में उपस्थित न करके विवाहित जीवन के असीम सौंदर्य के रूप में देखा है। वह अपनी पत्नी को स्वतंत्र मानते हैं। उनका प्रेम पत्नी को स्वतंत्र रखता है। 'हे मेरी तुम' और 'जमुन जल तुम' में पत्नी-विरह के कुछ दुर्लभ दृश्य हैं। उनकी एक कविता है, "हे मेरी तुम/आकर देखो :/मैंने घर की दीवारों पर/अपने लंबे नाखूनों से कितने चित्र तुम्हारे आंके/ किस सुचाव से/काश बोल सकते यह तुम-सा/और भेंटते मुझको तुम-सा !" यह 47 वर्ष की अवस्था के पति की भावना है। यह हुबहू दुर्लभ है, पर पत्नी से प्रेम भारतीय जीवन की सच्चाई का अंग है।

केदार के पत्नी के प्रति दृष्टिकोण की यह सीमा समझनी चाहिए कि पत्नी घर संवारनेवाली स्त्री का बिंब लेकर आती है, "हे मेरी तुम/कल कमीज में बटन

नहीं थे/कुरता देखा तो आगे से फटा हुआ था/धोती में कुछ दाग पड़े थे/वह था मैला/...हाय राम मेरी आफत थी/अब बोलो तुम कब आओगी/घर संवारने।" ध्यान में रखा जा सकता है, यह मध्यवित्तीय पति के घर का वृत्तांत है। इसके बावजूद कहना चाहिए कि केदारनाथ अग्रवाल और रामविलास शर्मा ने अपने जीवन में पत्नी को जो सम्मान दिया, वह आज भी भारत की लाखों स्त्रियों की आकांक्षा है। इससे परिवार की धारणा, जो आधुनिक समय मे तेजी से विघटन की ओर है, मजबूत होती है। वस्तुतः आज का स्त्रीवाद पुरुष में प्रेम की कमी की उपज है, सभी लैंगिक अन्याय पुरुष में प्रेम की कमी के नतीजे हैं।

यह भी एक वास्तविकता है कि केदार पत्नी से प्रेम करते हुए कभी पत्नी तक सीमित नहीं होते। वह 'दूसरी स्त्री' की जगह प्रकृति से सह-आनंद लेते हैं, पर्यावरण की चिंता करते हैं, बुढ़ापे के कष्टदायक जीवन का प्रश्न उठाते हैं और उनका पत्नी से प्रेम देशप्रेम तक बढ़ता है, 'मेरे देश, तुम्हारी चती की मिट्टी मैं हो जाऊंगा।' उनकी आस्था का एक स्रोत यदि श्रमजीवियों का संघर्ष भरा जीवन है, दूसरा स्रोत परिवार का सौंदर्य है। हम भूल नहीं सकते कि परिवार की धारणा का श्रमजीवी वर्ग के संदर्भ में कितना अधिक महत्व है। श्रमजीवियों के जीवन का सारा आनंद उनके परिवार में छिपा होता है और उनका जीवन संघर्ष भी परिवार के लिए होता है।

केदार में आत्मबल इन्हीं चीजों से आता है, 'मैं छापाछप छापते छल से लड़ा हूँ/क्योंकि मैं सत् से सधा हूँ/जी रहा हूँ/टूटनेवाला नहीं कच्चा घड़ा हूँ।" इन्हीं वजहों से वह मानवीय स्वाभिमान के साथ कह पाते हैं, "मैं हूँ अनास्था पर लिखा/आस्था का शिलालेख।" हो सकता है आज लगे, उनकी आस्था में ज्यादा लाउडनेस है। आधुनिक युग अनास्था का युग रहा है, अपने सारे विश्वास खो चुके मनुष्य का युग। इस आधुनिक मनुष्य को न 'राष्ट्र' पर आस्था थी, न 'लोकतंत्र' पर और न अन्य किसी चीज पर, क्योंकि वह श्रम और प्रेम से दूर था।

यह सोचने की बात है कि जिस हिंदी पट्टी में बुद्ध, कालिदास और कबीर हुए, जहाँ बड़ा ही दुर्द्धर्ष स्वाधीनता संग्राम चला, वहाँ लोगों के पास अंतर्दृष्टि और दूरदृष्टि की कमी क्यों होती जा रही है। सभी आधुनिक कवियों ने देखने का महत्व बताया है। उनके पास अंतर्दृष्टि रही है। उन्होंने अंतर्दृष्टि और दूरदृष्टि में अंतर्दृष्टि को चुना। उन्होंने देखना क्रिया का बार-बार इस्तेमाल किया। वे देखते थे। हमें यह समझना होगा कि देखने और तमाशबीन होने में फर्क है। एक देखना है सरोकारों के साथ देखना और एक देखना है कृत्रिम दृश्यों में बहना। आज के

लोग निष्क्रिय दर्शक और तमाशबीन बना दिए गए हैं, वे सिर्फ देख रहे हैं। केदारनाथ अग्रवाल भी देखते हैं। वह केन नदी, सूर्य, चिड़िया, धूप, सेमल का पेड़, सारस की जोड़ी, खेत, पत्नी और किसान जिसको भी देखते हैं एक गहरे जीवन मर्म से नहाकर शब्द बाहर आते हैं। वह एक विजन के साथ देखते हैं।

दरअसल विजन के बिना किसी सार्थक जीवन मर्म की पहचान संभव नहीं है, कोई सार्थक विकास भी संभव नहीं है। विजन पाने के लिए एक ऐसा व्यक्तित्व अर्जित करना जरूरी है, जो वस्तुतः उसका मूल्य चुकाकर ही पाया जा सकता है। केदारनाथ अग्रवाल वकील थे। वह बाबू संस्कृति के अंग थे। शमशेर ने उनके बारे में लिखा है कि वे बाबू संस्कृति की हकीकत पहचानते थे और नागर मध्यवर्गीय संस्कृति से बाहर आने का उनमें साहस था। उन्होंने अपने विजन के लिए पूरी कीमत चुकाई थी, अनेक छोटे स्वार्थ त्यागे थे, तब उन्होंने अंतर्भेदी दृष्टि अर्जित की थी।

आज हमें केदार, नागार्जुन जैसे कवियों का रास्ता प्रेरित नहीं करता। आज उपभोक्ता संस्कृति की वस्तुओं का इतना दबाव है कि हम न कोई नदी ठीक से देख सकते हैं और न अपनी मुट्ठियों में इसकी रेत ले सकते हैं। हमें चने का पौधा मुरैठा-बांधे, साधारण की गरिमा प्रदर्शित करते नहीं दिख सकता। हमारे हृदय में न कोई चिड़िया सुबुक कर रो सकती है और न पत्नी इतने दीर्घ समय तक गर्म साथ का अहसास दे सकती है।

कहा जाता है कि बुद्धिजीवी लोग बड़े दृष्टिसंपन्न होते हैं। केदारनाथ अग्रवाल ने एक कविता 'अक्ल की लालटेन' लिखकर ऐसे बुद्धिजीवियों पर व्यंग्य किया था, जिनके पास कोरी बौद्धिकता है। देवमूर्ति को देवता न समझना, अंधविश्वास और संकीर्णता का विरोध ही बुद्धिवाद है, जो ऐसे बुद्धिजीवियों के पास नहीं है। इन बुद्धिजीवियों में व्यावहारिक दूरदृष्टि है, पर अंतर्दृष्टि नहीं है। ऐसे लोगों की संख्या अब समाज में बढ़ती जा रही है। आज जो पढ़-लिखकर विशिष्ट बन जाते हैं, वे आमतौर पर जनता से विच्छिन्न हो जाते हैं। केदारनाथ अग्रवाल लिखते हैं, "मैं इसीलिए बौद्धिक होने से सदैव बचता रहा।" (भूमिका, पुष्पदीप)। निराला ने एक अन्य किस्म के बुद्धिजीवियों पर 'मास्को डायलाग्स' कविता लिखी थी। उन्होंने इसमें गिडवानी जी का चित्र उतारा था। हम जानते हैं कि ऐसे 'बौद्धिक' और 'चालाक' के बीच एक सूत का फर्क नहीं होता। केदार ऐसी बौद्धिकता के धार नहीं जा सकते थे।

कई बार प्रश्न उठता है, कविता में आवेग का क्या स्थान है। केदारनाथ अग्रवाल की कविता में बौद्धिकता की जगह आवेग है। इसलिए उनकी आलोचना

हुई। केदार एक सेंटिमेंटल कवि हैं - प्रकृति, क्रांति और पत्नी तीनों मामलों में। प्रगतिशील कवि सेंटिमेंटल हो, यह एक निहायत बुरी बात मानी जाएगी। आधुनिकता भी आवेग की छूट नहीं देती। यह उन्हीं चीजों को चुनती है, जो बुद्धि के दायरे में आती हैं। हृदय के मामले दुर्बलता माने जाते हैं। उत्तर-आधुनिकता की नजर में आवेग मूर्खता है। हम 'सेंटिमेंटल' से समझते हैं आनंद, दुख, संघर्ष, प्रेम सभी में ज्यादा भावमय हो उठना। धारणा है कि यह एक फालतू चीज है। यह एक सच्चाई है कि आदमी में सेंटिमेंट्स होते हैं, अन्यथा वह मशीन है। यह जरूर है कि सिर्फ सेंटिमेंट्स से काम नहीं चलता, उनके पीछे तर्क होना चाहिए। 'रीजन' भी जरूरी है। मुश्किल है, वे जो बहुत तर्क से, बुद्धि से या आकाट्य वैज्ञानिक दर्शन लेकर बात करते रहे हैं या बहुत माडर्न रहे हैं, उन्होंने जनता की भावनाओं के साथ, कम से कम 20वीं सदी में हमेशा विश्वासघात किया। उन्होंने मानसिक गुलामी, भेदभाव, दुर्नीति, भ्रष्टाचार, पक्षपात और नरसंहारों को ही तर्क का जामा पहना दिया।

केदारनाथ अग्रवाल की कविता में मानवीय आवेग हैं। मानवीय आवेग सार्वभौम नहीं ऐतिहासिक होते हैं। ये समय की हलचलों के साथ उठते-बनते हैं। प्राचीन आचार्यों के मत से भी देखें तो इनका स्थान, काल और पात्र का संदर्भ अनिवार्य है। सवाल है, इतिहास की ताकतों को घुमाने-मोड़ने में इन आवेगों की कोई भूमिका है या नहीं। भारत की ऐतिहासिक दशाओं में यह भूमिका बार-बार नजर आती है। हम आज जेंडर, कास्ट और क्षेत्र के संदर्भ में देख सकते हैं कि मानवीय आवेग इतिहास में कैसी निर्णायक भूमिका निभा रहे हैं और बुद्धि के अंकगणित चल नहीं पा रहे हैं। इसी तरह किसानों का एक समय वर्ग-ध्रुवीकरण हो रहा था। यह तब सीमित सत्ता-विमर्श का रूप नहीं था। केदार के आवेग किसान चेतना से तटस्थ नहीं हैं। इन आवेगों का तदयुगीन वर्गीय जागरण से संबंध है, हालांकि प्रकृति और प्रेम के मामले निःसंदेहे सार्वभौम का भी स्पर्श करते हैं।

उसी समय में जब भारत में तीव्र सामाजिक बदलाव के लिए संघर्ष चल रहे थे – 1950-70 के दशकों में और बड़ी-बड़ी हड़तालें हुई थीं, जुलूस निकले थे और गोलियाँ चली थीं, देखा जा सकता है कि केदारनाथ अग्रवाल सिर्फ श्रम के सूरज का अभिनंदन नहीं कर रहे थे। वह प्रेम, प्रकृति सौंदर्य और कविता के प्रति भी गहरे आकर्षण से भरे थे, क्योंकि ये संवेदना के स्तर पर रूढ़ियों से मुक्ति के औजार थे। यह भी उल्लेखनीय है कि इनसे संबंधित सारे आवेग भारतीय ढांचे में थे। केदार ने कालिदास, सूर, कबीर, तुलसी, मीरा को बार-बार याद किया,

अर्थात इन आवेगों का भारतीय परंपराओं से संबंध था। उर्दू कवि हाली ने 19वीं सदी में कहा था, 'योरोप के लिए बस एक गोदाम है हिंद।' हम मानवीय आवेगों के संदर्भ में देख सकते हैं कि केदार की कविता में पश्चिमी औपनिवेशिक आधुनिकता रोपी नहीं जा सकी। दूसरी तरफ, वह सांप्रदायिक और क्षेत्रीय उन्माद का एस्थेटिक जवाब थी।

यह सही है कि तर्क की कसौटी पर आसानी से आवेग को फेल किया जा सकता है। केदार की कविताओं से कुछ अंश हैं, जो आवेग से भरे हैं। उन पर एक फूल का ऐसा असर होता है, 'झाड़ी के एक खिले फूल ने/नीली पंखड़ियों के एक खिले फूल ने/आज मुझे काट लिया ओठ से/ और मैं अचेत रहा/धूप में।' कवि अपने बारे में कहता है, 'मुझे प्राप्त है जनता का बल/वह बल मेरी कविता का बल/मैं उस बल से/शक्ति प्रबल से/एक नहीं सौ साल जिऊंगा।' उसे खिला गुलाब देखकर लगता है, 'जल रहा है/जवान होकर गुलाब/खोलकर होठ/जैसे आग गा रही हो फाग।' वह क्रांति का हथौड़ा बरसाता है, 'मार हथौड़ा कर कर चोट/थोड़े नहीं- अनेकों गढ़ ले/फौलादी नरसिंह करोड़। 'वह घन गरजे जन गरजे' की कल्पना भी करता है। केदार पत्नी को लेकर कम भावुक नहीं हैं। पत्नी मायके गई हुई है। कवि को छत की धूप देखकर लगा, 'हे मेरी तुम/आज धूप जैसी ही आई/और दुपट्टा उसने अपनी छत पर रखा/मैंने समझा तुम आई हो/ दौड़ा मैं तुमसे मिलने को/लेकिन मैंने तुम्हें न देखा/बार-बार आंखों से खोजा/वही दुपट्टा मैंने देखा/अपने छत के ऊपर रखा।' ऐसे सभी आवेगों के पीछे तर्क नहीं है, पर जीवन है। जीवन की तन्मयता है, संकल्प है, गुस्सा है, विरोध की शक्ति है, प्रेम है और न जाने कितनी चीजें हैं।

तर्क नवजागरण और समाजवादी क्रांतियों के दौर में जनता का औजार था, फिर यह सत्ता का खेल हो गया। तर्क सत्ता के खेल के रूप में अलग-अलग क्षेत्र में अलग-अलग रूप लेने लगा। आज भी सत्ता तर्क को जैसा नचाती है, तर्क वैसा ही नाचता है। वैश्वीकरण के तर्क हैं। हर चुनाव में राजनीतिक समीकरण बदलने के तर्क हैं। हर युद्ध और हिंसा के तर्क हैं। पुरुष के तर्क हैं। अंग्रेजी-वर्चस्व के तर्क हैं। योग के तर्क हैं। किसानों से जमीन जबर्दस्ती खरीद लेने के तर्क हैं। यदि कोई गरीब कहता है कि महंगाई इतनी ज्यादा है कि दो वक्त ठीक से खा नहीं पा रहा है। इस कथन में कोई तर्क नहीं है, क्योंकि गरीब आदमी सत्ता के बाहर है। कोई उपभोक्ता कहता है कि सर्फ साबुन से कपड़े उतने साफ नहीं धुलते, जितने विज्ञापन में दिखते हैं। उसके कथन में तर्क नहीं है, क्योंकि वह लाचार है। टेक्नोलॉजी, समाज और शिक्षा जहाँ भी देखा जाए, कविता अब तुच्छ

है। यदि कोई आदमी कहता है कि कविता संवेदना, सौंदर्यबोध और मूल्यचेतना के निरंतर परिष्कार और विस्तार के लिए जरूरी है, उसकी कोई नहीं सुनेगा, क्योंकि वह मीडिया के हाशिए पर खड़ा आदमी है।

जीवन में तर्क एक जरूरी वस्तु है, इसी तरह आवेग भी। 'नरम जीभ से हमने दिग्गज पर्वत ठेले' एक आवेग है, पर यह एक तर्कयुक्त आवेग है। इसका तर्क जनजीवन में है। कई बार हिसाब-किताब लगानेवाले हिसाब-किताब करते रह जाते हैं और आवेग बहुत कुछ कर देता है। जन-आवेग की चोट से बड़ी-बड़ी ऐतिहासिक मूर्तियाँ जमीन की धूल चाटने लगती हैं। खासकर आज तर्क के जैसे रंगीन चेहरे हैं, जीवन में आवेग के लिए थोड़ी जगह होनी चाहिए। यह जीवन का यांत्रिक बंधनों से बाहर आना है। केदारनाथ अग्रवाल की कविताओं में एक सरल हृदय कवि का आवेग है, जिसके तर्क कहीं और नहीं जनजीवन में हैं। आवेग जितना भी निश्छल हो, उसे जनजीवन से अपना तर्क पा ही लेना होगा।

प्रगतिवाद जब आया, आधुनिक युग काफी उभर आया था। इसकी चुनौतियों की अनदेखी मुश्किल थी। मार्क्सवाद का नई स्थितियों और जरूरतों के अनुसार ही रचनात्मक विनियोग उचित था। पर हर विचारधारा के साथ कठमुल्ले होते हैं और अद्भुत बात यह है कि कहीं से ताकत पाकर वे ही हावी हो जाते हैं। यही वजह है कि प्रगतिवाद जितनी व्यापक रचनात्मक भूमिका निभा सकता था, नहीं निभा सका। यदि इसके कुछ महान पदचिह्न इतिहास पर छोड़े, ये मुख्यत: उन कवियों के हैं, जिन्होंने प्रगतिशील चिंताओं में कुछ व्यापक मुद्दे शामिल किए - प्रेम, प्रकृति, पर्यावरण, स्थानीयता, परिवार, कला की स्वतंत्रता, दिमागी खुलापन आदि के मुद्दे। उन कवियों में केदार भी एक थे।

शमशेर बहादुर सिंह ने केदारनाथ अग्रवाल पर लिखते हुए कहा है, "हिंदी का प्रगतिशील साहित्य आंदोलन सन् 1937-38 से लेकर लगभग 52 तक अपना जैसा-तैसा रोल पूरा करके खासा नि:शक्त हो गया। इस आंदोलन में पंत, निराला, नरेंद्र शर्मा, शिवमंगल सिंह सुमन और कुछ लोक कवियों के बाद जो चार कवि दृढ़ता से बराबर जनता के मनोबल में विश्वास रखते हुए अपना नाता उसकी आंतरिक रचनाशील शक्तियों से जोड़ रहे थे, वे मात्र केदारनाथ अग्रवाल, त्रिलोचन, मुक्तिबोध और नागार्जुन थे। शेष सभी कवि व्यक्तिगत साधनाओं की ओर उन्मुख होकर साहित्य की प्रगतिशील धारा के लिए खो गए।" (छायावाद से अलगाव)। शमशेर ने प्रगतिशील आंदोलन की दशा पर लिखते हुए अपने को भी नहीं बख्शा, अपने को जनता से जुड़े रहनेवाले कवियों की उपर्युक्त सूची में शामिल नहीं किया। आखिरकार प्रगतिशील आंदोलन से क्यों खो गए और खोते

गए लेखक? इस सवाल पर निर्ममता से विचार होना चाहिए, क्योंकि ऐसे आंदोलन से लेखकों का खो जाना एक सामाजिक क्षति है।

हम जानते हैं कि केदारनाथ अग्रवाल प्रगतिशील आलोचकों के रहते हुए भी 1960 और 70 के दशक में विशेष चर्चा में नहीं थे, क्योंकि एक आधुनिक घटाटोप छाया हुआ था। उनमें सामाजिकता के साथ एक गहरा स्वाभिमान था। शमशेर ने उपर्युक्त सभी कवियों के संदर्भ में इस मामले को खोला है, "इन्होंने बड़े-बड़े आलोचकों, संपादकों, प्रकाशकों और रेडियो आदि सरकारी संस्थाओं की उसी प्रकार उपेक्षा की, जिस प्रकार बड़े-बड़े आलोचकों, संपादकों, प्रकाशकों और सरकारी संस्थाओं ने इनकी की। · · एक अजब खामोश आन के साथ इन्होंने अपने आपको पूरी तरह खपा दिया।" (वही)। केदार ऐसे ही कवि थे, सत्ता से दूर और लोक के करीब। वह भी जीवन में टूटते थे, पर उठ खड़े होते थे। वह सरल मन के कवि थे, अपनी कविताओं में रणनीति न अपना कर सबकुछ कह देते थे। आज के राजनीतिक परिदृश्य में बढ़ती संवेदनहीनता और ड्रामाबाजी देखकर लगता है, ये किसी दूसरे ही जमाने की कविताएँ हैं। उनकी सारी कविताएँ श्रेष्ठ नहीं हैं। सारी श्रेष्ठ हो भी नहीं सकतीं। खासकर उनकी बाद की ढेरों कविताओं में लयविहीनता और सपाटता है। अक्सर हिंदी कवियों का काव्यात्मक स्तंभन जल्दी टूटता है। वे नई स्थितियों का सामना पहले की तरह रचनात्मक क्षमता के साथ नहीं कर पाते। फिर भी एक चीज है कि केदार का कविता से प्रेम कैजुअल किस्म का नहीं है। उनका कविता के प्रति एक भिन्न तरह का रुख है।

> दुख ने मुझको जब-जब तोड़ा
> मैने अपने टूटेपन को
> कविता की ममता से जोड़ा
> जहाँ गिरा मैं
> कविताओं ने मुझे उठाया
> हम दोनों ने
> वहाँ प्रात का सूर्य उगाया

कवि और कविता किसी समय एक दूसरे को रचते थे, हमसफर थे। कविता कवि को न पैसा देती थी, न प्रतिष्ठा, फिर भी कवि का कविता से अंशकालिक संबंध नहीं था। इस तरह कविता पर एक गहरा भरोसा था, जो वैयक्तिक या संगठित स्तर से संघर्ष करनेवाले लोगों के आत्मविश्वास, जनशक्ति में भरोसे को प्रतिबिंबित करता था। ऐसी कविता अन्याय, दुख और गरीबी में

जीती जनता की आवाज की तरह ही नहीं दिखती, यह प्रेम, सौंदर्य और शांति की दूत भी नजर आती है। केदारनाथ अग्रवाल ने बार-बार इसे एक ऐसी जीवनशक्ति के रूप में देखा, जो बाहर चाहे ज्यादा नहीं, पर भीतर एक रूपांतरण लाती है। यह भीतर की एक ताकत बनती है, ईश्वर से भी बड़ी चीज। कविता अपनी तरह से बताती है कि हम कैसे जी सकते हैं।

कविता हमें समय के यथार्थ के प्रति सचेत करती है। वह हमें हमारे अस्तित्व के सार से परिचित कराती है। क्या वह हमारे कर्म पर भी कोई असर डालती है ? आज असलियत जो हो, केदार नाथ अग्रवाल लिखते हैं, "कविता जहाँ पहुँचे, वहाँ दृष्टि का दीपदान दे - आलोक और आंच से अवसाद, अंधकार, अज्ञान का नाश करे और सच्चे समर्थ मित्र और बंधु अथवा सहकर्मी की तरह पग-पग पर साथ दे।" (भूमिका, अपूर्वा)। कविता वर्तमान समय में जीवन के अंग की जगह फुर्सत की चीज बन गई है। कविता खुद कवि को बदल नहीं पा रही है। कोई कविता पढ़ता दिखता है, तो मॉड नौजवान कहते हैं – बूढ़ा हो गया है !

डूबा हूँ हर रोज
किनारे तक आ-आकर
लेकिन मैं हर रोज
उगा हूँ जैसे दिनकर
इससे मेरी असफलता भी मुझसे हारी
मैंने अपनी सुंदरता इस तरह संवारी

कवि की नजर में 'मैं' का अर्थ कभी भी 'मुझे' या 'मेरा' नहीं है, हालांकि प्रगतिशील से प्रगतिशील कवि के लिए वैयक्तिकता एकदम मूल्यहीन चीज नहीं है। केदार के प्रगतिशील मन में एक वैयक्तिक कोना हमेशा जीवित है, भले वह 'एकांत' की जगह हमेशा 'समाज' को चुनते हों। यदि वैयक्तिकता न हो, सृजनात्मकता संभव नहीं है – कवि की आंख संभव नहीं है। केदार की वैयक्तिकता को कभी व्यक्तिवाद नहीं समझना चाहिए। कविता यथार्थ का बयान करती है, पर कभी भी महज यथार्थ नहीं है। वह कवि जो यथार्थ का बयान नहीं करता है, मर जाता है और वह भी जो सिर्फ यथार्थ का बयान करता है। केदार की कविता में उनकी निजी अनुभूतियाँ हैं, उनकी खुशियाँ हैं, चिंताएँ हैं और आवेग से भरी जनोन्मुखी कल्पनाएँ हैं। तभी उनकी प्रगतिशील तेवर की कविता में भी सौंदर्य के पंख हैं। उनके घर में जब किसी बच्चे का जन्म हुआ, उन्होंने एक विशिष्ट ही अंदाज में इसका चित्र खींचा और श्रमजीवियों के संघर्ष में अपनी आस्था व्यक्त की।

एक हथौड़ेवाला घर में और हुआ
हाथी-सा बलवान
जहाजी हाथोंवाला और हुआ
सूरज-सा इन्सान
तरेरी आंखोंवाला और हुआ

अमीरी के सौंदर्यबोध से साधारण मध्यवर्गीय जीवन का सौंदर्यबोध आवश्यक तौर पर अलग होगा। किसी समय बड़े संघर्ष की उम्मीद मध्यवर्ग के साधारण लोगों से ही की जा रही थी। केदारनाथ अग्रवाल की संपूर्ण कविता इसी मध्यवर्ग की सादी संवेदना का अंग है। आज का मध्यवर्ग वैश्वीकरण की मृगमरीचिका में फंसा है। आज के कवि भी कवि से अधिक कलाकार हैं। एक जमाने में कवि सबसे पहले मनुष्य होते थे। केदार ने लिखा है, "कविताओं ने मुझे आदमी बनाया कि मैं संसार में रहूँ और जिऊं और उसके द्वंद्व और संघर्ष को झेलूं और मानवीय मूल्यों के सत्य को पकड़ूं और वही-वही लिखूं, रचूं, सृष्टि करूं जो अंदर और बाहर के यथार्थ को बेधे। सत्य की अभिव्यक्ति हो और लोक को आलोक देकर सृजन की मानवीय सार्थकता सिद्ध करे। यही है मेरी रचनात्मकता का आधार।" (भूमिका, अनहारी हरियाली)। एक समय तक लगता था कि साझा सत्य कुछ होता है। अब सत्य के जब कई पहलू उजागर होने लगे, जब सभी के अपने-अपने सत्य और अपने-अपने सत्याग्रह होने लगे, इसी समय से मानवीय, वर्गीय और राष्ट्रीय की श्रेणियाँ टूटनी शुरू हो गईं। ऐसी स्थिति में कहीं भी साझा कुछ नहीं रह जाता।

केदारनाथ अग्रवाल ने मार्क्सवाद को मुकुट बनाने की जगह अपनी जीवनधारा बनाई थी। उस काल में विचारधारा और जीवनधारा के बीच संबंध था। वह एक ऐसे युग के कवि थे, जब कम्युनिस्ट होना जोखिम की बात थी। यह एक अलग जीवनदृष्टि चुनना ही नहीं था, एक अलग जीवनशैली चुनना भी था। वह पूंजीवाद और आधुनिकतावाद के दबदबे का जमाना था। उस समय दुनिया में साहित्यिकता का अर्थ होता जा रहा था संवेदना और भाषा को जीवन की जमीनी वास्तविकताओं से दूर ले जाना। केदार की खूबी है कि वह अपनी कविता को जीवन की जमीनी वास्तविकताओं से जोड़ते हैं, पर ऐसा करते हुए वह कभी वास्तविकताओं का सरलीकरण नहीं करते, बल्कि कल्पना के लिए पूरा अवकाश रखते हैं। वह बुद्धिवाद के साथ मानवीय आवेगों को महत्व देते हैं। वह श्रम का उल्लास और उसकी उदासी दोनों व्यक्त करते हैं। वह सार्वभौम को निजी गुणों से युक्त और

निजी को सार्वभौम गुणों से युक्त बना देते हैं। सबसे बड़ी बात है कि उन्होंने कविता से बहुत प्यार किया, जो जीवन से प्यार करना है। उनके भीतर कभी-कभी सत्यदर्शी होने या सौंदर्य-सिद्ध होने का गर्व घुमड़ता था, पर समग्रत: वह कविता के प्रति एक बड़े ही समर्पित व्यक्तित्व थे।

क्या अब रोबोट ही क्रांति करेंगे ? निश्चय ही क्रांतिकारी कभी रोबोट नहीं होंगे।

आधुनिक पुनर्जागरण और मुक्तिबोध

1

मुक्तिबोध ने 'एक साहित्यिक की डायरी' में लिखा है, 'कभी-कभी ऐसा भी होता है, मन अपने को भून कर खाता है।' आधुनिक स्थितियों पर इससे अच्छी टिप्पणी नहीं हो सकती। ट्यूटर जगत के संदेशों पर आधारित हाल के एक सर्वेक्षण से पता चला है कि इस समय लोग दुख, घृणा, गुस्से, अकेलेपन और बेचैनी से ज्यादा भरे हुए हैं। उनके जीवन में आनंददायक घटनाएँ कम होती जा रही हैं। मुक्तिबोध (1917-64) ने अमानवीय रास्तों से हुए आधुनिकीकरण के ऐसे नतीजों को काफी पहले देखा था। उन्होंने पतनशील पूंजीवादी सभ्यता के हमलों का आगे बढ़-बढ़कर व्यक्ति स्तर पर सामना किया था। वह एक न जीती जा सकनेवाली लड़ाई के क्षत-विक्षत सैनिक थे, सबसे जरूरी घड़ी में सबसे अधिक अकेले, फिर भी सबसे अधिक जीवनशक्ति से भरे।

एक जमाने में लेखक आपस में खूब तर्क करते थे, खुलकर बहस करते थे। वे बहुपठित थे और कई कोणों से वैचारिक गुत्थमगुत्थी करते थे। मुक्तिबोध आरंभिक जीवन में ऐसी बहसों में खूब शामिल होते थे। शमशेर ने 'चांद का मुंह टेढ़ा है' की भूमिका में आपसी बहसों का एक चित्र खींचा है, जो 19वीं सदी के तर्क-वितर्क की निरंतरता दिखाता है। वह लिखते हैं, "उस समय उज्जैन के वातावरण में सबसे अधिक महत्व की बात थी इन युवा साहित्यकारों के बीच दार्शनिक और राजनीतिक विचारों का मंथन। शॉ, इब्सन, वर्गसां, रसेल, मार्क्स, रवींद्रनाथ, गांधी बड़ी उत्कंठा से पढ़े जा रहे थे।...बहस के दौरान मुक्तिबोध सबकुछ भूल जाते थे।" मुक्तिबोध की तर्क और बहस की प्रवृत्ति उनकी 'एक साहित्यिक की डायरी' में ही नहीं, एक अलग रूप में उनकी प्रायः सभी लंबी कविताओं में है। वह अपने समकालीन कवियों में सबसे अधिक तर्कशील थे। यह नवजागरणकालीन आधुनिकता का एक प्रमुख लक्षण है। समाज में जब तर्क की

प्रवृत्ति ह्रासोन्मुख होती जा रही हो और बौद्धिक आत्मविसर्जन बढ़ रहा हो, मुक्तिबोध की तर्क-वितर्क और आत्मचिंतन की निरंतर बनी रहनेवाली प्रवृत्ति उन्हें विशिष्ट बनाती है।

आधुनिकता भारतीय जिंदगी में काफी उथलपुथल मचाती आई। वह जल्दी सभ्यता-संकट में फंस गई। आधुनिकीकरण के इकहरेपन ने आधुनिकता का अर्थ संकुचित कर दिया। इसका अर्थ हो गया निजी सुख, आराम और फैशन की दुनिया। आधुनिकता के महाख्यानों में पुराने-नए खलनायक घुसकर सबकुछ तहस-नहस करने लगे। मुक्तिबोध ऐसे कवि हैं, जिन्होंने आधुनिकता की ऐतिहासिक शक्ति को पहचाना था और उसके क्षय को भी देखा था। वह आधुनिक पुनर्जागरण चाहते थे। इसलिए उनका कहना था, "यदि यह आधुनिक भावबोध ऊंचा उठाया न जा सका और इसके द्वारा व्यक्तिगत और सार्वजनिक कार्यानुशासन न हो सका, तो क्या होगा – खंडनकर्ता खंडित हो जाएगा। मुर्ति-भंजक की स्व-मूर्ति का सिर काट लिया जाएगा।" (एक साहित्यिक की डायरी)। आधुनिकता खंडन करते आई थी। इसने सामंती बिंब तोड़े थे और जीवन के नए आदर्श दिए थे। उसकी समाज में एक महान भूमिका शेष थी। लेकिन परंपरा और नवता दोनों के प्रति अवसरवादी दृष्टिकोण के सिर उठा लेने की वजह से आधुनिकता के महाख्यान खुद खंडित होने लगे। मुक्तिबोध का कवि-मन इस पर जश्न नहीं मनाता, यह बावड़ियों से लेकर टीले तक उन महाख्यानों के ध्वंसावशेष के बीच अपने को तलाशता है।

मुक्तिबोध बीसवीं सदी के ऐसे कवि हैं, जिन्होंने आधुनिकता की शक्ति को पहचाना, साथ ही घिसेपिटे ढंग का आधुनिकतावादी होने से इन्कार किया। वह देखते थे कि दुनिया में तर्क, स्वतंत्रता और आधुनिक विकास की एक ही दिशा नहीं हो सकती, क्योंकि हर राष्ट्र और समाज की अपनी खासियत है। बीसवीं सदी की घटना यह है कि आधुनिकता का इकहरा वैश्विक मॉडल ही लगातार प्रक्षेपित किया गया। दरअसल उपनिवेशवाद राजनीतिक तौर पर जहाँ से भी हटा था, वहां के समाज में दरारें पैदा करके हटा था। इसने व्यक्तित्व में विभाजन ही नहीं ला दिया, औपनिवेशिक आधुनिकता का एक ऐसा इकहरा वैश्विक जाल भी बिछा दिया, जिसे उत्तर-औपनिवेशिक काल का आदमी आज भी ढो रहा है। इसका स्पष्ट आभास न हो, पर आजाद देश में भी आदमी बौद्धिक उपनिवेशवाद से आक्रांत है। इन स्थितियों में उसके पास सिर्फ दो रास्ते बचते हैं - आत्मविसर्जन या असहमति। मुक्तिबोध ने उत्तर-औपनिवेशिक विडंबना का सबसे तीखा अनुभव

किया। इसलिए उनका अपना चयन 'असहमति' है, जो उनकी कविताओं में एक खास तेवर के साथ है।

आधुनिकता के बहुप्रचारित वैश्विक मॉडल को लेकर चिंता व्यक्त करते हुए मुक्तिबोध कहना चाहते हैं कि भारत की अपनी आधुनिकता है। वह लिखते हैं, "खेद की बात है कि आधुनिकता के आधारभूत देश यूरोप-अमरीका माने गए हैं। ...जबकि उसे यूरोप-अमरीका से उधार ली हुई भावना कहना असंगत प्रतीत होता है।" (नई कविता का आत्मसंघर्ष)। सन् साठ के दशक में वह आधुनिकता की पश्चिमी आंधी में न बहने के कारण ही कह सके, "व्यक्ति एक सांस्कृतिक शून्य में रह रहा है – एक कल्चरल वैक्यूअम में। फलतः कोई टी.एस. इलियट के पास जाता है तो कोई आर्नल्ड टॉयनबी के समीप तो कोई और किसी तरफ।" (वही)। इसका अर्थ पश्चिम से संबंधविच्छेद करना नहीं है, बल्कि आधुनिकता को उधार के माल की जगह अपनी जातीय खोज बनाना है। लंबे समय से ऐसी आदत पड़ गई थी कि पश्चिमी देशों से घड़ी, कैमरा और कार ही नहीं लाए जाते थे, आधुनिक सिद्धांत भी लिए जाते थे। ये सिद्धांत भी भारत में तब चर्चा में आते थे, जब पश्चिम में पिट गए होते थे।

भारत आज भी सिद्धांतों का एक आयातक देश बना हुआ है। एक भी 'थियरी' भारत से पश्चिम में नहीं गई, जबकि अफ्रीका और लैटिन अमेरिका के कई छोटे देशों के साहित्य ने भी पश्चिम को आंदोलित किया। हिंदी में छाए बौद्धिक उपनिवेशवाद की वजह से ही परंपरा और नवीनता से विवेकपूर्ण रिश्ते की जगह संकीर्ण रिश्ता बना। इस संकीर्णता की जयजयकार में परंपरा और नवता दोनों के मूल्यवान आदर्श ध्वंस्त किए गए। नई कविता के जमाने में खासकर इस पर काफी बहस हुई कि 'नया' क्या है। जीवन में 'नया' क्या है और साहित्य में 'नया' क्या है, क्या दोनों में कोई आवयविक संबंध है ? मुक्तिबोध 'नए' के प्रति बहुत सावधान थे। वह सबसे पहले तो आंख मूंदकर पश्चिम से आई हर चीज को नई मानने के लिए तैयार नहीं थे, खासकर निराशावाद और व्यक्तिवाद को। वह कहते हैं, "निराशावाद और जनता और समाज से अलग रहकर जीने की यह प्रवृत्ति अर्थात व्यक्तिवाद...हिंदी साहित्य में–नई कविता के क्षेत्र में खूब प्रचलित है।...मैं इस प्रवृत्ति का विरोध करता हूँ। बहुतेरे लोग इसका विरोध करते हैं, किंतु यह प्रवृत्ति प्रबल है।" (वही)। यह आधुनिकता से आधुनिकता की टकराहट है और एक भिन्न आधुनिकता का आह्वान है।

आधुनिक समाज में घृणा की प्रवृत्तियाँ बरकरार हैं। यह घृणा परंपरा के प्रति हो, समुदाय का समुदाय के प्रति या व्यक्ति का व्यक्ति के प्रति। मुक्तिबोध ने इस पर एक अच्छी बात कही हैं, जो आज भी लागू होती है, "प्रेम के प्रति सच्चे होने में इतनी तपश्चर्या नहीं लगती, जितनी घृणा के प्रति होने में। कम से कम इतना तो सही है ही कि घृणा के लिए भी बड़ा त्याग करना पड़ता है।" (एक साहित्यिक की डायरी)। घृणा में बेईमानी, व्यक्तिवाद या समुदायवाद घुस जाता है। यह संपूर्ण व्यवस्था के प्रति घृणा नहीं होती।

भारत में पश्चिमी सभ्यता के उदारवादी मूल्यों की जगह भोगवादी मूल्यों का प्रचार ज्यादा था। पश्चिम आकर्षक था। मुक्तिबोध ने भारत के एलीट बुद्धिजीवियों, खासकर नई कविता आंदोलन में लघु मानव पर चर्चा करनेवालों को संबोधित करके लिखा, "सबको महानगरों में बिना कहे मालूम है कि वे सभ्य अमरीका के लघु मानव बनते जा रहे हैं। वे अमरीका की नकली संस्कृति या सभ्य कालोनियाँ अपने ड्राइंग रूमों या अपने महानगरों या उद्योग-केंद्रों में बसा रहे हैं।" (नई कविता का आत्मसंघर्ष)। वह समझ रहे थे कि पश्चिम द्वारा सभ्य होने का बढ़-चढ़कर किया जानेवाला दावा खोखला और अभिमान-भरा है। लोग पश्चिम की जिस संस्कृति के पीछे दौड़ रहे हैं, वह कृत्रिम है। इसी तरह 'लघु मानव' एक अभिजात निराशा से भरी धारणा है।

यूरोप की आधुनिक सभ्यता की शुरुआत अमरीका के मूल निवासियों के व्यापक नरसंहार, सांस्कृतिक सफाए, जबर्दस्ती धर्मांतरण, बलात्कार, बहुमूल्य धातुओं की लूट और अफ्रीकी गुलामों के शोषण के साथ हुई थी। उसका विस्तार एशिया की लूट और दीर्घ उपनिवेशन के बल पर हुआ। पश्चिमी सभ्यता ने 1492 में कोलंबस द्वारा अमरीका की खोज से लेकर 1947 में भारत के स्वाधीन होने तक अपनी औपनिवेशिक छाया में आधुनिकता के जो मॉडल तैयार किए थे, वे दागों में भरे थे।

मुक्तिबोध की कविता पर विचार करते समय शीतयुद्ध के संदर्भ को ध्यान में रखा जाना चाहिए। दूसरे विश्वयुद्ध में रूस को भारी नुकसान उठाना पड़ा था, शहर के शहर वीरान हो गए थे। अमेरिका का नुकसान साधारण था। वह इसी दौर में इंग्लैंड की तुलना में अधिक शक्तिशाली होकर उभरा। अब वह नव-उपनिवेशवादी मिजाज में डूबी पश्चिमी सभ्यता का अभिभावक था। उसने स्वतंत्रता और जनतंत्र की रक्षा के नाम पर कई देशों में न सिर्फ अपने सैन्य-अड्डे बनाए, बल्कि दुनिया के अन्य समाजों में पश्चिमी संस्कृति की आंधी ला दी। चारों तरफ लालच बढ़ गया। सोवियत रूस अपने यहाँ बढ़ते जा रहे जनतंत्रविहीन केंद्रवाद, नौकरशाही और भ्रष्टाचार के बावजूद शीतयुद्ध में

कुछ समय तक टिका जरूर था, पर उसे इसकी भारी कीमत अपने देश में बढ़ते असंतोष और जातीय विघटन से चुकानी पड़ी। उसकी आंतरिक विसंगतियों का असर दुनिया के साम्यवादी आंदोलन और इससे जुड़ी सांस्कृतिक गतिविधियों पर पड़ा। अमेरिका रूस की विडंबना से फायदा उठाते हुए विश्व अर्थव्यवस्था का नाभिकेंद्र बन गया। आज भले उसका आर्थिक संकट बढ़ा हो, उसकी सड़कों पर प्रतिवाद करनेवाले उतर आए हों और अमेरिका की साम्राज्यवादी महत्वाकांक्षाएँ खतरे में हों। साठ के दशक की स्थिति यह थी कि अमेरिका की घुसपैठ भारतीय घरों की रोटियों (पीएल 480) तक में हो गई थी, जबकि रूस कुछ लेखकों को अपने देश में बौद्धिक पर्यटन कराने और सांस्कृतिक आयात-निर्यात से आगे न बढ़ सका था।

पश्चिम के बुद्धिवाद और व्यक्ति स्वाधीनता के मॉडल भारत के आधुनिक सोच में कुछ जोड़-घटा सकते थे, वे आधारभूत जमीन नहीं बन सकते थे। खुद पश्चिम में आधुनिकता की दशा अच्छी नहीं थी। उसकी आधुनिकता उसकी अपनी सभ्यता से, जिसे लेकर उसे बड़ा गर्व था, छीज चुकी थी। वहाँ के बौद्धिक लोग आत्मनिर्वासित महसूस करने लगे थे। पश्चिम के लोग आत्मसत्ता खोकर 'मशीन' या 'वस्तु' में बदलते जा रहे थे। वहाँ आधुनिक सभ्यता में छिपी मध्ययुग की नस्लीय-धार्मिक-जातीय बर्बरताएँ भी उभर आई थीं। दरअसल वहाँ की आधुनिकता एशिया-अफ्रीका का खून पीकर और खासकर एशिया में संकुचित राष्ट्रीय पहचानें निर्मित करके मोटी हुई थी। इसलिए भी पश्चिम द्वारा प्रक्षेपित आधुनिकता के वैश्विक मिथ का टूटना और केंद्रापसारी होकर आधुनिकता के राष्ट्रीय महाख्यानों का बनना जरूरी था।

मुक्तिबोध साफ कह देते हैं, 'आधुनिकतावादियों को मैंने देख लिया है। उनमें दम नहीं है, वे पोचे हैं।' (एक साहित्यिक की डायरी)। वह अपने लिए पश्चिमी आधुनिकतावाद में कोई प्रेरणा नहीं देखते। इसका यह अर्थ नहीं है कि वह जीवन की नई विडंबनाओं का सामना करने के लिए तैयार नहीं है, बल्कि आधुनिक युग के नए कवियों में मुक्तिबोध ने ही अपने मन पर आधुनिकीकरण के सबसे ज्यादा आघात झेले थे। लोकविमुख आधुनिकीकरण में जैसे-जैसे विस्तार आया, मनुष्यता का ह्रास होता गया। 'बुराइयों' से घृणा में सिकुड़न आई। 'अच्छाइयों' से लगाव घटा। यह बीसवीं सदी की एक विडंबनापूर्ण स्थिति है कि आधुनिकीकरण में वृद्धि के बावजूद समाज में 'रैशनलिटी' नहीं पनपी, बल्कि निर्बुद्धिपरकता और खुदगर्जी पनपी। खुदगर्जी व्यक्तिगत, सामुदायिक और राष्ट्रीय तीनों स्तर पर थी।

मुक्तिबोध ने मनुष्य के अंत:करण की व्यापक क्षति को देखकर 'तारसप्तक' (1943) की अपनी कविता 'नूतन अहं' (1942) में पूछा था- 'कर सको घृणा/क्या इतना रखते हो अखंड तुम प्रेम?' मनुष्यजाति से प्रेम रखने के बाद जो घृणा होती, वह भेदभाव और विषमता से होती। पतनोन्मुख पश्चिम के आधुनिक सम्मोहन में मनुष्य का प्रेम ही संकुचित नहीं होने लगा था, गलत काम करने पर मध्यवर्ग के लोगों को पहले जो ग्लानि होती थी, वह भी अब मिटती जा रही थी। ब्रिटिश साम्राज्यवाद से संघर्ष की लंबी प्रक्रिया में अर्जित राष्ट्रीय आत्मविश्वास घट रहा था। मनुष्य पहले कोई अन्याय-अत्याचार होने पर गुस्से में मुखर हो जाता था, अब विरोध में भाटा आ गया था।

है खत्म हो चुका स्नेह-कोष सब तेरा
जो रखता था मन में कुछ गीलापन
और रिक्त हो चुका सर्व-रोष
जो चिर-विरोध में रखता था आत्मा में गरमी, सहज भव्यता
मधुर आत्मविश्वास
है सूख चुकी वह ग्लानि
जो आत्मा को बेचैन किये रखती थी अहोरात्र

मुक्तिबोध ने जब कविता लेखन शुरू किया, कुछ महान आधुनिक चीजें मनुष्य के जीवन से बिना आहट के चली जा रही थीं। यह आदर्शवाद के अवसान का युग था, जिसे मुक्तिबोध बड़ी वेदना से देख रहे थे। हर तरफ लघु स्वार्थों का बोलबाला था, कट्टर सामुदायिक आवाजें थीं और मनुष्य का आत्मविहीन होते जाना था। भारतीय आजादी की देहरी पर पश्चिमी आधुनिकता का बढ़ा असर ही था, जिसकी वजह से मुक्तिबोध को लग रहा था, 'अंतर्मन यह टार रोड के अंदर नीचे बहनेवाली गटरों से भी है अस्वच्छ अधिक'। (वही)। भारतीय मन में बह रहे गंदे नाले को देखकर एक खास दौर में सबसे अधिक बेचैन मुक्तिबोध थे और कदाचित सबसे अधिक अकेले भी। वह बड़ी तकलीफ से कहते हैं, "मुझको है भयानक ग्लानि/निज के श्वेत वस्त्रों पर/स्वयं की शील-शिक्षा सत्य दीक्षा के निरोधी अस्त्र-शस्त्रों पर।" आज के शिक्षित लोग खुदगर्जी, एलीट पहचान और कूपमंडूकता से बाहर नहीं आ पाते। मुक्तिबोध जीवन के 'श्रेष्ठ', 'मूल्यप्रवण' और 'तर्कसम्मत' को बचाने की कोशिश करते हैं अपने पूरे आवेग के साथ। वह ऐसा आधुनिक पुनर्जागरण की आशा में करते हैं।

2

'तारसप्तक' के दिनों में मुक्तिबोध के सामने स्पष्ट हो चुका था कि आधुनिकीकरण की विश्वव्यापी प्रक्रिया में उत्थानशील मध्यवर्ग को ललचाती एक पतनशील सभ्यता चली आ रही है। इस सभ्यता से उदासीन होकर उन्होंने लिखा , "अगर मैं उन्नति के उस जीने पर चढ़ने के लिए ठेलमठेल करने लगूं, तो शायद मैं भी सफल हो सकता हूँ। लेकिन ऐसी सफलता किस काम की, जिसे प्राप्त करने के लिए आदमी को आत्मगौरव खोना पड़े, चतुरता के नाम पर बदमाशी करनी पड़े, शालीनता के नाम पर एकदम सफेद झूठी खुशामद करनी पड़े। जिन व्यक्तियों को आप क्षण भर टालरेट नहीं कर सकते, उनके दरबार का सदस्य बनना पड़े।" आधुनिक सभ्यता ने ऐसा मोड़ लिया था कि आदमी बहुरूपिया होता जा रहा था। वह न ठीक से प्रेम कर पा रहा था और न घृणा। वह लघु स्वार्थों में उलझ गया था। यह संकट केवल राष्ट्रीय जीवन पर ही नहीं था, साहित्यिक संस्कृति पर भी था, 'रेशमी शब्द के जालों में मर गई कला' (ओ कलाकार, 1937-39)। इसलिए कला और कविता की एक भिन्न संस्कृति की जरूरत बढ़ गई थी, भले हिंदी पट्टी में ऐसी संस्कृति अब भी बन नहीं पाई हो।

मुक्तिबोध ने छायावाद के अवसान के समय लिखना शुरू किया था, पर वह छायावाद की शक्ति से भरे थे। उन्होंने छायावाद से 'वेदना' लेकर उसे 'सत्-चित्-वेदना' का रूप दिया और कल्पनाशीलता को एक अन्य दिशा में पर्याप्त विकसित किया। उनकी 1936 की कविता में ही इसके बीज थे, 'वेदना में झूम ले तू कल्पना का बन चितेरा।' उनकी 'वेदना' आगे चलकर बौद्धिक 'बेचैनी' का रूप धारण कर लेती है। शुरुआती समय में वह लिखते हैं, 'स्थिरता का वरदान न दो प्रिय, मेरे अस्थिर मानस सर को।' यह मानसिक अस्थिरता आगे चलकर एक द्वंद्व के रूप में उनके व्यक्तित्व का अंग बन जाती है। एक खास समय में आधुनिक जीवन खोखला किया जाने लगा। अब कहीं कुछ भी मधुर-मधुर नहीं था, चारों तरफ का वातावरण तिक्त करनेवाला था। फिर भी मुक्तिबोध का संकल्प जिंदा है, 'क्यों न विद्रोही बनें ये प्राण, जो सतत अन्वेषी सदा' (1942)। इस तरह वेदना, बेचैनी और मानसिक द्वंद्वों के बीच मुक्तिबोध 'तारसप्तक' की अपनी कविताओं के समय से ही 'विद्रोह' और 'अन्वेषण' दोनों लक्ष्य साथ लेकर चलते हैं। 'विद्रोह' नवजागरण के दौर के बचे हुए सामंती कचरे से और 'अन्वेषण' वर्तमान की नई चुनौतियों का सामना करते हुए नए आदर्शों का, नए स्फूर्तिवान जीवन का।

दरअसल मुक्तिबोध एक आंदोलन-बहुल समय के कवि थे। उनमें एकसाथ कई आंदोलनों के सकारात्मक तत्व मुखर थे। वह पतनशील आधुनिकता का सामना उत्थानशील आधुनिकता की एक पूरी विरासत के साथ कर रहे थे।

निराला ने जब 'गीतिका' में कहा, 'टूटें सकल बंध...रुद्ध जो धार रे/शिखर निर्झर झरे', उनके सामने चुनौती के रूप में ब्रिटिश पराधीनता का बंधन ही नहीं था, वह सभ्यता भी थी जिसके संबंध में उन्होंने एक दूसरी कविता में कहा, 'दगा की इस सभ्यता ने दगा की'। मुक्तिबोध ने भी आत्मसजगता के साथ कहा, 'यह बंध न सकेगा बौद्धिक जालों में/जीवन गतिमय अबाध'। उनके मन में पूंजीवाद को लेकर कोई दुविधा नहीं है, "तू है मरण, तू है रिक्त, तू है व्यर्थ/तेरा ध्वंस केवल एक तेरा अर्थ।" वह 'तारसप्तक' में संकलित कविता 'पूंजीवादी समाज के प्रति' (1942) में जनता पर गहरी आस्था रखते हुए जोर देकर यही कहते हैं। यह एक सच्चाई है कि हिंदी क्षेत्र में वामपंथी आंदोलन का व्यापक असर न होने की वजह से मुक्तिबोध का संघर्ष वस्तुतः आत्मसंघर्ष है, 'बाहर के तूफान विनाशक/आत्मक्षोभ में कूद पड़ो तुम'। अपनी आरंभिक रचनाओं में ही वह पाठक को अपने क्षुब्ध आत्मजगत से परिचित करा देते हैं। निराला क्षुब्ध थे, उनकी परंपरा में मुक्तिबोध कम क्षुब्ध न थे।

मुक्तिबोध को निराला के पास रखकर याद करते समय यही दिखता है, "उसके मन में बैठा वह जो समझौता कर सका नहीं/जो हार गया, यद्यपि अपने से लड़ते-लड़ते थका नहीं/उसने ईश्वर-संहार किया, पर निज ईश्वर पर स्नेह किया।" (मेरे अंतर,1942)। निराला का 'मैं' मुक्तिबोध में 'वह' बन जाता है। मुक्तिबोध खुद से अक्सर एक दूरी बनाते हैं। उन्हें लगता है, "मेरे अंतर, मेरे जीवन के सरल यान/तू जबसे चला, रहा बेघर/तन गृह में हो, पर मन बाहर/आलोक-तिमिर, सरिता-पर्वत कर रहा पार।" मुक्तिबोध का मन दूर-दूर जाता है, अन्वेषण में भटकता है और सृजनात्मक स्तर पर कुछ न कुछ उपलब्ध करता है, वहाँ रिक्तता नहीं है। उपर्युक्त कविता में ही मुक्तिबोध आगे निराला के ध्वनि-बिंबों की शैली में भारतीय जनता के कंधों पर आए विश्व-भार और उसके राष्ट्रीय हृदय के असीम प्रेम की ओर संकेत करते हैं।

वह आज पुनः ज्योतिष्कण हित
घन पर अविरत करता प्रहार
उठते स्फुलिंग
गिरते स्फुलिंग

उन ज्योति क्षणों में देख लिया करता
वह सत्य महदाकार!
सन्नद्ध हुआ वह ज्वाल बिद्ध करने को सारा तम-प्रसार
वह जन है जिसके उच्च भाल पर
विश्व-भार औ अंतर में
निस्सीम प्यार !

छायावाद ने आधुनिकीकरण से अपने संपर्क का पुन:परीक्षण करके वर्तमानता, लौकिकता और वैयक्तिकता के अलावा आधुनिकीकरण के मानवतावादी पहलुओं पर भी काफी जोर दिया था। उसकी केंद्रीय विषयवस्तु प्रेम है, जो नैतिकता को सामंती रूढ़ियों से मुक्त करने की आवाज है। वह उच्चतर आदर्शों की ओर बढ़ने का मार्ग भी है। छायावाद की आधुनिकता सौंदर्यवादी है, किंतु इसके सौंदर्य की समस्याएँ राष्ट्रीय-सामाजिक जीवन की समस्याएँ हैं। छायावादी कविता कभी भी निजीपन की कविता नहीं है। उसका 'अनंत' या 'असीम' भी सृष्टि के भीतर का है। अपनी लाक्षणिक अभिव्यक्तियों में वह कभी महज शिल्प और सौंदर्य का मामला न था। उसमें विशुद्ध और नाटकीय कल्पनाशीलता न थी और न वह अनुभवातीत मामला था। उसका विश्वबोध, उदात्त सौंदर्यबोध और जीवन की पूर्णता के प्रति आकर्षण कहीं-कहीं रहस्यमय हो उठता है, पर यह आकर्षण संसार के बाहर किसी चीज के प्रति नहीं है। यही वजह है कि मुक्तिबोध ने छायावाद के अमूर्त आदर्शवाद की आलोचना करते हुए भी इसे आधुनिकता के एक महत्वपूर्ण महाख्यान के रूप में देखा था।

मुक्तिबोध के दौर के कई कवि छायावाद की उपलब्धियों से कन्नी काट रहे थे, उसको छूने से सकुचा रहे थे या छायावाद और आधुनिकताबोध के बीच दुश्मनी घोषित कर पिछले दरवाजे से पश्चिमी नव-रोमानी संस्कारों को गले लगा रहे थे। छायावाद के बारे में प्रभाकर माचवे ने 'तारसप्तक' के अपने वक्तव्य में एक अतिरंजित प्रतिक्रिया दी थी, 'छायावाद हिस्टीरिया की भाँति हिंदी कविता का एक मानसिक रोग है'। यह छायावाद को देखने की सही दृष्टि नहीं थी। उस समय पश्चिम से प्रभावित बुद्धिजीवियों का एक समुदाय सामने आ चुका था, जिसने आधुनिकता की एक बिलकुल नई जमीन तोड़ने के आवेश में अपनी परंपरा के प्रति उग्र-निषेधवादी रुख अपना रखा था। उसमें कितना ढुलमुलपन था, कहना न होगा।

मुक्तिबोध ने 'कामायनी' के व्यक्तिवादी मनु की आलोचना करते हुए,

श्रद्धा की वाणी में एक नए जीवन-स्पंदन का अनुभव किया था, जिससे "एकाकी विषण्ण स्थिति दूर हुई और भारतीय जनता ने बहुत आत्मविश्वास, गंभीर मनोबल तथा मानव-भविष्य में आस्था प्रकट करते हुए मुक्ति-संघर्ष की मंज़िलें मापने के लिए अपने भुजदंड बढ़ाए।" भारत को श्रद्धा की जरूरत थी, मनु की नहीं। फिर भी 'कामायनी' का मनु ही मानो अपने विस्तृत पूंजीवादी रूपांतरण में नई आधुनिकता का मॉडल था। यह औपनिवेशिक आधुनिकता थी जो खुदगर्जी, कृत्रिमता, घृणा एवं परजीविता पर आधारित थी। यह अन्याय का विरोध करने की जगह अन्याय करना सिखाती थी। ये जो चीजें हैं खुदगर्जी, कृत्रिमता, घृणा आदि ये मुख्यतः उपनिवेशवाद की देन हैं। भारत के आम लोगों में ये चीजें नहीं थीं, पर आधुनिक हो रहे लोग अंग्रेजों की इन चीजों से बच नहीं सके। उनका औपनिवेशिक असर समाज के अंदर तक गया। इसलिए आज बहुत से भारतीय बुद्धिजीवी पश्चिमी उपनिवेशकों की भाषा में बोलते हैं तो आश्चर्य नहीं होता।

मुक्तिबोध की कविता 'अंधेरे में' में किसी पुरानी दीवार का पलस्तर और चूने भरी रेत गिरने से एक बड़ा-सा चेहरा बनता है। वह चेहरा 'कामायनी' के नुकीली नाक और भव्य ललाटवाले उसी व्यक्तिवादी मनु का है, जो पश्चिम की ढहती सभ्यता के कचरे से निकला था– 'कौन वह दिखाई जो देता, पर नहीं जाना जाता है!' पूंजीवादी आधुनिकता का तिलिस्म ऐसा ही है।

नई सभ्यता में एक नए किस्म का अहं जातीय परंपराओं से कटे शहरी शिक्षित व्यक्तियों में पनपने लगा। इनका रोमांटिसिज्म खत्म होना तभी शुरू हो गया था, जब ये इतिहास से संबंधविच्छेद कर अहं को अधिक महत्व देने लगे। इनका न इतिहास से आलोचनात्मक रिश्ता था, न सभ्यता से। ये विश्वमानवतावादी की जगह विश्वमानववादी हो उठे। ऐसे ही लोग आगे चलकर जड़विहीन ग्लोबल मानव बने हुए। उनका बुद्धिवाद तकनीकी बुद्धिवाद में सीमित हो गया। वे भीतर से कूपमंडूक थे और नैतिक रूप से खोखले होते जा रहे थे। नैतिक खोखलापन उतना ही खतरनाक है, जितना खतरनाक नैतिक कट्टरवाद है या नैतिक अभिभावक बनना है।

'तारसप्तक' के काल में सत्य, अहिंसा और प्रेम की आदर्श दुनिया विघटित होने लगी थी। आधुनिकता के महाख्यान संकट में थे। छद्म आधुनिकता च रही थी, जो आगे चलकर रुग्ण आधुनिकता में बदल गई। देश के नए बौद्धिक-राजनीतिक नेतृत्व की निगाह में गांधी ही नहीं, 'आदर्श' की बात करनेवाला हर आदमी पिछड़ा था, विकास का विरोधी था। जिस ह्रासशील पश्चिमी सभ्यता से भारतीय बुद्धिजीवी अब तक संग्राम की मुद्रा में थे, आजादी के दरवाजे पर वह

आकर्षक हो चुकी थी। गांधी अपने जीवन काल में ही एक प्राचीन प्रतिमा में ढल चुके थे। फिर भी वह जमाना ऐसा था, जब सरासर आत्मविसर्जन न था। मिथ्या चेतना और यथार्थ चेतना पर आधारित विचारधाराएँ आमने-सामने थीं। झूठ, कृत्रिमता और रहस्यमयी कल्पना पर आधारित विचारधारा एक तरफ थी। आम जीवन के यथार्थ और आकांक्षाओं पर आधारित विचारधारा दूसरी तरफ थी। इन दोनों के बीच टकराहट थी। समाज में प्रतिरोध बचा हुआ था। मुक्तिबोध का ऐसे ही समय आविर्भाव हुआ। वह पूंजीवादी समाज की रेशमी संस्कृति को चुनौती देते हुए कहते हैं कि 'जो तुम्हारे लिए विष है, मेरे लिए अन्न है'।

आधुनिकीकरण का एक चिह्न है उद्योगीकरण और मुक्त बाजार का निर्माण। ऐसे में आदमी का श्रम उससे विलग एक बिकाऊ माल हो जाता है। विश्व में जैसे-जैसे उद्योगीकरण बढ़ा, लोगों का विलगाव बढ़ा। भारत में भी नए पूंजीवादी माहौल के निर्माण के साथ, खासकर शहर में मनुष्य अकेलेपन का अनुभव करने लगे। उनका व्यक्तित्व खंडहर होने लगा। मुक्तिबोध को लगता था कि वह 'मिसफिट' हैं, अपने आत्मजगत को बचाते हुए कहीं बहुत अकेले हैं। खास बात यह है कि उनके अकेलेपन का 'बुद्धिपरकता' से कभी संबंधविच्छेद नहीं हुआ। वह हमेशा गुहा–अंधकार ही नहीं, एक आलोक भी देखते थे। वह राष्ट्रीय और क्रांतिकारी आदर्शों से अपने अकेलेपन में कभी विच्छिन्न नहीं हुए। उनकी कविता में 'अकेलेपन' और 'जनयुद्ध के स्वप्न' का रिश्ता बना हुआ है। एक महत्वपूर्ण बात और, छायावाद युग का स्वप्नों का सुकुमार संसार अब मुक्तिबोध के काव्य मानस में 'स्वप्नों की विक्षुब्ध सरिता' है। 'तारसप्तक' की उनकी कुछ कविताओं में पूंजीवाद के खिलाफ आक्रोश है, तो कुछ में उनका गहरा अकेलापन है। निश्चय ही यह उनका 'प्रबुद्ध अकेलापन' है। सभी का साथ छूटता जा रहा हो, पर 'ज्वलत् तारक-सा' एक महान 'ज्ञानोदय' सदा उनके साथ है, 'वही तो आत्मा का मित्र है।' मुक्तिबोध की कविता में ज्ञानोदय (इनलाइटेनमेंट) पर बहुत जोर है। वह जिस 'ज्ञानलिप्सा' या 'ज्ञानात्मक संवेदना' की बात बार-बार करते हैं, वह वस्तुतः नवजागरण के अगले चरण का एक विकासशील विश्वव्यापी ज्ञानोदय है। उनकी कविता 'दूर तारा' (1942) के अकेलेपन के बिंब में मनुष्य की उद्देश्यपरक जययात्रा का एक विराट पथ भी समाविष्ट है, यह निपट अकेलापन नहीं है।

और जाने क्यों
मुझे लगता कि ऐसा ही अकेला नील तारा

तीव्र गति
जो शून्य में निस्संग
जिसका पथ विराट
वह छिपा प्रत्येक उर में
....
इसलिए प्रत्येक मनु के पुत्र पर विश्वास करना चाहता हूँ।

अकेले मनुष्य का भी एक विराट लक्ष्य हो सकता है। वह लड़ सकता है, कुछ बचा सकता है। मुक्तिबोध ने आधुनिक रूढ़ियों और बुराइयों को समझने के साथ मनुष्य की अंतःशक्ति को भी पहचाना।

आधुनिक विकास यदि जनतंत्र के नियंत्रण में न हो, वह दुनिया में थोड़े रूपभेद से एक-सा दुख-कष्ट लाता है। इस दुख-कष्ट से मुक्ति संघर्ष का रास्ता भी तब साझा होता है। दरअसल नवजागरण से पहले के सामाजिक अंतर्विरोधों को पूर्व-आधुनिक माना जाएगा, भले नव-उपनिवेशवाद की वैश्विक छाया में अब वे उत्तर-आधुनिक स्थितियाँ कही जाएँ। उन पुराने भेदभावों और अंतर्विरोधों के जवाब में रोमांटिसिज्म और मार्क्सवाद ने अंतर्राष्ट्रीयतावाद के जो महाख्यान दिए, वे निःसंदेह आज भी अर्थपूर्ण हैं।

रोमांटिसिज्म ने राष्ट्र की चौहद्दियों को लाँघकर अखंड मानवता का आदर्शवादी स्वप्न दिया था। मार्क्सवाद ने उसे यथार्थ की ठोस जमीन दी। इस राजनीतिक दर्शन की महत्ता यह है कि इसने उद्योगीकरण के विलगाववादी परिदृश्य में दुनिया भर के श्रमजीवियों के लगभग समान दुखों-कष्टों को आपस में जोड़ने की दृष्टि दी। यह तकनीकी -वैज्ञानिक साधनों से संपन्न पूँजीवादी समाज में ज्ञानोदय के ऐतिहासिक विकास का नतीजा था।

दरअसल आज जिस अंध-राष्ट्रवाद की विभिन्न शक्लों में दुंदुभि बज रही है, उसे पहले विश्वयुद्ध के बाद से ही सभ्यता का कोढ़ कहा जा रहा था। मनुष्य के सोच में तभी से विश्वभावना प्रवेश करने लगी थी। यह 'स्थानीय' और 'राष्ट्रीय' का निषेध न करके सिर्फ इनका अतिक्रमण था। इससे यह सामाजिक विकास घटित हुआ कि दुनिया के सभी शोषित-उत्पीड़ित लोग बंधु की तरह देखे जाने लगे। 'हम' और 'वे' की दूरी घटने लगी। अपने-पराये का द्वैत मिटने लगा। पूंजीवाद की छाया में पनप रहे व्यक्तिवाद के समानांतर विश्वबोध का एक ऐसा महाख्यान बना, जिसका राजनीतिक रूप था, 'दुनिया के मजदूरो एक हो'। मुक्तिबोध की कविता 'जन जन का चेहरा एक' (1948)

महज नारा नहीं है। यह दुनिया को बदल डालने के लिए उस जमाने की एक गहरी तड़प है। यह एक क्रांतिकारी स्वप्न को जिंदा रखने की जद्दोजहद है। यह उस युग के बौद्धिक श्रमजीवी वर्ग की ऐसी अनुभूति है, जिसमें सिर्फ तीसरी दुनिया के देशों के ही नहीं, अमरीका और यूरोप के बुद्धिजीवी-श्रमजीवी भी शामिल हैं।

चाहे जिस देश प्रांत पुर का हो
जन-जन का चेहरा एक!
एशिया की, यूरोप की, अमरीका की
गलियों की धूप एक
कष्ट-दुख-संताप की
चेहरों पर पड़ी झुर्रियों का रूप एक!
जोश में यों ताकत से बँधी हुई
मुट्ठियों का एक लक्ष्य !
....
दुनिया के हिस्सों में चारों ओर
जन-जन का युद्ध एक

रोमांटिसिज्म और मार्क्सवाद के बाद वैश्वीकरण के दौर में, तीसरी बार आदमी की दृष्टि स्थानीय-राष्ट्रीय परिधि से बाहर गई। वह ग्लोबल हुआ, पर उसका लक्ष्य रोमांटिसिज्म और मार्क्सवाद के वैश्विक लक्ष्यों से भिन्न है। आज उसका लक्ष्य दुनिया में बढ़ता परायापन मिटाना नहीं है, किसी भी तरह विश्व बाजार में सुख, मुनाफा और सत्ता हासिल करना है। आज का अंतर्राष्ट्रीयतावाद मनुष्यता के सीमांत पर बन रहा है।

फिर भी अंतिम रूप से यह मान लेना कि 'जन-जन का युद्ध एक' स्थानीय, पुराजातीय, जातीय, नस्लीय, सांप्रदायिक और जातिवादी रूपों में पूरी तरह बिखर गया है, एक उत्तर-आधुनिकतावादी सोच है। विश्व व्यापार संगठन की शिखर वार्ता के अवसरों पर देश की सीमारेखाएँ भूलकर श्रमजीवियों का एकसाथ प्रदर्शन, आतंकवाद के विरोध में विश्व की शांतिकामी जनता का संयुक्त क्षोभ, युद्ध के खिलाफ विश्व भर में जनमत का एक होना और कारपोरेट अर्थव्यवस्था के विरुद्ध इधर विश्व भर में फैल रहा जन विक्षोभ संकेत देता है कि दुनिया के लोगों के बुनियादी दुख-कष्टों में आज पहले की अपेक्षा ज्यादा समानता है।

वैश्वीकरण ने कर्ज के भयावह भूत जन्मे हैं। इसने समाज में विषमता का

दर्द बढ़ाया है। 21वीं सदी के दूसरे दशक का आम दृश्य यह है कि हर जगह विक्षोभ प्रदर्शन हो रहे हैं - तहरीर चौक से वाल स्ट्रीट तक। अमेरिका भी उत्तप्त है। अमेरिका हो या यूरोपीय देश हों, अफ्रीका हो या एशिया और लैटिन अमेरिका हो, सीमित राजनीतिक स्वार्थों से बाहर निकल कर 'जन जन का युद्ध एक' होने के चिह्न मिलने लगे हैं।

मुक्तिबोध ने बाजार का निष्ठुर रूप देखा था कि कैसे वह लूट और भोग के जीवन को तर्कसम्मत बनाता है, "तर्कों का चक्रव्यूह जाल बुना जाता है/सूरज ठहर जाता है मेघों के गड्ढ़े में/जहाँ भी हो चांद रुक जाता है।" हर मुक्त बाजार अहंकार से भरा होता है, "अहंकार-तुष्टि के नशे में सब अर्थ बदल जाते हैं।" शब्दों के अर्थ बदलते जा रहे हैं, इस चिंता में मुक्तिबोध ने एक कविता लिखी 'शब्दों का अर्थ जब' (1957)। यह कविता भाषा के ध्वंस पर उनकी गहरी चिंता उद्घाटित करती है। आज 'धर्म' का वह अर्थ नहीं है, जो था। अब 'राजनीति' का वह अर्थ नहीं है, जो था। अब 'संस्कृति' का भी वह अर्थ नहीं है। वैश्वीकरण ने नव-उपनिवेशवाद को ग्राह्य बना दिया है। हमें पता भी नहीं चलता कि हम एक नए किस्म के उपनिवेशवाद की लपेट में हैं। बहुत पहले मुक्तिबोध ने जान लिया था कि बाजारीकरण किस तरह मानवीय संवेदना को खा जाता है और किस तरह भाषा को भी खा जाता है।

दुनिया को हाट समझ
जन-जन के जीवन का
मांस काट
रक्त-मांस विक्रय के
प्रदर्शन की प्रतिभा का
नया ठाठ
शब्दों का अर्थ जब
नोच-खसोट लूट-पाट
....
तब मनुष्य ऊबकर उकताकर
ऐसे सब अर्थों की छाती पर पैर जमा
तोड़ेगा काराएँ कल्मष की
तोड़ेगा दुर्ग सब

भाषा के मोर्चे पर लड़ाई का अर्थ है मानवीय स्वतंत्रता की आखिरी चौकी

पर लड़ना। खासकर इस चौकी पर जब क्षमतासंपन्न बाजारू मीडिया छाया हुआ हो, लड़ाई बेहद मुश्किल हो जाती है।

यह मानवता को राहत देनेवाली बात है कि 'सभ्यताओं की टकराहट' नहीं हुई। ईसाइयत और इस्लाम के बीच सभ्यताओं का ध्रुवीकरण फेल हो गया। इसी तरह हिंदू और मुसलमान भी सांप्रदायिक राजनीति की असलियत प्रायः समझ गए। सभी हिंदू कट्टरतावाद को समर्थन नहीं देते। सभी दलित ब्राह्मण-विरोधी या सभी ब्राह्मण दलित-विरोधी नहीं हैं। जातीय संकरता का इतिहास नस्लवाद को ध्वस्त कर रहा है। जातीय अंतर्मिश्रण स्थानीयतावाद की कठोरता मिटा रहा है। इससे साफ हो जाता है कि आधुनिकता के महाख्यान मिटे नहीं है, उनका रूपांतरण हो रहा है। आधुनिकता में नवोन्मेष या नई छलाँग की ताकत जब तक बची रहेगी, इन महाख्यानों का अंत नहीं होगा। जाहिर है, परिवर्तन की दिशा में लगातार नई छलाँग ही आधुनिकता है। चालाकी, प्रतिष्ठा-चिह्न या फैशन आधुनिकता नहीं है।

मुक्तिबोध की कविताओं में लंबे समय तक, लगभग 1950 तक छायावाद और प्रगतिवाद के सामंजस्य से जन्मी रोमांटिक क्रांतिकारिता प्रबल थी। वह दिमागी गुहाअंधकार में नहीं गए थे और जैसे किसी एक गहरे विश्व-आलोक से घिरे हुए थे। वह गहरे विश्वास से भरे थे, "रे, वेदना का नाग बल खाता हुआ/ अब नष्ट कर देगा पुराना विश्व सौ-सौ बार/व्याकुल कांपती है क्षितिज मस्तक पर/भयानक एक नीली आग की तलवार।" (एक नीली आग,1948)। आज भले जनता का शोषण व्यापक मुद्दा नहीं बन पा रहा हो, अन्याय को नियम बना दिया जाता हो और भोगवादी सुखी जीवन के नए तर्क प्रभावशाली हों, बीसवीं सदी के पूर्वार्ध में मनुष्य परिवर्तन के लिए विद्युत की तरह गरजता था। उसकी पीड़ाएँ असंतोष में और असंतोष 'संकल्प की असि-धार' में बदल जाता था। वेदना ज्ञान को उद्दीप्त करती थी। उस समय लगता था, पुराना विश्व नहीं रहेगा। अब एक शोषणमुक्त विश्व बनेगा। यह उस युग के प्रगतिशील और जनतांत्रिक आंदोलनों का असर था। आज हम सोच नहीं सकते कि क्रांति की उन दिनों की लपटों में 'लावण्य की असि-सी हँसी' ही सुकून देती थी। मनुष्य के भीतर की वह आग क्या फिर कभी दिखाई देगी ?

मुक्तिबोध के काव्य परिवेश के निर्माण में प्रकृति की एक बड़ी भूमिका है। उसमें नागार्जुन की कविताओं की तरह राजनीतिक घटनाएँ नहीं हैं, पर प्रकृति अपनी विविधता के साथ मौजूद है। मध्य प्रदेश की भू-परिस्थिति के चित्र उसमें खास तौर पर हैं। एक मुख्य बात है, प्रकृति उनके मानसिक द्वंद्व के अनुरूप वस्तु और प्रतीक दोनों रूप में आती है। क्षिप्रा की बहती धारा 'मेरी अंतःक्षिप्रा-धारा'

(1939) में रूपांतरित हो जाती है। क्षिप्रा की लहरों में नहाती गांव की साधारण स्त्रियाँ हैं।

यहाँ गांव की प्रिया नहाती
गरम दुपहरी में फुर्सत से
उनके साधारण कपड़ों को
वे धोतीं, चलतीं मेहनत से
उनकी काली खुली पीठ पर
खूब चमकता सफेद सूरज
....
सौंदर्याकुल मन होकर भी
यहाँ अधिक मैं मानव होता

यह सोचना मुश्किल लग सकता है कि मुक्तिबोध अपनी बेचैनियों और स्वप्नों के बीच एक सौंदर्याकुल मन रखते थे। वह अधिक मानव होना चाहते थे। उन्हें अपने चारों ओर गत्यावरोध बढ़ता दिख रहा था। लोगों की इच्छाओं में भटकाव नजर आ रहा था। उपनिवेशवाद की नई-नई आहटें सुनाई दे रही थीं। उनमें रह-रहकर उदासी छा जाती थी। इन स्थितियों में प्रकृति उन्हें ताकत देती थी, 'आ-आकर कोमल समीर/सहलाता उलझे हुए बाल/टेबल पर झुके हुए सिर के।'(आ-आकर कोमल समीर,1948)। यह एक आधुनिक बिंब है। मुक्तिबोध इस कविता में 'मानव की सृजनशील मृदु मानवता' को सड़ते देखते हैं। दूसरी जगह, 'सृजनशील आत्मा निसर्ग की/मानव की चिर क्लांतिहीन है/उसके नभमंडल में मैंने नव सूर्यों को उगते देखा।' वह आधुनिक प्रयोग के ठीक बगल में क्रांतिकारी प्रयोग भी करते हैं। उन्हें चांद का मुंह भले टेढ़ा दिखाई दे, यह पूंजीवादी विकृति का प्रतीक लगे, पर उन्हें सूर्य बहुत भरोसा देता है। वह तब अपनी उदासी झाड़कर तुरंत विश्व-सृजन के उत्साह से आलोकित हो उठते हैं। उनका मानसिक द्वंद्व उन्हें बल देता है। वह विषण्ण मन:स्थिति से बाहर निकलते हैं, जब उनमें वृक्षों की हरी आग प्रवेश करती है, जब मेघमाला से दामिनी दमकती है, जब नीम के पत्ते सरसराते हैं, जब आत्म-निर्वासित बबूल का पीले फूलों का त्याग दिखाई देता है या जब मधुमक्खी छत्ते बनाती है। उन्हें लगता है, लोकमन में भी एक ऐसी ही प्राकृतिक सृजन-शक्ति है, जो यथास्थिति नहीं चलने देती। एक तथ्य यह भी है कि मुक्तिबोध प्रकृति से अधिक समय तक भरोसा नहीं ले पाते। उनके काव्य जीवन के उत्तरार्ध में प्रकृति की सजीव उपस्थिति कम होती गई, वह यथार्थ के

कसाघातों से ज्यादा घिर गए। उन्हें इसका पूरा अहसास था कि वह अपने 'घर की तुलसी' (1957) से बहुत दूर हो गए हैं।

मुक्तिबोध के काव्य के पूर्वार्ध और उत्तरार्ध दोनों हिस्सों का महत्व है। उनके काव्य के दोनों हिस्सों में गहरा संपर्क है। उनकी आलोचना अमूमन उनके काव्य संकलन 'चाँद का मुँह टेढ़ा है' पर आधारित रही है, विशेषत: उनकी कविता 'अँधेरे में' पर। फलत: बड़ी काव्य-पट्टी छूट गई, जिसमें मुक्तिबोध ने जनता की आँखों से उत्साहपूर्वक आधुनिक परिवर्तन के महास्वप्न देखे थे और अपने हृदय का आलोक व्यक्त किया था। उनकी काव्यानुभूति तब संवेदनात्मक ज्ञान की जमीन पर थी, उसमें अद्‌भुत हरापन था।

मुक्तिबोध कह रहे थे, 'अभी मेरे/लंबे दृढ़ शक्ति-दृप्त आकुल कठोर/ये मूल हरे हैं/घेरे हैं धरती का ऊष्मा भरा हृदय' (ओ विराट स्वप्नो, 1948)। ऐसा नहीं है कि वह आत्मविमुग्ध कवि थे और आम इन्सान की शक्ति को बढ़ा-चढ़ाकर आंक रहे थे। दरअसल वह अकेलापन महसूस करते हुए भी न केवल आम इन्सान के प्रति आशा से भरे थे, बल्कि निर्भय भी थे। इसलिए निजी मुक्ति की जगह वह आम इन्सान की मुक्ति की आवाज उठा रहे थे, "मैं इसीलिए द्रुत पुकार उठता-/ओ विराट स्वप्नो, तुम जागो/जागो आत्मा के सेनानी/ओ अगाध अभिमानी जागो !/ केवल एक तुम्हारे कारण/मुफलिस का पीला चिराग जलता है/ अधिक ज्योति से/...केवल एक तुम्हारे कारण/अँगारे हो गए कमल-से सुंदर कोमल/लाल स्फुलिंग नवल किंशुक के फूल हो गए/मेरे भारत के वृक्षों ने/ ज्वालाओं के नए सुनहले कंकण पहने/माला पहनी/कूल नदी के लाल हो गए"। (वही)। 'केवल एक तुम्हारे कारण' से अभिप्राय है जनता का आत्मविश्वास, उसका परिवर्तन में विश्वास। वह कह भी देते हैं, "मानव-मुक्ति अदूर/पास है बहुत पास वह/एक कूल विश्वास/दूसरा कूल मुक्ति है।" आज हमलोग कल्पना नहीं कर सकते कि उन दिनों क्रांतिकारी लालिमा से आकर्षित होकर अनगिनत नौजवान लाठियों और गोलियों के आगे किस तरह खड़े हो गए थे, जबकि आज कई लोग टीवी देखने के लोभ में सभा या जुलूस तक से चुपके से निकल जाते हैं।

कोई पूछ सकता है कि हमारे देश के नौजवानों ने बीसवीं सदी की शुरुआत से ही लगातार सत्तर-अस्सी सालों तक जो गली-गली अलख जगाया, एक बड़ा सपना देखते हुए अपनी उमर खपा दी या शहादत दी, अब वह किसकी स्मृति में कितना बचा है। उनका मकसद आज कितना जिंदा है ?

क्या एक ही कवि में आधुनिक मन और क्रांतिकारी मन दोनों एकसाथ संभव है? मुक्तिबोध का यही मामला है। उनके भीतर एक मध्यवर्गीय आत्मसंघर्ष

छिड़ा हुआ था। इसका एक बिंब उनकी कविता 'मुझे पुकारती हुई पुकार' (1947) में है, 'मुझे पुकारती हुई पुकार खो गई कहीं/आज भी नवीन प्रेरणा यहाँ न मर सकी/ न जी सकी।' वह नवीन प्रेरणा मार्क्सवाद है, जिसके संपर्क में वह 1941 में आए। उपर्युक्त कविता में आत्मसंघर्ष एक मोड़ लेता है, 'घनांधकार की भिदी परंपरा' और 'संवारती हुई मुझे उठी सहास प्रेरणा'। मुक्तिबोध मार्क्सवाद की ओर आकर्षित हुए, पर इससे यांत्रिक संबंध न बनाकर रचनात्मक संबंध बनाया।

3

समाज का मध्यवर्ग अनंत संभावनाओं का स्रोत है और एक मुश्किल भी, क्योंकि वह समाज की शक्तियों और दुर्बलताओं दोनों से बना है। उसकी पहचान आधुनिकता के महाख्यान बनानेवाली एक ऐतिहासिक शक्ति के रूप में की गई है। वह लंबे काल तक राष्ट्रीय जागरण, बुद्धिवादी विखंडन और विश्वमानवतावाद के साथ-साथ आम जन की आशाओं से जुड़ा रहा है। भारत के मध्यवर्ग ने पिछड़ी आर्थिक स्थितियों में भी नैतिक और सौंदर्यात्मक मूल्यों के सृजन में एक बड़ी भूमिका निभाई है। इसने सामाजिक आंदोलनों का नेतृत्व किया है और अंग्रेजी राज का दमन झेला है। यही वजह है कि 19वीं-20वीं सदी के लेखकों ने बड़े पैमाने पर मध्यवर्ग को साहित्यिक जगह दी, उसे नायक बनाया।

दूसरे विश्वयुद्ध की शुरुआत (1939) से मुक्तिबोध के जीवन काल (1964) तक मध्यवर्ग में काफी संरचनात्मक बदलाव आया। उसमें स्वकेंद्रिकता, श्रेष्ठताबोध, वर्ग-उच्चता की असीमित आकांक्षा, सामुदायिक कट्टरवाद, मूल्य-विभ्रांति, सुख और सफलता को जिंदगी का चरम लक्ष्य मानने की प्रवृत्ति और ऐसी न जाने कितनी चीजें घुस गईं। मध्यवर्ग का दायरा पहले से बढ़ा था। बड़ी संख्या में लोग काम और सुविधाएँ पाकर निचले स्तर से मध्यवर्ग में शामिल होने लगे थे। आजादी के बाद नव-मध्यवर्ग तेजी से बढ़ा। इस वर्ग के लोग निम्नवर्ग के उन लोगों को, जिन्हें छोड़कर वे आए थे, उपेक्षा और हिकारत से देखते थे और उच्चवर्ग के लोगों के जीवन को लोभ से। ये ऊंचे आदर्शों का मुखौटा लगाकर सांस्कृतिक ह्रास का मजा लेने लगे थे। भद्दे गाने और डांस इतने लोकप्रिय कैसे होते ? सुरुचि-संपन्न दर्शक भी अश्लील शब्दों और संकेतों से मजा लेने लगे। मुक्तिबोध के लिए यह चिंता का विषय है कि मध्यवर्ग के लोग दोहरेपन से भरते जा रहे हैं। उनका दिखावा बढ़ता जा रहा है। वे पाखंडी होते जा रहे हैं। उनकी अभिरुचि गिरती जा रही है। इसलिए स्वाभाविक है, यदि वह अपने साहित्य में मध्यवर्ग की तीखी आलोचना करते हैं।

क्या मध्यवर्ग के लोगों की वैयक्तिकता को निर्माणात्मक बनाया जा सकता है ? मुक्तिबोध देख रहे थे कि अंग्रेजी राज से लड़ते-लड़ते यह वर्ग पश्चिमी सभ्यता में फंस चुका है। उसमें दोहरापन ही नहीं आ गया है, अब वह वस्तुतः आम जनता से विच्छिन्न होता जा रहा है। खासकर क्रांति का दम भरनेवाले नेताओं के दोहरेपन ने मुक्तिबोध को ज्यादा व्यथित किया, क्योंकि उन पर भरोसा किया गया था। उनकी एक कविता का शीर्षक है 'मध्य-वित्त' (1947), जिसमें नई सभ्यता द्वारा मानवीय पहचान पर उपस्थित संकट को लेकर चिंता व्यक्त की गई है और क्रांति की मध्यवर्गीय विडंबना का रोचक चित्र है।

> पूंजीवादी स्याह रेल के नीचे आकर
> मरा पड़ा लोहे की पटरी पर यह मानव
> हुई भीड़ एकत्र, देखने मृत्यु-भीष्म शव।
> ....
> एक साथ दो विरुद्ध अश्वों पर आरोहित
> प्रासादों के राजमार्ग का भी अन्वेषक
> श्रमिक क्रांति का वैतालिक है बड़ा विदूषक।

भारत में क्रांति के ज्यादातर वैतालिक मध्यवर्ग के थे। वे एक तरफ जनपक्षधर थे और दूसरी तरफ उन्हें भौतिक सुख भी चाहिए था। आजादी के दरवाजे पर देश-विभाजन से लेकर वामपंथ की विडंबना और पश्चिमीकरण को आधुनिकीकरण का पर्याय बनाने की घटनाओं तक विपर्ययों के लिए जिम्मेदार यदि किसी को ठहराया जा सकता है, वह मध्यवर्ग है। इसपर उस दौर के कवियों में सबसे कड़ा प्रहार मुक्तिबोध ने किया। वह आधुनिकता के भग्नावशेषों के बीच जितनी वेदना से चक्कर लगाते थे, उनका विक्षोभ उतना ही उत्तप्त होकर इस वर्ग पर टूटता था। यह वर्ग बहुत छिछला हो चुका था, एक साथ दो घोड़ों पर सवारी करता था। मुक्तिबोध के स्वर में भर्त्सना के साथ आत्मवेदना भी हैं, क्योंकि वह स्वयं इसी वर्ग के अंग थे। मध्यवर्ग के निचले तबके की जीवन दशा भिन्न थी। यह अभावों और रोज के छोटे-छोटे अपमानों से भरी थी। उन्होंने 'मानव दशा' (1946) में बहुत पीड़ित होकर लिखा –

> आज भी मानव
> यहाँ पर मरे चूहे-सा उपेक्षित है
> वह बैलगाड़ी के अचानक (राह में)
> दो भग्न पहियों-सा पराजित

युद्ध में टूटे हुए उद्ध्वस्त पुल-सा
वह विदारित
भग्न ईश्वर मूर्ति-सा वह है विखंडित प्राण
फाड़ी हुई चिट्ठी - सरीखा
घोर अपमानित

आधुनिक सभ्यता में बड़े पैमाने पर मूल्य-क्षय ही नहीं हो रहा है, मनुष्य तेजी से नगण्य होता जा रहा है। यह घटना वर्तमान समय में शीर्ष पर है। शहरीकरण में वृद्धि के कारण गांवों के लोग उन्नत नागरिक जीवन के लिए शहरों में आते हैं। यहाँ विकास के लिए एक -दूसरे को मटियामेट कर देनेवाली तीव्र स्पर्धा है और घृणित समझौते हैं, "उन्नति के चक्करदार/लोहे के घनघोर जीने में अंधकार।"(भाग गई जीप)। पश्चिमी जीवनशैली आधुनिक जीवनशैली का पर्याय बनती जा रही थी। इससे पैदा हो रहे सांस्कृतिक ह्रास को लेकर मुक्तिबोध चिंतित थे। उन्होंने एक कविता लिखी, 'इस नगरी में' , जो बाद में 'एक प्रदीर्घ कविता' का अंश बनी। नगर में मनुष्य एकायामी है, "बुद्धि खत्मकर, शीश कटाकर मात्र उदर ले/सिर्फ पेट ले/मस्तकहीन कबंध घूमते हैं राहों पर/बड़े ठाठ से बटन-होल में फूल लगाकर।" क्या नगरों ने आधुनिकता के अपने महाख्यानों को खो दिया?

उपभोक्तावाद ने एक नई स्थिति ला दी। इसने सभी को भोग-केंद्रिक बना दिया। नगर कैसे हैं, "इस नगरी में कौरव के घर/वीर द्रोण की थकन भरी है भूरी-भूरी/पीली है सूरत अनचाहों की सेवा में।" जो घृणा के पात्र हैं, उन्हें भी कहना पड़ता है,यश सर ! मनुष्य जीवन को एकाकी बनाती इस नगर सभ्यता में, "नेता, वक्ता, लेखक, शास्त्री/मेरे बनते हुए किले के हैं सब मिस्त्री।" लेखक बुनियादी नगरीय चरित्र से बाहर नहीं है। मुक्तिबोध ने यह खासतौर से उभारा है कि बुद्धिजीवी समुदाय, जो पहले परिवर्तनकामी था, अब नई सभ्यता का अनुचर हो गया है। वह आधुनिकता के पतन का चित्र तरह-तरह से खींचते हैं। आज सभी अपने बाहरी रूप को दमकाते और दिखाते हैं, पर यदि महानगरीय - शहरी लोगों का अंत:करण दिखाया जाए, बिल्कुल रीछ प्रगट हो जाएगा। इस कविता में वर्तमान सभ्यता की असलियत का बयान है, "अब अहंकार उद्विग्न हुआ/मानव के सब कपड़े उतार/वह रीछ एकदम नग्न हुआ।" यह सभ्यता सच्चे और ईमानदार लोगों का विलगाव बढ़ा रही है।

मुक्तिबोध मानव मूल्यों की खोज और प्रतिष्ठा को अपने युग के एक बड़े प्रश्न के रूप में उपस्थित करते हैं। उनके मन में राष्ट्रीय संकीर्णताओं की जगह

'नूतन विश्व की उद्भावना के स्वप्न' हैं। उन्हें सफेद और गुलाबी पाउडर में 'छिपे हुए बड़े-बड़े चेचक के दाग दिखते हैं/सभ्यता के चेहरे पर।' उन्हें 'संस्कृति के सुवासित आधुनिक वस्त्रों के अंदर' बर्बरता के खेल दिखाई देते हैं। फिर भी वह सुखी, सुंदर और शोषणमुक्त जीवन में आस्था नहीं खोते। वह अपने अनुभव शिशुओं को बचा कर रखते हैं। कंस को ऐसे ही शिशुओं से भय है, क्योंकि 'जीवन से जन्मे सत्य करेंगे उसका वध।' नगरीय व्यवस्था में पिसते हुए भी लोग "गिनते हैं तिथि-वार/प्रतीक्षाएँ दूनी हैं/कब आएँगी, कब आएँगी/अंतिम पटाक्षेप की संध्याएँ, सिंदूरी।" प्रतीक्षाएँ दीर्घ होती गईं, क्योंकि लड़ने का ज्यादा दम भरनेवालों ने लड़ाई निरंतर लंबी कर दी।

मुक्तिबोध अपने लाक्षणिक प्रहारों से मध्यवर्ग के सुविधावादी हिस्से पर चोट करते हैं, 'पूंजीवादी ह्रास की गटर में/मध्यवर्गी बुद्धिशील अवसरवादी केंकड़े/खेलते शिकार हैं आनंदोल्लास से।' (जिंदगी का रास्ता, 1950)। यह एक बड़ी ट्रैजडी है। मध्यवर्ग के लोग निजी सफलताओं के लिए बेरहमी से सामाजिक आदर्शों और नियमों को तोड़ने लगे थे। वे अपने सुख के लिए मूल्यों को रौंद देते थे। मुक्तिबोध ने कहा है कि मेरी स्थायी चिंता मध्यवर्ग को प्रतिक्रियावादी तत्वों से छीनकर प्रगतिशील वर्गों से जोड़ने की है। उनके सामने मुख्य सवाल है, मध्यवर्ग पुन: जनोन्मुख कैसे हो? इसके लिए जरूरी है कि वह खुदगर्ज बनने की जगह आत्मचेतस हो, अपने को पुन:प्राप्त करें। आज भले मध्यवर्ग ने खुदगर्जी और गिरावट की सीमा तोड़ दी हो, उस युग में उनके भीतर आत्मसंघर्ष बचा हुआ था।

मनुष्य का आत्मसंघर्ष एक बड़ी चीज है। अत: व्यक्तित्वांतर का काव्य-समर ठना। 'जिंदगी का रास्ता' में साधारण वर्ग से आया हुआ एक चरित्र है रामू। इस बिगड़े नाम से ही लग सकता है कि सदा असाधारण है जो मनुष्य, इस जमाने ने उसे कितना साधारण बना दिया है। 'जिंदगी का रास्ता' में श्रमिक वर्ग का रामू अपने विलगाव से लड़ता है। उसका विलगाव ऐसे पूंजीवादी समाज में है, जिसमें ज्ञान एक अप्राकृतिक धुंधला प्रकाश भर है। यशलोलुप व्यक्ति आदमखोरों के घर भिश्तीगीरी करते हैं। राजनीतिज्ञ उल्लू के पट्ठे हैं। बड़े-बड़े बुद्धिमान कहीं न कहीं हाथ जोड़े खड़े रहते हैं। रामू का विलगाव उस समाज में है, जिसमें मध्यवर्ग रोटी के लिए अपनी आत्मा बेचता है। मुक्तिबोध पूंजीवादी व्यवस्था को मूर्त करने के लिए बार-बार रावण का बिंब लाते हैं, कुछ इस तेवर से – 'अन्याय जिधर है उधर बुद्धि'!

मुक्तिबोध का व्यक्तित्वांतरण मध्यवर्ग तक सीमित नहीं है। वह 'जिंदगी का रास्ता' में यह भी दिखाते हैं कि रामू जैसे साधारण आदमी के हृदय के आँगन में किस तरह 'भारतीय अँधेरी गली की वेदनाकुल आत्मा/अनंत शक्तिशाली

व्यक्तित्व का रूप ले/अकस्मात घूमने लगी'। ज्ञानमयी वेदना की लहरों ने उसे संस्कारा एवं जीवन का पुनर्बोध दिया। उसमें 'पूंजीवादी झूठ के विराट अत्याचार के बीच' भी सत्य की शक्ति और हिम्मत आ गई। एक साधारण इंसान रामू जिंदगी का रास्ता दिखाने लगता है, क्योंकि उसने अपनी वेदना को ज्ञान में बदल दिया था। वह डरा नहीं। साधारण और ग्रामीण मन के लोगों में उस समय तक मध्यवर्गीय खुदगर्जी और संवेदनहीनता का संक्रमण नहीं हुआ था। वे उदार थे। रामू ऐसा ही था, उसके दिल में विद्रोह की ज्वाला सुलगी। एक अन्य कविता में वह शहीद के रूप में याद किया गया है !

हिंसा और उपभोगवाद पर आधारित कोई सभ्यता अमर नहीं है। 'जिंदगी का रास्ता' का संदेश है, 'शोषकों की भव्योन्नत सभ्यताएँ/माचिस की सींक से/जलाए कागज- सी जल उठतीं/ऐतिहासिक हाथों से'। मुक्तिबोध की कविता अंततः एक गहरे आत्मविश्वास की ओर ले जाती है। मुक्तिबोध मध्यवर्गीय अवसरवाद के अनावरण के साथ साधारण वर्गों के संवेदनशील लोगों में मानवीय संभावनाएँ देखते हैं। उन्हें लगता है, ऐसे काफी लोगों में आत्मसंघर्ष बचा हुआ है। ये मानवता के सच्चे सारथी बन सकते हैं, क्योंकि गहराते धुंधलके में भी मानवीय संबंधों, मूल्यों और संवेदनों को पहचानते हैं (मुझे याद आते हैं,1950)।

धुंधलके में खोये इस
रास्ते पर आते दीखते हैं
लठधारी बूढ़े-से पटेल बाबा
ऊंचे से किसान दादा
वे दाढ़ीधारी देहाती मुसलमान चाचा और
बोझा उठाए हुए माएँ, बहनें, बेटियाँ –
सबको ही सलाम करने की इच्छा होती है
सबको राम-राम करने को चाहता है जी
आंसुओं से तर होकर प्यार के

उपर्युक्त इच्छाएँ ऐसे मध्यवर्गीय मन की हैं, जिसमें संवेदना बची है। कबीर का प्रेम बचा है। मुक्तिबोध की कविता में न कोई रहस्यवाद है, न किसी तरह का अस्तित्ववाद है और न यह अस्मिता की कोई निरपेक्ष खोज है। ऊपर की पंक्तियों से स्पष्ट है कि आधुनिकता को खो देने का अर्थ किस तरह एक झटके में बहुत कुछ खो देना है। यह वस्तुतः सामंतवाद से संघर्ष को खो देना है। सामंतवाद से संघर्ष के बिना साम्राज्यवाद से लड़ना असंभव है।

मुक्तिबोध के रचना संसार से गुजरकर पता चल सकता है कि वह वर्गसां की क्रियमान ऊर्ध्वमुखी जीवनीशक्ति से होकर मार्क्सवादी विचारधारा और आधुनिक अनुभवों तक किन सरणियों से पहुँचे। उन्होंने ऐसी कविताएँ कैसे लिखीं, जिनमें ज्ञान के श्रेष्ठ सांस्कृतिक तत्व काव्यात्मक संवेदना में पच जाते हैं और कविता शोषित मनुष्यता की बंधनमुक्ति का सामाजिक संदेश बन जाती है। उनकी कविता ने मनुष्यता की उसी चिरपरिचित पीड़ा से शक्ति अर्जित की, जिससे बर्तोल्त ब्रेख्त ने अर्जित की थी। ब्रेख्त को अहसास था, 'यह रोटी का टुकड़ा जो मेरे हिस्से है/किसी भूखे का छिना हुआ कौर था'। दरअसल परिवार, समाज और देश में जनतांत्रिक सोच का मुख्य लक्षण यह है कि इसमें 'दूसरे' की चिंता के लिए कितनी जगह है। व्यक्ति जब अपने को केंद्र समझने लगता है, वह स्वेच्छाचारी होता है। मुक्तिबोध इतने अधिक संवेदनशील हैं कि उनकी नजर जब भूखी मांओं और बच्चों की ओर जाती है, वह किसी आंतरिक विद्युत धक्के से अपने भोजन का कौर मुंह तक नहीं ले जा पाते।

अकस्मात दिखती हैं चारों ओर
अमल दिक्काल-दर्पणावलियाँ ही
उनमें उदास भूखी मुखछवियाँ झलक उठीं
रास्ते के कागज खाती भूखी गायें वे
घूरे पर अन्न बीनती गरीब मायें वे
गंदे कड़ाह माँजते हुए बालक-चेहरे
हाय रे !!
रह गया हाथ में कौर
कि मुँह तक जा न सका
अभ्यंतर से विद्युत-धक्का

वर्तमान सभ्यता में जीवन के चिह्न न हों तो भी आदमी इतिहास की किसी अंत:शक्ति से बचा हुआ है। वह जिंदगी की कड़ी धरती के कहीं बहुत भीतर, पर बचा हुआ है। शमशेर ने मुक्तिबोध के बारे में लिखा है, "मुक्तिबोध युग के उस चेहरे की तलाश करते हैं, जो आज के इतिहास के मलबे के नीचे दब गया है, मगर मर नहीं गया है।" ('चांद का मुंह टेढ़ा है' की भूमिका)। यह वही चेहरा है जो कभी हाथ में कौर होने पर भी खा नहीं पाता और कभी मानव मस्तिष्क से निकले ब्रह्मराक्षस की तरह गाँधी जी की टूटी चप्पल पहन लेता है। इस स्थिति में, 'हरहरा उठा यह पीपल तब/हँस पड़ा ठठाकर गर्जनकर गाँव का कुआँ'।

मनुष्य ही वेदना सहता है, विद्रोह करता है, क्रांति की तैयारी करता है। वह शांत नहीं होता या अवसरवादी नहीं बनता। 'किसी विद्युत धक्के से हाथ का कौर मुँह तक न जा पाने' से 'सिर्फ पेट ले घूमने' तक सभ्यता ने जो विकास किया है, इस विकास ने आधुनिकता के महाख्यानों की जरूरत बढ़ा दी है।

4

मुक्तिबोध ने आधुनिक जीवन को इसलिए महान नहीं कहा कि शहरों का विकास होने लगा, नई-नई उपभोक्ता सामग्री आ गई या नई टेक्नोलॉजी आई, 'आधुनिक जीवन यह महान है/जन-जन के उरों में आज/संघर्ष का, साहस का सुनहला गान है/जन-जन के हृदय में आज नया सूरज उगा है/कि जिसके संस्पर्शों में/खिले हैं धरती की ज्वालाओं के नभचुंबी शतदल।' आधुनिकता की एक बड़ी भूमिका क्रांति के लिए जमीन तैयार करने की थी। इसके बिना ज्वालाओं के शतदल नहीं खिल सकते थे। दुनिया के देशों में आधुनिकता अधूरी रह गई और पीछे छूट गई। क्रांति भी अधूरी रह गई और पीछे छूट गई। आधुनिकता भी एक क्रांति है, यदि यह धार्मिक कूपमंडूकता, जातिवाद, नस्लीय और जातीय भेदभाव, अंध-राष्ट्रीयता के विरोध और किसी भी अन्य किस्म के छोटे चित्त से ऊपर उठने का मामला हो, यदि यह बुद्धिवादी और जनतांत्रिक होकर पूरी मानवता को गले लगाने की बात हो। मध्यवर्ग के शिक्षित और व्यावसायिक लोग खुदगर्ज हो गए। इनके निजी लालच की वजह से ही क्रांतिकारी राजनीतिक ताकतें भीतर से बैठ गईं, क्योंकि सामान्यत: मध्यवर्ग के लोग व्यवस्था की सुरक्षा पंक्ति बन गए। मुक्तिबोध को बुद्धिवाद, राष्ट्रीय पुनर्निर्माण, जनतंत्र, बौद्धिक अन-उपनिवेशन तथा आधुनिकता की अन्य परियोजनाओं के अधूरी रह जाने का गहरा अहसास है (चंबल की घाटी में, 1964)।

मैं एक थमा हुआ मात्र आवेग
रुका हुआ एक जबर्दस्त कार्यक्रम
मैं एक स्थगित हुआ अगला अध्याय अनिवार्य
आगे ढकेली गई प्रतीक्षित महत्वपूर्ण तिथि
मैं शून्य में छटपटाता हुआ उद्देश्य …
बीच में ही टूट गया कोई पराक्रम हूँ

यह किसी निजी उद्देश्य के अधूरा रह जाने की पीड़ा है या आधुनिकता की महत्वपूर्ण परियोजनाओं के अधूरी रह जाने की ?

उत्तर-आधुनिकतावाद ने नवजागरण और राष्ट्रीय मुक्ति संग्राम के उन्हीं उच्चतर आदर्शों पर हमला किया था, जिनके अधूरे रह जाने पर मुक्तिबोध व्यथित थे। वह जब कह रहे थे, 'मैं एक शून्य में छटपटाता हुआ उद्देश्य' हूँ, या 'बीच में ही टूट गया कोई पराक्रम हूँ', वह वस्तुतः आधुनिकता के महाख्यानों पर मंडरा रहे संकट का अनुभव कर रहे थे। वह निहिलिस्ट नहीं थे। उनके भीतर एक बुद्धिवादी मनुष्यता की छटपटाहट थी।

उत्तर-आधुनिकतावादी कहते हैं कि व्यक्ति का विलोप हो चुका है। मनुष्य में उच्च-आधुनिकता के विधायक तत्वों की जगह अब जबर्दस्त ढंग से उद्देश्यविहीन यायावरी आ गई है। वह अब समाज या संपन्न आत्मजगत के बारे में नहीं सोचता। यह समाज के सिर्फ उस हिस्से के बारे में सच है, जो संगठित पूंजीवाद के नए उभार, संचार-क्रांति और बाजारवाद के असर में है और इनसे असीमित लाभ उठा रहा है और प्रभुत्व में है। उत्तर-आधुनिकतावाद में कोई मानवीय सच्चाई नहीं है। पूंजीवाद के उभार, बहुराष्ट्रीय साम्राज्यवाद और बाजारवाद समाज की समस्याओं का समाधान नहीं दे पा रहे हैं। इन्हें लेकर विश्व भर में असंतोष है और प्रदर्शन हो रहे हैं। वैश्वीकरण से फायदा उठानेवाले वर्ग समाज में एक तरफ संकीर्णता और हिंसा तथा दूसरी तरफ भोगवाद बढ़ाकर नवजागरण तथा राष्ट्रीय मुक्ति संग्राम के आदर्शों को दबाने की कोशिश करते हैं। इसमें वे अंतिम रूप से कामयाब नहीं हो सकते। आधुनिकता के महाख्यानों को मिटाना कभी संभव नहीं है, क्योंकि इनको मिटा देने का अर्थ है बुद्धिसम्मत सोच, मानवता, जनतंत्र, सामाजिक न्याय, स्त्री जागरण और राष्ट्र की विदाई !

कि जो मानव भविष्यत युद्ध मे रत है
जगत की स्याह सड़कों पर
कि मैं अपनी अधूरी दीर्घ कविता में
सभी प्रश्नोत्तरी की तुंग प्रतिमाएँ
गिराकर तोड़ देता हूँ हथौड़े से
कि वे सब प्रश्न कृत्रिम और
उत्तर और भी छलमय
समस्या एक –
मेरे सभ्य नगरों और ग्रामों में
सभी मानव
सुखी, सुंदर और शोषणमुक्त
कब होंगे ?

यह उस युग का एक केंद्रीय प्रश्न है, जिसमें सभ्यता और बर्बरता का फर्क मिटता जा रहा है। वैश्वीकरण के युग में यदि यह प्रश्न केंद्रीय नहीं है तो जो वैश्वीकरण हो रहा है, वह एक दिन बर्बरता का वैश्वीकरण साबित होगा। आज वैश्वीकरण की सभ्यता और संकुचित राष्ट्रीय पहचानों की सभ्यता, दोनों में मानवीय तत्वों की कमी है। दोनों में बर्बरता बढ़ रही है। सभ्यता जब इतनी विकसित नहीं थी, जिंदगी में मानवीय तत्व बड़े पैमाने पर थे। इतना आत्मसंकुचन या खुदगर्जी न थी। यह भूलना नहीं होगा कि राष्ट्रीय पहचानें अधिकाधिक आत्मसंकुचन से ही हिंसात्मक शक्ति पाती हैं। आज हालत यह है कि अमरीका की तरफ झुकी हुई ग्लोबल सभ्यता और आत्मसंकुचित राष्ट्रीय आत्मपहचानों की स्थानीय सभ्यताओं के बीच 'हिंसात्मक अंतर-उर्वरण' हो रहा है। विकास की होड़ बर्बरता की होड़ में बदल रही है। चारों तरफ असुरक्षा बढ़ गई है। 11 सितंबर को 'वर्ल्ड ट्रेड सेंटर' के मानव-विमान-बम द्वारा विध्वंस के साथ उत्तर-आधुनिकतावाद की अग्निसमाधि हो गई। एक बार पुन: वही महाख्यान गूंज रहा है, 'मेरे सभ्य नगरों और ग्रामों में सभी मानव सुखी, सुंदर और शोषणमुक्त कब होंगे ?'

उपर्युक्त प्रश्न का सही जवाब विकास का दम भरनेवाले आज के समाज में नहीं है। मुक्तिबोध के समय में भी इसका जवाब न था। एक बात जरूर है, उस जमाने के सोच में यह प्रश्न बना हुआ था।

5

मुक्तिबोध क्यों बार-बार अहसास करते हैं कि हम सभी के जीवन का उनकी रचनाओं से गहरा ताल्लुक है? क्यों उनकी उद्विग्नता हमारे अनुभवों को भी उद्विग्न करती है और उनका आत्मधिक्कार खुद हमें भी नग्न करता है? वह एक संवेदनशील कवि ही नहीं थे, एक ईमानदार मनुष्य भी थे। आधुनिक जीवन को लेकर उनकी चिंताएँ किसी कृत्रिम परिवेश की देन न होकर, मध्यवर्ग के ही अंतर्विरोधग्रस्त, भूल-गलतियों और कोशिशों से भरे जीवन से जुड़ी थीं। उन्होंने चाहा कि कायरता और साहस के बीच मध्यवर्ग अपना ईमान जिंदा रखे। उन्होंने वह लिखा, जो बहुत से लोग नहीं लिख सकते थे।

कुछ मार्क्सवादी लेखक ईमानदारी की अपेक्षा समझदारी को ज्यादा जरूरी मानते थे। मुक्तिबोध का कहना था, "आत्मपरक ईमानदारी तथा वस्तुपरक सत्यपरायणता इन दोनों का अंत:करण में जो संवेदनात्मक योग होता है,' वह

जीवन विवेक का प्राण है। जीवन विवेक के दोनों पक्षों में से किसी एक को छोड़ा नहीं जा सकता।" (रचनावली-5)। वह ईमानदारी को समझदारी की ही तरह जरूरी मानते हैं। वह एक ईमानदार कवि थे, चतुर कवि नहीं थे। इसी तरह वह बौद्धिकता अपनाकर आवेग को छोड़ नहीं देते। हम कह सकते हैं, वह बौद्धिक आवेग के कवि हैं, निरे बौद्धिक कवि नहीं और न ही निरे आवेग के कवि। उनका महत्व इसमें है कि वह मध्यवर्ग को इतिहास की एक ऐसी बड़ी ताकत के रूप में देख रहे थे, जिसके सहयोग से ही साधारण वर्गों के लोग अपने क्रांतिकारी मकसद में कामयाब हो सकते हैं। इसलिए उन्हें मध्यवर्ग के लोगों में आधुनिक पुनर्जागरण जरूरी लगा।

मुक्तिबोध को लगता है कि बहुकोणीय आधुनिक समाज में मध्यवर्ग की अभी भी एक उच्च भूमिका है। उससे आशा की जानी चाहिए। इस वर्ग के सभी लोग पतित और पाखंडी नहीं हैं या वे हर अवसर पर ऐसा नहीं होते। वर्तमान युग में भी सामान्यतः मध्यवर्गीय हृदय के किसी एक कोने में अहंविहीन वैयक्तिकता, ईमानदारी, बुद्धिपरकता और निर्भयता बची हुई है। मुक्तिबोध मनुष्य में गहरी आस्था के साथ कहते हैं, 'पहाड़ों की शीर्षस्थित चट्टानों को काट/खड़ी करते हैं विराट स्फूर्ति/श्रमशील कष्टजीवी मानव की महामूर्ति'। इस सच्चाई का बड़ा अर्थ है कि मनुष्य ही इतिहास की चट्टान पर मुक्ति-युद्ध की असमाप्त गाथा लिखते हैं।

पूँजीवादी सभ्यता जिन्हें 'डार्क मासेज', 'मॉब' या 'उन्मत्त झुंड' मे बदल रही थी, मुक्तिबोध उनके भीतर छिपी हुई मनुष्यता की एक बड़ी शक्ति देख रहे थे। वह नए युग में उसकी छिपी महानता को पुनर्उद्घाटित करना चाहते थे। कविता 'भूल-गलती' में मध्यवर्ग के सत्ता-व्यवस्था का अंग बन जाने के शाही चित्र हैं। एक फैंटेसी है, 'खड़ी हैं सिर झुकाए/सब कतारें/बेजुबां बेबस सलाम में'। आत्मविसर्जन के इस दृश्य में आदमी के भीतर का बचा ईमान अंततः बेखौफ होकर कठोर सत्ता की सुलतानी निगाहों में निगाहें डालता है। हम कविता में पाते हैं कि इंसानियत का बचा तत्व अवसरवादी जमात छोड़कर अँधेरी घाटियों की तरफ, सच्चाई के सुनहले धुँधलके में चला जाता है। मुक्तिबोध को आशा है, 'हमारी हार का बदला चुकाने आएगा/हमारे ही हृदय का गुप्त स्वर्णाक्षर/प्रकट होकर विकट हो जाएगा।' वह आशावादी हैं।

मुक्तिबोध पतन या निःसंगता की ओर बढ़ते मध्यवर्ग में जिस मुख्य सकारात्मक तत्व को लक्षित कर रहे थे, वह है उसका इनर स्ट्रगल - 'प्रकांड अनबन, निज से ही संघर्ष'। एक समय आत्मसंघर्ष मध्यवर्ग से अविभाज्य रहा है। आधुनिकता इसमें नहीं है कि व्यक्ति आत्मविसर्जनवादी बन जाए। इसमें है कि

मानवीय मूल्यों के संकट की घड़ी में उसका आत्मसंघर्ष तेज हो – 'अग्नियाँ दहकें/...गतिमय सामंजस्यों का व्यापक, क्रमशः विकसन/पुनःसंगठन, पुनः परीक्षा, पुनः प्रवर्तन'। मध्यवर्ग के लोग मानवेतिहासों को ठुकराने की जगह उनमें घूमें-भटकें, दूर देशों का जीवनानुभव प्राप्त करें, विवेक के चिह्नों को समझें, बार-बार आत्मनिरीक्षण करें और ज्ञान की पीड़ा झेलकर घटित आत्मसंघर्ष से 'किसी स्पष्ट लक्ष्य का छवि-उत्कर्ष' हो। मुक्तिबोध की कविता में आत्मसंघर्ष का एक बड़ा स्थान है। इसी राह से मध्यवर्ग अपने भीतर छिपी अनंत संभावनाओं को पुनः उजागर कर सकता है। आत्मसंघर्ष व्यक्तित्वांतरण की ओर ले जाता है। आत्मसंघर्ष 'चंबल की घाटी में' में पत्थरी ढाँचों को भी प्रेतमुक्त कर देता है। यह संभवतः उनकी आखिरी कविता है। इसमें वह चट्टानी जड़ता से सामंजस्य बैठाने की मध्यवर्गीय प्रवृत्ति की कसकर आलोचना करते हैं, "अपना ही श्रेणीगत साम्य है जिनसे/उनसे ही गहरा है विद्वेष–विरोध, विरोध, विरोध/किंतु...जो अति भिन्न हैं/...सहचर मित्र हैं मेरे।" क्या आज के समझौतावादी मध्यवर्ग में आत्मसंघर्ष बचा है ?

मुक्तिबोध की कविताएँ मध्यवर्गीय जीवन-यथार्थों से जुड़ी हों, पर इनमें संपूर्ण मनुष्यता की संवेदना है। अन्यथा कवि जिस मध्यवर्ग का प्रतिनिधित्व करता है, उसी का आत्मीय पर इतना कटु आलोचक क्यों होता। वह कृषकों, दलितों, स्त्रियों से तादात्म्य स्थापित करता है। वह सबसे कह देता है, 'कभी अकेले में मुक्ति न मिलती/यदि वह है तो सबके साथ है।' (वही)। वह कल्पना करता है कि श्रमजीवी वर्ग के संताप का जल पीकर "मेरे युवकों मे होता जाता व्यक्तित्वांतरण/विभिन्न क्षेत्रों में कई तरह से करते हैं संगर/मानो कि ज्वाला-पंखुरी -दल में घिरे हुए वे सब/अग्नि-कमल के केंद्र में बैठे।" (अंधेरे में, 1962)। नागार्जुन की ही तरह मुक्तिबोध की भी आशा का एक बड़ा केंद्र नई पीढ़ी है। उनकी आंखें इस अंधकार में नौजवानों पर ही टिकी हैं।

मुक्तिबोध कभी दंभ नहीं करते कि उनके अपने व्यक्तित्वांतरण का चक्र पूरा है, 'नहीं होती/कहीं भी खत्म कविता नहीं होती/कि वह आवेग त्वरित कालयात्री है' की तरह व्यक्तित्वांतरण की प्रक्रिया का भी शेष नहीं है। मनुष्य का आत्मसंघर्ष एक दीर्घ अंतर्ज्वाला है, एक असमाप्त यात्रा है। इसलिए कहा गया है कि मुक्तिबोध जिंदगी भर एक अधूरी कविता लिखते रहे, जो किसी भी पूरी कविता से बेहतर है। उनकी कविता ढहती हुई सभ्यता के बीच से बुद्धिवादी मनुष्यता को आवाज देने के लिए है – आधुनिक पुनर्जागरण के लिए है।

तुम्हारे पास, हमारे पास
सिर्फ एक चीज है -
ईमान का डण्डा है,
बुद्धि का बल्लम है
अभय की गेती है,
हृदय की तगारी है - तसला है
नए-नए बनाने के लिए भवन
आत्मा के
मनुष्य के,
हृदय की तगारी में धोते हैं हमीं लोग
जीवन की गीली और
महकती हुई मिट्टी को

विकास के नए संगठनों ने मध्यवर्ग में निम्न मध्यवर्ग और उच्च मध्यवर्ग की जगह अब अनगिनत स्तर बना दिए हैं। इन्हें परस्पर एक-दूसरे का शत्रु बना दिया है। व्यक्ति को व्यक्ति का शत्रु बना दिया है। मानवीय हितों की एकतानता मिटा दी है और सामुदायिक आधार पर हितों की विपरीतता को उकसा दिया है। मुक्तिबोध की कविताएँ हमारे काम की इसलिए हैं कि ये जनहित की एकता की उन आधुनिक बुनियादी परियोजनाओं की याद दिलाती हैं, जो नई सर्वभक्षी सभ्यता द्वारा मिटाई जा रही हैं।

मुक्तिबोध ने ज्ञान-विज्ञान के महत्व की उद्घोषणा ऊँचे स्वर में की, किंतु आधुनिकीकरण की छाया में बढ़ते भेदभाव का विरोध किया। वह कृषक और मध्यवर्ग के बीच एकता चाहते हैं। वह जानते हैं कि अभी आम लोगों में अहं, अजनबीपन और निराशा नहीं आई है, बल्कि उनमें असीम ममता भरी है। उनमें भाई, बहन, माता-पिता, पत्नी, बंधु -साथी का संबंध बचा हुआ है। अत: आम कृषक एक कविता में मध्यवर्ग के लोगों से शिकायत करते हैं, "डाकुओं से हम भी तो लड़ते हैं/ताजी कटी फसल का नाज/बचाने को/किंतु तुम जड़ और ठस हमें कहते हो !" आज शहरी लोग गांववालों को असभ्य, विकास-विरोधी और हिंसक कहते नहीं थकते।

मुक्तिबोध की चिंता है कि सामाजिक परिवर्तन की प्रक्रिया में सैकड़ों वर्षों से वंचित कृषक और आम लोगों को कैसे जोड़ा जाए, क्योंकि उच्च-मध्यवर्गीय मानसिकता धार्मिक, जातीय, स्थानीय स्तर पर प्रभेदवादी होती जा रही है।

मुक्तिबोध यह भी देखते हैं कि संस्कृति और राजनीति में ऐसे बुद्धिजीवी वर्ग की प्रधानता है, जिसने 'फोड़े को तमगे का रूप' दे दिया है। यह भी देखा कि कहीं अंतर्मुखता और कहीं मन में कुंडली मारकर बैठा उसका 'ईगो', पश्चिमी सभ्यता का यह उपहार उसे किस तरह सामाजिक जीवन से अलग कर रहा है। यह उसे अमूर्तन, विशिष्टता या छद्म वैश्विकता की ओर ले जा रहा है। यही 'ईगो' आगे चलकर 'दूसरों' के प्रति असहिष्णुता में रूपांतरित हो गया। मध्यवर्ग ने विघटित होकर परिवर्तन की अपनी ऐतिहासिक शक्ति लगभग खो दी, यह उसके जीवन में बढ़े दिखावे, निर्बुद्धिपरकता और संकीर्णता को देखकर आसानी से समझा जा सकता है।

निर्बुद्धिपरक धार्मिक विश्वास और बुद्धिपरक उत्पादन-पद्धति की करुण साझेदारी में जीनेवाली भारत की विशाल जनता सारी चीजों के बावजूद अभी मनुष्यता के सीमांत पर नहीं गई है। वह मूलत: संकीर्ण नहीं है और सामाजिक भेदभाव नहीं चाहती। वह शांतिप्रिय है। उसमें अभी भी प्रतिरोध-शक्ति है। दूसरी तरफ शिक्षा-संस्कृति, मीडिया, न्याय-चिंता, लेखन, नौकरशाही और राजनीतिक नेतृत्व से जुड़े मध्यवर्गीय लोग आमतौर पर अवसरवादी हैं। भारत की कृषि-संस्कृति से संबद्ध लोग ऐसे मध्यवर्गीय अवसरवादी बुद्धिजीवियों से दो-टूक भाषा में कहते हैं –

असल में यह है कि नागवार
गुजरता है तुमको कि हम लोग
निरंतर युद्धमान जीवन के शास्त्र और शस्त्र हैं
ऐतिहासिक दृष्टि हैं, अस्त्र हैं
क्योंकि हम देखते हैं कि अनिवार्य
मृत्यु उस सभ्यता की
जिसका तुम जाने-अनजाने नित करते हो समर्थन
इसलिए तुम हमें
सबसे बड़े शत्रु समझते हो
क्षमा करो, तुम मेरे बंधु और मित्र हो
इसलिए सबसे अधिक दुखदायी भयानक शत्रु हो

मुक्तिबोध ने अपनी प्रेरणाएँ अपनी धरती और किसानों से लीं। नगर का मिथक तोड़ दिया। यह काम उन्होंने उस युग में किया, जब पश्चिमीकरण हमारी आर्थिक संस्कृति का जरूरी हिस्सा बन चुका था। औद्योगिक समृद्धि को ज्यादा

गंभीरता से लिया जा रहा था तथा गाँवों की बेहद उपेक्षा हो रही थी। यह साफ है कि मुक्तिबोध का आत्मसंघर्ष मध्यवर्ग के भीतर दो तरह के विचारों के संघर्ष का ही काव्यात्मक रूप है। अपने आत्मसंघर्ष की प्रक्रिया में वह शास्त्र और शस्त्र का चुनाव कहाँ से करना चाहते हैं, यह और स्पष्ट करने की जरूरत नहीं है।

क्रांति पूर्वनिर्धारित ढांचे में नहीं होती। इसी तरह मुक्तिबोध की कविता भी 'आर्ट मशीन' से निकले नपे-तुले माल की तरह नहीं है। कहना न होगा कि मध्यवर्ग के विचारधारात्मक आत्मसंघर्ष की उपज है मुक्तिबोध की कविता। उसके भीतर जद्दोजहद का रूप काफी निर्मम है, 'नए रंदों और वसूलों से/लगातार लगातार/मेरी काट-छाँट/उनकी छीलछाल अनिवार'। आत्मजगत का निर्मम छीलछाल द्वारा रूपांतरण मुक्तिबोध के आत्मसंघर्ष का चरित्र स्पष्ट कर देता है। प्रेमचंद के 'हृदय परिवर्तन' से मुक्तिबोध का 'व्यक्तित्वांतरण' भिन्न है, यह व्यक्ति के तीखे आत्मसंघर्ष की देन है।

6

मुक्तिबोध ने मृत्यु से साल भर पहले लिखा है, "आज 1963 में, 46वें वर्ष में मैं उद्विग्न हूँ। मेरा इंसान अपने देश में रहकर भी एकांतिक और उन्मूलित जीवन व्यतीत कर रहा है। इसलिए आज 'लोनलीनेस' निस्संगता का प्रश्न इतना प्रचंड है, 'माडर्निज्म' का अंग। चाहे पाब्लो नेरूदा, या ज्यां पाल सार्त्र हो या नेहरू हो, माडर्निस्ट लेखक एक अजीबोगरीब व्यक्तित्व रखता है, उसका एक कारक है उसकी उन्मूलितावस्था।" नए आधुनिक युग में कई बुद्धिजीवियों की उद्विग्नता एक 'तार्किक नाट्य' थी। मुक्तिबोध में सामाजिक चिंताओं से भरी सच्ची उद्विग्नता थी। उनकी उद्विग्नता थी, कैसे आधुनिकता की पुनर्कल्पना की जाए।

मुक्तिबोध की काव्यात्मक संवेदना में उद्विग्नता एक प्रमुख तत्व है। वे उद्विग्न अनुभव के कवि हैं। उद्विग्नता का अनुभव और उद्विग्न अनुभव में फर्क है। यदि अनुभव का विषय महज व्यक्ति की उद्विग्नता है, तब आत्मसत्ता का वस्तु संसार से विभाजन हो जाता है। उद्विग्नता व्यक्ति को वस्तु संसार से अलग करके अपने प्रभावक्षेत्र में ले लेती है, उसे पीड़ित करती है। गहरी निराशा की ओर ढकेलती है। यह उद्विग्नता का अस्तित्ववादी रूप है।

मुक्तिबोध की उद्विग्नता आमतौर पर समस्याग्रस्त जीवन की एक स्वाभाविक प्रक्रिया है। वह थीमेटिक है, अमूर्त नहीं। कवि का हर उद्विग्न अनुभव मनुष्य जीवन की बाधाओं-विपत्तियों को प्रतिबिंबित करता है, साथ ही उसकी क्षमताओं

को भी उभारता है। पूँजीवादी शोषण पर आधारित समाज में अकेले मुक्तिबोध नहीं, थोड़ी ईमानदारी रखनेवाला हर इंसान ही थोड़ा-बहुत बेचैन और तनावग्रस्त है। उसके भीतर यदि भय है तो वह भी एक असहमति है। बेचैनी है, वह भी एक तरह का प्रतिरोध है। सवाल है, क्या आज आदमी में भय, बेचैनी या असहमति बची है ? मुक्तिबोध की उद्विग्नता जातीय अनुभव की उद्विग्नता है, जिसमें व्यक्ति और बाह्य दुनिया– दोनों का अस्तित्व है।

सभ्यता के ऐसे दौर में, जब मनुष्य बाजार के 'फिनिश्ड गुड्स' जैसे होने लगे हों, उनके पास 'आत्म' बच नहीं पा रहा हो और वे सिर्फ भौतिक देह हों, तब एक बड़ी समस्या 'आत्म' के पुनर्आविष्कार की है। यदि आत्मजगत नहीं होगा, आत्मसंघर्ष और व्यक्तित्वांतरण मुश्किल है। आज आदमी बैटरी के खिलौने-सा होता जा रहा है। इसलिए मुक्तिबोध को 'मेरे सहचर मित्र' में यह सवाल परेशान करता है, "क्यों मानव-सुलभ सहज आकांक्षाओं के तरु/यों ठूँठ हुए वृंदावन के/मानव आदर्शों के गुंबद में आज यहाँ/उलटे लटके चिमगादड़ पापी भावों के/...क्यों स्वार्थ-घृणा-कुत्सा के/थूहर जंगल में/हैं भटक गए थे लक्ष्य पुराने पाँवों के ? " यह बीसवीं सदी का एक बड़ा सवाल था, और आज भी एक बड़ा सवाल है। नई सभ्यता ने आदमी को प्रकृति के निर्मल अनंत से विच्छिन्न कर एक छोटे मन में कैद कर रखा है, 'सहचर रूप में/हमारे साथ तारे हैं/चाँद है और आसमान/अब जो तुम्हारे लेखे आउट ऑफ डेट है !' आधुनिक जीवन में आत्म से विलगाव, प्रकृति से विलगाव, भयंकर विलगाव एक घटना है।

मुक्तिबोध के लिए आत्मा कोई आध्यात्मिक शब्द नहीं है। यह दरअसल विवेकात्मा है। यह कोई अँधेरी चीज नहीं है, इसमें पारदर्शिता है। यह वस्तु के मूल्य-क्षेत्र को पहचानती है। दरअसल नई आधुनिक सभ्यता से निराश लोगों में आत्मपरायापन पनपने लगा था। वे निःसंगता का अनुभव करने लगे थे। खासकर संवेदनशील बुद्धिजीवी 'राष्ट्र' का भयानक विपर्यय देखकर मानसिक तौर पर बड़ा अकेलापन, पृथकता या बेचैनी का अनुभव करते थे। मुक्तिबोध कहते हैं, 'मैं अपनी ही चेतना तीव्र/के कारण एकाकी असंग!' वह अपनी दशा का बयान करते हैं कि वह 'गरबीली गरीबी' में जी रहे हैं, पर 'विचार-वैभव' और 'दृढ़ता' से संपन्न हैं। एक समय गरीबी भी गरबीली होती थी, क्योंकि आदमी के पास विचार-वैभव होता था और कुछ निश्चित मूल्यों में दृढ़ आस्था होती थी।

अकेलेपन और पृथकता में फर्क है। आधुनिक जमाने में पृथकताबोध अकेलेपन से अधिक त्रासद स्थिति है। मुक्तिबोध ने लिखा है, "मैं अकेला हूँ, उन लोगों के रहते हुए जो मेरे इर्द-गिर्द रहते हैं, उनके रहते भी अकेला हूँ।"

(रचनावली-6)। निश्चय ही कवि को सृजन के लिए एकांत चाहिए, वह स्वभाव से किसी न किसी बिंदु पर अकेला होता है। लेकिन मुक्तिबोध का अकेलापन अधिक यंत्रणादायक है, "वीरान अमानवीय दूरियाँ मुझे घेरे हुए हैं।...यह पार्थक्य घनघोर है। मैं इस पार्थक्य का विधाता नहीं। यह मेरे जमाने की बदनसीबी है।...मुझे कहने दीजिए कि आजकल आदमी में दिलचस्पी कम होती जा रही है। सामान्यीकरणों के अरूप समुदाय बढ़ रहे हैं।...यह पार्थक्य, घनघोर पार्थक्य।" (अकेलापन और पार्थक्य)। आधुनिकीकरण 'होमोजीनियस' बना रहा है, सामान्यीकरण करके विविधता को मिटा रहा है और मनुष्य में दिलचस्पी भयानक रूप से कम होती जा रही है। आधुनिकता निश्चय ही ऐसे आधुनिकीकरण के निषेध में है, भले यह एक पीड़ा हो। मुक्तिबोध की 'पृथकता' उन व्यक्तियों की पृथकता से भिन्न है, जो महत्व, विशिष्टता या सुख-सुविधापूर्ण जीवन के लिए पृथकता की रचना करते हैं। मुक्तिबोध की पृथकता एक 'ह्यूमन सफरिंग' है, एक संवेदनशील मनुष्य की पीड़ा है।

प्रश्न उठा है कि मुक्तिबोध के जमाने में साम्यवादी आंदोलन अस्तित्व में था, जनतांत्रिक आंदोलन थे, फिर अकेलापन और पृथकता के इतने तीखे बोध का क्या अर्थ है। इसके अलावा, मुक्तिबोध मार्क्सवादियों के संपर्क में थे। उल्लेखनीय है कि मुक्तिबोध के जमाने में ही लंबी खींचतान के बाद कम्युनिस्ट पार्टी विभाजित हुई थी। इस विभाजन ने बड़ा नुकसान पहुंचाया। इससे हिंदी क्षेत्र की मिट्टी को पकड़ना और कठिन हो गया, ढोंग भी कम न था। क्रांति पर एकाधिकार करने के लिए अपनों को छांटते-छांटते आंदोलन भी सिकुड़ता जा रहा था। विचारधारा के बिना चरित्र लंगड़ा और चरित्र के बिना विचारधारा लंगड़ी होती है। मुक्तिबोध के पास विचारधारा भी थी और चरित्र भी था। उनके अकेलेपन पर अस्तित्ववाद का असर नहीं है। यह आधुनिक और साम्यवादी स्वप्नों के धीरे-धीरे टूटने से जन्मा अकेलापन है, हालांकि इन स्वप्नों को वह अपने भीतर की आग में जिंदा रखते हैं।

मुक्तिबोध अपने अकेलेपन और पृथकता के प्रति सम्मोहित नहीं होते। वह नागार्जुन से भिन्न थे तो अज्ञेय से भी भिन्न थे। उन्होंने अकेलेपन और एक अधिक त्रासद स्थिति, पृथकता में भी जीवन की समस्याओं और द्वंद्वों की ऊष्मा को आत्मसात किया। वह कुछ यूरोपीय आधुनिकतावादियों की तरह आध्यात्मिकता की तरफ नहीं झुकते और न अंतःप्रवृत्तियों का आदर्शीकरण करते हैं। उनका समाज के अवसरवादी वर्ग से तलाक है। मुक्तिबोध की कविता की एक अन्य विशिष्टता उल्लेखनीय है। उनकी कविता में अज्ञेय का-सा 'मौन' और नागार्जुन

की-सी 'हँसी' नहीं है। इन चीजों की जगह 'आत्मयंत्रणा' है। वह एक खास काव्यात्मक मन:स्थिति के कवि हैं, जो उन्हें उनके युग के सभी कवियों से अलग करती है। वह आशा का दामन नहीं छोड़ते, पर कठिन स्थितियों की वजह से निस्सहायता का अनुभव भी करते हैं।

मुक्तिबोध की बौद्धिक उदासी, निस्सहायता और ग्लानि बढ़ती गई। उन्हें बाह्य दुनिया में जो आलोक दिखाई देता था, वह मद्धिम होता जा रहा था। फिर भी उनकी कविता का मनुष्य जाग्रत था। लक्षित किया जा सकता है कि वह न कभी लघु मानव बना और न रहस्यवादी। वह अपनी मानवीय पहचान पर संकट झेलते हुए भी अस्तित्ववाद की ओर नहीं गया। अस्तित्ववाद समाज के सामूहिक अंतर्संबंध का निषेध करता है। वह व्यक्ति-स्वातंत्र्य के सवाल को इतिहास के विरोध में प्रतिष्ठित करता है। उसके अनुसार, मनुष्य का जीवन एक अभिशाप है। उसके होने का कोई अर्थ और तर्क नहीं है। नई कविता की उग्र-आधुनिकतावादी निष्पत्ति 'अकविता' जरूर ऐसी ही धारणाओं से बौद्धिक खुराक पा रही थी। यह बड़े अतिवादी ढंग से निर्बुद्धिपरक और अराजकतावादी हो उठी थी। मुक्तिबोध ने कविता में बढ़ रही अस्तित्ववादी प्रवृत्तियों की आलोचना शुरू में ही कर दी थी, "मेरा अपना प्रदीर्घ अनुभव बतलाता है कि व्यक्ति स्वातंत्र्य की वास्तविक स्थिति उनके लिए है जो उस स्वातंत्र्य का प्रयोग करने के लिए सुपुष्ट आर्थिक आधार रखते हों।" (तारसप्तक,पुनश्च)। पश्चिमी समाज के बौद्धिक दर्शनों ने भारत में बड़ा घपला पैदा किया था, पर मुक्तिबोध उन दर्शनों से बचे हुए थे।

एक समय आधुनिक रूप से सचेत मनुष्य, जो कठोर धार्मिक आस्था से, इतिहास की एकरेखीयता से और वंशानुगत नैतिक दर्शन से विच्छिन्न होकर अकेला होता जा रहा था, बड़ा अभिशप्त था। उसके पास एक ही चमकती हुई चीज थी पृथकता की पीड़ा, जो एक निरंतर खोज में ही शांत हो सकती थी। यह पीड़ा उसका विरेचन भी करती थी। उस युग के सभी कवि, वे प्रतिबद्ध हों या नहीं, खोज की पीड़ा या आत्मसंघर्ष से जुड़े थे। मुक्तिबोध भी अपनी सत्-चित्-वेदना को एक खोज में बदल देते हैं। उनकी खोज कुछ दूसरे कवियों के आत्मान्वेषण से भिन्न है। वह वस्तुतः आत्मसंघर्ष है। वह प्रतिबद्ध थे और अपने 'आत्म' को रि-डिस्कवर कर रहे थे। वह समाज को या आधुनिकीकरण की दिशा को बदलने में असमर्थ थे, फिर भी भीतर से खाली न थे। उनके मन में उद्विग्नता के साथ कुछ आकांक्षाएँ थीं, कुछ स्वप्न थे और आत्मसंघर्ष का माद्दा था। हम मुक्तिबोध की कविताओं में देख सकते हैं कि वह नकली आधुनिक जीवन को स्वीकार नहीं करते। वह 1947 के बाद बनाई जा रही झांसा देनेवाली आधुनिक

व्यवस्था का अंग बनने से इन्कार करते हैं और आत्मा की निहाई पर अपने को ही हथौड़े से पीट-पीट कर अपने जीवन की पुनर्रचना करना चाहते हैं। उनके 1960-62 के दो अच्छे 'कवितांश' हैं। एक कवितांश से एक आत्मान्वेषी के इन्कार और दूसरे से उसके मन की दृढ़ता का बोध होता है।

बेचैन चील
उस जैसा मैं पर्यटनशील
प्यासा-प्यासा
देखता रहूंगा एक दमकती हुई झील
या पानी का कोरा झांसा
जिसकी सफेद चिलचिलाहटों में है अजीब
इन्कार एक सूना !

चील का रूपक कवि व्यक्तित्व के कई भीतरी सूत्रों को खोलता है। उसे किसी झांसे में न आते हुए प्यास में दहकती हुई आत्मा का अनथका पर्यटक होना है। उसमें पूंजीवादी आधुनिकता को बदल देने की ताकत नहीं है, पर उसके भीतर एक गहरा संकल्प है, "मैं अपने खुद के कंधे पर चढ़ जाना चाहता हूँ, आकाश छूना चाहता हूँ, चाहे उस आकाश में हाइड्रोजन-अणु का धुआं ही क्यों न हो। मैं पृथ्वी के पेट में घुस जाना चाहता हूँ।...और ऐसे ही किन्हीं भयानक क्षणों में मैंने कविता लिख दी।" (एक साहित्यिक की डायरी)। हम देख सकते हैं कि मुक्तिबोध की काव्य-भाषा उनके प्रबुद्ध अंत:जीवन की ही प्रतिलिपि है और वह रूपकात्मक है। उनका 'आत्मसंघर्ष' 'निज की निहाई पर स्वयं के हथौड़े की चोट' है।

बाजार में बिकते हुए इस सूट में
इस पैंट में इस कोट में
कैसे फंसाऊं जिस्म
या मैं किस तरह काटूं-तराशूं देह
जिससे वह जमे उसमें बिना संदेह
जीने की अदा हो रस्म !

....

पिटता हूँ अकेले चुप छिपे
निज की निहाई पर स्वयं के हथौड़े की चोट में

आधुनिकता का एक धड़ा अमरीकी आत्मा के संकट को अपनी आत्मा का संकट बनाकर बौद्धिक प्रत्यारोपण के अभियान में था, जबकि एक दूसरा धड़ा उसके सांस्कृतिक साम्राज्यवाद के प्रति गहरी चिंता व्यक्त कर रहा था। मुक्तिबोध एक ऐसे कवि थे, जो अमरीकी साम्राज्यवाद को लेकर बहुत ज्यादा चिंतित थे। उनका 'व्यक्ति' अपने अकेलेपन में भी जनसाधारण का अंग था, इसके दुख-दर्द का सहभोक्ता। यह संभव हुआ, क्योंकि मुक्तिबोध का अकेलापन न किसी अमूर्त रोमान से बंधा था और न मिथ्या आत्मगर्व से। उनकी वैयक्तिकता पर पश्चिमी सभ्यता की मार पड़ रही थी। यह वह दौर था, जब अपनी राष्ट्रीय आत्मपहचान के लिए जूझ रहा भारत पश्चिमी सभ्यता में बुरी तरह फंसता जा रहा था।

मुक्तिबोध महसूस करते थे कि भारत में आधुनिक जागरण का असमाप्त कार्य कभी न कभी पूरा करना होगा, अन्यथा जन-जन का युद्ध एक न हो सकेगा। उन्होंने आधुनिक पुनर्जागरण के महाख्यानों को औपनिवेशिक आधुनिकता से अलगा कर देखा। इसमें संदेह नहीं कि वे आदर्श महाख्यान पूंजीवादी दिमागों से उजड़कर भी एक कवि की रचनाओं में मौजूद हैं, क्योंकि वे जनता के स्वप्न में बने हुए हैं। दरअसल मनुष्यता का कोई सच्चा विचार, कोई महाख्यान यदि एक बार बन जाता है, वह जनसाधारण के मन में बस जाता है और इतिहास का पीछा नहीं छोड़ता।

भारतीय विवेक की ट्रैजडी

1

आधुनिकता के दो रूप मकड़ी और मधुमक्खी के उदाहरण से समझे जा सकते हैं। मकड़ी बाहर से कुछ ग्रहण किए बिना भीतर से रस निकालती है। इससे एक जाल बनता है, जिसमें वह खुद फँस जाती है। मधुमक्खी पहले बाहर के फूलों से रस लेती है, बाह्य का आभ्यंतरीकरण करती है। इसके बाद ही वह भीतर से मधु बाहर निकालती है और अपना छत्ता बनाती है। बाह्य का आभ्यंतरीकरण और आभ्यंतर का बाह्यीकरण मुक्तिबोध की कविता की ही नहीं, समय के प्रति सचेत हर कवि की कविता की अनिवार्यता है।

मुक्तिबोध को आत्मलीन और आत्मनिर्वासित कवि कहा गया है, जबकि उनके काव्य में आत्मसत्ता के साथ बाह्य दुनिया भी उपस्थित है। हर रचनाशील व्यक्ति की आत्मसत्ता में दुनिया की चीजें तरह-तरह से शामिल होती हैं। मुक्तिबोध अपवाद नहीं हैं। उनके 'आत्म' का 'विश्व' से सघन रिश्ता है। वह आत्मचेतस के साथ विश्वचेतस हैं। उनकी आत्मसत्ता और वस्तु-संसार के बीच विभाजन नहीं है। 'तारसप्तक' के 'पुनश्च' (1963) में उन्होंने प्रमुखता से जिस समस्या को रेखांकित किया, वह है 'व्यवसायीकरण-व्यापारीकरण का दबाव', जो आज बाजारवाद के रूप में काफी बढ़ गया है। वह लिखते हैं, "व्यक्ति की सच्ची आत्मपरीक्षा उसकी आध्यात्मिक शक्ति की परीक्षा, सबसे प्रधान समय, उस इम्तहान का सबसे नाजुक दौर यही आज का युग है।" वह अपनी कविता में पूंजीवादी दबावों से टकराते हैं और छाती जा रही नकली सभ्यता को अनावृत्त करते हैं। कविता में टकराना समाज में भी अपने ढंग से मुठभेड़ में शामिल होना है। इस दशा में यह कैसे कहा जा सकता है कि मुक्तिबोध की कविताएँ आत्मग्रस्त हैं। इसी 'पुनश्च' में वह स्पष्ट करते हैं कि "स्वाधीनता के इस युग

में मेरी कविता सघन बिंब-मालिकाओं में अधिकाधिक गहन होती गई। किंतु यह भी एक तथ्य है कि इस आत्मग्रस्तता के बावजूद और शायद उसको साथ लिए-लिए मेरा आत्म-संवेदन समाज के व्यापकतर छोर छूने लगा। कविता का कलेवर भी दीर्घतर होता गया।" उनकी कविता की दीर्घता आत्म-संवेदन के सामाजिक फैलाव का नतीजा है। यह लिरिक से काव्यात्मक कथा की ओर बढ़ना है।

मुक्तिबोध की कविता को भारतीय जीवन के एक खास ऐतिहासिक संदर्भ में रखकर देखना होगा। हम जानते हैं कि एक समय आक्रामक पश्चिमी सभ्यता की छाया में किस तरह भारतीय जीवन का रूपांतरण हो रहा था। इसका दबाव राजनीति ही नहीं, कला-संस्कृति पर भी था। आम जनता का कला, कविता और अपनी संस्कृति से विच्छेद बढ़ता जा रहा था। ऐसे माहौल में मुक्तिबोध अलग से पहचाने जानेवाले कवि हैं, क्योंकि वह नव-उपनिवेशवाद की आँधियों में नहीं बहे। वह बाहर और भीतर, निःसंदेह भीतर ज्यादा, हर आँधी-पानी से जूझते रहे। उनके जमाने में बहुत-सी विचारधाराएँ एक-दूसरे से टकरा रही थीं। मुक्तिबोध अपनी राजनीति चुन चुके थे, पर वह कवि थे खुले अनुभव के। उन्होंने 'तारसप्तक' में अपनी कवि-प्रकृति की घोषणा कर दी थी, "मेरी हर विकास-स्थिति में मुझे घोर असंतोष रहा है और है। मानसिक द्वंद्व मेरे व्यक्तित्व में बद्धमूल है।" मुक्तिबोध का अपने विकास से असंतोष एक व्यापक असंतोष का अंग है। इसी तरह उनके मानसिक द्वंद्व को उनके ऐतिहासिक समय की जटिलता के संदर्भ में देखना चाहिए। निश्चय ही उनका संदेह हमेशा बना रहता है, जो आधुनिकता का पहला और सबसे महत्वपूर्ण महाख्यान है।

50-60 के दशक में अधिकांश कवि एक किनारा पकड़ चुके थे। मुक्तिबोध किसी किनारे पर खड़े नहीं थे। वह राजनीतिक रूप से पक्षधर होते हुए भी अपने समय की राजनीतिक स्थितियों से असंतुष्ट थे। वह आधुनिक होते हुए भी अपने समय की प्रचलित आधुनिकता से असंतुष्ट थे। वह अपने तरीके से आधुनिक जीवन का मर्म पहचान रहे थे और एक विश्वदृष्टि बना रहे थे। यही चीज काव्य-शिल्प के स्तर पर थी। वह कहीं बेहद असहमत थे। उनको लगता था कि उनके युग में एक खास तरह की जड़ीभूत सौंदर्याभिरुचि है। कहना न होगा कि जड़ीभूत के साथ कृत्रिम सौंदर्याभिरुचि का प्रवेश भी हो चुका था। यह 'सौंदर्यबोध के प्रबंधन' जैसा मामला है या 'नियंत्रित विचारधारा' का मामला। स्पष्ट होता जा रहा था कि लोगों को सभ्यता की एक खास दिशा में ठेला जा रहा है। मानो एक अघोषित सेंसर है, "मुझे भय है – और मेरा अनुभव है कि ये सेंसर केवल रूप-शिल्प के क्षेत्र में ही लागू नहीं किए जा रहे हैं, परंतु तत्व के क्षेत्र में भी सक्रिय

हो रहे हैं। किन्हीं तत्वों को निष्कासित, विवर्धित, परिवर्तित, संशोधित किया जा रहा है।" (रचनावली-6)। जीवन में सभ्यतामूलक दबावों से कुछ ऐसा खास जुड़ और घट रहा था, जिसे लेकर मुक्तिबोध बेहद चिंतित थे। जैसे बहुत कुछ किसी दूसरे ग्रह से आकर छाता जा रहा हो और अपने घर में ही परायेपन का अनुभव हो रहा हो।

मुक्तिबोध के भय को कुछ आलोचकों ने 'अकारण भय' और 'सिजोफ्रेनिया' कहा है। मुक्तिबोध को कभी-कभी लगता था कि कोई उनका लगातार पीछा कर रहा है। वह बहुत संवेदनशील और ईमानदार थे। मनुष्य की अत्यधिक संवेदनशीलता और ईमानदारी कभी-कभी भूत बन जाती है और उसे सताती है। यह कितना अच्छा है कि हमलोग उस भूत से बचे हुए हैं।

मुक्तिबोध एक उद्विग्न करनेवाले माहौल में कविताएँ लिख रहे थे और बेचैन हो जाते थे। दरअसल अंग्रेजी राज जाने के बाद भी औपनिवेशिक प्रेतलीला जारी थी। अत: अनिश्चित होता जा रहा मानव-भविष्य देखकर डरना स्वाभाविक था। यह भी कितना अच्छा है कि अब हम नहीं डरते।

मुक्तिबोध के दृष्टिकोण की एक बड़ी खासियत है उसकी तीव्र आलोचनात्मकता। यह कहीं ठहरती नहीं है, क्योंकि तब यह सिर्फ आलोचनात्मकता ही नहीं कविता की भी मौत होती। उन्होंने 'एक साहित्यिक की डायरी' में व्यंग्य करते हुए लिखा है, "यदि साहित्य जीवन का प्रतिबिंब है तो उसमें यह भी जोड़ना पड़ेगा कि कभी-कभी साहित्य जीवन के स्वांग का प्रतिबिंब होता है।" मुक्तिबोध के समय में लेखकों के बीच स्वांग का उदय हो गया था, क्योंकि अहंकार की तुष्टि के लिए तर्क-जाल बुने जा रहे थे। इसलिए उन्होंने अपने समय के काव्य-परिदृश्य में प्रगतिवाद और प्रयोगवाद दोनों की अतियों की आलोचना की। उन्होंने प्रगतिवाद के संबंध में कहा, "प्रगतिवाद ने मनुष्य जीवन का केवल राजनीतिक पक्ष उठाया, उसने संपूर्ण मनुष्य को अपने काव्य का विषय नहीं बनाया" (नई कविता का आत्मसंघर्ष)। काडवेल ने कहा था कि कला के दायरे से बाहर निकलना समाज के दायरे में प्रवेश करना है। कुछ प्रगतिवादियों के साथ विडंबना यह थी कि कला के दायरे से बाहर निकलकर भी वे समाज की गहराई में प्रवेश नहीं कर पाते थे। मुक्तिबोध ने प्रयोगवाद के संदर्भ में भी संदेह व्यक्त किया, "क्या प्रयोगवाद का आज तक का विकास ऐसा है कि जो हमारी जनता के मुख्य लक्ष्यों को अग्रसर कर सके? अथवा, क्या उससे यह आशा हो सकती है ? मेरा अपना मत यह है कि अभी तक प्रयोगवादी कवियों में यह विशाल चेतना नहीं आ पाई है, जिसे हम महत्व देते हैं। कुछ कवि मानसिक प्रत्याघातों का चित्रण करके ही चुप रह जाते हैं" (वही)। मुक्तिबोध मनुष्य में गहरे उतरना

चाहते थे। समाज को व्यापकता से तभी समझना संभव है, जब मनुष्य में गहरे उतरकर उसके अंतर्जीवन को जाना जाए। मुक्तिबोध बहुत कुछ जानना चाहते थे। वह जिंदगी को उलट-पुलट कर हर तरफ से देखना चाहते थे। वह मनुष्य जीवन के राजनीतिक पक्ष तक सीमित नहीं रह जाते और व्यक्तिबद्ध सौंदर्यवाद के पार भी जाते हैं।

इन वर्षों में सबसे बड़ी भूल कौन-सी हुई? यह सवाल उठाकर मुक्तिबोध जो कहते हैं, उससे हिंदी समाज की एक ऐतिहासिक क्षति का बोध होता है। वह 'एक साहित्यिक की डायरी' में उपर्युक्त सवाल का जवाब देते हैं, "राजनीति के पास समाज सुधार का कोई कार्यक्रम न होना। साहित्य के पास समाज सुधार का कोई कार्यक्रम न होना। सबने सोचा, सामान्य बातें करके सिर्फ और एकमात्र राजनीतिक या साहित्यिक आंदोलन के जरिये वस्तुस्थिति में परिवर्तन कर सकेंगे।" इससे एक बड़ी सांस्कृतिक क्षति हुई, क्योंकि सभी ने शार्टकट मारा। नतीजा हुआ, 'आधुनिक सभ्यता के वन में व्यक्तित्व-वृक्ष सुविधावादी' हो गए। उच्च चिंतन में अद्वैत, वर्ग एकता तथा राष्ट्रीय भावना का गौरवगान और आचरण में द्वैत या भेदभाव एक खास भारतीय विडंबना है। यह चीज मुक्तिबोध को विचलित करती है कि सामंती अवशेषों से, जो परिवार, राजनीति और संस्कृति में बड़े पैमाने पर थे, समझौता कर लिया गया। इसीलिए "नया जीवन, नए मान-मूल्य, नया इन्सान परिभाषाहीन और निराकार हो गए।...वे अस्पष्ट रह गए। उनकी अस्पष्टता खूबसूरत हो गई" (वही)। कहना न होगा कि मुक्तिबोध के ऐसे कथन हमें आज भी 'आत्मनिरीक्षण' की ओर ले जाते हैं, जो 'पुनर्गठन' के लिए जरूरी है।

आधुनिकता के बुनियादी लक्षण हैं – संदेह, मानसिक अंतर्द्वंद्व और व्यक्तित्वांतरण। मुक्तिबोध की कविता में इन लक्षणों की उपस्थिति व्यापक रूप से है, जैसे ये उनके अस्तित्व के सबूत हों। नागार्जुन के बाद सबसे अधिक संदेह मुक्तिबोध ने किया। दोनों 'मध्यवर्गीय मानसिकता' और 'मध्यवर्गीय नैतिकता' के परंपरागत ढांचे में न बंध कर उत्पीड़ित मध्यवर्ग की भाव-स्थितियों को कविता की विषयवस्तु बनाते हैं। दोनों ही कवि उस जड़ीभूत और कृत्रिम सौंदर्यारुचि से बचते हैं, जो ऊपर के वर्गों से मिल जाने के कारण पैदा होती है। नागार्जुन और मुक्तिबोध में बड़ा कवि कौन है, इस पचरे में पड़ने की जरूरत नहीं है। दोनों भिन्न अभिव्यक्ति-शैलियों के जनकवि हैं। जाहिर है, नागार्जुन जहाँ जल्दी फैसले पर होते हैं, वहाँ मुक्तिबोध को गहरी जद्दोजहद से गुजरना पड़ता है। नागार्जुन जिन चीजों को जन की आँख से देखते हैं, उन्हें मुक्तिबोध व्यक्ति की आँख से, बल्कि व्यक्ति की आँख की भी आँख से। कहा जा सकता है कि यह प्रकारांतर से जन की ही आँख है।

आधुनिकतावाद की एक धारा ने व्यक्तिवाद को प्रधानता दी थी, इसने काव्यानुभूति को अंत:संदर्भात्मक बना दिया। मुक्तिबोध ने व्यक्ति के अनुभव का महत्व बताया, पर उसे सही परिप्रेक्ष्य में पहचानने पर जोर दिया। वह कहते हैं, "उस संवेदन को तुम प्रकट न करोगे, तुम न बताओगे तो किसको क्या पड़ी है कि वह बतावे ! अपने अनुभवों का तुम सिग्निफिकेंस पहचानो। सामाजिक दृष्टि से तुम्हारा स्थान कुछ नहीं, सिर्फ इसलिए तुम अपने को हेठा या छोटा न समझो।" (एक साहित्यिक की डायरी)। व्यक्ति के अनुभव ऐतिहासिक ताकत बन दर्शन, राजनीति, अर्थतंत्र, संस्कृति सबकुछ बदल देते हैं, यह समझने की जरूरत है।

मुक्तिबोध का अनुभव अनुभववाद नहीं है। उन्होंने इसका संबंध इतिहास से स्थापित किया। वह कविता को एक विस्तृत वैचारिक जमीन देते हुए कहते हैं, "आज की कविता वस्तुत: पर्सनल सिचुएशन की, स्व-स्थिति की, स्व-दशा की कविता है। किंतु आज जिंदगी का तकाजा है कि वह निज समस्या को वर्तमान युग की मानव समस्याओं के रूप में देखे।" (नई कविता का आत्मसंघर्ष)। यह समझने की जरूरत है कि सामाजिक यथार्थों से संपर्क के अलावा उनका 'स्व-दशा' को, व्यक्ति के अनुभव को महत्व देना वस्तुत: मनुष्य के उस भीतरी जगत को बचाने का उपक्रम है, जिसे पश्चिमी सभ्यता और 'युग-युग की संचित संस्कृति के सड़े रूप' या जड़ीभूत रूप निगल जाना चाहते थे। उनके 'व्यक्ति' की टकराहट जितनी पश्चिमी सभ्यता से थी, उससे कम सामंतवाद से न थी।

2

मुक्तिबोध ने सृजन में तल्लीनता के तीन क्षणों की चर्चा की है, "कला का पहला क्षण है जीवन का उत्कट तीव्र अनुभव क्षण। दूसरा क्षण है इस अनुभव का अपने कसकते-दुखते हुए मूलों से पृथक हो जाना और एक फैंटेसी का रूप धारण कर लेना...और तीसरा क्षण है इस फैंटेसी के शब्दबद्ध होने की प्रक्रिया का आरंभ।... मेरी फैंटेसी मेरे युगीन अनुभव की कन्या है।" (एक साहित्यिक की डायरी)। बाह्य के आभ्यंतरीकरण की प्रक्रिया कला के दूसरे क्षण तक जारी रहती है। दूसरे क्षण से ही आभ्यंतर के बाह्यीकरण की प्रक्रिया भी शुरू हो जाती है।

यह सही है कि मुक्तिबोध की कविता का उत्तरार्ध पूर्वार्ध की तरह सीधे बिंबों में न होकर फैंटेसी से भरा है। इसमें गहन अंतर्मुखी दशाएँ हैं, क्योंकि स्वातंत्र्योत्तर ऐतिहासिक संदर्भ अधिक ट्रैजिक और जटिल हैं। आम फैंटेसी वस्तुत: दिवास्वप्न है। इसे इच्छापूर्ति सोच या दमित इच्छाओं का स्वप्न-जैसा ही

एक मनोवैज्ञानिक निष्क्रमण पथ कहा गया है। इसमें संदेह नहीं कि तृप्त व्यक्ति फैंटैसी नहीं बुन सकता। यह एक विकसित मस्तिष्क की चीज है, जिसके लिए उच्चतर कल्पना की जरूरत होती है। फिर भी इसकी सार्थकता इस पर निर्भर है कि इसका देश-काल से क्या संबंध है। दुनिया के जिन समाजों का बार-बार दमन होता है, जिन पर सभ्यताओं के आक्रमण होते हैं, उन समाजों में फैंटेसी अधिक बनती है। ऐसी फैंटेसी में उस समाज की सांस्कृतिक इच्छाएँ झलकती हैं। मुक्तिबोध ने 'एक साहित्यिक की डायरी' में साहित्यिक फैंटेसी के संदर्भ में लिखा है, "जो फैंटेसी अनुभव की व्यक्तिगत पीड़ा से पृथक होकर, उससे तटस्थ होकर अनुभव के भीतर की संवेदनाओं द्वारा उत्सर्जित और प्रक्षेपित होगी, वह एक अर्थ में वैयक्तिक होते हुए भी दूसरे अर्थ में नितांत निर्वैयक्तिक होगी। उस फैंटेसी में अब एक भावात्मक उद्देश्य की संगति आ जाएगी।" मुक्तिबोध की काव्य फैंटेसी एक आंतरिक घटना होते हुए भी व्यक्तिबद्ध नहीं है।

फैंटेसी को आमतौर पर एक व्यक्तिबद्ध मिथ समझा जाता है। इसे अतिकल्पना की देन माना जाता है। वैयक्तिक फैंटेसी का एक अच्छा उदाहरण लियानार्दो-द-विंची का है। वह अपनी जिंदगी के उत्तरार्ध में मानने लगा था कि उसकी दो माताएँ हैं। इसका व्यापक असर उसकी परवर्ती चित्रकला पर पड़ा। मुक्तिबोध की कविताओं की फैंटेसी मनोवैज्ञानिक मामला न होकर एक कलात्मक पुन:सृजन है। उन्होंने इसे अनुभव की कन्या कहा और बताया कि 'अंधेरे में', 'चम्बल की घाटी में' आदि कविताओं में इस कन्या की अपनी पहचान है। उल्लेखनीय है कि मुक्तिबोध की अनुभव-कन्या का एक सामाजिक चरित्र है। उसका जातीय स्मृतियों और दुनिया के यथार्थों से गहरा संबंध है। पूंजीवादी यथार्थ के कसाघात कवि को जितना बेचैन करते हैं, काव्यात्मक फैंटेसी उतनी ही विविध, गहन और जटिल होती जाती है।

फैंटेसी यथार्थ का असामान्यीकरण है। यह दृश्यपरक होती है। मुक्तिबोध को जब पूंजीवाद का विकृत रूप दिखाना होता है, वह कहते हैं चाँद का मुँह टेढ़ा है। वह चाँदनी के रोमांटिक तत्व को तोड़ डालते हैं। वह चाँदनी के सुनहली से स्याह-साँवली पड़ जाने, चिड़ियों के घोंसले से कारतूस निकलने और ऐसी न जाने कितनी प्रतीकात्मक बिम्ब-मालाएँ बनाते हैं। नई पश्चिमी सभ्यता में अलग-थलग पड़ते जा रहे भारतीय बुद्धिजीवी के सोच-प्रवाह को वह दिमागी गुहाँधकार की अनोखी चित्रात्मक घटनाओं के जरिए उघाड़ते हैं। ये घटनाएँ स्वप्न-सरीखी हों और भले टुकड़ों में बिखरी हों, उनमें जीवन की अखंडता है। इनमें जीवन की कभी दूर और कभी करीब से आती एक पीड़ा-भरी चित्रात्मक धुन है। उनकी कविता में संगीत न हो पर फैंटेसी की वजह से जबर्दस्त चित्र-सौष्ठव है।

हर आदमी अपने वैयक्तिक जीवन के अभाव और कठिनाइयों के बीच फैंटेसी बुनता है। यह संभव है कि कोई फैंटेसी को लेकर प्रयोग और आत्मपरीक्षण भी करे। मुक्तिबोध के दौर के कई व्यक्तिवादी कवियों ने अपने काव्यात्मक प्रयोगों को आत्मपरीक्षण का रूप नहीं दिया। मुक्तिबोध की कविता में फैंटेसी प्रयोग के साथ आत्मपरीक्षण का भी औजार है। एक बार नेमिचंद्र जैन को उन्होंने अपने खत में लिखा था, "मेरी आँखों के सामने घर-गिरस्ती को देखकर काले सपने आया करते हैं। मैं वजन सम्हाल नहीं पाता और हर महीने की बीस तारीख के बाद दिवालियापन सताता है क्रुद्ध प्रेत-सा।" मध्यवर्गीय ट्रैजडी के बाहरी और भीतरी पाटों के बीच खुद मुक्तिबोध भी पिस रहे थे। वह निम्न-मध्यवर्ग के थे, "मेरी अपनी जिंदगी तंग गलियों में चक्कर काटती रही। उन्हें देखते हुए यही मानना पड़ता है कि साधारण श्रेणी में रहनेवाले हमलोगों को अस्तित्व-संघर्ष के प्रयासों में ही समाप्त होना है।" यह कहते हुए भी मुक्तिबोध इस नियति से संघर्ष करते हैं। अस्तित्व-संघर्ष के साथ उनमें अपने अस्तित्व का अर्थ खोजने की बेचैनी है, जो उन्हें फैंटेसी की दिशा में ले गई।

कविता की एक आधुनिकता यह है कि कवि-मन की कोई भी सौंदर्यात्मक छाप अपने मूल से ही नहीं, बल्कि कवि के व्यक्तित्व से भी पृथक होकर व्यक्त हो। मुक्तिबोध इससे भिन्न रास्ता चुनते हैं, "काव्य और व्यक्तित्व का संबंध आपको कहीं न कहीं जोड़ना होगा।" वह 'नई समीक्षा' के निर्वैयक्तिकता के सिद्धांत से अपने को नहीं जोड़ते, पर अपने को व्यक्तिवाद से मुक्त रखते हैं। वह निश्चय ही कविता को अपनी मनोदशा के साथ ऐतिहासिक दशाओं के केंद्र में भी रखते हैं, ताकि उनके समय के संकट के साथ आम जन की जुझारू मनुष्यता भी उद्घाटित हो। वह आत्मचेतस के साथ विश्वचेतस होते हैं, पर टाइप व्यक्तित्व नहीं बनते। उनका जिया हुआ अनुभव उनका है। वह न तात्कालिक है और न इकहरा। उसमें भरपूर ऐतिहासिक 'रिफ्लेक्शन्स' हैं, भले ये टुकड़ों में हों। इसका अर्थ है, मन में जो है वह भी वस्तु है, जो काव्य वस्तु बनती है। मुक्तिबोध अपनी कविता की सृजनात्मक प्रक्रिया में अपने जीवन की पुनर्रचना करते हैं। वह अनुभव के बाद पुनः एक अनुभव रचते हैं। वह फैंटेसी में वस्तुतः अपने अनुभव की पुनर्कल्पना करते हैं।

जीवन को समझने की एक प्रक्रिया है 'तुम' में 'मैं' का पुनर्आविष्कार। मुक्तिबोध की कविता में 'तुम' हमेशा मौजूद है, जिसमें वह अपने 'मैं' का पुनर्आविष्कार करते हैं। उनकी रचना-प्रक्रिया को उनके इस कथन से समझा जा सकता है, 'जीवन के तथ्यों के/सामान्यीकरणों का/करना ही पड़ता हमें

असामान्यीकरण।' मुक्तिबोध के लिए जीवन-तथ्यों के आभ्यंतरीकरण की प्रक्रिया सामान्यीकरण पर आधारित है। वह कविता को निजी जीवन की प्रतिलिपि नहीं बनाते। उनकी कविता में जन-जन के सामान्य अनुभव हैं। जब जीवन की सच्चाइयों की काव्यात्मक अभिव्यक्ति का प्रश्न उठता है, हम पाते हैं कि बाह्यीकरण की प्रक्रिया असामान्यीकरण पर आधारित है। यहाँ जीवन के अनुभव विशेष काव्यात्मक रूप ले लेते हैं। असामान्यीकरण मुक्तिबोध की 'जीवन की चेतना' की एक मुख्य प्रवृत्ति है। निःसंदेह उनकी विशिष्ट ढंग की कविताएँ क्लिष्ट और साधारण जनता की समझ के परे हैं। मुक्तिबोध जनता के साहित्य की बात अपने गद्य में करते हैं, पर उनकी कविता जनता का साहित्य नहीं है। यह कहने का इतना ही आशय है कि उनकी कविता जनता के लिए नहीं लिखी गई है, पर वह वस्तुतः है जनता का ही साहित्य – जनता के चित्त की खलबली को अभिव्यंजित करनेवाला साहित्य।

मुक्तिबोध की कविता की संरचना नृ-तात्विक है। ऐतिहासिक जीवनानुभवों का आभ्यंतरीकरण करके उन्हें नृ-तात्विक आधारशिला देना कविता को इतिहास और सामूहिक अचेतन-दोनों से जोड़ना है। इस प्रक्रिया में इतिहास कवि के सामूहिक अचेतन को नया वस्तु-संसार प्रदान करता है और सामूहिक अचेतन इतिहास को मानवीय और नैतिक मूल्यों के लिए जूझने की अंतःशक्ति देता है। कवि के अचेतन के यथार्थ को व्यक्ति के इतिहास से 'कन्फ्यूज' नहीं करना चाहिए। मुख्य बात यह है कि व्यक्ति और सामाजिक जीवन का अंतःसंबंध व्यक्ति की आत्मसत्ता की अवहेलना करके स्थापित नहीं किया जा सकता। मनुष्य में व्यक्ति की आत्मसत्ता का उदय एक महान आधुनिक घटना है, क्योंकि हम देख रहे हैं, उपभोक्ता समाज में मनुष्य व्यक्ति नहीं है, वह झुंड का हिस्सा है।

विज्ञान और कला में एक महत्वपूर्ण फर्क यह है कि विज्ञान अपने स्वरूप में नृ-तत्वविहीन (डिस-एँथ्रोपोमार्फिक) होता है, वह तकनीकी वजह से आत्मपरक तत्वों से पूरी तरह मुक्त होता है। कला ऐसी नहीं होती। वस्तुसंसार को देखने-सुनने के बाद कलाकार को जो एहसास होता है, उस एहसास का कला में कम महत्व नहीं है।

मनुष्य को विज्ञान के जरिये ज्ञान होता है, कला के जरिये संवेदना का ज्ञान या आत्मज्ञान होता है। दोनों एक ही वस्तुसंसार की अभिव्यक्तियाँ हैं। उनके कार्य भिन्न हैं। फिर भी उनके बीच एक संबंध है। मनुष्य के ज्ञान-विज्ञान का दायरा विस्तृत होने पर उसकी संवेदना का भी प्रसार होता है। रामचंद्र शुक्ल ने कहा था, ज्ञान प्रसार के साथ भाव प्रसार होता है। हालांकि आज एक विचित्र

हालत है, ज्ञान भले बहुत बढ़ जाता है, पर भाव प्रसार नहीं होता। इसकी बुनियादी वजह है, आज ज्ञान का अर्थ सिकुड़ कर सूचना या हुनर हो गया है। इसका अर्थ व्यावहारिक ज्ञान हो गया है।

मुक्तिबोध को पहली चिंता भावधारा की है, संवेदना की है – ज्ञान को संवेदनात्मक बनाने की है। उनकी दूसरी चिंता भावधारा को विचारधारात्मक या संवेदना को ज्ञानात्मक बनाने की है। वह संवेदनात्मक ज्ञान से ज्ञानात्मक संवेदना की ओर बढ़ना चाहते हैं। कला-साहित्य में संवेदना की अभिव्यक्ति मुख्य रूप से होती है, ज्ञान-विज्ञान की नहीं। अत: संवेदनशील होना आत्मग्रस्त होना नहीं है, जीवन की समस्याओं को पहचानते हुए आत्मचेतस होना है। आत्मचेतस होते हुए इतिहासचेतस होना है। हिंदी में अभी तक मुक्तिबोध की कविता ही ऐसी है, जिसमें इतिहास और व्यक्ति, ज्ञान-विज्ञान और संवेदना, वस्तुगत और आत्मगत, आभ्यंतरीकरण तथा बाह्यीकरण के रिश्ते की एक व्यापक तलाश है।

3

लेखन एक अच्छा, पर खतरनाक काम है। यह ऐसे अनजाने को बुलाना है, जो आकर जितनी खुशी देता है, उससे अधिक बेचैन करता है। वह किसी मजबूत सत्ता के टूटने की आनंददायक गवाही है। कवि की दुनिया में वह भी संभव है, जो हम सामने नहीं देखते। फिर भी कवि की दुनिया के यथार्थों और आदर्शों का संबंध मुख्यत: जनसंसार से है।

मुक्तिबोध की कविता के भीतर एक कविता है। उसका अर्थ किसी चौखटे में बंधा नहीं है। हर कविता में अर्थ का एक द्वीप-समूह है। यही वजह है कि मुक्तिबोध की कविताएँ जटिल हैं, क्योंकि आधुनिक जीवन जटिल है। उनकी कुछ कविताएँ ऐसी हैं, जिन पर कुछ विस्तार से चर्चा होनी चाहिए। यह चर्चा बार-बार होनी चाहिए, क्योंकि 1957 से 64 के बीच खुद मुक्तिबोध ने इन्हें बार-बार लिखा है। उनकी ऐसी हर कविता बहुपर्त्तदार है। इसे पढ़ना ऐसे अछूते समुद्र-तट पर जाना है, जहाँ लहरों ने सदियों से किसी अनजानी लिपि में निशान छोड़ रखे हैं।

एक कविता है 'दिमागी गुहांधकार का ओरांग उटांग' और एक है 'ब्रह्मराक्षस'। दोनों कविताओं को साथ रखें तो निर्बुद्धिपरकता और बुद्धिपरकता की सामाजिक टकराहट का एक पूरा बिंब मिल जाता है। हिंस्र ओरांग उटांग और बुद्धिशील ब्रह्मराक्षस मिथक से फैंटेसी में आकर आधुनिक मध्यवर्गीय मन के संस्कारों को तीखे ढंग से अनावृत्त करते हैं। वे नई सभ्यता में शामिल होते हैं और इसके संकट

के दृश्य बनाते हैं। यह एक अनोखा प्रस्थान है कि मुक्तिबोध की कविताओं में देवसमूह के लोकप्रिय मिथक नहीं हैं। उनमें राम-कृष्ण की जगह ब्रह्मराक्षस जैसे लोक संस्कृति के मिथक हैं। जूही और गुलाब की जगह टगर के फूल हैं। झरना और सागर की जगह बावड़ी है। नीलकंठ की जग चमगादड़ हैं। इसके बड़े मायने हैं कि कविता में कैसे मिथकीय प्रतीक, पेड़-फूल, जलाशय और पक्षी आए हैं। इन चीजों से कवि की मनःस्थिति की सूचना मिलती है।

आधुनिक सभ्यता की हिंसा मनुष्य के मन को कितनी घेरती जा रही है, यह मुक्तिबोध से अधिक कोई नहीं बताता। मस्तिष्क के भीतर के कक्ष, उसके भी भीतर एक गुप्त प्रकोष्ठ के गुहा-अंधकार में ओरांग उटांग है। सभ्यता के मुखौटे से ओरांग उटांग, जो आधा वनपशु और आधा मानुष है, अक्सर झांकता है। आदिम युग का संकुचित और हिंस्र मन आधुनिक दिमाग में बैठा है। आज हमारे बीच कब कोई जनतंत्र पर बहस करते-करते अचानक अभिव्यक्ति की आजादी छीन लेगा या भ्रष्टाचार के खिलाफ लड़ते हुए कौन कहाँ भ्रष्ट उपाय से खुद रुपये बटोरता मिल जाएगा, कहा नहीं जा सकता। ओरांग उटांग आज की सभ्यता की एक अनुपस्थित संरचना है। यह आदिम वनमानुष आज भी मध्यवर्गीय संस्कारों में जिंदा है। हिंसा मरी नहीं है। यह सांस्कृतिक विमर्शों में, रास्तों पर, सत्ता की भाषा में बौखलाती हुंकृति-ध्वनि करते हुए ओरांग उटांग के रूप में अक्सर दिख जाती है। मुक्तिबोध का स्वभाव है 'तुम' में 'मैं' को देखना।

स्वयं की ग्रीवा पर
फेरता हूँ हाथ कि
करता हूँ महसूस
एकाएक गरदन पर उगी हुई
सघन अयाल और
शब्द पर उगे हुए बाल तथा
वाक्यों में ओरांग उटांग के
बढ़े हुए नाखून ?

मुक्तिबोध धारावाहिक रूप से सोचते रहते थे, जैसे मस्तिष्क में किसी फिल्म की रील चल रही हो। यह उनका आत्ममंथन है, पूरा युग मानो इसमें अपने को मथ रहा हो। इसी तरह ब्रह्मराक्षस पुराने वृक्षों, सन्नाटे की आवाजों और अनंत काल-प्रवाह के बीच किसी एक परित्यक्त बावड़ी में अपने को रगड़-घिसकर साफ कर रहा है। मुक्तिबोध को उसमें 'विगत शत पुण्य का आभास' होता है। वह

'बीती हुई श्रेष्ठता' का दर्द बनकर आता है। वह एक 'गहन संदेह' का सिलसिला भी है, जो अवरुद्ध नहीं होता। बावड़ी के 'भीतर से उमड़ती है गूंज की भी गूंज।' यह ब्रह्मराक्षस की ही गूंज नहीं, बुद्धिवादी चिंतन की उस परंपरा की गूंज है, जिसमें मुक्तिबोध ने वैदिक ऋचाओं, सुमेरी-बैबिलोनी जनकथाओं, मार्क्स, हीडेग्गर, स्पेंग्लर, सार्त्र, गांधी आदि बहुतों को रखा है। ब्रह्मराक्षस सुदूर अतीत से लेकर आधुनिकतम युग तक की बुद्धिवादी परंपरा और चली आ रही तीखी बहसों का प्रतीक है। समस्या यह है कि यह 'बीती हुई श्रेष्ठता' आज एक परित्यक्त सूनी बावड़ी में 'पागल प्रतीकों में कही जाती हुई ट्रैजडी' बन गई है।

आधुनिक कविता 'विडंबना' को उद्घाटित करती है। यह एक विडंबना ही है कि जो मध्यवर्ग कभी इतिहास के पहिए ठेलता था, अब वह उस पहिए के नीचे है या महज दर्शक। मुक्तिबोध को मध्यवर्ग से बड़ी आशा है। इसलिए उस पर गहरा क्षोभ भी है। अमीर सिर्फ पैसे बनाने में लगे होते हैं। गरीब क्षमतासंपन्न राजनीतिक नेताओं के कब्जे में होते हैं। मुनाफा- पागल उपभोक्तावादी समाज में एक मध्यवर्ग है, जिसके लोग कभी बुद्धिजीवी हो जाते हैं, कभी भोगपशु ! वे जो कभी स्वाधीनतापूर्वक तर्क करते थे – इंटलेक्चुअल होते थे, अब सांस्कृतिक मनोरंजन के अधीन हैं। मध्यवर्ग का हर आदमी सोचता है कि ऊपर के लोग इतना भ्रष्टाचार क्यों करते हैं, पर अपने भ्रष्टाचार के बारे में सोचता है कि इतना आज के जमाने में चल जाना चाहिए। वह नहीं सोच पाता कि वह किसी को कुचलते हुए आगे बढ़ रहा है, "हर आदमी उचककर चढ़ जाना चाहता है/धक्का देते हुए बढ़ जाना चाहता है/हर एक को अपनी-अपनी पड़ी हुई है/चढ़ने की सीढ़ियाँ सिर पर चढ़ी हुई हैं" (हर चीज जब अपनी, 1962)। मध्यवर्ग परिवर्तन-प्रिय होता है, पर कई बार स्वार्थी और संरक्षणवादी हो जाता है।

अधिकांश सुधारक, क्रांतिकारी और साहित्यकार मध्यवर्ग से आए हैं। हम पाते हैं कि मुक्तिबोध का निरंतर संवाद इसी वर्ग से है। वह मध्यवर्ग को आमतौर पर आलोचनात्मक निगाह से देखते हैं, पर उसे महज धिक्कारने की जगह सकारात्मक दृष्टि से समझना और उसमें व्यक्तित्वांतर लाना चाहते हैं। आज भी उभरती अर्थव्यवस्था के साथ विस्तार पा चुके मध्यवर्ग को समझने की जरूरत कम नहीं है।

आधुनिकता 'बुरे-अच्छे-बीच के संघर्ष से भी उग्रतर' 'अच्छे और उससे भी अच्छे के बीच का संगर' थी। इसमें मनुष्यजाति को 'किंचित सफलता, अति भव्य असफलता' मिली। मुख्य बात यह है, लड़ाई हुई थी। ब्रह्मराक्षस बुद्धिवादी परंपरा का एक अद्यतन शोधक है, जो मारा गया। उसके मारे जाने के बाद आधुनिकता का उत्थानशील युग बीत गया।

आया कीर्ति व्यवसायी
लाभकारी कार्य में से धन
व धन में से हृदय-मन
और धन-अभिभूत अंतःकरण में से
सत्य की झाईं निरंतर चिलचिलाती थी

मनुष्य के दिमाग को कौन चला रहा है– पैसा या सच्चाई? पैसे से चल रहे दिमाग में सच को घायल होना है। मुक्तिबोध का मध्यवर्ग के बारे में प्रसिद्ध कथन है, "पिस गया वह भीतरी/और बाहरी दो कठिन पाटों बीच/ऐसी ट्रैजडी है नीच।" एक तरफ भौतिक जीवन में मिली असफलता के कारण ट्रैजडी घटित हुई। दूसरी तरफ, 'व्यक्तित्व में थी प्राणमय अनबन'। आदमी के अंतर्मन की ट्रैजडी, ब्रह्मराक्षस का दुखद अंत! हालांकि जिन हृदयों में सजल व्यथा है, वहाँ सच जिंदा है। सच अब एक 'ह्युमन सफरिंग' है। मुक्तिबोध 'ब्रह्मराक्षस' कविता का अंत एक प्रश्न और एक संकल्प से करते हैं।

यह क्यों हुआ !
यह क्यों हुआ !!
मैं ब्रह्मराक्षस का सजल-उर शिष्य
होना चाहता
जिससे उसका वह अधूरा कार्य
उसकी वेदना का स्रोत
संगत, पूर्ण निष्कर्षों तलक
पहुँचा सकूं

ब्रह्मराक्षस हजारों साल की संचित ज्ञानराशि का मिथकीय फैंटेसी में ढला रूप है। कवि आधुनिकता की अधूरी परियोजना पूरी करना चाहता है, क्योंकि उसमें आत्मशोधन की प्रवृत्ति मिटी नहीं है। अभी मानवता जिंदा है, क्योंकि मनुष्य में आत्मचेतस और विश्वचेतस होने की जो भावना है, उसे कीर्ति व्यवसायियों की पूंजीवादी सभ्यता मिटा नहीं पाई है। इसलिए बुद्धिवादी परंपरा में नया प्राण डालना मुश्किल नहीं है। मुक्तिबोध विश्व की महान बौद्धिक परंपराओं की ओर आकर्षित थे। वह आधुनिकता की बुद्धिवादी परियोजना के अधूरी रह जाने से चिंतित थे। इसलिए वह सभ्यता की ट्रैजडी को पहचान कर इससे मानव-मुक्ति का संकल्प लेते हैं। वह ब्रह्मराक्षस का 'सजल-उर शिष्य' होना चाहते हैं। यह वस्तुतः ढुलमुल मध्यवर्ग से एक नए बौद्धिक उन्मेष का आह्वान है, क्योंकि

बौद्धिक नवोन्मेष से ही नवजागरण की परंपरा का गत्यावरोध टूटेगा।

कवि की नई दुनिया में अब बहुत कुछ सुंदर था। परंपरागत सौंदर्याभिरुचि में एक मोड़ आया था। इसमें संदेह नहीं कि सौंदर्याभिरुचि बहुत कुछ सामाजिक पृष्ठभूमि पर निर्भर करती है। नई कविता आंदोलन के दौर में नया सौंदर्यान्वेषण पुराने ढंग के काव्य रसिकों पर नागवार गुजरा था। आज आम सौंदर्याभिरुचि छिछली है। ऊपर से इलेक्ट्रानिक मीडिया ने इसे पराधीन बना दिया है। मुक्तिबोध ने जिस 'जड़ीभूत सौंदर्याभिरुचि' की बात की थी, अब वह 'पराधीन सौंदर्याभिरुचि' है। आज का सौंदर्यबोध एक नियंत्रित सौंदर्यबोध है। कविता प्रचलित और प्रचारित सौंदर्य-दृष्टि में बदलाव लाती है। कविता में बहुत कुछ, जिधर हमारी दृष्टि सामान्यत: नहीं जाती, सहसा सुंदर हो उठता है या किसी चीज की सुंदरता एक भिन्न कोण से उभरती है।

मुक्तिबोध के सौंदर्यान्वेषण पाठक के बंदी सौंदर्यबोध को मुक्त करते हैं। उनकी कविता में साधारण भी विलक्षण हो उठता है। उनका हर सौंदर्यबोध किसी न किसी जीवन-मर्म को उद्‌घाटित करता है। सूर्योदय कुछ ऐसा दिखता है, 'लाल चिंता की रुधिर सरिता'। इसी तरह चंद्रमा 'बांध देता श्वेत-धौली पट्टियाँ उद्विग्न भालों पर'। और 'सितारे आसमानी छोर पर फैले हुए अनगिन दशमलव से' हो जाते हैं। 'ब्रह्मराक्षस' कविता में बुद्धिमंथन के अलावा एक अनोखे ढंग का सौंदर्यात्मक परिवेश है, जो मुक्तिबोध की खोजी मन:स्थिति को उभारने के साथ ब्रह्मराक्षस के बिंब को जीवंत बनाता है।

बावरी की इन मुंडेरों पर
मनोहर हरी कुहनी टेक
बैठी है टगर
ले पुष्प-तारे-श्वेत

दरअसल सौंदर्य में जीवन को पुनर्सक्रिय करने की अद्‌भुत शक्ति होती है। सौंदर्य मुक्तिदाता है।

4

इस पर कई तरह से सोचा गया है कि भारत का आशय क्या है। क्या भारत में कभी परिवर्तन आएगा ? आज भारत को उभरती हुई अर्थव्यवस्था कहा जाता है। इसके रंगीन विज्ञापनों में सबकुछ सुख में डूबा दिखता है। किसान खुशहाल, नौजवान खुशहाल, स्त्रियाँ खुशहाल, कलाकार सुखी। सभी जैसे भारत की

महानता गाते हुए। लबे-लंबे उड़नपुल, ऊंचे-ऊंचे मकान, बड़े-बड़े मॉल, अनगिनत वेशकीमती कारें, फास्ट फूड और चारों तरफ रॉक तथा पॉप ! क्या भारत का आशय है सुख और मस्ती का जीवन ? नेहरू के जमाने में भी 'विकास के मानवीय चेहरे' का काफी प्रचार था। मुक्तिबोध ने एक कविता लिखी 'सूरज के वंशधर' (1951)। भारत का एक महान ऐतिह्य है, पर "भारतीय अंधेरी गहरी-गहरी गलियों में आजकल/भयानक सर्दी की काली-काली रातें हैं। " आज भी शीतलहरी से मरनेवालों की संख्या दिसंबर के अखबार में प्रायः हर रोज छपती है, जैसे वे गरीबी से न मरकर शीतलहरी से मरे हों। ऐसी खबर पढ़े बिना शहर के संपन्न लोगों को विश्वास नहीं होता कि ठंड सचमुच बढ़ गई है !

मुक्तिबोध की चिंता के केंद्र में एकदम आम जन हैं, "लंगोटधारी यह दुबला मेरा हिंदुस्तान/रास्ते पर बिखरे हुए/चावल के दानों को बीनता है लपक कर।" बस्तियाँ उजड़ रही हैं, झोंपड़ों में आग लगाई जा रही है, मकान ढहाए जा रहे हैं, लाखों स्त्रियां-बालक गृहहीन हो रहे हैं और खच्चरों-बैलगाड़ियों पर अपना सामान लादे एक काफिला दिशाहीन जा रहा है। सिर पर रखी टोकरियों में बिलखते बच्चे हैं। अपनी ही धरती पर विस्थापन झेलती एक बड़ी आबादी का जैसे आंखों देखा एक मार्मिक चित्र उपर्युक्त कविता में है।

क्या भारत का आशय है विषमता की अनंत वेदना? मुक्तिबोध की दृष्टि में भारत के लोग सूरज के वंशधर हैं, 'अंधेरे से अँजोरे में निकल चल!' उन्हें लगता है 'युग की असहनीय वेदना के लौह वज्र' बन रहे हैं। वह चाहते हैं, 'क्रांति का कारीगर कि वज्रकाय हिंदुस्तान' बने। उनके मन में अचानक रातरानी महक उठती है, जब वह देखते हैं कि बस्ती में कुछ बच्चे पढ़ रहे हैं। कोई बहन अपनी भाभी के लिए साड़ी में रुपहली गोट-किनार लगा रही है और 'घनघोर क्रांतिकारी पुराना कार्यकर्त्ता फटेहाल/संघर्षी जनता की रहा है मीटिंग ले।' कवि का अस्तित्व औंधे मुंह किसी अंधेरी खाई में धड़ाम से गिरने को होता है कि 'बस्ती के बच्चों की चांदनी में/खिलखिलाती कबड्डी की तस्वीर' उसे थाम लेती है। मुक्तिबोध बिना किसी ग्लानि और दंभ के कहते हैं, भारत 'एक प्रकांड अभिव्यक्ति है, आशय में गहरा है।' वह एक जगह निश्छल आदिवासियों के शोषण और पीड़ा भरे जीवन को देखकर उद्वेलित होते हैं, क्योंकि ऐसा जीवन निर्दय आधुनिकीकरण की देन है। आदिवासी सैकड़ों साल से जंगलों में पिछड़े बनाकर रखे गए हैं। उन पर अत्याचार हुए हैं। दुनिया के काले लोग हों, दलित हों या आदिवासी, उन सभी के आंदोलन किसी अर्थ में 'आत्मसम्मान-आंदोलन' हैं। मुक्तिबोध की निगाह में बस्तर के लोग हैं (कवितांश, 1961)।

ओ आदिवासियो...
मनुष्यों के जंगल में
तुम्हारी कुमारियाँ और नारियाँ भ्रष्ट हुईं
कौन नहीं जानता कि कई रोग हमारे ये
उनकी ही देन हैं
स्याह आदिवासी हम
कुली हम खलासी हम
हम हबशी, हम मेहतर, हम गरीब शिक्षक हैं
....
ओ आदिवासियो पृथ्वी के, पहचानो अपने को

क्या भारत का आशय है 'दूसरे' की पीड़ा का ज्ञान ? कहा जा सकता है, मुक्तिबोध में क्रांति को लेकर एक रोमान भरा था। उनमें आवेग और बौद्धिकता का विरोधाभास देखा गया है। फिर भी यह स्वीकार करना होगा कि आवेग के पीछे सिर्फ उनकी नहीं, उनके युग की सच्चाई है। वह पूछते हैं, "जिंदगी में तो आवेश है, आवेग, उद्वेग, चिंता और क्षोभ है ! ये उसे निकाल देनेवाले कौन होते हैं?" उन दिनों जनता के सपनों के लिए जिंदा संघर्ष थे। आवेग के बिना न महान सपने बच सकते थे न संघर्ष। वस्तुत: भारत का आशय सुख और मस्ती नहीं है, विषमता की कराह नहीं है, सफेदपोश क्रांतिकारी कार्यकर्त्ता के चेहरे की गुलाबी आभा नहीं है। 'हमें था चाहिए कुछ और' की सतत बेचैनी है(नक्षत्र खंड)।

हमें था चाहिए कुछ और
जिससे खून में किरनें बहें रवि की
कि जिससे दिल
अनूठा भव्य अपराजेय टीला हो
कि जिससे वक्ष
हो सिद्धांत-सा मजबूत
भीतर भाव गीला हो

मुक्तिबोध इतिहास में दबी आवाजों के साथ हैं। प्रसाद की वेदना का रंग नीला है, मुक्तिबोध की वेदना भूरी है, पर अरुणिमा दोनों जगहों पर है। मुक्तिबोध की वेदना में रोमांटिक सहनीयता की जगह विद्रोह की तैयारी है। वह निराश होने की जगह अपनी वेदना को 'क्रियावान वेदना' में बदलते हैं। वह गर्म दुपहर में सौंदर्य देखते हैं, जो जनसाधारण की प्रचंड संघर्षशक्ति का प्रतीक है,

"इस दुपहर में/है स्वर्ण-स्फुलिंगाकुलिता राख/ वह वीरानी आंधी, वह बंजर खुला-खुलापन गरम/पर, शक्तिमान वह भूरा-भूरा रंग।" जनता ने कम लड़ाई नहीं की, कम लोग शहीद नहीं हुए। वह सैकड़ों तरह से लड़ी। वह एक महान लड़ाई थी जिसमें व्यवस्था कुछ टूटी, कुछ नहीं टूट पाई।

'एक भूतपूर्व विद्रोही का आत्मकथन' में एक विद्रोही मरने के बाद जिस मिट्टी में दबा हुआ था, उसमें वह दूसरे शहीदों से जो बात करता है, वह बड़ा अर्थपूर्ण है। वह मानो अतीत के लाखों शहीदों की तरफ से कहता है, "बंद तहखानों में - कुओं में फेंके गए/हमीं लोग/क्योंकि हमें ज्ञान था/ज्ञान अपराध बना।" ज्ञान सूचना भर नहीं है। वह सबसे पहले एक विद्रोह है। मुक्तिबोध के समय में बड़ा दमन था, जिंदगी एक गहरी मुश्किल थी। इसलिए विद्रोही कहता है, "कोशिश करो/कोशिश करो जीने की/जमीन में गड़कर भी।" जमीन में गड़ कर भी जीना अपनी जड़ों को संभालते हुए थोड़ी अधिक हिम्मत करना है, यह आत्मचेतस होना है। यह पूंजीवादी सभ्यता को समझना है, जिसे लोग बर्दाश्त करने की आदत बना चुके हैं, 'ह्रास में भी खूब-खूब मजा है' सोचकर। विद्रोही मारे जाने के बाद जिस मिट्टी के नीचे सांस ले रहा है, चाहता है उस जमीन पर एक प्राइमरी स्कूल बने, "बच्चों के लिए एक खुला-खुला/धूप भरा साफ-साफ/खेलकूद-मैदान अपार।" सैकड़ों साल से इतिहास की मिट्टी में दबा यह विद्रोही वर्तमान दशा का बयान कर देता है।

हम बागी थे, उस वक्त
जब रास्ता कहाँ था ?
दीखता नहीं था कोई पथ
अब तो रस्ते ही रस्ते हैं
मुक्ति के राजदूत सस्ते हैं !

यह व्यंग्य बहुत पीड़ा से निकला होगा। मुक्ति के राजदूत नए नारे, नए विमर्श, नए इतिहास ला रहे हैं, फिर भी चारों तरफ मुक्ति का एक ही दृश्य प्रधान है। गृह मंत्रालय के 2010 के एक आंकड़े के अनुसार, भारत में हर घंटे औसतन 15 आदमी आत्महत्या कर रहे हैं। इससे भी समझ में आ सकता है कि इस समय कितना जीवन-विरोधी माहौल है। इसी तरह रचना-विरोधी माहौल भी है। हमारे समय में पूरी सभ्यता आत्मघात के पथ पर है। यह 'सभ्यताओं की टकराहट' का नहीं, बल्कि 'सभ्यताओं के आत्मघात' का जमाना है। जब भी इस चीज की समीक्षा होगी, मुक्तिबोध याद आएँगे।

पूर्व युगों में भी खूब बुराइयाँ रही आई
किंतु वे भीमाकार शक्ति-रूप
दिखलाई जाती थीं
रावण व कुंभकर्ण, शैतान
उनका ही रूप था
उनसे डरा जाता था, उनसे लड़ा जाता था
किंतु उसी अमंगल को आज सिर्फ
सहा जाता ह्रास कह

आज समाज से नायक गायब हैं। अब रावण, कंस और हर शैतान मजेदार हो चुका है(एक रग का राग)। खलनायक की बर्बर हिंसा, कामुकता और अहमन्यता ही आज आदर्श है। बच्चे भी खलनायक पसंद करते हैं। यह विश्वास घटा है कि कोई 'अच्छा' होकर जी सकता है। 'चांद का मुंह टेढ़ा है' (1962) में पूंजीवादी दमन और विकृति के चित्र हैं, 'गगन में कर्फ्यू/धरती पर चारों ओर जहरीली छिः थूः' है। पुलिस-दमन का बड़ा ही प्रहारात्मक बिंब है, 'पीपल के सूनसान घोंसलों में पैठे हैं कारतूस -छर्रे '। आधुनिकता के नाम पर जहरीली पश्चिमी संस्कृति चुपचाप फैल रही है। इस कविता में चांद की एक भिन्न प्रतीकात्मकता है, जो रोमांटिसिज्म को धकिया देती है। चांदनी अपना पुराना बिंब तोड़कर पूंजीवादी विकृति का प्रतीक बन जाती है। कहीं फूटी हुई चूड़ियों से सूनी कलाई-सी सूनी गलियाँ हैं। कहीं जनाक्रोश में हड़ताली पोस्टर लगे हैं और तब "चांदनी के चेहरे पर/गलियों की भूरी खाक/उड़ने लगी धूल और/संवलाई नंगी हुई चांदनी।" कहीं चांदनी गुप्तचर है, कहीं आवारा शोहदों-सी है। वह एक सार्वभौम अश्लीलता है।

खूबसूरत अमरीकी मैगजिन-पृष्ठों-सी
खुली थी
....
आधुनिक प्रतीकों में पली थी
नंगी-सी नारियों के उघरे हुए अंगों के
विभिन्न पोजों में लेटी थी चांदनी

आज भी भारत के किसी महानगर को सिलिकन घाटी, किसी महानगर को लंदन बनाने की चर्चा होती है, जबकि विकास के पिछवाड़े में विषमता की करोड़ों संतानें निःशब्द हैं। कारपोरेट संसार का व्यापक प्रभाव राजनीति, सरकारी

योजनाओं, जीवन शैली, पर्यावरण, श्रमजीवियों के अधिकार और रोजगार पर पड़ रहा है। मुक्तिबोध 'जमाने का चेहरा' में कहते हैं, "साम्राज्यवादियों की पैसों की संस्कृति/भारतीय आकृति में बंधकर/दिल्ली को वाशिंगटन व लंदन का उपनगर/बनाने पर तुली है।" अब वातावरण में फुसलानेवाले शब्द हैं और जो बहस कर रहे हैं, 'उनकी बहस कागजी हो उठी।' फिर भी प्रतिरोध अपने सैकड़ों रूपों में जहाँ-जहाँ दबे हैं, मुक्तिबोध वहाँ-वहाँ दौड़ते हैं। वह 'भविष्य-धारा' में बुद्धिजीवियों को लक्ष्य करके प्रश्न करते हैं, "क्यों वैज्ञानिक सो गया/सतत प्रज्वलित गैस स्टोव पास/स्वयं की प्रयोगशाला में ?" ऐसे ही प्रश्नों ने कवि को बेचैन किया (मैं तुम लोगों से दूर हूँ)। उन्हें कहना पड़ा –

मैं तुम लोगों से इतनी दूर हूँ
तुम्हारी प्रेरणाओं से मेरी प्रेरणा इतनी भिन्न है
कि जो तुम्हारे लिए विष है, मेरे लिए अन्न है

मुक्तिबोध की कविता में नेहरू युग के चित्र हैं, लेकिन पूरे आधुनिक भारत की छवियाँ झलक जाती हैं। पुराने उपनिवेशक साम्राज्यवादी शासन के लिए सैनिकों से भरे जहाज भेजते थे, नव-उपनिवेशक अपनी जीवनशैली, टेक्नोलॉजी और पॉप कल्चर भेजते हैं। ये राष्ट्रीय आत्मविश्वास और आत्मनिर्भरता को ध्वस्त कर देना चाहते हैं। ये ऐसी रोशनी फेंकते हैं, जिसमें कुछ नहीं दिखता और सिर्फ अंधेरा होता है।

'चाँद का मुँह टेढ़ा है' में कई जगहों पर हरिजन बस्तियों के दृश्य हैं, क्योंकि पूँजीवाद उनकी जिंदगी में कम अलगाव नहीं लाता। मुक्तिबोध की निगाहों में दलित हैं। औद्योगिक नगरों में भी, जहाँ चिमनियाँ हैं,ऊँचे भवन हैं और ऊँची सभ्यता है, हरिजनों की अलग गलियाँ हैं। इतना विकास भी सामाजिक सम्मिश्रण न ला सका। हरिजनों की अलग आंबेदकर-पल्लियाँ हैं, जैसे गाँवों में उनकी अलग जगह झोंपड़ियाँ हैं। इस कविता में चांदनी वैसी नहीं है, जैसी पंत ने दिखाई है, 'कहो तुम रूपसि कौन ? व्योम से उतर रही चुपचाप/छिपी निज छाया छवि में आप/सुनहला फैला केश कलाप'। मुक्तिबोध के युग में चाँदनी स्याह हो चुकी है। चाँद हरिजन गलियों से कैसा दिखता है ?

हरिजन गलियों में
लटकी है पेड़ पर
कुहासे के भूतों की साँवली चूनरी –

चूनरी में अटकी है कंजी आँख गंजे सिर
टेढ़े मुँह चाँद की

मुक्तिबोध की कविता बिंब उगलनेवाले किसी झरने की तरह है। उसमें लोकबिंबों की एक लंबी लड़ी है, जिसमें विचारों की अनुगूंज भरी हुई है। मुक्तिबोध की कविता से ट्रैजडी ही व्यक्त नहीं होती, सिर्फ बदरंग यथार्थ और विद्रूप अर्थ ही नहीं उभरते, 'रंगबिरंगी शत किरण तरंगों' की भी अभिव्यक्ति होती है। ये क्वांटम की राशियों की भाँति प्रकाश से ध्वनि में बदल जाती हैं, ध्वनि से पुनः जीवन के अर्थ में। मुक्तिबोध ने मनुष्य जीवन की पीड़ाओं में बहुत गहरे उतरकर विद्युतीय किरण तरंगें खोजीं, जिनकी रोशनी में 'सैकड़ों पीढ़ियों की आँखों से कर ओझल/जो ढाँका गया छिपाया गया जबरदस्ती/कोई रहस्य प्रस्फुटित हुआ'। बार-बार अँधेरे में उतरते-घूमते हुए भी उनकी दृष्टि हमेशा आलोक पर है, संघर्षशील जनता की भीतरी तैयारियों पर है।

5

मुक्तिबोध ने जीवन को अर्थ देने की समस्याओं का सामना भाषा के स्तर पर किया, क्योंकि वह सबसे पहले एक कवि थे। वह कविता में ही जी रहे थे। उनके मन में वेदना या क्षोभ की कोई बात आती थी, उनका अस्तित्व बेचैन हो उठता था। वह आधी रात गलियों में निकल पड़ते थे। उन्हें इंद्रियगोचर चीजें भाषा के रूप में नजर आती थीं, खौफनाक मिथकीय संकेतों से भरी। एक से बढ़कर एक अद्भुत चीजें, वस्तुतः उनके भी भीतर की चीजें। ये चीजें ज्ञानात्मक संवेदना के संकेतकों में ढल कर कविता का एक भूमिगत संसार या तिलिस्म खड़ा कर देती थीं। सहृदयों के लिए जो कविता थी, मुक्तिबोध के लिए उनके जीवन की छटपटाहट थी।

मुक्तिबोध के काव्य रूप में अनगढ़ता और जटिलता है, जबकि वह एक-एक कविता कई बार लिखते थे। उस पर काफी मेहनत करते थे। उनका निजी जीवन काफी उलझा था, पर उनकी कविता की जटिलता आधुनिक जीवन की विस्तृत समस्यापरकता का नतीजा है। निराला की कविता के संसार को भी आधुनिक जीवन की समस्यापरकता ने बहुत प्रभावित किया था, वह भी काफी बेचैन रहते थे। उनकी लंबी कविता 'कुकुरमुत्ता' में ऐसी ही अनगढ़ता है। इसमें 'राम की शक्तिपूजा'-सा संगीतात्मक आनंद नहीं है। मुक्तिबोध का सौंदर्यबोध निराला के सौंदर्यबोध का ही विकसित चरण है। निराला ने 'कुकुरमुत्ता' चुनकर

आभिजात्यवादी कला-दृष्टि को चुनौती दी तो मुक्तिबोध ने यही काम 'हरी घास' जैसी चीजों की जगह काँटेदार जंगली फूल भटकटैया और बबूल चुनकर किया। वह कहते हैं, "भटकटैया आकार/कि थूहर रूप/वही मैं हूँ/तुम मेरी परंपरा के अगले चरण उदार!!" उन्हें रम्य और मृदु चीजें नहीं चाहिए, 'चाहिए मुझे मेरा असंग बबूलपन' !

हम मुक्तिबोध की ज्यादा तस्वीरें नहीं पाते। उनकी एक ही तस्वीर लोकप्रिय है, जिसमें वह बीड़ी पीते मिलते हैं। वह अभाव से भरे अति साधारण घर के आदमी थे, पर उनके काव्यात्मक आत्म में असाधारण आलोक था। वह अपने युग के अंधेरे में रहते हुए भी उजाले की कथा सुना रहे थे। वह खोज लेते थे, 'प्रत्येक वस्तु का निज-निज का आलोक' और अपनी गहन अनास्था में भी आशा से भरे होते थे। मुक्तिबोध कोई यायावर न थे, पर उनका अंतर्मन दूर-दूर तक चक्कर लगा आता था - वह टोही था।

आरंभ में कुछ लेखकों ने मुक्तिबोध को यह सोचकर सिर पर उठाया कि उन्होंने एक बड़ा भारी अस्तित्ववादी कवि ढूँढ़ लिया है, जिसके बगल में अब वे अपनी नई रूपवादी कविता की श्रेष्ठता प्रमाणित कर सकेंगे। वे अपने 'निजी सच' के साथ अमूर्तता तथा रहस्यमयता का भी औचित्य स्थापित कर लेंगे। पर जिसे उन्होंने रबड़ का साँप समझा था, वह असली सर्प निकला– काव्यात्मन् फणिधर! जीवन के बरगद पर करवट बदलता। बच्चों और युवाओं में नए मानव-भविष्य के स्वप्न देखता। संक्रमण काल में धैर्य और ईमान से भरा। अपने विष से ही अभ्यंतर में प्राण भरता। दुख पीता, सुख पीता, ज्ञान पीता। बहुत असुविधाकारक। लंबा, बेडौल, भूरा-भूरा, लेकिन सच्चाई की मणि जैसी चमक से लैस। यह सर्प उन्हें ही उलटकर डसने लगा, जिन्होंने बड़ी शान से उसकी पिटारी खोली थी।

मुक्तिबोध की कविताएँ पढ़ते हुए ऐसा लगता है कि उन्हें सत्ता-व्यवस्था के तीव्र दमन का हॉरर काफी तंग करता था। इस दमन का रूप प्रत्यक्ष से ज्यादा अप्रत्यक्ष था। इसके अलावा, विज्ञान और प्रौद्योगिकी के बल पर पूंजीवाद जो संस्कृति ला रहा था, उसमें परायापन बढ़ रहा था, क्योंकि उसमें जनता की संस्कृति का कोई तत्व शामिल न था। ऐसे माहौल में विलगाव स्वाभाविक है। यह बिल्कुल संभव है कि जिंदगी अधूरी और सतही लगने लगे। अब आदमी टुकड़े-टुकड़े में जिए। वह हर पूर्वनिर्धारित बौद्धिक - सामाजिक व्यवस्था में घुटन का अनुभव करे। मानवीय स्थितियों की जटिलता बढ़ जाए। मुक्तिबोध इन स्थितियों में उदास लोगों को उनकी उदासीनता से छुटकारे के लिए कुछ गहरे शॉक देते हैं। उनकी कविता में ऐसे अनगिनत नाटकीय यथार्थ हैं।

यह संभव है कि मुक्तिबोध की कविता सुसंबद्ध न हो, यह आधुनिक मिजाज के अनुरूप टुकड़ों में हो। उसमें संगीत न हो, एक अशांत जीवन की कथा हो। उसमें एक भिन्न शब्द-योजना हो, उसमें कवि की जटिल मानसिक बनावट के अनुरूप 'काव्यात्मक तनाव' हो। मुक्तिबोध की काव्य भाषा में एक अर्थपूर्ण अनगढ़ता है। फिर भी उनकी कविता अस्पष्ट नहीं है, उसमें अनुभव की सूक्ष्मता और जटिलता भले हो। उसकी भाषा की अपनी एक बुनावट है, पर यह बनावटी भाषा नहीं है। उसमें अनगिनत दृश्य हैं, खेल हैं और जादू हैं। बहुत-सी बातें संकेतों में कही गई हैं, जिनमें गहरी चिंताओं के बावजूद 'लाउडनेस' नहीं है। आवेग है, पर बौद्धिकता में लिपटा हुआ। स्वाधीनता है, पर विश्वबोध और जनता के चरित्र के साथ। मुक्तिबोध की कविता अंधेरे में भी रोशनी की आवाज है। उनकी कविता उनकी मानसिक प्रतिच्छवि नहीं है, आधुनिक युग की एक ऐसी असमाप्त बौद्धिक उथल-पुथल है, जिसे अपने अर्थपूर्ण मुकाम की तलाश है।

नहीं होती, कहीं भी खत्म कविता नहीं होती
कि वह आवेग-त्वरित, काल यात्री है
व मैं उसका नहीं कर्ता
पिता-धाता
कि वह कभी दुहिता नहीं होती
परम स्वाधीन है वह विश्वशास्त्री है
गहन गंभीर छाया आगमिश्यति की लिए
वह जनचरित्री है

आधुनिकता की महान परियोजनाएँ नवजागरण से शुरू हुई थीं और वे बीसवीं सदी के शुरू के दशकों तक जनता के विद्रोहों और आंदोलनों की शक्ति बन कर दुनिया को हिला चुकी थीं। भारत में लोकजागरण, नवजागरण, आधुनिकता की विभिन्न आवाजों और क्रांतिकारी प्रयत्नों ने जन जीवन में नई-नई आकांक्षाएँ पैदा कर दी थीं। भारत भी करवट बदल रहा था कि नव-औपनिवेशिक सभ्यता में फंस गया। नई पूंजीवादी सभ्यता ने इन्सान को खुदगर्ज, उपभोक्तावादी और अनुदार बनाना शुरू कर दिया। मानवीय विवेक के साथ ट्रैजडी घटित हुई। मुक्तिबोध की कविताएँ इसी विपर्यय के अंधेरे में लिखी गई थीं।

अब समाज में वस्तुओं और मूल्यों के बीच संबंध नहीं बचा था। राष्ट्र और नागरिक के बीच संबंध टूट रहा था। अपनी भाषाएँ हाशिए पर जा रही थीं। लोगों के जीवन में पैसा बहुत कुछ से सबकुछ होता जा रहा था। नव-औपनिवेशिक

सभ्यता के प्रसार के कारण सांस्कृतिक ह्रास के भयावह दृश्य थे। आधुनिक भौतिक विकास के साथ मानवीय अंतःकरण का विनाश शुरू हुआ था। यह नैतिक और विचारधारात्मक संकट ही नहीं, सौंदर्यबोध के संकट का समय भी था। ये स्थितियाँ 60 के दशक में विकराल रूप धारण कर चुकी थीं। इन्हीं स्थितियों में मुक्तिबोध ने अपनी प्रसिद्ध कविता 'अंधेरे में' लिखी। इस कविता में सबसे महत्वपूर्ण चीज है आधुनिकता की विलुप्त हो रही महान क्रांतिकारी परियोजनाओं के लिए गहरी तड़प, जो 'रहस्यमय विराट पुरुष' की खोज के रूप में सामने आई है।

6

'अंधेरे में' न मुक्तिबोध का निजी जीवन इतिहास है, न इसमें कोई रहस्यवाद है, न यह अस्मिता की खोज भर है और न इसमें किसी सुपरमैन की प्रतीक्षा है। इसे मुक्तिबोध की पहले की कविताओं की निरंतरता में पढ़ा जाना चाहिए, अलगाव में नहीं। क्योंकि उसमें अँधेरा इतने महत्व से पहली बार नहीं आया है और न ऐसा है कि इससे पहले की उनकी कविताओं में तिलस्मी खोह, रक्तालोक में नहाया पुरुष, सत्-चित्-वेदना, तिलक और गाँधी, सत्ता के दमन, आत्मा से मर चुके मध्यवर्गीय बुद्धिजीवियों की स्वार्थपरता आदि के दृश्य नहीं हैं। इस कविता की खूबी है शुरू में ही रक्तालोक में नहाए रहस्यमय विराट पुरुष के पैरों की आहट सुनना, उसका दिखाई नहीं पड़ना, फिर दिखना, फिर ओझल हो जाना। इससे एक ऐतिहासिक उथलपुथल की स्थिति का बोध होता है। लगता है, एक क्रम टूट गया है और अनिश्चितता आ गई है। इस लंबी कविता में आधुनिक अतीत से जिरह है। इसके अलावा, मध्यवर्गीय बुद्धिजीवियों की अनात्मता, स्वार्थपरता और निःसंगता के चित्र हैं। कवि एक-एक चेहरे की रेखाएँ पढ़ते हुए तिलस्मी खोह के अँधेरे में, जंगल में और नगर में घूमता है,भटकता है। वह जनता के विद्रोह के परिणामस्वरूप 'कहीं आग लग गई' और विद्रोह के कठोर दमन के रूप में 'कहीं गोली चल गई' के दृश्य देखता है। वह अपने समय की जिन स्थितियों का सामना करता है, वे बड़ी जोखिम भरी और यंत्रणादायक हैं।

कवि मुक्तिबोध ने एक कविता 'ब्रह्मराक्षस' में उसका शिष्य बनने, उसकी अधूरी बुद्धिवादी परियोजनाएँ पूरी करने और उसकी वेदना को संगत निष्कर्षों तक पहुंचाने की आकांक्षा व्यक्त की थी। यह आधुनिक जमाने की संपूर्ण मनुष्यता की अधूरी रह गई आकांक्षा है। एक समय कूपमंडूकता पर बुद्धिवाद की विजय के

स्वप्न देखे गए। लोग सोचते थे, एक दिन सामाजिक भेदभाव और विषमता मिटेगी। अब उनके स्वप्न उनके नेत्रों में कभी सजल हो उठते थे, कभी क्रियावान वेदना बन जाते थे और कभी अनवरत मानवीय खोज थे। आखिरकार वह कौन है, जो कमरे में ही नहीं शहर के बाहर, पहाड़ी पर, नदी पर, वन-वृक्षों के बीच और शहर में भी घर-घर लगातार चक्कर लगा रहा है? वह अंधेरे में कभी दिखता, कभी नहीं दिखता एक रक्तालोक स्नात पुरुष है, हजारों साल की शहादतों से निकली किसी लाल रोशनी की तरह !

वह रहस्यमय व्यक्ति
अब तक न पाई गई मेरी अभिव्यक्ति है
पूर्ण अवस्था वह
निज संभावनाओं, निहित प्रभावों, प्रतिभाओं की
मेरे परिपूर्ण का आविर्भाव
हृदय में रिस रहे ज्ञान का तनाव वह
आत्मा की प्रतिमा

मुक्तिबोध ने जीवन भर भले एक ही अधूरी कविता लिखी हो, पर उनका लक्ष्य 'व्यक्ति की पूर्णता' की खोज है। वह क्रांति की एक पूर्ण प्रतिमा की रहस्यमय कल्पना करते हैं, पर उनका 'ज्ञान का तनाव' जरा भी रहस्यमय नहीं है। यह नव-औपनिवेशिक सभ्यता और मुक्तिबोध की मान्यता के बीच का तनाव है, व्यवस्था और व्यक्ति के बीच का तनाव है। 'व्यक्ति की पूर्णता' निरी व्यक्तिगत स्वाधीनता में नहीं है। व्यक्ति से होकर एक रास्ता स्वेच्छाचारिता की ओर जाता है, तो दूसरा उसकी सामाजिक संभावनाओं के परिपूर्ण सृजनात्मक और क्रांतिकारी प्रस्फुटन की ओर। यह कवि का एक बड़ा स्वप्न है कि व्यक्ति खुदगर्ज न होकर आत्मचेतस और विश्वचेतस हो। आधुनिकता से जन्मा 'व्यक्ति' एक परिपूर्ण क्रांतिकारी मनोदशा तक पहुँचता, इससे पहले नव-औपनिवेशिक सभ्यता ने उसे हड़प लिया। मुक्तिबोध स्वभावतः दुधारी प्रश्नाकुलता से भरे कवि हैं। उनका उपर्युक्त रहस्यमय व्यक्ति के संबंध में एक प्रश्न है, 'फिर स्वर्ण-वर्ण मुख मैला क्यों ?' तुरंत दूसरा प्रश्न है, 'फिर भी, उसके मुख पर स्मित क्यों है, प्रचंड शक्तिमान क्यों दिखाई देता है ?' ये प्रश्न गंभीर थे और खतरनाक भी। मुक्तिबोध की आधुनिकता की खूबी है कि इसमें प्रश्न करने का साहस है, अन्यथा आज प्रश्न पर एक अदृश्य रोक है।

मुक्तिबोध ने किसी भी अन्य कविता की तुलना में इस कविता में 'परम

अभिव्यक्ति' की खोज अधिक तीव्रता से की और रक्तालोक स्नात विराट पुरुष अर्थात क्रांतिपुरुष के बिंब का अधिक निकटता से अनुभव किया। फासीवादी दमन के रूप जितने सख्त होते गए हैं, रक्तालोक स्नात विराट पुरुष भी धुंधलके से उतना ही बाहर निकल आया है। सबसे पहले कमरे की दीवार के उघड़े प्लस्टर से बनी मनु की भीषण आकृति सामने आती है। प्रसाद ने मनु के व्यवहार में फासीवादी तत्व लक्षित किए थे। वह खतरा अब बढ़ गया था। 'अँधेरे में' में मनु से चकित होने की जरूरत नहीं है, वह फासीवाद का संकेतक बनकर आया है। वह एक काव्य-निरंतरता में आया है। एक तरफ मनु, दूसरी तरफ रक्तालोक स्नात विराट पुरुष। मुक्तिबोध ने इस विराट पुरुष को भावलोक के स्तर पर खोते-खोते भी मानो पा लिया, क्योंकि वस्तुलोक में वह अदृश्य होता जा रहा था। आधुनिकता की बुद्धिवादी, जनतांत्रिक और साम्यवादी परियोजनाएँ पिट रही थीं। विराट पुरुष के लिए, महान परिवर्तन के लिए बेचैन हृदयों में जितनी अधिक व्यग्रता थी, उतना ही वह अनुपस्थित था।

सिर्फ 'अँधेरे में' कविता में ही नहीं, मुक्तिबोध की प्रायः सभी महत्वपूर्ण कविताओं में अंधेरे के प्रतिक्षेप हैं। उनके सारे मिथक, सारी फंतासियाँ अँधेरे से निकलती हैं। वे इतनी ज्यादा हैं कि लगता है, मन में निरंतर घुमड़ते विचारों का एक लंबा जुलूस है। शहर की सड़कों-गलियों, दुर्गम घाटी-पठार-जंगल, कारखानों, खेतों-वन-मैदानों, गुहा-खाइयों और बावड़ियों जहाँ से होकर भी कवि गुजरता है, रात्रिकालीन अँधेरा हर इंद्रियगोचर पदार्थ को राष्ट्रीय जीवन के दारुण यथार्थ में रूपांतरित कर देता है।

मुक्तिबोध की कविताओं में बार-बार आने वाला 'अँधेरा' बहुअर्थी है। वह कहीं पश्चिमी सभ्यता के पतनशील ढाँचे का प्रतिक्षेप है। कहीं वह कवि के रचनात्मक अन्त:करण का अँधेरा है, फोटोग्राफर के डार्क रूम-सा। इस अँधेरे में मुक्तिबोध अपने अनुभवों की अखंड रील को धोते, देखते और एक कथा में फैलाते हैं। अँधेरे में घूमकर इंद्रियगोचर चीजों को पहचानना एक जोखिम भरा काम है। यह एक भयोल्लास में जाकर लौटना है। मुक्तिबोध अँधेरे के भी अँधेरे में उतरते हैं। उनकी कविता का जन्म कायरता और साहस के बीच तनाव में होता है। इसका हर बार पुनर्जन्म होता है। उनकी कविता किसी आत्मबद्ध अँधेरे का हिस्सा नहीं है, क्योंकि "जितनी ही तीव्र है द्वंद्व क्रियाओं घटनाओं की बाहरी दुनिया में/उतनी ही तेजी से भीतरी दुनिया में/चलता है द्वंद्व कि/फिक्र से फिक्र लगी हुई है"। मुक्तिबोध के फन और फिक्र के बीच गहरा संबंध है।

मुक्तिबोध की कविता दुनिया के फैलते बाजार में एक मानवीय द्वीप है, जिसकी भयंकर भू-धसान जारी है। इस हालत में मुक्तिबोध अपनी आत्मा से मिट्टी निकालकर भू-धसान रोकने के लिए बेचैन दिखते हैं।

मुक्तिबोध का विराट पुरुष रक्त के आलोक में नहाया हुआ है – सैकड़ों वर्षों के नवजागरण और मुक्ति-संग्राम में शहीद हुए लोगों के रक्त की रोशनी में ! वह रोशनी थी टामस मोर, ब्रूनो, सरमद, अब्राहिम लिंकन, राजा राममोहन राय, लक्ष्मीबाई, तिलक, भगत सिंह, गणेशशंकर विद्यार्थी, गाँधी और परिवर्तन के लाखों कार्यकर्ताओं के रक्त से फूटी हुई। स्वाधीनता संग्राम के क्रांतिकारी शहीदों को विशेष रूप से शामिल करते हुए एक विराट महाख्यान ! मुक्तिबोध ने 'अँधेरे में' में वैचारिक साहस के साथ तॉल्स्तॉय के अलावा तिलक और गाँधी को भी याद किया। वह दुनिया में सभ्यता का ह्रास देखने के बाद, खासकर बुद्धिवाद की दुर्दशा देखकर जब बेचैन हो उठते हैं, तिलक की मूर्ति से भावविह्वल होकर लिपट जाते हैं। पाते हैं, तिलक की नाक से रक्त बह रहा है। मुक्तिबोध मराठी-मूल के थे, पर वह 'जातीय स्थान' से नहीं बंधते।

मुक्तिबोध को दुस्समय में आधुनिकता के एक दूसरे महाख्यान गाँधी दिखे, सर्दी में बोरा ओढ़कर ठिठुरते हुए, यह महत्वपूर्ण बात कहते हुए - 'जनता के गुणों से ही संभव/भावी का उद्‌भव'। 'द्युति पुरुष गाँधी' कविता के नायक को बिजली-सा झटका देते हैं, "भाग जा, हट जा/हम हैं गुजरे जमाने के चेहरे/आगे तू बढ़ जा।" गांधी उस काव्य नायक को सच्चा पाकर उसकी बाहों में एक शिशु रख देते हैं, "मेरे पास चुपचाप सोया हुआ यह था/सँभालना इसको, सुरक्षित रखना"। यह शिशु कुछ और नहीं काव्य-नायक का अपना देश भारत था, जिसके आधुनिक पुनर्निर्माण का कार्य शिशु अवस्था में रह गया था। गाँधी अपने जीवन काल में देश को ऐसे लोगों के हाथों में सौंपना चाहते थे, जिनमें 'सत्-चित्-वेदना' हो। मुक्तिबोध अतीत का सामना करते हुए उत्तर-औपनिवेशिक कार्यभार की पहचान करते हैं, अतीत में ठहरना नहीं चाहते। गांधी का शिशु सूरजमुखी फूल में और फूल बंदूक में बदल जाता है। यह सशस्त्र क्रांति का संकेत है। जादुई यथार्थवाद का यह प्रयोग झटके से इतिहास से पुनः वर्तमान में ला देता है।

रहस्यमय विराट पुरुष दस्तक देता है। वह आवाज देता है, पर व्यक्ति कई बार अपनी पीड़ाएँ समेट कर अंधेरे में ही पड़ा रहता है। उसमें सभ्यता की निष्क्रिय उदासी छाई रहती है। उसका मध्यवर्गीय मन डरता रहता है। मुक्तिबोध की फिक्र शांत नहीं होती, "विवेक चलाता तीखा-सा रंदा/चल रहा बसूला/छीले

जा रहा मेरा यह निजत्व ही कोई/भयानक जिद कोई जाग उठी मेरे भी अंदर"। वह कहना चाहते हैं, यदि मध्यवर्ग में आत्मविसर्जन की जगह मानसिक द्वंद्व हो, यह द्वंद्व उसके जीवन को संवारेगा, उसे 'सत्-चित्-वेदना' की आग से भर देगा। मुक्तिबोध दफ्तर से आकर टीवी देखने के बाद रात ठीक 10 बजे खबर सुनकर गहरी नींद में सो जाने वाले लोगों में नहीं थे। पड़ोसी की हत्या हो गई, साहब सो रहे हैं! आज भी सैकड़ों मध्यवर्गीय लोग हैं, जो सोते-सोते भी अंततः जगकर सड़कों पर उतर जाते हैं, "आज एकाएक वह/जागरित बुद्धि है, प्रज्वलित धी है"। दरअसल 'अंधेरे में' कविता में रुग्ण आधुनिकता का आत्मपरायापन नहीं, बुद्धिपरक आधुनिकता का आत्मोद्‌बोधन है।

'अंधेरे में' में ऐसे सत्ता-भुक्खड़ों के रात्रिकालीन जुलूस का चित्र है, जिनके भीतर राक्षसी स्वार्थ भरे हुए थे, 'यह शोभा यात्रा है किसी मृत्यु दल की।' यह उनका जुलूस है, जिनकी आत्मा मर चुकी है। वे अंधेरे में अपने असली चेहरों के साथ दिखते हैं। खुदगर्जी एक संक्रामक बीमारी है। एक की खुदगर्जी सैकड़ों में खुदगर्जी पैदा करती है। कवि भयानक जुलूस में शामिल अपराधियों द्वारा पहचान लिया जाता है, "मारो गोली, दागो स्साले को एकदम/दुनिया की नजरों से हटकर/छुपे तरीके से हम जा रहे थे कि/आधी रात अंधेरे में उसने/देख लिया हमको।" मुक्तिबोध का दौर प्रत्यक्ष दमन का था, भयंकर दमन का था। एक तरफ जन-असंतोष बढ़ रहा था,दूसरी तरफ फासीवाद सिर उठा रहा था। चौक पर टैंकों के दस्ते थे और चारों तरफ कराहें थीं। मुक्तिबोध की इस कविता को दमन के वैश्विक परिदृश्य में रखकर पढ़ा जाना चाहिए। भारत अछूता न था। लोग पुलिस गोली से मारे जा रहे थे, जेल में ठूंसे जा रहे थे। अनगिनत विद्रोह कुचले गए, बहुत रक्त गिरा।

मुक्तिबोध को राजनीतिज्ञों, वैज्ञानिकों, बुद्धिजीवियों और उद्योगपतियों में अंत:विवेक की कमी दिख रही थी। इनमें साहस की भी कमी दिख रही थी। ये लोग जैसी आधुनिकता ला रहे थे वह सतही, विभेदकारी या आत्मछलना से भरी थी। उसमें जनता के सांस्कृतिक गुणों की कमी थी। यह आधुनिकता आत्मविसर्जन के लिए उत्प्रेरित करती थी, भोगवादी थी और मुखौटाधारी थी।

ओ मेरे आदर्शवादी मन
ओ मेरे सिद्धांतवादी मन
अब तक क्या किया ?
जीवन क्या जिया !

उदरंभरि बन अनात्म बन गए
भूतों की शादी में कनात-से तन गए
....
बहुत-बहुत ज्यादा लिया,
दिया बहुत-बहुत कम
मर गया देश, अरे जीवित रह गए तुम !

मुक्तिबोध का आत्मविसर्जनकारी मध्यवर्ग पर व्यंग्य तिलमिला देने वाला है। उसका चरित्र 'अंधेरे में' में अच्छी तरह उद्घाटित हुआ है। मुक्तिबोध ने आत्मभर्त्सना के बहाने मध्यवर्ग की जितनी भर्त्सना की है,दूसरे किसी लेखक ने नहीं की होगी। यह सही है कि मध्यवर्ग पर प्रहार होते रहे हैं, यह वर्ग जैसे एक गाली हो। मध्यवर्ग के लोग अपने दुखों को तमगों की तरह दिखाते हैं और जैसे एक तलघर में रहते हैं – आत्मलिप्त। ये स्वार्थों के टेरियर कुत्ते पालते हैं, अंत:विवेक की हत्या कर देते हैं, तर्क से तौबा कर लेते हैं और सभी उच्चतर आदर्शों की तिलांजलि दे देते हैं। आज 'उभरती हुई अर्थव्यवस्था' का वास्तविक मतलब है ऐसे ही मध्यवर्ग का फैलना। मुक्तिबोध भारतीय मध्यवर्ग के पतन का चित्र खींचते हुए उसमें संभावना के अणु पाते हैं, खासकर जब तक उसमें आत्मसंघर्ष जिंदा है। मुक्तिबोध मध्यवर्ग की कमजोरियों को अपने संग लिए चलते हैं, पर उसके भीतर जलती विक्षोभ की आग को पहचानते हैं।

मुक्तिबोध आत्मान्वेषक नहीं हैं, वह आत्मचेतस हैं। एकाकी आत्मान्वेषण कभी पतनशील सभ्यता का जवाब नहीं हो सकता। पूंजीवादी सभ्यता में आत्मसंघर्ष जरूरी है, यह जन-मन में है। मुक्तिबोध अकेलेपन में बौद्धिक जुगाली की जगह बार-बार आम जन के मन को टटोलते हैं, उसके इरादों को समझना चाहते हैं और उसकी लड़ाई का अंग बनना चाहते हैं, हालांकि वह अपने मध्यवर्गीय अंतर्द्वंद्व को अनावृत्त करने में नहीं हिचकते। वह निरंतर आशा में नहीं जीते। एक बंद दिमाग में ही केवल आशा या केवल निराशा संभव है। आशा के समुद्र में दुख और निराशा के द्वीप होते हैं। मुक्तिबोध निराश और भयाक्रांत होने की जगह अपने युगजीवन की निराशा और भय का एक व्यापक सभ्यतामूलक संदर्भ उपस्थित करते हैं। कविता के एक के बाद एक बदलते दृश्यों में उनका मन ही नहीं एक पूरी सभ्यता उद्घाटित होती है। वह बताना नहीं भूलते कि नव-औपनिवेशिक परिवेश में आत्मसचेतनता व्यक्तिजीवन का महान मूल्य है, क्योंकि इसके बिना सार्थक हस्तक्षेप संभव नहीं है।

'अंधेरे में' कविता आत्मचेतस होने का जोखिम है। इसमें स्मृति है और आशा भी। इसमें छोटी-छोटी कायरताओं के बीच साहस किसी पहाड़ की तरह खड़ा है। इस कविता में वेदना की नदियाँ हैं, जिनका जल पीकर युवकों का व्यक्तित्वांतर होता है। वे पूंजीवादी सभ्यता की चकाचौंध से बाहर निकलते हैं। कविता में पिताओं की चिंताएँ हैं, मांओं के आंसू हैं और श्रमिकों का संताप है। मुख्यतः ज्ञान के तनाव से जन्मा विवेक है, जिस पर इधर एक बार पुनः बड़ा हमला हुआ है। यह आस्था भी है कि पूरा समाज 'ह्रास' के गर्त में नहीं गिरा है, कुछ शक्तियाँ दृढ़ निश्चयी हैं। मुक्तिबोध के अंतर्मन में बेचैनी और स्वप्न दोनों चीजें हैं। वह अपना भविष्य-स्वप्न कभी नहीं खोते। इसलिए आज जब हमारे भविष्य-स्वप्न छीने जा चुके हैं, मुक्तिबोध के बीज क़ाम आ सकते हैं।

दुनिया में बुद्धिवादी और जनतांत्रिक क्रांति आज एक स्थगित कार्यक्रम है। समाज में तकनीकी क्रांतियाँ कभी भी बुद्धिवादी और जनतांत्रिक क्रांतियों का स्थान नहीं ले सकतीं, न ये पर्याप्त हैं। फिर भी आज दिखाया जाता है कि तकनीकी क्रांति ही आखिरी क्रांति है, शेष क्रांतियाँ बीच रास्ते में दम तोड़ चुकी हैं। अगर हम देखें कि मुक्तिबोध वस्तुतः किस खोती जा रही या नहीं हासिल हो पाई चीज के लिए बेचैन हैं, हम पाएँगे वह चीज बुद्धिवादी और जनतांत्रिक क्रांति है। यही उनकी 'परम अभिव्यक्ति' है, "वह मेरी गुरु है/...तिलस्मी खोह में देखा था एक बार/आखिरी बार ही/पर वह जगत की गलियों में घूमता है प्रतिपल/फटेहाल रूप/विद्युल्लहारिल वही गतिमयता/उद्विग्न ज्ञान-तनाव वह।" चारों तरफ दमन और प्रलोभन का विराट जाल है, तो क्या हुआ। मस्तिष्क -कुंड में सत्-चित्-वेदना की आग सुलग रही है। मस्तक शिराओं में दिन-रात तनाव है। टैंक और फौजी दस्ते हैं तो क्या हुआ !

अब अभिव्यक्ति के सारे खतरे
उठाने ही होंगे
तोड़ने होंगे ही मठ और गढ़ सब
पहुँचना होगा दुर्गम पहाड़ों के उस पार
तब कहीं देखने को मिलेंगी बाँहें
जिसमें कि प्रतिपल काँपता रहता
अरुण कमल एक

गनीमत है, 'कमल' शब्द पाकर किसी पश्चिम-रिटर्न धुरंधर समाजविज्ञानी ने

मुक्तिबोध को अब तक संघ परिवार का आदमी सिद्ध नहीं किया या गाँधीवादी ! इस जमाने में यही सब ज्यादा हो रहा है, हैरतअंगेज विस्फोटों से अतीत की महानताओं को उड़ा दो और उनकी जगह अपनी बौनी मूर्ति स्थापित कर लो। मठ और गढ़ बाहर ही नहीं होते, भीतर भी होते हैं। मुक्तिबोध ने अपने युग में अभिव्यक्ति का संकट सबसे ज्यादा महसूस किया और साहस से वह सब कहा, जो एक जाग्रत बुद्धिजीवी को जरूर कह देना चाहिए और जरा भी आगा-पीछा नहीं देखना चाहिए। मुक्तिबोध ने जो जिया और देखा, वही लिखा। वह एक ऐसे जमाने में सुधार और क्रांति की चिनगारियाँ खोज रहे थे, जब राजनीति का अर्थ बदलने लगा था। राजनीति का अर्थ अब सुधार, परिवर्तन या क्रांति न होकर 'कभी हम लूटें-कभी तुम लूटो' का एक मिलाजुला खेल होता जा रहा था। इसलिए इस सवाल का जवाब मुश्किल होता जा रहा था, पार्टनर! तुम्हारी पालिटिक्स क्या है ? मुक्तिबोध भारत तक सीमित न थे। उन्होंने एक सार्वभौम पतन देखा था और अपने विक्षुब्ध विवेक से उसमें सूराख बनाना चाहा था। उनकी कविता में जितना 'सार्वभौम' उपस्थित है,उतना ही 'स्वानुभूत आदर्श' भी। उनकी कविता में एक-एक गली, एक-एक देश और एक-एक आत्मा के इतिहास को महत्व दिया गया है। वह 'सार्वभौम' को फासिस्ट की लाठी नहीं बनाते।

> इसीलिए मैं हर गली में
> और हर सड़क पर
> झांक- झांक देखता हूँ हर एक चेहरा,
> प्रत्येक गतिविधि
> प्रत्येक चरित्र
> व हर एक आत्मा का इतिहास
> हर एक देश व राजनीतिक स्थिति और परिवेश
> प्रत्येक मानवीय स्वानुभूत आदर्श
> विवेक-प्रक्रिया, क्रियागत परिणति
> खोजता हूं पठार...पहाड़...समुंदर
> जहाँ मिल सके मुझे
> मेरी वह खोई हुई
> परम अभिव्यक्ति अनिवार
> आत्मसंभवा

मुक्तिबोध जितनी ईमानदारी अपने भीतर रखना आज भूत पालने के बराबर है। मुक्तिबोध की कविता हमें इतनी विश्वसनीय इसलिए लगती है कि उसके पीछे एक गहरी ईमानदारी है। वह हमें संस्कारने, आत्मा की ऊँचाइयों की ओर ले जाने, किसी मकसद के लिए बेचैन और जुझारू बनाने के लिए एक कामरेड की तरह हाथ मिलाकर चलती है। यह हमें तय करना है कि उसका जलता हुआ गरम हाथ अपने हाथ में कितनी देर तक थामे रख सकते हैं।

गांव का एक विद्रोही यात्री

1

एक कवि को नजदीक से देखने का अर्थ है एक खास समय की मानवता के भीतर मची उथल-पुथल को विस्तार से जानना। वह कवि यदि नागार्जुन हो, पुराने कुर्ते-पायजामे में एक जगह से दूसरी जगह घूमते रहनेवाला यात्री, स्वाभाविक है, उसके भीतर से देश-काल ज्यादा मुखर होकर बोलेगा। उनको देखकर आश्चर्य होता है, एक असाधारण इतना साधारण कैसे हो सकता है।

नागार्जुन को असाधारण इसलिए कहा जा रहा है कि मिथिलांचल का होकर जैसे वह भारत के जर्रे-जर्रे को छू लेना चाहते थे। वह दुनिया की हर बड़ी घटना में बौद्धिक रूप से तत्काल शामिल हो जाते थे। वह ज्येष्ठ पूर्णिमा 1911 को दरभंगा के तरौनी गांव में जन्मे थे, जहाँ खेत, तालाब, एक संस्कृत शिक्षालय और पगडंड्यिाँ आज भी हैं। वह गांव की विरासत लेकर संस्कृत की ऊंची शिक्षा पाने के लिए गांव से बाहर निकले। उन्हें भरण-पोषण की जितनी चिंता थी, उतना ही वह ज्ञान के लिए भी बेचैन थे। ज्ञान की लालसा से एक बार हिंदू से बौद्ध हो गए, काषाय वस्त्र धारण कर लिया। राहुल के साथ 1939 में अमवारी के किसान आंदोलन में और रेणु के साथ 1974-75 में बिहार के फासिज्म-विरोधी आंदोलन में हिस्सा लिया और जेल गए। उन्होंने 1938-46 के बीच 'कालिदास सच-सच बतलाना', 'उनको प्रणाम', 'बादल को घिरते देखा है', 'सिंदूर तिलकित भाल', 'यह दंतुरित मुस्कान', 'कल्पना के पुत्र हे भगवान' जैसी कविताएँ लिखीं, जो जन-स्मृति में दशकों से गूँजती रही हैं। जनता का कवि, जनता के साथ रहने और उसके मन की हलचलों को लगातार पहचाननेवाला कवि जैसा हो सकता है, नागार्जुन वैसे ही थे। साहित्यिकता और लोकप्रियता का ऐसा मेल हिंदी में शायद ही अब संभव हो।

हम पहली बार मुंबई में मिले थे, एक साहित्यिक जलसे में। वह 1982 था। जाड़े के दिन थे। एक बड़े हॉल में लेखकों को लाइन से बिछे गद्दे पर एक साथ सोना था। यह तब उत्साह की बात थी। इसमें असम्मान न था। हम अगल-बगल थे। संयोग से दोनों के पास ओढ़ने के लिए एक जैसा ही लाल रंग का ऊनी शाल था। इसे 'प्राचीन' ही कहना चाहिए। दोनों विस्मित थे। नागार्जुन ने कहा, 'यह शाल तीस साल से मेरे पास है, अब ऐसा नहीं मिलेगा।' मैंने भी कहा, 'मुझे मेरी दादी ने दिया है, गर्म है।' इतनी बात के बाद हम सो गए। सुबह उठा तो देखा, नागार्जुन कान से ट्रांजिस्टर सटाकर खबरें सुन रहे हैं। वह पहले जग गए थे।

उन दिनों नागार्जुन पटना में साहित्यिक आक्रमण झेल रहे थे। उन्हें व्यक्तिगत रूप से जितना भी साहित्यिक आदर दिया जाता हो, यह आश्चर्यजनक है कि हिंदी के किसी बड़े प्रगतिशील आलोचक ने उन पर विस्तार से नहीं लिखा। वह भी आलोचकों पर चुटकी लेते थे। सामने पड़ने पर उन्हें कम नहीं छेड़ते। उन्होंने मुझे कई मजेदार चीजें बताईं। हावड़ा में हिंदी साहित्य सम्मेलन के मंच पर वह नंददुलारे वाजपेयी के साथ बैठे थे। उन्होंने अपने भाषण में कहा, 'नंददुलारे वाजपेयी रामचंद्र शुक्ल के बाद हिंदी के एक प्रमुख आलोचक हैं। इनके पास जो भी अपनी किताबों का गड्डर पहुंचा जाता है, उस पर लिख मारते हैं।' वह एक आलोचक और एक कवि-आलोचक की मिली कुश्ती का उल्लेख करते, 'विरोध भी-सहवास भी'। ऐसी भी उपमाएँ देते, जो लोक परिवेश की होतीं, शहरी सभ्यता में न खपनेवाली। उनकी कुछ आलोचकों की अपनी मजेदार व्याख्याएँ थीं। पहली बार मिलने पर आलोचक पर ही अपनी प्रसिद्ध कविता सुनाई, 'अगर कीर्ति का फल चखना है/कलाकार ने फिर-फिर सोचा/आलोचक को खुश रखना है/अगर कीर्ति का फल चखना है/आलोचक ने फिर-फिर सोचा/कवियों को नाथे रखना है।' इसके बाद एक उन्मुक्त हँसी फड़फड़ाते हुए उड़ी थी।

हिंदी आलोचना का नागार्जुन की कविता से नाता कमजोर क्यों रहा है, यह सोचने का विषय है। वह ऐसे कवि थे, जिन्हें उपेक्षित करना संभव न था। फिर भी यही हुआ। उन्हें पांत में रखकर भी कुछ दूसरे समकालीन कवियों को उनसे ऊपर रखकर देखा गया। क्या नागार्जुन इसलिए आलोचना के हाशिए पर थे कि वह गरीबी से आए एक साधारण ग्रामीण आदमी थे, वह निर्भीक, अकृत्रिम और मुखर थे और जाति-समीकरण के बाहर थे ?

हम नागार्जुन को बाबा कहते थे, क्योंकि वह ऐसा ही अहसास देते थे। मैंने एक बार पूछा, 'आपको अपने गांव-घर और मिथिला की याद नहीं आती? आप

पटना, दिल्ली, कलकत्ता घूमते रहते हैं।' नागार्जुन का जवाब था, 'मिथिलांचल मेरी जन्मभूमि है, पर मेरी कविता की मिट्टी भारत की है।' मेरी टिप्पणी थी , 'यह बुद्ध जैसा कदम है। लगभग महाभिनिष्क्रमण।' मुझे तब उनकी मैथिली कविता 'अंतिम प्रणाम' टूटी-फूटी याद आई थी। हिंदी में इस तरह है, "पुरजन- परिजन सब छोड़छाड़/चला प्रवास मैं, छोड़ धाम/माँ मिथिले यह अंतिम प्रणाम।" हालांकि वह दरभंगा कई बार लौटे। पलातक अवस्था में भी उन्हें पत्नी, बेटे, बेटियाँ और परिवार की याद आती थी, "विरह वर्णन पढ़ा जब कादंबरी का/अभिज्ञान शकुंतला का ध्यान आया/तब वियोगिनी, मैं तुम्हें पहचान पाया/गोद में शिशु, सजल नयने कौन हो तुम।" (इसलिए तू याद आए)। हिंदी-मैथिल क्षेत्र के लाखों गरीब-उजड़े लोग रोजी-रोजगार के लिए बड़े शहरों में चले जा रहे थे, यह कितने ही परिवारों का दर्द है। नागार्जुन को गर्व था कि मैथिल लोग गतिशील होते हैं। इन्हें देश के विभिन्न शहरों में जाना पड़ा। इसलिए मैथिली में उड़िया, असमिया, बांग्ला, संथाली, पूर्वी नेपाल की बोलियों, मगही आदि के प्रचुर शब्द हैं। नागार्जुन कहते थे कि पूर्वी क्षेत्र की भाषाओं का एक बहुभाषी शब्दकोश बनना चाहिए। इससे बोध हो सकता है कि वह 'राष्ट्र' को पश्चिमी विद्वानों की तरह इकहरेपन में नहीं, सामूहिकता और सामूहिक विकास की एक ताकत के रूप में देखते थे। वह दरभंगा में अपने जीवन के चौथाई हिस्से से भी कम रहे होंगे। उन्हें नगर आकर्षित करते थे।

राहुल सांकृत्यायन आजमगढ़ के थे। वह पहले ही घर-परिवार छोड़कर घुमक्कड़ हो चुके थे। लगभग तीन दशकों बाद जब अपने गांव आए, वहाँ की स्त्रियों ने उनकी पत्नी से कहा, 'इनके पैर छुओ।' राहुल ने हिचक कर अपने पैर हटा लिए। नागार्जुन साथ थे। एक स्त्री ने पूछा, 'तू के हव?' नागार्जुन चुप। तभी उन्हीं स्त्रियों में से किसी ने कहा, 'यह भी अपनी पत्नी को छोड़कर भाग आया होगा। भगौना है, केदार (राहुल) इन सभी का मेट है।' नागार्जुन ने अपने मुँह से यह घटना सुनाई और हँसने लगे। घर छोड़कर उलाहना सहते हुए भी धर्म, समाज, इतिहास और संस्कृति के काम करने, अपने को उत्सर्ग करने की एक समय परंपरा थी। कवि फक्कड़-से एक जगह से दूसरी जगह घूमते-फिरते थे। समूचा विश्व उनका घर था। उस जमाने में गांव से उखड़े लोगों में ऐसे व्यक्ति भी थे, जिन्हें पेट की चिंता के साथ एक बौद्धिक धुन भी थी। वे ज्ञान के भूखे थे। वे अपने देश और इसकी सांस्कृतिक जड़ता को देखकर व्याकुल हो जाते थे। मुझे आरंभिक मुलाकातों में ही लगा था, नागार्जुन ऐसे कवि हैं, जिनके साहित्यिक मानस का निर्माण ऐसे समय हुआ,

जब देश राष्ट्रीय उथल-पुथल से गुजर रहा था। उनके करीब होने का अर्थ था, उस उथल-पुथल की आंच को महसूस करना।

नागार्जुन ने संस्कृत में भी लिखा। उन्होंने कालिदास के मेघदूत का अनुवाद किया। दूसरी तरफ 'लेनिन स्तोत्रम्' की रचना की। कालिदास और लेनिन एक साथ, यह अद्‌भुत बात है। इस तरह से कई विरुद्धों में सामंजस्य नागार्जुन में थे। वह बराबर कहते थे, संस्कृत में सिर्फ सामंतवाद और धर्म-कर्मकांड की बातें नहीं हैं। इसमें लोक संवेदना के भी पर्याप्त चिह्न हैं। संस्कृत का एक मुहावरा सुनाया, 'विनायकं प्रकुर्वाण: रचयामास वानरम्' अर्थात गणेश बनाने चले थे बन गया वानर। यह मुहावरा संस्कृत में लोकभाषा से गया होगा। नागार्जुन 'मेघदूत' पर उसकी लोक संवेदना की वजह से फिदा थे। इसमें कुसुम सुरभित महल ही नहीं हैं, कामासक्त प्रेयसियाँ ही नहीं हैं, मालिनें भी हैं। देश के पहाड़, नदी, झरने हैं। पिंजरे की मिठबोली मैना है, मोर हैं, किसानों का प्रिय बादल है। कालिदास के इस काव्य में खेत में काम करनेवाली स्त्रियाँ हैं, जो पसीने में नहाई हुई हैं। इतना व्यापक सौंदर्यबोध लोक से जुड़े हृदय में ही हो सकता है, शास्त्रकुंठित दिमाग में कभी नहीं हो सकता। नागार्जुन कहते थे, मेघदूत राष्ट्रीय अखंडता का काव्य है। इसमें दक्षिण भारत से उत्तर के हिमालय तक का अनोखा सौंदर्य व्यक्त हुआ है। नागार्जुन का काव्य-मन बनाने में श्रमजीवियों के संघर्ष की जितनी भूमिका है, उससे कम योगदान कालिदास का नहीं है।

एकबार बाबा नागार्जुन मेरे घर पर साधुओं वाली एक बड़ी-सी माला लिए हुए पहुँचे। बाबा, यह क्या ? उनका कहना था, 'इसके तीन इस्तेमाल हैं। रात को नींद नहीं आती है, लेकर जपने लगता हूँ। अपने लोगों को याद करने के लिए जपता हूँ। किसी पर गुस्सा आता है तो उल्टा जपने लगता हूँ।' वह संस्कृत की परंपरा से आकर भी धार्मिक पाखंडों का लगभग कबीर के अंदाज में मखौल उड़ाते थे। आजकल नए-नए जगतपिता और जगतमाताएँ हो गई हैं। वह कहते, हरिद्वार मुफ्तखोर साधुओं का अड्डा है। वहाँ धर्म के नाम पर सौ-सौ एकड़ की जमीनों पर दखल है। वह सुखवादी बौद्ध भिक्षुओं की भी आलोचना करते। इसका यह मतलब नहीं है कि उन्हें धार्मिक लोग पसंद न थे।

मेरी एक मझली दादी थी, मुझे काफी मानती थीं। पहले की स्त्रियों के अपने नाम रिश्तों के नाम में गुम हो जाते थे। मैंने अपनी मझली दादी का नाम काफी बाद में जाना 'रानुबाला'। वह अकेली थीं, रोज सुबह पौ फटने से पहले रामनामी ओढ़कर गंगा नहाने निकल पड़तीं। लौटकर चारों तरफ गंगाजल छींटती। मुझ पर भी छींटतीं। मैं मना नहीं करता। मेरे घर पर जब-जब नागार्जुन

होते, जाकर उनके कमरे में गंगाजल छींट आती थीं। वह देखती थीं, बाबा कभी नहाते नहीं हैं। नागार्जुन ने एक दिन मझली दादी का चित्र खींचा, कैसे वह हर अंधेरी सुबह उन्हें कमरे में झांककर कुतूहल से देखतीं, कैसे वह खुद उसी तरह उचककर उन्हें देखते। कैसे वह जल्दी से गंगाजल छींटकर चली जातीं। बाबा ने कहा, 'कोई गंगाजल छींटकर सुख पाता है, तो उससे नाराज नहीं होना चाहिए। जनता की भावना का मजाक उड़ाना गलत है।' उनकी नजर में धार्मिक कट्टरवाद और जनता की धार्मिक भावना में फर्क था।

नागार्जुन श्रीलंका -यात्रा में बौद्ध हो गए थे। ब्राह्मण से बौद्ध होना एक बड़ा विद्रोह है। जातिवाद से मुक्त होना, अध्यात्मवाद छोड़कर भौतिकवाद की ओर बढ़ना और वर्तमान को महत्व देना, यह सब भारतीय जीवन में कठिन है। नागार्जुन के भीतर कर्मकांड और रूढ़ियों के प्रति आक्रोश बौद्ध धर्म के साथ लंबा समय गुजारने के कारण था। राजनीति की तात्कालिक घटनाओं की ओर आकर्षण की वजह भी, हो सकता है बौद्ध होना हो। बौद्ध दर्शन क्षण और परिवर्तन को महत्व देता है। नागार्जुन बौद्ध थे, इसका यह अर्थ नहीं है कि वह हिंसा के बिल्कुल विरोधी थे। उन्हें उत्पीड़ितों की हिंसा स्वाभाविक लगती थी, क्योंकि उन्होंने आजादी के बाद अहिंसा के नकाब में राज्य की हिंसा के वीभत्स रूप देखे थे। उन्होंने तर्क दिए, 'वर्धा में गांधी ने एक बीमार बछड़े पर गोली चलाने के लिए थाने से पिस्तौल मांगा। उन्होंने कश्मीर में भारतीय सेना की लड़ाई का समर्थन किया। यदि स्त्रियों का बलात्कार हो, उन पर अत्याचार हो, उनको हिंसा के रास्ते से प्रतिरोध का अधिकार क्यों नहीं है? इन स्थितियों में स्त्रियाँ नहीं कह सकतीं, 'हमला चाहे जैसा होगा हाथ हमारा नहीं उठेगा !'

श्रीलंका में तमिलों का जनसंहार देखकर एक दिन नागार्जुन बहुत दुखी थे। वह कुछ समय श्रीलंका में थे, इसलिए उन्हें विशेष कष्ट हो रहा था। बोले, 'मुझे एक कविता लिखनी है – 'बुद्ध का चतुर्थ महाभिनिष्क्रमण।' बौद्ध धर्म - प्रधान देश श्रीलंका में राज्य द्वारा तमिलों का हिंसात्मक दमन एक दिल दहलाने वाली घटना थी। एशिया में 90 के दशक में आतंकवाद और हिंसा का नए सिरे से उदय हो रहा था। एक समय का मानवीय अखंडता का जोश गायब हो रहा था। अब अंध-राष्ट्रवाद उभर आया था। इसका सबसे बुरा असर मानवीय संबधों पर पड़ा। अब 'अन्य' के प्रति आदर की जगह उस पर शक था। नागार्जुन को भी एक समय लगने लगा था, 'छोटे देश में ही हिंसक क्रांति हो सकती है। बड़े देशों में अब यह असंभव है।' वह मानने लगे थे कि भारत में अब हिंसक रास्ते से क्रांति नहीं होगी।

भारत में राज्यों का गठन जिस तरह हुआ और नए राज्यों की मांगें उठ रहीं थीं, इस पर नागार्जुन का कहना था, 'राज्यों का गठन नेतायी सुविधा से हुआ, व्यापक दृष्टिकोण से नहीं हुआ। नए राज्यों की मांग के पीछे राजनीतिक अवसरवाद है। कुछ भी बदला नहीं है। हालत यह है कि एक बड़े जहाज से छोटी-छोटी नौकाएँ बंधी हैं।' वह ऐसी बहुत-सी चीजें सोचते थे। आँखों के सामने स्पष्ट देख रहे थे कि 'मनुष्य' और 'वर्ग ' की श्रेणियाँ तेजी से टूट रही हैं। फिर भी वह मुझे कभी निराश नहीं दिखे। उनकी घुच्ची आँखें आशा की नई-नई चिनगारियाँ खोजती रहती थीं।

यह अद्‌भुत संयोग है कि हिंदी के दो भिन्न तेवर के कवि अज्ञेय और नागार्जुन दोनों लंबे-लंबे समय के लिए जेल गए थे। लाहौर में 1934 में जब अज्ञेय नजरबंद थे, नागार्जुन उन्हें देखने गए थे। बाद में साहित्यिक मतभेद के कारण उन्होंने केदारनाथ अग्रवाल के साथ मिलकर फैसला किया कि अज्ञेय के संपादन में निकलनेवाले 'प्रतीक' में नहीं लिखेंगे। नागार्जुन ने बताया, 'मैं 1960-62 में कभी बीमार था। 'प्रतीक' के मेरे फैसले के बावजूद अज्ञेय मुझे देखने आए थे। वह मौन ही ज्यादा थे, पर मेरे पास काफी देर तक बैठे। मेरे और उनके बीच विद्यानिवास मिश्र संबंध-सेतु थे।' नागार्जुन का मानना था, 'अज्ञेय महत्वपूर्ण शब्द-शिल्पी हैं।' उस जमाने में उन लोगों के बीच काव्यात्मक दूरियाँ थीं। यह विविधता ही कविता की ताकत थी। आज की कविता बहुत होमोजीनियस है।

नागार्जुन 1971 में मास्को गए थे। उनमें रूस जाने की बेताबी और इच्छा नहीं थी। जानेवाले दिन वह दरियागंज के एक पार्क में अपने थैले में रखा आम खाकर सो गए। हवाई अड्डे जा नहीं सके। माइक से घोषणा होती रही। विमान छूट गया। प्रभाकर माचवे के पास टिकट था। उन्हें भी रुक जाना पड़ा। दोनों अंततः दूसरी उड़ान से गए। रूस के लेखक खूब मोटे-चौड़े, ऊंचे कद-काठी के थे। बाबा नागार्जुन ने एक गपशप में बड़े नाटकीय ढंग से मुझे बताया, "मैं उनके सामने कृशकाय ठिगना-सा दिख रहा था। एक रूसी लेखक ने दुभाषिये की मदद से पूछा – हमारे देश के कवि प्रेम, प्रकृति और सौंदर्य पर इतना लिखते हैं। आपके देश की कविता में भूख-गरीबी के चित्र ही ज्यादा क्यों हैं? मैंने जवाब दिया, 'आपके देश की कविता खाए-पिए- अघाए लोगों की कविता है, जबकि हमारे देश की कविता अभाव और दर्द से पीड़ित आम जन की है'।" नागार्जुन चूकते न थे। एक दिन मैं बाबा को भारतीय भाषा परिषद लेकर गया। वहाँ तब प्रभाकर माचवे निदेशक थे। उन्होंने प्लेन छूटने की घटना को याद कर खूब ठट्ठा किया था।

नागार्जुन को उत्तर प्रदेश हिंदी संस्थान का पुरस्कार प्रधानमंत्री इंदिरा गांधी के हाथों मिलना था। लेखक लोग पशोपेश में थे, यह कैसे होगा, यह क्योंकर होगा ! बाबा उस इंदिरा गांधी के हाथों पुरस्कार लेंगे, जिनके विरोध में कविता लिखी ! वह पुरस्कार लेने के बाद कलकत्ता आए। मैंने पूछा – यह कैसे हुआ ? उन्होंने पुरस्कार कैसे लिया, यह बड़े रोचक ढंग से सुनाया, 'घोषणा हुई। इंदिरा गांधी अपनी कुर्सी से उठीं। मैं भी अपनी कुर्सी से उठा। वे मुस्कुराईं, मैं भी मुस्कराया। मुझे अपनी जगह खड़ा देख वे मेरी तरफ बढ़ीं। मैं भी उनकी तरफ बढ़ा। वह और आगे बढ़ीं। मैं भी आगे बढ़ा। उन्होंने दिया, मैंने ले लिया।' वह ठठाकर हँसे। फिर कहा, 'यह उनका नहीं जनता का पैसा है, जनता द्वारा दी गई स्वीकृति है।' नागार्जुन पर किसी भी राजनेता की छवि का आतंक न था।

कोई कारण होगा, नागार्जुन कलकत्ता को बहुत चाहते थे। उनका यहाँ न घर था, न रिश्तेदार थे और न यह उनका राज्य था। यह वह जगह थी, जहाँ 1951 में ट्राम का भाड़ा एक पैसा बढ़ जाने पर बड़ा आंदोलन छिड़ गया था और गोली से कई लोग मारे गए थे। यह जुलूसों का शहर था, जहाँ जीवन उबाल खाता था, बहसें होती थीं और गली-गली में रवीन्द्र चर्चा थी। नागार्जुन 1933 में कलकत्ता पहली बार संस्कृत कालेज में पढ़ने के लिए आए, फिर अनगिनत बार आए। इस आधुनिक शहर में उनकी तलाश आधुनिकता के चमक-दमक वाले रूपों की नहीं थी। उन्हें सड़क, रेल, ट्राम, बस, पुल, बिजली, पक्के मकान, कारखाने, रेडियो और दूसरी आधुनिक चीजें आकर्षित करती थीं। उन्हें गांव धीमा और सपाट दिखता था। कलकत्ते से प्रेम की मुख्य वजह यह थी कि यह उनके समय में जन-आंदोलनों का नगर था। उस जमाने के जन-प्रतिवाद आज कल की तरह कर्मकांड न थे। बाबा कहते थे, 'कलकत्ता हजार-हजार गांवों का गुच्छा है।' यह जितना उत्तप्त शहर था, उतनी ही गहरी जड़ोंवाला था।

बाबा नागार्जुन से जब मेरी मुलाकातें हो रही थीं, उनके मन से कलकत्ते का राजनीतिक नशा उतर चुका था, पर इस शहर से प्रेम था। वह 1982 के बाद कई बार मेरे घर आए। वह लेखक परिवार में आकर हिल-मिल जाते थे। उनके अनगिनत ठिकाने थे। सभी के घर में उनका घर था। मेरे घर भी अक्सर आने लगे थे। कई-कई दिनों तक डेरा डाल लेते। इधर-उधर की, अतीत की, जग की, साहित्य की, राजनीति की, अपनी और दूसरों की चर्चा करते। उनके पास कहने के लिए अनगिनत चीजें थीं और अपनी शैली थी। वह सबको जीवन-रस बांटते। घंटों गप्प करते। बातें उनके मुँह से कभी किसी उत्फुल्ल झरने और कभी लौह भट्ठियों की आग-सी निकलतीं। वह बहुत भिन्न थे। बड़े-बड़े अक्षरों में पोस्टकार्ड

लिखते। हर रोज कई-कई अखबार पढ़ते। उनके हाथ में मैग्नीफाइंग ग्लास होता। उन्हें नए लेखक और प्रशंसक घेरे रहते थे। उनके आसपास अकेलापन जैसी कोई चीज नहीं थी। उन्होंने लेखक संगठनों की दीवारें तोड़कर लेखकों का एक महापरिवार बनाया था। उन्होंने किसी भी व्यक्ति को अपने बड़े, असाधारण या विद्वान होने का अहसास नहीं होने दिया, जो एक दुर्लभ बात है।

भारत में शिक्षा और स्वास्थ्य की तरह संस्कृति की भी चिंता की जानी चाहिए। जाहिर है, गैर-व्यावसायिक सांस्कृतिक निर्माण आज त्याग और चुनौतियों से भरा मामला है। इसमें कमाई या यश नहीं है। 1980-82 में संचार क्रांति आकार लेने लगी थी। साथ ही सांप्रदायिक कूपमंडूकता भी बढ़ रही थी। दोनों दिशाओं से सांस्कृतिक प्रदूषण छा रहा था। प्राकृतिक पर्यावरण की तरह सांस्कृतिक पर्यावरण भी संकट में है, यह सोचना मुश्किल होता जा रहा था। मैंने सोचा, प्रकृति के प्रेमी को ही संस्कृति की गहरी चिंता हो सकती है। नागार्जुन से बढ़कर सांस्कृतिक प्रदूषण के खिलाफ अभियान को नेतृत्व देनेवाला दूसरा नहीं हो सकता। मैं शुरू से ही लिखने के अलावा कई तरह से सक्रिय था। कलकत्ता दिल्ली नहीं है। कहा जाएगा, सब कुछ स्थानीय था ! 1984 में विद्यार्थियों के सहयोग से मैंने नाटक की एक टीम बनाई थी 'समवेत'। इसकी ओर से भीष्म साहनी के नाटक 'कबिरा खड़ा बाजार में ' का जगह-जगह मंचन हुआ। कलकत्ता विश्वविद्यालय के छात्र भवन में ही इसके रिहर्सल हुए थे। मेरा सोचना था, विश्वविद्यालय सिर्फ क्लास और परीक्षा लेने की जगह नहीं है। इसी साल बाबा नागार्जुन के सामने मैंने प्रस्ताव रखा, 'आपके सान्निध्य में नए कवियों के काव्य शिविर से सांस्कृतिक प्रदूषण के खिलाफ अभियान की शुरुआत हो।' 'उन्होंने उत्साह से स्वीकार कर लिया और कहा, 'आऊँगा और अर्थ सहयोग भी दूंगा।'

सांस्कृतिक प्रदूषण के विरुद्ध अभियान के संदर्भ में बाबा ने मुझे खतौली से 26 नवंबर 1984 को पत्र लिखा, "बड़ा ही अच्छा लगा। नए प्रकार की सार्थकता से हम अपने को जोड़ना शुरू करेंगे। यह और भी चमत्कार होगा कि रचनात्मक चुनाव (लोकसभा) के माहौल में अपनी समझदारी पर सान चढ़ाने का अवसर हासिल करेंगे अनायास।" इस आयोजन को लेकर वह काफी उत्साहित थे और जहाँ जाते इसकी चर्चा करते। इससे मुझे भी शक्ति मिलती।

1939 का अमवारी में किसान संघर्ष, 1974-75 में बिहार का जन-आंदोलन और अब 1984 में सांस्कृतिक प्रदूषण के खिलाफ अभियान। यह कलकत्ते की घटना है। कलकत्ता विश्वविद्यालय के छात्र भवन में पांच दिवसीय

काव्य शिविर का आयोजन हुआ। 'रविवार' साप्ताहिक में चपी विज्ञप्ति पढ़कर देश भर से 30 नौजवान कवि अपने खर्चे से आए। कलकत्ता के भी युवा लेखक बड़ी संख्या में थे। कलकत्ता विश्वविद्यालय के हिंदी विभाग के भूतपूर्व विद्यार्थियों ने इस आयोजन को सफल बनाने में बड़ी भूमिका निभाई। बड़ी संख्या में लोग उपस्थित थे। नागार्जुन एक आकर्षण थे। वह पहली बार कलकत्ता विश्वविद्यालय आए थे। उन्होंने अपनी तरफ से सौ रुपये का अर्थ सहयोग 'नहीं-नहीं' करने पर भी दिया। अपने भाषण में कहा, 'मैं आपसे आगे नहीं, आपके साथ हूँ। कलकत्ता से कई नई चीजें शुरू हुई हैं। सांस्कृतिक प्रदूषण के खिलाफ यह अभियान भी एक नई शुरुआत है। यह समय की आवश्यकता है, ढेरों खतरे हैं।' कविता तभी बचती, जब संस्कृति बचती। इस आयोजन के दौरान बाबा से कई मुद्दों पर बात हुई।

— साहित्य को किसानों-मजदूरों से जोड़ने की बात की जाती है, अधिकांश जनता निरक्षर या उदासीन है।
— किसानों और मजूदरों के बीच साहित्य पहुँचाने का अर्थ है उनके बीच से पढ़-लिखकर जो लोग आ रहे हैं, उनके बीच साहित्य पहुँचाना। हमें उन्हीं के बीच से पाठक मिलेंगे। अभिजात जीवन शैलीवाले लोगों के बीच से नहीं।
— इस जनतंत्र में जनता कमजोर नहीं होती जा रही है?
— जनता के पास भी क्षमता है, वह भी सोचती है। नेताओं को उसकी क्षमता को पहचानना चाहिए। वे बड़ी समस्याओं के तात्कालिक समाधान में उलझे रहते हैं। शरीर में कैंसर हुआ है तो अंगुली में मलहम लगाते हैं !
— आज शब्द और कर्म के बीच इतनी दूरी है !
— हम एक बड़ी सर्वग्रासी आधुनिक सभ्यता में फंसे हैं। वामपंथी लोग भी बच नहीं पा रहे हैं। एक नौजवान कामरेड ने उत्साह में सोचा कि एक बूढ़े कामरेड की बेटी से शादी करके उसकी समस्या दूर करेगा। जैसे ही उसे बढ़िया पगारवाली नौकरी मिली, वह मुकर गया। उसे अपने कैरियर की चिंता हो गई।
— नई पीढ़ी को वस्तुतः आगे बढ़ने नहीं दिया जाता, दिखावा जितना हो।
— हर पीढ़ी थोड़े समय बाद पीढ़ा बन जाती है। नए लोग आकर उस पर बैठ जाएँ। कौन रोक सकता है? बांस के अगल-बगल से नए कल्ले फूटते हैं और वे भी बहुत ऊंचा उठते हैं, कौन रोक सकता है?

बाबा नागार्जुन ने काव्य शिविर में सभी नए कवियों की रचनाएँ सुनीं, उन पर अलग-अलग राय दी। उन्होंने अपने संक्षिप्त वक्तव्य में कहा, "मुक्त छंद में कवि अच्छा तभी लिख सकता है, जब उसे छंद का ज्ञान हो। नई भावनाओं के आवेग से कवि का छंद-बंध टूटना स्वाभाविक है, पर मुक्त छंद का अर्थ छंदविहीनता नहीं है। कविता सिर्फ विचार नहीं है। उसमें लय जरूरी है, प्रवाह जरूरी है। कविता को निरा गद्य नहीं होना चाहिए।" हिंदी में ऐसे बहुत कम वरिष्ठ लेखक हैं, जो दल-मत से ऊपर उठकर नए रचनाकारों से आत्मीयतापूर्वक बात करते हैं, उनसे 'इंटरैक्ट' करते हैं और चाहते हैं कि वे भी पनपें। नागार्जुन किशोरों और तरुणों को हमेशा अपने स्नेह और बौद्धिकता का ताप बांटते रहे हैं, इस काव्य शिविर में भी बांटा।

काव्य शिविर के पांचवें दिन बाबा नागार्जुन के साथ करीब साठ-पैंसठ लेखक हावड़ा के रामकिष्टोपुर इलाके की एक मजदूर बस्ती में गए। वहाँ स्थानीय लोग दो सौ से अधिक होंगे। एक अद्भुत दृश्य था। लाइन से खोलाबाड़ियाँ थीं, जिनमें जूट और दाल मिलों में काम करनेवाले श्रमिकों के परिवार थे। एक-एक कमरे में एक परिवार ठसाठस भरा। अब मिलें धीरे-धीरे बंद हो रही थीं। सभी मजदूरों के अपने-अपने दुख थे। बहुत-से लोग बंगाल से बोरिया-बिस्तर लेकर बिहार अपने गांव लौटने लगे थे। इनमें हाथ रिक्शावाले भी थे। नदी एक आश्वासन है। बिल्कुल सामने बिचाली घाट पर जहाँ गंगा बह रही थी, बिचाली से लदी नावें थीं। सभी के लिए यह अलग तरह का अनुभव था। मजदूरों और उनके परिवार के लोगों से मिलना, उनके अनुभवों में साझा करना, उनके साथ ही पांत में बैठकर खाना, गंगा को देखना और कोई अनुभूति जगे तो कविता की कुछ पंक्तियाँ उपजाना या मन में कोई अनुभव बसा लेना। नए कवियों के अलावा बाबा ने भी अपनी कविताएँ सुनाईं और कहा, 'सांस्कृतिक प्रदूषण का हमला नई पीढ़ी पर है, अतः इन्हें ही उठ खड़ा होना है। यह अभियान अविस्मरणीय रहेगा।' वह मन से प्रसन्न थे कि इतने कवि-लेखक इस श्रमिक बस्ती में आए।

किसी भी शहर में कोई साहित्यिक काम हो और वहाँ टांग खींचनेवाले कुछ लेखक सक्रिय न हों, यह नहीं हो सकता। कलकत्ता के कुछ लेखकों ने इस आयोजन के बारे में अनाप-शनाप कहकर नागार्जुन को इसमें जाने से रोकना चाहा। बाबा ने उन सबको फटकारा। एक का चश्मा उतार लिया। इस घटना पर कविता भी लिखी, "चालू नीयत का महा अपोर्चुनिस्ट/...सभी पर रिमार्क कसता रहता है/वो 'प्रगति' भी है, जनवाद भी है वो/नव-जनवाद भी/तीसमार खां।...न तीन में न तेरह में।" मैं आमतौर पर विघ्न डालनेवालों का जवाब नहीं देता था।

हिंदी ही नहीं, तमिल, बांग्ला, मराठी जैसी समृद्ध भाषाओं की साहित्यिक दुनिया में भी मिथ्या पालिमिक्स है, आदर्शों की टकराहट की जगह ईगो के खेल हैं और एक-दूसरे को नीचा दिखाने की गिरावटें हैं। इस देश को साहित्य की जितनी अधिक जरूरत है, साहित्यिक माहौल उतना ही खराब है।

बाबा नागार्जुन ने उसी समय पतंजलि के भाष्य से एक बात कही थी, 'अपशब्द से गुण नष्ट होता है।' वह जितना संस्कृत की उच्च परंपराओं से जुड़े थे, उतना ही लोक-समाज से, आज की चालू भाषा में कहा जाए 'सबाल्टर्न' से। उनमें सरलता थी, ऊंचाई भी थी। विद्वता थी, आम आदमियों जैसी झुंझलाहट भी थी। वह नासमझी देखकर झुंझला जाते थे, बेईमानी देखकर क्रोध से फट जाते थे। वह कहीं सुंदरता देखते थे तो मुस्करा देते थे। वह एकायामी या एकभावात्मक न थे। वह हमेशा प्रश्न दागते रहते थे – धर्म, राजनीति, युद्ध, किसी महान व्यक्तित्व या साहित्यिक घटना पर। उन्हें प्रलोभन से कोई चुप नहीं करा सकता था।

कलकत्ता में काव्य शिविर के जरिये सांस्कृतिक प्रदूषण के विरुद्ध जो अभियान शुरू हुआ, वह साल भर में आसनसोल, चित्तरंजन, धनबाद के आयोजनों से होते हुए नजीबाबाद पहुँचा। संजीव, सृंजय, मदन कश्यप, गौतम सान्याल, देवराज और कई अन्य लेखकों ने तब अपनी सक्रियता से इसे एक व्यापक शृंखलाबद्ध रूप दिया था। हर जगह लेखकों के साथ बड़ी संख्या में आम लोग होते थे। बाबा नागार्जुन आयोजन में अपने खर्चे से पहुँचते। आज एयर टिकट के बिना बड़े साहित्यकार अपने शहर से नहीं हिलते।

एक बार नागार्जुन चुनाव के समय कलकत्ता ही थे। हावड़ा में मेरे घर पर ही टिके थे। वह देखना चाहते थे कि मतदान किस तरह हो रहा है। मैं अपने साथियों के साथ हावड़ा में नंदी बगान, फकीर बगान, पिलखाना की घनी बस्तियों के मतदान केंद्रों पर ले गया। वह ऐसे खुश थे, जैसे कोई बड़ा उत्सव हो। एक मतदान केंद्र से एक वोटर चीखता हुआ निकला – मुझे वोट देने नहीं दिया। मेरा वोट डालकर बोलता है, घर जाकर आराम करो। बाबा बोल उठे, चुनाव एक प्रहसन है, सब पैसे का खेल है। रिगिंग हो रही है, जनतंत्र कैसे बचेगा - कौन बचाएगा ? वह दुखी हो गए, लौटकर सो गए।

नागार्जुन में कोई बनावट और छद्म नहीं था। वह जनता के दुख में एकता देखते थे, खंडित दृष्टिवाले साहित्यकार न थे। उन्होंने 'प्रगतिशील' , 'जनवादी ' और 'क्रांतिकारी' के बीच विभाजन कभी पसंद नहीं किया। क्या जानेवालों के साथ उनके सपने भी चले जाते हैं ?

एक बार नागार्जुन ने मुझे दो हजार रुपये दिए और कहा, 'अलख नारायण की अभी तक एक भी किताब नहीं आई है। तुम उनसे लेखों की पांडुलिपि लेकर किसी प्रकाशक से छपा देना। मेरी हार्दिक इच्छा है, उनकी किताब आए।' यह एक अद्भुत लेखक-भावना है। बाबा कोई संपन्न लेखक नहीं थे, पर गहरी मनुष्यता से भरे थे। उन्होंने कभी नकली 'अन्य' नहीं बनाया। उनमें वही सार्वभौम गंवई जन था, जो अपने और सृष्टि के बीच कोई दीवार नहीं देखता। वह न संकीर्ण राष्ट्रीयता से बंधा होता है और न संकीर्ण बुद्धिवाद से। वह एक निर्मल विश्व चाहता है, एक सुंदर विश्व।

नागार्जुन जब बोलते थे, अतीत और वर्तमान अपने सारे रंगों के साथ खुलने लगते थे। वह जब बोलते थे, भारत के आदमी की आवाज सुनाई देती थी। वह कहते, अब चीजें सरल रेखा की तरह नहीं हैं। अब जैसे एक नई सभ्यता आ चुकी है। इसे वह कहते थे, 'वृकोदरी सभ्यता'। वृकोदरी सभ्यता का अर्थ है, किसी महादानव के पेट जैसी सभ्यता, जो सर्वभक्षी है। सब कुछ खा जाती है। इस सभ्यता में अब क्रांति ही नहीं, मानवीय रिश्तों को, निश्छल हँसी को, यहाँ तक कि फलों के स्वाद को भी बचाना मुश्किल है।

एक बार वह अपना गमछा मेरे घर पर छोड़कर जाने लगे। मैंने टोका, 'आप गमछा ले जाना भूल रहे हैं।' उनका हँसता जवाब था, 'मैं जानबूझ कर छोड़ रहा हूँ, ताकि फिर लेने आऊं।' उनका जीवन नदी का बहता पानी था। यह पानी सभी घाटों को जोड़ता था। जहाँ से देखो, वह एक ही नदी की तरह थे, रिश्तों को ढूंढ़ते और बचाते। विखंडता के दौर में भी अखंडता का अहसास कराते। एक रूखे होते जा रहे वातावरण में तरलता पैदा करते। वहाँ भी परिवर्तन की लौ सुलगाते, जहाँ ठंडी राख होती। उस राजनीति पर पत्थर मारते, जो बांटती या दमन करती। वह आजादी के पहले से लड़ते आ रहे थे। अभी भी थके नहीं थे। उनके कमजोर और रुग्ण शरीर में एक फौलादी मन था। वह बिना किसी का सहारा लिए मौन-मुखर एक ही मंत्र जपते थे, चरैवेति - चरैवेति।

2

यह 1998 की ज्येष्ठ पूर्णिमा है। नागार्जुन अपनी बाहर की दुनिया से बेखबर अपनी आंतरिक दुनिया में और अधिक गहन, बड़ी तेजी से कहीं दूर चले जा रहे हैं। यात्री की यात्रा जारी है, सिर्फ पैर नहीं चल रहे हैं। वे खूब बोल-बतिया और हँस रहे हैं, सिर्फ होंठ स्थिर हैं। बिल्कुल वैसे ही गुलाबी और ताजे होंठ, जैसे

शिशु काल में रहे होंगे। छककर पीए गए दूध के बाद रस में नहाए। उमर की एक खास मंजिल पर स्वाद साथ छोड़ देता है, रंग गड्डमड्ड हो जाते हैं, गंध पास होकर भी नहीं होती और संगीत उड़-उड़ जाता है। स्पर्श विश्वासघात नहीं करता, वह जिंदगी का अहसास करा देता है। पिछले साल से बाबा नागार्जुन की यही हालत है। उनसे जो भी मिलने जाता है, उसकी हथेली वह अपने हाथों में ले लेते हैं। तब एक दुनिया उनके हाथों में होती है, भले ही छिन्न-भिन्न होती स्मृतियों की दुनिया। वह अपने किसी बंधु लेखक या तरुण की हथेली पकड़े रखना चाहते हैं, मानो जिंदगी को पकड़े रखना चाहते हों। बाबा अंतिम घड़ियों में दरभंगा में ही क्यों ?

उन्होंने मेरी हथेली पकड़े-पकड़े शरारतन अपनी अँगुलियों से इसे दबा दिया, जैसे किसी रहस्य में साझीदार बनाना चाहते हों। जैसे वे बताना चाहते हों कि दरभंगा आकर क्यों जम गए। इतनी खराब शारीरिक दशा में भी बाबा का बाबापन खेल रहा है। वे फुटबाल किक नहीं कर पा रहे हैं, पर मैदान में हैं। जिस कवि-लेखक ने दो-चार नहीं, हर पोजीशन से पूरी दुर्द्धर्षता से खेला हो और रेफरी की सीटियों की भी कई बार परवाह नहीं की हो, वह मैदान से बाहर नहीं हो सकता और न ही उसका खिलंदड़ापन साँस का साथ छोड़ सकता है।

जेठ की गर्मी इस बार आग उगल रही थी। बाबा नागार्जुन ने कलकत्ता आ-आकर न जाने कितनी बार डेरा डाला था। उनसे मिलने की इच्छा हुई। शोभाकांत जी के बुलाने पर सोचा, दरभंगा चलना चाहिए। वहाँ मिथिला की चंदनवर्णी धूल दिन शुरू होते ही चिनगियों मे बदल गई थी। पास में सत्तू-प्याज और मन में यह प्रश्न था कि एक क्षीणकाय शरीर में भी जिंदगी को गरमाहट से पकड़े रहने की इतनी ताकत कहाँ से आती है। लगातार खाँसते-खँखारते, हँसते-बतियाते, व्यवस्था का मखौल उड़ाते रहने, कभी जहरीखाल के शीत पहाड़, कभी दिल्ली के शोर, कभी विदिशा, कभी कलकत्ता और इसी परिक्रमा में उड़ीसा के एक छोटे कस्बे में अपनी बेटी के डेरे को भी छू लेना, एक तरह से लगातार चलते रहने की हिम्मत किसी दूसरे समकालीन कवि में नहीं देखी गई। इतनी ताकत, इतनी हिम्मत और इतना प्रेम ऐसे व्यक्ति में हो नहीं सकता, जो महज कवि या लेखक हो।

बाबा नागार्जुन ने अपनी जिंदगी के 88वें साल में प्रवेश किया है। उनकी एक छोटी कविता है "आमि मिलिटरीर बूड़ो घोड़ा/आमाके ओरा करबे नीलाम/कोनो चतुर तांगावाला निए जाबे आमाके/बोसिए दिबे चोखेर धारे/रंगीन खोलस/बोलते थाकबे/सामने चल बेटा, सामने चल, सामने।" बाबा ने चार भाषाओं में

लिखा – मैथिली, हिंदी, संस्कृत और बांग्ला में। उन्हें टटोलने के लिए पूछा, बाबा, कलकत्ता चलेंगे? शोभाकांत ने उनके कान के पास जोर से चिल्लाकर मेरी बात उन तक पहुँचाई। थोड़ी देर आत्मस्थ थे। फिर धीरे-से इनकार से सिर हिलाया। वे दरभंगा में अपने बड़े बेटे के घर में हैं। मिथिला की धरती छोड़ कर अब कहीं दूसरी जगह जाना नहीं चाहते, पटना भी नहीं। अपनी अमराई के पेड़ पर छोटे-छोटे आमों के बीच एक खूब पके आम की तरह गर्व से झूलते बाबा किसी मंडी में जाना नहीं चाहते।

मिथिला की मिट्टी ने ही उनके काव्य-सौंदर्य और संस्कृति को बुनियादी संस्कार दिए। इसलिए अपने स्थानीय संसार के प्रति उनका लगाव बहुत गहरा है। हिंदी के कई बौद्धिक आप्रवासियों से भिन्न वे देशज बौद्धिकता के कवि हैं। दिल्ली में बौद्धिक आप्रवासी कवियों-लेखकों की एक अच्छी-खासी संख्या है। वे अपने मुहावरे और विषय ही नहीं, प्रेरणाएँ भी विदेशों से लेते हैं। उनका इस हद तक दिमागी माइग्रेशन हो चुका है कि अपना संकट और अपनी कल्पनाशील अंतर्दृष्टि भी विदेशी लेखकों की पुस्तकों से चुनते हैं। उनका लेखन जातीय वातावरण, इसके संकट और मुठभेड़ के आधारभूत 'थ्रस्ट' से मुक्त किसी भूमंडलीय संगीतात्मक धुन की तरह है। माइग्रेटेड पक्षी अपने मूल डेरे में एक काल के बाद लौट भी आते हैं। लेकिन बौद्धिक आप्रवास एक मोहक नशा है, जो जड़ों से ही बिलकुल काट नहीं देता, आत्मदंभपूर्ण आभिजात्य भी ला देता है। वह सोच और संवेदना की जातीय खोज से लगभग मुक्त कर देता है। बौद्धिक आप्रवास के माहौल में नागार्जुन की देशज बौद्धिकता काव्यात्मक दृश्यों की अथाह विविधता के साथ एक आत्मीयता पैदा करती है। उनके काव्य का अर्थ किसी रंग, गंध या संगीतात्मक धुन की तरह आसपास मँडरा कर नहीं रह जाता, बल्कि एक स्पर्श का आभास देता है, लपककर हमारा हाथ पकड़ लेता है और हमारे साथ चलने लगता है।

नागार्जुन के विवेक और बुद्धिवाद ने उन्हें स्थानीयता में सीमाबद्ध नहीं होने दिया। उनकी राजनीतिक प्रतिबद्धता भी सीमाबद्ध नहीं थी। उनके स्थानीयताबोध में खुलापन ही नहीं, नए-नए विस्तार भी हैं। दरभंगा के घर में वे अचानक मास्को की सड़कों का नाम लेने लगते हैं। टूटी-फूटी ध्वनियाँ। उनकी स्मृतियों ने क्रम तोड़ दिया है, पर वे भीतर समुद्री लहरों की तरह हरहरा कर उठ रही हैं। अब जीवन के ऐसे ही क्षणों में हैं नागार्जुन। राहुल और नजरुल से भिन्न, जो विस्मरण में थे। नागार्जुन के भीतर बेतरतीब ही सही, एक पूरी रील घूम रही है। वे लाहौर, श्रीलंका और तिब्बत की भिन्न दिशाओं में अलग-अलग मकसद से गए थे।

नागार्जुन के स्थानीयताबोध में इतना स्पेस कैसे पैदा हुआ ?

स्थानीय अस्मिता का सवाल आनेवाले दिनों का एक महत्वपूर्ण सवाल बनने जा रहा है। इन दिनों बहुतों में स्थानीयता के प्रति लगाव बढ़ा है, यह लगाव भविष्य में नए-नए आकार लेगा। लेकिन वह कौन-सी चीज है जो मिथिलांचल के नागार्जुन को एक बड़ा कवि-लेखक बनाती है? दरअसल मैथिली स्थानीयता के साथ-साथ उनके मानवीय मूल्यों और क्रांतिकारी चेतना से भी सघन संपर्क थे। इन्हीं संपर्कों ने उनकी कविता को इतना विस्तार, वैविध्य और नुकीलापन दिया। वह अपनी स्थानीय जड़ों को पकड़े रहकर जड़ नहीं हो गए।

नागार्जुन के भीतर एक भारतीय कृषक-मन हमेशा उपस्थित रहता है। कृषक-मन कभी थकना और हारना नहीं जानता। नागार्जुन भी कभी थके-हारे नहीं। उनकी अनगढ़ता और दबी अतृप्तियाँ भी उसी भारतीय किसान मन की हैं। क्लासिक और आधुनिक संस्कारों से लैस एक नवजाग्रत किसान ही हमारे सामने नागार्जुन के रूप में है। इस बीमारी में भी वह अपने हाथ से भोजन कर रहे हैं। उन्हें उठाकर बिस्तर पर बैठाया जाता है, बिलकुल अपने में डूबे। इसी बिहार में नागार्जुन ने राहुल के साथ किसानों के अमवारी सत्याग्रह (1939) में भाग लिया था। उनके कृषक-मन की सबसे बड़ी विडंबना यह है कि यह मध्य वर्ग के बुद्धिजीवियों के बीच जाकर अपनी मुक्ति के चिह्न खोजता है और आहत होकर उन पर बार-बार टूट भी पड़ता है। नागार्जुन के साथ समय गुजारे लोगों ने अनुभव किया होगा कि किस तरह उनके भीतर लगाव और तनाव दोनों थे। वे बार-बार शहरी बुद्धिजीवियों के सामने आकर आईने की तरह खड़े हो जाते। आशा और निराशा के द्वैत के साथ। दुलार और झिड़की के द्वैत के साथ। बाबा वृद्धावस्था के इस मोड़ पर इतने आत्मस्थ थे कि ऐसा पहली बार लगा कि वहाँ आईना नहीं था।

सैकड़ों जगहों की घुमक्कड़ी के बाद नागार्जुन ने आखिरी पड़ाव वहाँ डाला, जहाँ से उन्होंने यात्रा शुरू की थी। इसका कुछ अर्थ जरूर होगा। लेकिन उन्होंने जैसी घुमक्कड़ी की, वह पर्यटन नहीं है, जीवन में जीवन की यात्रा है। वह उन कवियों से भिन्न हैं, जिनकी घुमक्कड़ी सुविधा पाकर कभी प्राग में, कभी बर्लिन में, कभी बुडापेसट में, कभी फ्रंकफुर्त्त में और कभी यूरोप के दूसरे शहरों में विदेशी कवियों के साथ शाही भोज, मौज-मस्ती और अभिजात काव्य पाठ के लिए होती है और जो ऐसे काव्य-पर्यटन को अपने देश में आकर बहुत महिमा के साथ प्रचारित करते हैं।

नागार्जुन ने सैकड़ों जगहें घूमकर केवल घुमक्कड़ी नहीं की, कवियों और

लेखकों का एक महापरिवार भी बनाया। न जाने कितने कवियों और लेखकों को काव्य-संस्कार ही नहीं, जीवन-संस्कार भी दिया। कलहग्रस्त लेखकों के बीच वह किसी पुल की तरह रहे हैं। वह उन साहित्यकारों में हैं, जो लिखने को कभी पर्याप्त नहीं मानते। कर्म ही शब्द का सही उच्चारण है।

नागार्जुन कविता को ही जनता के करीब नहीं ले गए, जनता को भी कविता के करीब ले आए। उन्होंने जनता के दुख और आशाओं को पहचाना।

एक आधुनिक कवि होते हुए भी नागार्जुन अभिजात वर्ग और मुट्ठी भर बुद्धिजीवियों के कवि नहीं हैं। इस दृष्टि से वह हर आधुनिक कवि के लिए जितने स्पृहणीय हैं, उतने ही चुनौती भरे भी। नागार्जुन क्लासिकल परंपरा और लोक संस्कृति के संगम हैं। संस्कृत, पालि और प्राकृत की साहित्यिक परंपरा का ज्ञान रखनेवाले वह अकेले छायावादोत्तर कवि हैं, जिनकी अपनी कोई उल्लेखनीय अंग्रेजी पृष्ठभूमि नहीं थी। उन्होंने अंग्रेजी की नियमित शिक्षा नहीं पाई। बिना अंग्रेजी पृष्ठभूमि के भी आधुनिक कवि ! कवियों के समकालीन परिदृश्य को देखते हुए यह बात थोड़ी अजीब लगती है, लेकिन सच है। नागार्जुन का क्लासिकल कनेक्शन उनके प्रेम, आक्रोश और विनोद को एक ऊँचाई देता है, जबकि उनका लोक सांस्कृतिक संपर्क उन्हें अधिकाधिक जीवंत, संप्रेषणीय और आधुनिक बनाता है। उनका साहित्यिक व्यक्तित्व छायावाद, प्रगतिवाद, अकविता से लेकर जनवाद और सशस्त्र संघर्ष तक के जीवंत सकारात्मक तत्त्वों से बना और विकसित हुआ है।

बड़ा मुश्किल होता जा रहा है कि किसी व्यक्ति में अब 'स्थानीय' या 'जातीय' के साथ-साथ 'मानवीय' और 'क्रांतिकारी' बोध भी हो। इस सदी के उत्तरार्ध की सबसे बड़ी पूँजीवादी साजिश 'जातीय', 'मानवीय', और 'क्रांतिकारी' के बीच दीवारें खड़ी कर देना है, इन्हें एक-दूसरे से अलग कर देना है। इस परिदृश्य में नागार्जुन हमारे लिए अधिक महत्त्वपूर्ण हो उठते हैं। मैथिली संस्कृति में रचे-बसे नागार्जुन हमेशा एक व्यापक जातीय, मानवीय और क्रांतिकारी बोध के कवि के रूप में पहचाने जाएँगे।

ज्येष्ठ पूर्णिमा को उनका जन्म-दिन था। उनकी आँखों के सामने उन पर यह अंतिम आयोजन था। इस अवसर पर हुए आयोजन में कई हिंदी लेखक दरभंगा आए थे। कुछ मैथिली लेखक भी थे। बाबा का प्रेम ही सबको इस तेज गर्मी में खींच लाया था। भावभीना वातावरण था। बहुत सादगी से जन्म दिन मनाया गया। सभी ने बाबा के लिए मंगलकामनाएँ कीं, पर दरभंगा मानो सोया था। हमारे हिंदी समाज में कुछ दूसरे समाजों की तरह कवियों-लेखकों को जन-सम्मान देने की परंपरा नहीं है। कवि, लेखक और कलाकार संस्कृति की आँख

होते हैं। जो समाज अपनी संस्कृति की आँखों के प्रति लापरवाह या निर्मम होता है, उसे अंधा और बर्बर होते देर नहीं लगती।

क्या नागार्जुन के जन्म दिन ज्येष्ठ पूर्णिमा को हिंदी पट्टी में हर साल 'कवि पर्व' के रूप में मनाया नहीं जा सकता, कवियों के पर्व, मेला, उत्सव के रूप में?

नागार्जुन की कविता में जेठ का उत्ताप है और पूर्णिमा का सौंदर्य भी। संघर्ष और सौंदर्य दोनों को एक साथ साध लेना साधना है। नागार्जुन के लिए सत्य एक सुंदर भाषा भर नहीं है और न वह सिर्फ इतिहास की नंगी हड्डी है। वह उत्तर-आधुनिक लेखकों की तरह निष्क्रिय मनोव्यथा के शिल्पी नहीं हैं, भाषा की भूलभुलैया में निष्कवच छोड़ देनेवाले। उनकी बेचैनी और अकेलापन भी समाज में रहनेवाले इन्सान का है, उस समाजहीन मनुष्य का नहीं, जो समाज को केवल एक यातना गृह के रूप में देखता है। उनकी सत्य की खोज शहादत का मिंक कोट पहन कर घूमना नहीं है, क्योंकि वह जीने की एक कोशिश है, मरने का जश्न नहीं।

नागार्जुन उत्तर-आधुनिकतावाद का एक जबर्दस्त डिकंस्ट्रक्शन हैं और वह हमारी परंपरा हैं। उत्तर-आधुनिकता अपने को केवल रिपीट कर सकती है, तोड़ नहीं सकती। जबकि नागार्जुन ने बार-बार अपने को तोड़ा है और उन उत्तर-आधुनिकताओं को भी तोड़ा है, जो इतिहास का अंत करके सिर्फ रिपिटिशन लाती हैं। इतिहास विकास का ही दूसरा नाम है। इतिहास वहाँ नहीं है, जहाँ रिपिटिशन है, दुहराव है।

नागार्जुन धनुष की तरह मुड़ गए हैं, फिर भी कड़ेर हैं। शिव के इस धनुष को राम भी नहीं हिलाएँगे, पर शोभाकांत अपने हाथों में उठा लेते हैं, कमरे से बाहर निकालकर कुर्सी पर खुली हवा में बैठा देते हैं। गाल बिलकुल धँस गए हैं। काया जर्जर हो गई है। केश और दाढ़ी पहले से ज्यादा उलझी है। फिर भी बाबा खासकर अपने जन्म दिन पर साफ और चिकने दिख रहे हैं। अपनी बड़ी बहू, पोते-पोतियों और नातिन के दंतुरित मुस्कान वाले बच्चे के साथ। बारी-बारी से आते बेटे-बेटियाँ, स्वजन-परिजन, प्रतिबद्धता, संबद्धता और आबद्धता के अपने संपूर्ण अखंडित परिवेश में, जिसकी रचना और कल्पना नागार्जुन ने कभी खुद की थी, उस संपूर्ण परिवेश में उनका सिर अब धरती के नमन में लगातार झुका हुआ है—धीरे-धीरे बादल धरती पर घिर रहे हों मानों। न जाने कब बरस पड़ें ! उनकी मनोभूमि कुछ ऐसी थी—

नदी कर ली पार, उसके बाद
नाव को लेता चलूँ क्यों पीठ पर मैं लाद !

नव-औपनिवेशिक संकट : नागार्जुन की लड़ाई

1

क्या अंग्रेजियाने हाव-भाव से दूर ग्रामीण जमीन के कवि नागार्जुन को 'आधुनिक' कहा जा सकता है ? वह कम्युनिस्ट पार्टी से जुड़े थे, हालांकि 1962 में चीनी आक्रमण का विरोध किया। वह अपनी कविताओं में मनु, वैदिक ऋचाएँ, कैलाश, वराह, तुलसीदास और भारतमाता को कुछ ज्यादा ही लाते हैं। उन्हें हिंदू राष्ट्रवाद से कितना मुक्त माना जाए ? उनके राजनीतिक झुकावों में समय-समय पर कई परिवर्तन आए। अतः कुछ लेखक बुद्धिजीवी उनकी कविता से अपने मतलब का हिस्सा चुनकर अंत में टिप्पणी जड़ देते हैं, नागार्जुन में अंतर्विरोध हैं, कमियाँ हैं। हम किसे ज्यादा प्रगतिशील मानें, अंतर्विरोध देखनेवाले ऐसे बुद्धिजीवियों को या नागार्जुन को ? कुछ अभिजात स्वाद के लेखकों को नागार्जुन कमतर कवि नजर आते हैं। कुछ को वह हँसने-हँसानेवाला राजनीतिक व्यंग्यकार भर दिखते हैं। कुछ को 'बादल को घिरते देखा है' और ऐसी ही अन्य प्रकृतिपरक कविताएँ पसंद हैं। कुछ हैं, जो 'भोजपुर' जैसी कविताओं से बाहर नहीं जाना चाहते। सभी पसंद करते हैं और अंततः सभी असंतुष्ट रह जाते हैं। आखिर ऐसा क्या-क्या कह दिया नागार्जुन ने ?

निराला पर जिस तरह अधकचरे सुधारवादी और कट्टरवादी बुद्धिजीवी नाक-भौं सिकोड़ते थे, नागार्जुन को भी संकीर्ण बुद्धिजीवी कुछ उसी तरह घेरने या लपेटने की कोशिश करते रहे हैं। नकारने का साहस नहीं हुआ, क्योंकि एक वह खुद कविता के चलते-फिरते ज्वालामुखी थे। दूसरे, उनका ग्रामीण और विपन्न पारिवारिक पृष्ठभूमि से आना, संस्कृत-पालि-प्राकृत की परंपरागत शिक्षा पाकर भी आधुनिक कविता की ओर सफलतापूर्वक बढ़ना, हिंदू से बौद्ध होना, किसान संघर्ष में हिस्सा लेकर जेल जाना, कई बार जेल जाना, नौकरी न करके

मसिजीविता, कई भाषाओं - कई विधाओं में लेखन, गहन यायावरी, भय और लोभ से विमुक्त रहकर दो-टूक आवाज और इन सबके साथ आम लोगों, परिवारों और रचनाकारों से जीवित संबंध—एक साधारण-सी दिखनेवाली काया की इतनी व्यक्तिगत विराटता के कारण भी नागार्जुन की उपेक्षा मुश्किल रही है। वह बहुत लोकप्रिय थे। अज्ञेय का विरोध आसान था। नागार्जुन का विरोध करके टिकना मुश्किल था। इसलिए ज्यादा से ज्यादा यह हो सका कि आलोचना में उन्हें कम तरजीह दी गई या रुचि के अनुसार उनकी कविता के किसी एक ही हिस्से की सराहना की गई या आलोचक आठ-दस कविताओं के आसपास रह गए। संपूर्ण नागार्जुन किसी को हजम नहीं हो सकते थे। इसलिए वह ठीक से समझे भी कम गए।

यह देखकर विस्मय होता है कि भारत में जब पश्चिमीकरण की आंधी आई हुई थी, ग्रामीण जमीन का एक कवि किस तरह आधुनिकता से बहुत कुछ लेना चाहता है, पर औपनिवेशिक आधुनिकता में फंसने के लिए तैयार नहीं है। वह बुद्धिवादी है, पर उसे राष्ट्रीय संस्कृति की उपेक्षा सहन नहीं है।। हम पाते हैं कि ग्रामीण जमीन का यह कवि भारत के सांस्कृतिक पिछड़ेपन की परंपरागत साम्राज्यवादी धारणाओं का विरोध कर उन क्लासिकल परंपराओं की इज्जत करता है, जो यूरोपीय परंपराओं से भिन्न हैं। वह किसी बौद्धिक आत्महीनता में नहीं फंसता। वह संस्कृत भाषा और जनसंस्कृति दोनों से संपर्क रखता है, पर दोनों की कूपमंडूकता का जोरदार विरोध करता है। यह भी गौर किया जा सकता है कि ग्रामीण जमीन का यह कवि मार्क्सवादी होते हुए भी राष्ट्रीयता को पर्याप्त महत्व देता है। उसकी राष्ट्रीयता 'खंड' को अधिक तरजीह देनेवाली औपनिवेशिक राष्ट्रीयता से भिन्न है, यह बहिष्कारपरक की जगह समावेशी है। उसे रूढ़िवादी दशाएँ देखकर लगता है, 'परिधि यह संकीर्ण इसमें ले न सकते सांस।' कुल मिलाकर उसकी मुख्य काव्यात्मक लड़ाई है स्वातंत्र्योत्तर भारतीय दिमाग के अन-उपनिवेशन के लिए। यह भी देखना रोचक होगा कि नागार्जुन मिथिलांचल के एक छोटे से गांव से कहाँ-कहाँ पहुंचते हैं और उनके अनुभव में कितनी विविधता है।

हम नागार्जुन को एक विद्रोही देसी कवि के रूप में पाते हैं, जो आम जनता के मुहावरों में कविता लिखता है और आभिजात्य को पास फटकने नहीं देता। इसका यह अर्थ नहीं है कि उनकी कविता में नई-नई सूझें नहीं हैं, आधुनिकता नहीं है और नया सौंदर्यबोध नहीं है। वह आधुनिकता में सामाजिक सचेतनता के साथ प्रवेश करते हैं। कई रचनाकारों की तरह यह दिखाने में डूबे नहीं रहते कि

ग्रामीण आदमी में किस तरह आधुनिक विकृति पैठ रही है या आधुनिक आदमी ने अपनी छूटती ग्रामीण जड़ों को कितना कसकर पकड़ रखा है। इन चीजों से अलग, नागार्जुन यह दिखाते हैं कि ग्रामीण जन कैसे प्रतिवाद कर सकता है। वह कितना जिजीविषा संपन्न, उदारवादी, सौंदर्यबोध से भरा और क्रांतिकारी हो सकता है। नागार्जुन भारतीय यथार्थ को कविता में लाते समय यह नहीं भूलते कि कविता के सौंदर्य का संरक्षण उनके प्राथमिक दायित्वों में एक है। कहना चाहिए, उनकी कई चिंताएँ हैं, पर सबसे बड़ी चिंता है भारत में बढ़ती विषमता। वह इसका बड़ा तल्ख चित्र देते हैं।

बताऊँ
कैसे लगते हैं
दरिद्र देश के धनिक
कोढ़ी-कुढब तन पर मणिमय आभूषण !

भारत के आदर्शवादी समाज में नागार्जुन की छवि कैसी रही है, इसकी एक झलक उनकी मैथिलीशरण गुप्त से हुई एक विनोदपूर्ण बातचीत में है, "उन्होंने अपने अनुज से कहा, 'संस्कृत का विद्वान होने पर भी इसके अंदर इतना जहर भरा है। ब्राह्मण वंश में जन्म हुआ, विद्यापति की मिथिला में पैदा होने से अमृत इसके लिए सहज लभ्य था, किंतु यह तो विषकीट निकला।' मैंने सहज मुद्रा में कहा, 'आप यदि अमृत की एकाध बूंद मेरे लिए टपका दें तो मेरा आमूल परिवर्तन हो जाए।' इस पर महाकवि (मैथिलीशरण गुप्त) मुस्करा कर बोले, 'नहीं अब कुछ नहीं होगा।...अब आजीवन तुमको विषकीट बनकर ही रहना होगा'।" (विषकीट,1982)। नागार्जुन को विषकीट समझना एक तरह से आदर्शवाद का आत्म विखंडन है।

उपर्युक्त आत्मकथापरक लेख में नागार्जुन ने बताया है कि भारतीय काव्य समीक्षा में नौ रस माने गए हैं, "मुझे एक और ही रस की अनुभूति होने लगी। वह है विक्षोभ रस।" मैथिलीशरण की टिप्पणी का बुरा न मानते हुए नागार्जुन ने बेझिझक उन्हीं के काव्य का हवाला देते हुए लिखा, "साम्राज्यवादी अंग्रेज शासकों के प्रति उतना अधिक विक्षोभ न रहा होता तो 'भारती भारती' की रचना न हुई होती। दानवीय अत्याचारों के प्रति विक्षोभ नहीं होता तो 'रामचरितमानस' की एक भी पंक्ति कवि के हृदय से बाहर नहीं आई होती।...मेरे अंदर विक्षोभ तब फूटता है, जबकि लगातार बढ़ती हुई मंहगाई के मारे लोगों को परेशान पाता हूँ। परम मेधावी बालक और बालिकाएँ गरीबी के चलते अपनी पढ़ाई बीच में छोड़ने

के लिए बाध्य हो जाते हैं। धूर्तों की जमात वर्ष-दो वर्ष के भीतर ही लाखों की रकम बटोर लेती है। मेहनत-मशक्कत की कमाई खानेवाला रिक्शा-मजदूर महीनों फटी बनियान पहनता है। किसान, खेतिहर, टीचर, किरानी कौन नहीं है संकट का शिकार।...इन्हीं का विक्षोभ पूंजीभूत होकर मेरी रचनाओं में फूटता रहता है।" उन्होंने अपने विक्षोभ की वजह बताई, जिसकी वजह से वह विषकीट समझे गए थे–हमेशा जहर उगलनेवाला कवि ! विकास के पायदान पर खड़ी आज की पीढ़ियों को देखें। श्रृंगार रस हो, वीर रस हो, रौद्र हो, हास्य हो, आध्यात्मिक शांत रस हो – नौ में से किस रस की आज आधुनिक दुनिया में कमी है ? यदि कोई रस आज की यही चेतना में सूखता जा रहा है तो वह है पुंजीभूत होकर फूटनेवाला यही विक्षोभ रस।

नागार्जुन ने उपर्युक्त लेख में ही बताया, "कबीर से मैंने दो-टूक अक्खड़पन लिया और निराला से स्वाभिमान का संस्कार।" अक्खड़पन और स्वाभिमान नागार्जुन के विवेक के दो खंभे हैं। उनका विवेक भले बना हो उदारवादी राष्ट्रीय भावना और मार्क्सवाद के तत्वों से, पर वह टिका है हमेशा दो टूक कहने के अक्खड़पन और बुनियादी मानवीय स्वाभिमान की चेतना पर। यही वजह है कि उनका राष्ट्रीय विवेक हो या मार्क्सवादी विवेक, यह किसी पार्टी राजनीति के पास बंधक नहीं होता, उससे 'इंटरैक्ट' भले करे। यह समझने की चीज है कि बहुत-से रचनाकार बहुत सहमे-सहमे अपनी बात कहते हैं। वे वही कहते रहे हैं जो राजनीतिक निर्देशों के अनुरूप हो। भले वे इकहरे या एकसुरा होकर रह जाएँ या उनका लिखना अल्प अवधि के बाद बंद हो जाए। नागार्जुन को यह परिणति मंजूर नहीं थी। उनके विवेक को जो चीज कचोटती थी, वह तत्क्षण कह देते थे।

रवींद्रनाथ की मृत्यु (1941) पर नागार्जुन ने एक अद्भुत कविता लिखी 'रवि ठाकुर'। उन पर कुछ बांग्ला लेखकों ने आरोप लगाया कि वह हाथीदांत के मीनार में रहते हैं, आकाशचारी हैं एवं बुर्जुआ कवि हैं। नागार्जुन का रुख भिन्न था। वह अपनी उपर्युक्त कविता में कहते हैं, इतनी समृद्धि, इतने आभिजात्य और इतने शिक्षित खानदान के बावजूद कैसा आश्चर्य है कि तुम बिगड़े नहीं, "बाह्य आडंबर उतना भयानक !/ गला न क्यों घोंट सका/तुम्हारे महामानव का ?/ कहाँ से मिली तुम्हें इतनी अनुभूतियां/पीड़ित मनुष्यता के निम्नतम स्तर की?" वह फिर अपने बारे में कहने लगते हैं, "मेरा क्षुद्र व्यक्तित्व रुद्ध है सीमित है/आटा-दाल-नमक लकड़ी के जुगाड़ में !/पत्नी और पुत्र में/सेठ के हुकुम में/कलम ही मेरा हल है, कुदाल है !/ बहुत बुरा हाल है !!" आगे अपनी चिर आकांक्षा व्यक्त करते हैं, "नहीं लौटूं, चीर चलूं कैसा भी तिमिर हो !/प्रलोभन में पड़कर बदलूं

नहीं रुख/रहूं साथ सबके, भोगूं साथ सुख-दुख/गुरुदेव मेरे !/दाढ़ी यह तुम्हारी सन-सी सफेद है/चाचा करीम और तुममें क्या भेद है?" करीम दर्जी है, कपड़ा बुनता है कवि रवींद्रनाथ जीवन की किरणों की जाली बुनते हैं। नागार्जुन ने रवींद्रनाथ की महत्ता घटाए बिना उन्हें वाह ! किस तरह एक साधारण आदमी से जोड़ दिया, बल्कि अधिक उदात्त बना दिया, दूसरी तरफ, उनके तथा अपने बीच का कंट्रास्ट भी दिखाया। कहां रवींद्रनाथ - कहां नागार्जुन, दो भिन्न परिवेश के कवि, फिर भी प्रधानतः कवि !

आम मनुष्य भी कवि हो सकता है। आम मनुष्य जब कवि होता है, वह पहला विद्रोह सौंदर्य और मूल्यों के चिरपरिचित पुराने संसार से करता है। वह अधिक विद्रोहात्मक होता है। नागार्जुन एक ऐसे कवि हैं, जिन्होंने चंद्र-सूर्य, तरु-लता-गुल्म, तारे, नदी-पर्वत को भी साधारण बनाया। इन्हें आम जीवन के दुख और उल्लास से जोड़ा। उन्होंने सौंदर्य का एक अलग रास्ता खोजा, "सात-सात घोड़ों का वह रथ नहीं चाहिए/मुझको नियत दिशा का वह पथ नहीं चाहिए।" (मनुष्य हूँ, 1946)। वह सब जो पूर्व-निर्धारित था, उन्हें नापसंद था। वह ऐसे कवियों से अलग थे, जो कविता में सिर्फ जलेबी छानते रह गए। वह कवि होकर महामानव या अद्वितीय नहीं हो गए थे। उन्होंने इस अहसास को हमेशा चुनौती दी, क्योंकि अद्वितीय होना आम जन से अलग होना था।

नागार्जुन अभिजात सौंदर्यबोध की आलोचना करनेवाली, परंपरागत सुरुचि को मुंह चिढ़ानेवाली और आदर्शवाद के हर गुब्बारे में पिन चुभानेवाली बीसवीं सदी की एक जबर्दस्त शख्सियत थे। न कोई आत्महीनता, न आत्मदंभ। न दुराव, न छिपाव। वह जिधर बढ़ते आभिजात्य रेत की दीवार-सा भरहरा जाता। वह जिधर चलते, एक कारवां चलने लगता। वह जिस पर टूट पड़ते, उसकी हवा निकल जाती। जितने ही सहृदय, उतने ही निर्भीक। उनमें उत्पीड़ित आम जन के दुख-दर्द के साथ खड़े होने की अद्‌भुत ललक थी। इसमें संदेह नहीं कि उनका काव्य थके-हारे और निराश लोगों में भी प्रसन्नता और आत्मविश्वास का संचार करता है।

हालांकि आम जनता की तरह नागार्जुन भी जीवन में थकते थे। उन्हें भी भूख सताती थी। उन्हें भी गर्मी और ठंड तकलीफ देती थी। उन्हें भी चिंता होती थी, परिवार कैसे चलेगा। आदमी फूल सूंघ कर जिंदा नहीं रह सकता। नागार्जुन की कविता का जो सच था, वह उनके जैसे अनगिनत लोगों के जीवन का सच था। उनके जीवन का सच शहरी आधुनिक जीवन के सच से कुछ अलग था। इसलिए उनकी कविता का सच अज्ञेय, शमशेर, केदारनाथ अग्रवाल, मुक्तिबोध आदि की कविता के सच से भिन्न था। इसका यह अर्थ नहीं कि विरुद्ध था, पर

भिन्न था। आम मनुष्य 'सुख-सुविधा में हुलस-हुलस कर/दुख-दुविधा में झुलस-झुलस कर'(वही) जीता है। नागार्जुन भी जीते थे। वह सुख-सुविधाएँ चाहते थे, कम मिलती थीं। उन्हें दुख और बाधाएँ घेरती थीं, कुछ ज्यादा ही घेरती थीं। उन्होंने घोषणा की, 'कवि हूँ पीछे/पहले तो मैं मानव ही हूँ।' (वही)। ऐसे बहुत हैं, जों मानते रहे हैं कि वे 'प्रथमतः और अंततः सिर्फ कवि हैं।' नागार्जुन ने कहा, वह कवि होने से पहले मनुष्य हैं। नागार्जुन ने जो कहा, वह कविता की शक्ति को घटाना नहीं था, उसे विस्तार देना था।

कविता यथार्थ का स्थूल ज्ञान कराने के बजाय यथार्थ के उन पक्षों को उद्‌घाटित करती है, जो सामान्य दृष्टि से ओझल होते हैं। इसलिए किसी कवि के अध्ययन का अर्थ न महज उसकी साहित्यिक खूबियों का अध्ययन है और न महज उसकी राजनीतिक पड़ताल है। इसका भी अध्ययन है कि वह बदलते सामाजिक परिदृश्य का कैसे सामना करता है, उसके मन में कैसी उथलपुथल है और कैसे स्वप्न हैं। हम कई बार पाते हैं कि रचना में हमारे परिचित अनुभव के ही कई अनजाने पहलुओं का उद्‌घाटन है। नागार्जुन अपने समय के बहुस्वीकृत महापुरुषों और आदर्शों का खुलकर विखंडन करते हैं,ताकि मोहांधता मिटे। वह प्रतीक-ध्वंस का काम करते हैं, प्रतीक नहीं गढ़ते। उनके लिए जो प्रत्यक्ष है, सामने है और अनुभवसिद्ध है, उसका महत्व है। उनकी कविताओं को पढ़कर यह भी स्पष्ट हो सकता है कि संपूर्ण परिदृश्य सरल की जगह पेचीदा होता जा रहा है। हमारे समाज में बहुत-सी अवधारणाएँ गहरे संकट में हैं, जैसे बुद्धिवाद, राष्ट्रीयता, आधुनिकता, क्रांति, प्रगतिशीलता, जनतंत्र और इन सबके साथ मनुष्यत्व भी। यही वजह है नागार्जुन अपनी कविताओं में आशाओं के साथ बिडंबनाओं के चित्र भी उपस्थित करते हैं।

नागार्जुन की कविता में प्रतीक की जगह बिंब का अधिक महत्त्व है। अलौकिक की जगह लौकिक की महत्ता, भौतिक जीवन की महत्ता बढ़ने का यही लक्षण है कि बिंब अधिक महत्वपूर्ण हो उठे। ऐंद्रिक अनुभव प्रधान हो गए। नागार्जुन के अपने अनुभव हों या विचार, वह इन्हें बार-बार 'विजुअलाइज' करते हैं – इन्हें चाक्षुष बनाते हैं। उनकी कविता में सृष्टि की एक से बढ़कर एक सुंदर चीजें हैं तो जिंदगी चलानेवाली 'चूल्हे' जैसी साधारण चीजें भी हैं।

आम मनुष्य के सिर पर जब बेकारी, महंगाई और लाचारी नाच रही हो, वह एम.एफ.हुसैन की दो करोड़-पांच करोड़ की पेंटिंग्स क्या देखेगा? नागार्जुन की कविता 'जयति जयति सर्वमंगला'(1952) आम जीवन, संकटग्रस्त विश्व-परिदृश्य और बांझ आश्वासनों की राजनीति को उद्‌घाटित करती है। यह जितनी

मार्मिक है, उतनी ही कौतुक भरी भी। इसमें नागार्जुन कहते हैं, "नरम नरम ऊनी लिबास-सी/पूस मास की धूप सुहावन/पत्नी ने टोका वर्ना मैं छंदों के पैबंद जोड़ता ही रह जाता/गुमसुम -गुमसुम खोया-खोया!/क्या ही अच्छी लगती थी/पूस मास की धूप सुहावन/फौरन उठकर जाना होगा/जहाँ-कहीं से एक अठन्नी लानी होगी/वर्ना इस चूल्हे के मुंह पर फिर मकड़ी का जाला होगा।" नागार्जुन यथार्थ की मार्मिकता में कमी लाए बिना कौतुक की अनोखी सृष्टि करते हैं। यह भी उल्लेखनीय है कि 'पूस मास की धूप सुहावन' गरीबी का सुख स्वप्न है। यह धूप ही गरीबी का ऊनी लिबास है। इसके साथ 'चूल्हा' नागार्जुन की कविता में सबसे अहम जगह रखता है। यह आजादी के बाद गहराते उत्तर-औपनिवेशिक संकट की केंद्रीय अभिव्यक्ति है। उपनिवेशवाद की नई लीला देखकर आजादी पाए लोगों के स्वप्न टूट रहे थे। 1952 की ही कविता है, 'कई दिनों तक चूल्हा रोया/चक्की रही उदास।' हमारे देश के लोग भूल गए होंगे कि उस समय जगह-जगह अकाल पड़ रहे थे। इधर वर्षों से किसान लगातार आत्महत्या कर रहे हैं, तब भयंकर भुखमरी थी।

> मैं दरिद्र हूँ
> पुश्त-पुश्त की यह दरिद्रता
> कटहल के छिलके-जैसी जीभ से मेरा लहू चाटती आई
> मैं न अकेला
> मुझ जैसे तो लाख-लाख हैं, कोटि-कोटि हैं
> यों तो सबका यही हाल है
> सभी सरों पर यह बवाल है

क्या नागार्जुन सिर्फ अपना दुख गा रहे हैं? सभी के सिरों पर यह झमेला है। यह एक महादेश का दुख है। अब सबकुछ शांतिपूर्ण ढंग से हो रहा है। शांतिपूर्ण ढंग से नई गुलामियाँ आ रही हैं। शांतिपूर्ण ढंग से भ्रष्टाचार हो रहा है। शांतिपूर्ण ढंग से जनसंहार हो रहे हैं। इस हालत में नागार्जुन शुभ-शुभ, शिव-शिव, मंगल-मंगल और शांति-शांति की कविता नहीं लिख सकते थे, "पल-पल छन-छन भयाक्रांत है/कैसे लिखूं 'शांति' पर कविता।" यह वैसी ही बेचैनी है, जैसी कबीर और निराला में थी। वैसे ही खोये-खोये नागार्जुन। वह चीखते हैं 'इस दुनिया को नरक नहीं रहने देंगे हम।' उनका स्वप्न 'नरम ऊनी लिबास सी धूप' जैसा है, जबकि नव-औपनिवेशिक यथार्थ आम मनुष्य का लहू चाटनेवाली 'कटहल के छिलके जैसी जीभ'-सा है। स्वप्न और यथार्थ कविता की पूरी ताकत लेकर आते हैं, ताजा-तीखी उपमाओं के साथ। ये उपमाएँ जितनी फोक और

ग्रामीण हैं उतनी ही आधुनिक भी। ग्रामीण और आधुनिक के बीच जो नकली अंतर्विरोध है, उसे नागार्जुन तोड़ते हैं। इसके अलावा, उपमा चुनने में कालिदास के बाद यदि देखा जाए, नागार्जुन का कोई जोड़ नहीं है।

निराला कहते हैं, 'मैं अकेला', नागार्जुन कहते हैं, 'मैं न अकेला'। नागार्जुन एक ऐसे कवि-योद्धा थे, जिन्होंने कबीर और निराला की परंपरा से जुड़े होने के बावजूद अपने को अकेला नहीं माना। कबीर और निराला अपने-अपने दुख में कहीं बहुत अकेले थे। आम जनता के दुःख-संघर्षों से अधिक सक्रिय स्तर पर जुड़े होने के कारण नागार्जुन अपने को अकेला नहीं मानते। दरअसल दूसरे और अपरिचितों के दुख-सुख के साथ खड़ा होना, अपने अंत:संसार से बाहर झाँकना और 'दूसरे' को महत्व देना ही आधुनिक जनतांत्रिक जीवन का लक्षण है। निराला और नागार्जुन दोनों ने अपने काव्य में 'मैं' के अलावा 'दूसरे' को, 'अदर्स' को महत्व दिया था। यह परिवार और समुदाय की परंपरागत चौहद्दियों से बाहर निकले बिना संभव नहीं था। समाज पर पश्चिमी शैली के आधुनिकीकरण का बढ़ता जा रहा दबाव व्यक्तिवाद ला रहा था। एक समय निराला और नागार्जुन जैसे लोग परिवार और समुदाय की परंपरागत चौहद्दियों को तोड़ रहे थे। वे व्यक्तिवाद से भी लड़ रहे थे। हम जानते हैं कि भारतीय नागरिक के लिए 'परिवार', 'समुदाय' और 'व्यक्ति' को अपनी बौद्धिक चौहद्दी बनने न देना एक कितनी मुश्किल चीज है, फिर भी जनतांत्रिक जीवन के लिए यह कितनी जरूरी चीज है।

नागार्जुन में शुरू से यह प्रवृत्ति थी कि कविता के लिए जो अछूत विषय थे, एकदम दृश्य होकर भी, जो अदृश्य रह जाते थे, उनको वह बड़े सहज ढंग से अपनी कविता का विषय बनाते थे। आजादी से पहले उन्होंने 'उनको प्रणाम'(1939) कविता लिखी ! इसमें वे अनगिनत लोग याद किए गए हैं, जो देश के लिए फांसी पर चढ़ गए, पर जल्दी भुला दिए गए। वे जो अपना लक्ष्य सिद्ध न कर पाए, असफल और कुंठित हो गए और "जिनकी सेवाएँ अतुलनीय/पर विज्ञापन से रहे दूर/प्रतिकूल परिस्थिति ने जिनके/कर दिए मनोरथ चूर-चूर/उनको प्रणाम !" ऐसे ही सैकड़ों कर्मवीर इतिहास की मिट्टी बन जाते हैं, तब कोई भगत सिंह , महात्मा गांधी या लेनिन होता है। यह जो इतिहास में 'छिपे', 'दबे' या 'शांत' कर दिए गए, प्रचार से बाहर रह गए आम जुझारू लोगों की तरफ ध्यान जाना है, यह एक बड़ी चीज है। इसमें यह प्रतिरोध निहित है कि हमें जो 'महान-महान' दिखाया जा रहा है, हम उसके बाहर भी कुछ देखना चाहते हैं। हम इतिहास के मोटे अक्षरों से परे भी देखना चाहते हैं। यह नागार्जुन के 'देखने' का व्यापक अर्थ है। उनके लिए कुछ भी देखना एक लड़ाई है- बाहर या भीतर।

नागार्जुन के सामने समस्या थी कि वह क्लासिकल परंपराओं से कैसा नाता रखें, क्योंकि पश्चिमीकरण से प्रभावित बुद्धिवादियों ने भारतीय अतीत के प्रति चरम निषेधात्मक रुख अपना लिया था। नागार्जुन को हिमालय, देवदारु, गंगा, सूर्योदय, खेतों, पोखरों से प्रेम था। वह अपनी एक कविता में सिंधु नद को विलक्षण महत्व देते हैं। इसके पुराख्यानों और इतिहास में जाकर वह उपनिषदों, प्राचीन वैदिक संस्कृति, मोहनजोदड़ो की सभ्यता, बौद्ध-जैन दर्शन, इस्लाम-सिक्ख और बुल्ले शाह जैसे सूफियों को भी याद करते हैं। उनके भीतर एक गहरा भू-सांस्कृतिक बोध शुरू से है। वह उच्छेदवादी न थे, जिस तरह पुनरुत्थानवादी न थे। इसमें संदेह नहीं कि भारत की राष्ट्रीय अखंडता के सीमेंटीकरण में इस देश की महान क्लासिकल परंपराओं की एक बड़ी भूमिका है, यह नागार्जुन को लगा था।

नागार्जुन ने एक साक्षात्कार में कहा है, "भारतीयता के प्रतीक के रूप में किसी एक ही व्यक्ति का नाम लेने को कहा जाए तो मैं कालिदास का नाम लूंगा।" (मेरे साक्षात्कार)। कबीर, तुलसी, भारतेन्दु और निराला भी उनके प्रिय थे। निराला का विरोध करनेवालों पर वह बार-बार टूट पड़े। उन्हें अपनी उच्च राष्ट्रीय परंपराओं से जितना गहरा लगाव था, अतीत की संकीर्णताओं, रूढ़ियों और मूलवाद के वह उतने ही प्रखर विरोधी थे। बौद्ध होने की वजह से ही नहीं, बल्कि हमेशा बुद्धिवादी रोशनी में सोचने के कारण एक अति संवेदनशील धार्मिक वातावरण में भी उन्होंने ईश्वर को कल्पना की संतान कहा। उनका मकसद था कि लोग झूठे धार्मिक प्रचार से मुक्त होकर सोचें, भाग्यवादी न बनें और मानें कि यह दृश्यमान 'शतरंज-सा संसार' ही सबकुछ है। इसी में सारी संभावनाएँ हैं, अच्छा-बुरा सबकुछ यहीं है और मुक्ति का पथ आध्यात्मिक दुनिया में नहीं, इसी भौतिक संसार में है। हम देख सकते हैं कि नागार्जुन ग्रामीण पृष्ठभूमि के बावजूद जो कामनाएँ करते हैं, वे एक आधुनिक बुद्धिवादी मनुष्य की हैं।

कल्पना के पुत्र हे भगवान !
चाहिए मुझको नहीं वरदान
दे सको तो दो मुझे अभिशाप
प्रिय मुझे है जलन प्रिय संताप
चाहिए मुझको नहीं यह शांति
चाहिए संदेह, उलझन, भ्रांति
रहूँ मैं दिन-रात ही बेचैन
आग बरसाते रहें ये नैन

2

कवि का यही काम है, किसी भी रचनाकार का यही काम है कि वह प्रचलित और प्रचारित के बाहर देखे। वह 'प्रचलित' और 'प्रचारित' की सत्ता को चुनौती दे। नागार्जुन इतिहास में गड़ी जिंदगियों, संघर्षों और संवेदनाओं को पहचान कर यही काम कर रहे थे। वह बार-बार उन लोगों और समुदायों की आवाज उठाते हैं, जो दमन के शिकार थे। वह कैद आवाजों को दौड़-दौड़कर सुनते हैं। वह हमेशा उनमें सुंदरता देखते हैं, जो तिरस्कृत हैं। उन्होंने स्त्रियों और आदिवासियों पर कविता लिखी। उन पर भी लिखी, जिन्हें फांसी की सजा हुई थी। गूंगी लड़कियाँ इस धरती पर हजारों साल से होंगी, पर 'जया' (1941) पहली बार कविता का विषय बनती है, "चार साल की चपल-चतुर वह बहरी-गूंगी/कितनी सुंदर, नयनाभिराम/उस लड़की का है जया नाम।" कवि चाहता है, वह नृत्य सीखे, पेंटिंग सीखे, कुछ सीखे और आत्मनिर्भर बने। उल्लेखनीय है, नागार्जुन का प्राइमरी स्कूल के गरीब मास्टरों की तरफ बार-बार ध्यान गया। जया उन्हीं में से एक की बेटी है। ऐसा बाप गूंगी बेटी के लिए क्या कर पाएगा, वह शिक्षा भी कैसी देगा। प्रेत का बयान (1949) में भारतीय शिक्षा की नींव संभाले ऐसा ही स्कूल मास्टर है, जो राष्ट्र निर्माण में एक बड़ी दयनीय भागीदारी के साथ शामिल है। गरीबी से मरकर प्रेत बन जाने वाले स्कूल मास्टर ने यमराज से जो कुछ कहा अंततः वह यही प्रश्न है– आजाद देश में हमारा राष्ट्र कहाँ है ?

अमर्त्य सेन 2011 में दिल्ली के एक राष्ट्रीय विश्वविद्यालय के दीक्षांत समारोह (द टेलिग्राफ, 4 जुलाई) में कहते हैं "आजादी के वक्त से ही प्राइमरी शिक्षा उपेक्षित थी। जवाहरलाल नेहरू का प्राइमरी शिक्षा के प्रति रुख बहुत शोचनीय था। मैं नेहरू का आदर करता हूँ, पर संसाधनों का इस्तेमाल उन्होंने तकनीकी शिक्षा के लिए ज्यादा किया। जापान और कोरिया जब प्राथमिक शिक्षा पर बहुत ध्यान दे रहे थे, भारत में इसकी जरूरत गंभीरता से महसूस नहीं की गई।" नागार्जुन ने 'स्वाधीन भारतीय प्राइमरी स्कूल के भुखमरे स्वाभिमानी सुशिक्षित' मास्टर के बयान के माध्यम से काफी पहले शिक्षक की दुर्दशा उद्‌घाटित की और शिक्षा की बदहाली की ओर इशारा किया। शिक्षक भूखा-शिक्षा का सूखा ! शिक्षा के अभाव में न रूढ़िवाद मिट सकता है, न जनतंत्र आ सकता है और न आम जनता सरकार पर कोई दबाव बना सकती है। अतः निरंकुश सत्ता का पनपना स्वाभाविक है। नागार्जुन बुनियादी समस्याएँ उठानेवाले और इन समस्याओं के लिए जिम्मेदार नेहरू की आलोचना करनेवाले पहले कवि हैं।

भारत में जो मध्यवर्ग पनपा, उसके निचले स्तर की बड़ी दुर्दशा थी, "कैसा असह्य कैसा जर्जर/यह मध्यवर्ग का निचला स्तर।" नागार्जुन निम्न-मध्यवर्ग की संवेदना के कवि हैं, जिस तरह प्रेमचंद निम्न-मध्यवर्ग की संवेदना के कथाकार थे। इस वर्ग में दुर्दशाओं के बावजूद गहरी जिजीविषा रही है। नागार्जुन की कविता में निम्न-मध्यवर्गीय लोगों की जिजीविषा के सुंदर चित्र हैं।

नागार्जुन जिस ऐतिहासिक दौर के कवि हैं, राजकपूर उसी दौर के फिल्मकार हैं। नागार्जुन जो मौलिक रूप से थे, वह राजकपूर को सजना पड़ता था। वह बड़ा कलाकार होने के कारण अपनी फिल्मों में बड़ी आसानी से गंवई आदमी का ताना-बाना धारण कर लेते थे, बिल्कुल अबोध, अनाड़ी और शहर में आकर अचकचाए हुए गंवई मनुष्य का वेश। राजकपूर अपने अभिनय से हँसाते हैं, जिस तरह नागार्जुन अपनी कविता से। दोनों शहरी जीवन की विडंबनाओं को एक्सपोज करते हैं। वे शहर से आघात पाते हैं, पर शहर की ओर आकर्षित भी हैं। राजकपूर नेहरू युग की समाजवादी चाशनी से निकले हैं, कभी दुनिया 'बरोब्बर' करने के आशावाद का प्रचार करते हुए और कभी 'मेरा जूता है जापानी' गाकर अंतर्राष्ट्रीयतावाद की छौंक लगाते हुए। राजकूपर अपनी फिल्मों में हमेशा गमगीन, जबकि नागार्जुन कविता में हमेशा हँसमुख और अबोध की जगह समझदार। राजकपूर की तरह 'राष्ट्र' से संतुष्ट नहीं, बल्कि विक्षुब्ध। 'श्री 420' में राजकपूर गाते हैं, 'भूख ने है बड़े लाड़ से पाला/दिल का हाल सुने दिलवाला।' नागार्जुन भूख से विद्रोह करते हैं और दिमाग की बात करते हैं। फिल्म का आदमी गांव की भोली और उदास तस्वीर पेश करता है। कविता का आदमी दिखाता है कि गांव के लोग वैसे भोले नहीं हैं। वे विसंगति का मखौल उड़ा सकते हैं, आंदोलन कर सकते हैं और नकली समाजवाद-नकली अंतर्राष्ट्रीयतावाद पर प्रहार कर सकते हैं और गांव के लोगों के पास भी कला है।

नागार्जुन और राजकपूर को आमने-सामने रखकर देखने का उद्देश्य राजकपूर को छोटा करना नहीं है, दोनों के गंवई सरोकार का फर्क दिखाना है। राजकपूर एक महान लोकप्रिय कलाकार थे, नेहरू के रोमांटिसिज्म से भरे थे। राजकपूर की फिल्म और नागार्जुन की कविता के बीच कोई संबंध नहीं है। फिर भी यह समझना मुश्किल नहीं है कि राजकपूर अपनी फिल्मों के जरिये वस्तुतः ग्रामीण अबोधता का जो आदर्शवाद खड़ा कर रहे थे, नागार्जुन ने अपनी कविताओं में उसका भूसा निकाल दिया था। उनके इस काम की महत्ता को सिर्फ राजकपूर की फिल्म ही नहीं, संपूर्ण नेहरू युग के रोमांटिक सोशलिज्म के संदर्भ में समझने की जरूरत है।

नागार्जुन की आधुनिकता के नायक नेहरू नहीं, बल्कि भारतीय 'राष्ट्र' की स्थापित हो रही चट्टानी व्यवस्था के नीचे दबे-छिपे, अपने जीवन की सुंदरताओं को बचाने के प्रयास में लगे हुए आम जन हैं। वह यांत्रिकता और कठोर राष्ट्रीय शासन का शुरू हो रहा जमाना था, जो आपातकाल तक अपना शीर्ष पा लेता है। ऐसे ही जमाने में हम देखते हैं कि नागार्जुन को बस का मुच्छड़ ड्राइवर मिलता है, जिसने अपनी सात साल की बेटी के लिए चार गुलाबी चूड़ियाँ खरीद कर न जाने कितने दिनों से गियर के ऊपर हुक से लटका रखी हैं। उन्हें ऐसे आदमी मिलते हैं, जो 'फटी बिवाइयोंवाले खुरदरे पैर' से साइकिल चला रहे हैं। उसके 'गुट्ठर घट्ठोंवाले कुलिश कठोर पैर' आभिजात्यवादी सौंदर्यबोध और छायावादी सुकुमारता को ही विचलित नहीं करते, वामन जैसे पौराणिक खलनायकों को भी चुनौती देते हैं। नागार्जुन के नायक लालू साहू हैं, जो पत्नी से प्रेम का अनोखा प्रति-दृष्टांत उपस्थित करते हुए उसकी चिता पर खुद सती हो जाते हैं।

नागार्जुन की आधुनिकता के नायक तरुण हैं, 'तुम किशोर तुम तरुण/तुम्हारी अगवानी में/खुरच रहे हैं/राजपथों की काई फिसलन/खोद रहे जहरीली घासें/पगडंडियाँ निकाल रहे हैं।' उन्हें भरोसा था कि ये ही भावी परिवर्तन के न्युक्लियस बनेंगे। ये ही उनकी घुमक्कड़ी के मुख्य लक्ष्य थे। इस देश के एक कवि ने बड़े उत्साह से यह सब लिखा था, भले किशोर और तरुण फिलवक्त ऐसी चीजों को भूलकर पॉप कल्चर की तरफ ही ज्यादा बढ़ रहे हैं।

उत्तर-औद्योगिक समाज के अति-आधुनिक वर्गों की निगाह में जो असुंदरता है, वही नागार्जुन के लिए सुंदरता है। उन्होंने आम जनता को कवित्व की जननी कहा, उसे ही गुरुकुल कहा। उनकी यह आवाज आज भी एक अर्थ रखती है, "साधारण जनों से अलहदा होकर रहो मत/कलाधर या रचयिता होना काफी नहीं है। पक्षधर की भूमिका धारण करो।' नागार्जुन के लिए आम पब्लिक जीवन ही, चाहे वह पहाड़ों का हो या मैदानी इलाकों का, उनके सौंदर्यबोध का प्रधान स्रोत है। इसलिए उनकी आधुनिकता के नायक कलकत्ते की ट्राम में बैठकर काम पर जाते वे कुली-मजदूर हैं, जो कत्थई दांतों की मुस्कान और हँसी-ठहाकों के साथ बेफिक्र अपने देस-कोस की बातें करते जा रहे होते हैं, भले आधुनिकता के गुलाम और दिग्भ्रमित मध्यवर्गीय भद्रजन इन्हें देख-देखकर कुढ़ें। नागार्जुन ने आधुनिकता का समर्थन किया, पर आधुनिकता की गुलामी का विरोध किया। दरअसल उन्होंने नव-औपनिवेशिकता और आधुनिकता का अंतर्विरोध स्पष्ट करना चाहा।

पूरी स्पीड में है ट्राम
खाती है दचके पे दचका
सटता है बदन से बदन -
पसीने से लथ पथ
छूती है निगाहों को
कत्थई दांतों की मोटी मुस्कान
बेतरतीब मूंछों की थिरकन
सच-सच बतलाओ
घिन तो नहीं आती है ?
जी तो नहीं कुढ़ता है ?

क्या अपना मानवीय स्वाभिमान और नागरिकता पहचानती श्रमजीवी पब्लिक नायक नहीं हो सकती ? हिंदी क्षेत्र के गांवों से उजड़कर करोड़ों लोग देश के महानगरों में मेहनत -मजदूरी करते थे। उनमें आत्मविश्वास आ रहा था, निर्भयता आ रही थी और अपने हकों का बोध पैदा हो रहा था। वे अपने दिमाग से सोचने लगे थे। यदि 50-60 के दशक में एक राष्ट्र को हथियाने और उसे उत्तर-औपनिवेशिक उलझनों में डालने की तिकड़में चल रही थीं तो उस राष्ट्र में एक बड़ी आबादी अपने नए भविष्य का किला बनाने के लिए उतारू थी। उसकी वेश-भूषा, बोली-वाणी भले नहीं बदली हो, पर उसमें भारत करवट बदल रहा था। धरती के वे सभी लोग, जिनमें आत्मविश्वास है, निर्भयता है, प्रेम है और घृणा नहीं है, श्रम का माद्दा है, देस-कोस की फिक्र है, तरुणाई है, सरलता है, घिरते बादलों को निहारने की इच्छा है, उन्हीं के पास जीवन की सबसे सच्ची सुंदरताएँ हैं और सारी क्रांतिकारी पूंजी है। आधुनिकता जितनी ्चमके, वह विपन्न है, यदि उसके नायक ऐसी मानवीय चीजों से लैश नहीं हैं। गनीमत है, ऐसे दबे-छिपे नायक आज भी हैं। भारत रंगबिरंगी भ्रांतियों के आक्रमण से घिरे होने पर भी ऐतिहासिक करवटों की गरमाहट से भरा है।

1947 ने कुछ को स्वतंत्रता का मजा दिया, तो बहुतों की बेगानगी बरकरार रखी। नागार्जुन ने तत्युगीन पुरानी पीढ़ी की आलोचना करते हुए 'दादाजी ! आप रियाटर हों' में लिखा है, "इतना अवश्य है कि तरुणाई और जवानी के दिनों में स्वतंत्रता संग्राम के सिपाही होने के नाते जिन्होंने थोड़ा-बहुत त्याग किया था, उनकी दमित आकांक्षाएँ अनुकूल अवसर पाकर अब सौ गुणा अधिक आनंद पाने के लिए बेचैन हैं। वस्तुतः भौतिकवाद को गालियाँ देते-देते

अनजाने ही वे स्वयं भौतिकवादी हो उठे हैं। अगले जन्म से उनका विश्वास उठ गया है। सोचते हैं, जितनी मौज लेनी हो ले लो।" साधारण जनता को रामराज का स्वप्न दिखाकर स्वतंत्रता की लड़ाई में शामिल किया गया था। नागार्जुन ने उसके साथ हुए विश्वासघात की पोल खोलते हुए लिखा—"रामराज में रावण अबकी नंगा होकर नाचा है/सूरत-शक्ल वही है भैया बदला केवल ढाँचा है।" भारत की स्वाधीनता की लड़ाई नागार्जुन की कविता में जारी थी, क्योंकि देश की गरीब जनता के लिए आजादी अंततः एक टूटता हुआ स्वप्न है। नागार्जुन इस देश की संघर्षशील गरीब जनता के सबसे समर्थ काव्यात्मक प्रवक्ता थे। उन्होंने 'स्वदेशी शासक' कविता में स्वातंत्र्योत्तर भारत का सबसे महत्वपूर्ण सवाल उठाया—

> राजघाट पर बापू की बेदी के आगे अश्रु बहाओ,
> तैरो घी के चहबच्चों में अमरित की हौदी में बाबू खूब नहाओ
> ....
> व्यर्थ हुई साधना, त्याग कुछ काम न आया
> कुछ ही लोगों ने स्वतंत्रता का फल पाया
> इसलिए क्या लाठी-गोली के प्रहार हमने थे झेले,
> इसलिए क्या डंडा-बेड़ी डलवायी हाथों-पैरों में ?
> इसलिए क्या जेलों में जिंदगी बितायी ?
> इसलिए क्या खून बहाया ?

राष्ट्र-राज्य के सबल अंग बने राजनीतिक और व्यावसायिक नेताओं के सुख-वैभव को देखते हुए यदि आज भी ये प्रश्न सच्चे लगें, तो यह स्वाभाविक है। आजादी के बाद शोषण, विषमता, भ्रष्टाचार, दमन और सामुदायिक भेदभाव घटने के बजाय बढ़े। पहले सभ्यता का झांसा देकर औपनिवेशिक लूट होती थी। अब राष्ट्र की स्थिरता और विकास के छद्मवेश में वर्ग, जाति, लिंग, क्षेत्र के स्तर पर दमन के सैकड़ों रूप थे। अंग्रेज चले गए थे, अंग्रेजियत और औपनिवेशिक तौर-तरीके रख गए थे। उपनिवेशवाद वेश बदलकर काम कर रहा था। गरीबी और वंचना बढ़ती जा रही थी। इसके साथ नव-औपनिवेशिक आकर्षणों में फंसने की वजह से देश के गंवई स्वभाव के साधारण लोग तुच्छ समझे जाते थे। पहले जैसा ही इनका दमन होता था। हिंदी कवियों में यह गांव से आए नागार्जुन हैं, जिन्होंने खुलकर नव-औपनिवेशिक स्थितियों के विरोध में राजनीतिक कविताएँ लिखीं। वह राष्ट्रवाद को किसी भी कवि से अधिक खोलते और अनावृत्त करते हैं।

उनकी कविताओं में देश की विशाल जनता का मोहभंग व्यक्त होता है, सिर्फ एक कवि नहीं आम जनता का टूटता भ्रम झलकता है।

मनुष्य की आखिरी समस्या नहीं, पर पहली समस्या है भूख। औद्योगिक प्रगति और पश्चिमीकरण की तरफ बढ़ते देश में जिस तरह आज किसानों की आत्महत्या बड़े पैमाने पर हो रही है, उसी तरह कभी अकाल नव-औपनिवेशिक दमन का सूक्ष्म रूप रहा है। नागार्जुन का 'अकाल और उसके बाद' एक ट्रैजिक-कॉमिक कविता है। ट्रैजडी है एक भारतीय घर की और मखौल उड़ाया जाता है एक औपनिवेशिक अदृश्य शक्ति का, अन्यथा अकाल के दृश्य में प्रफुल्लित करने जैसा कुछ नहीं है। समूचा व्यंग्य 'कई दिनों के बाद' में खुलता है, 'कौए ने खजुलाई पांखें कई दिनों के बाद।' इसमें एक चित्रात्मक व्यंजना है, हास्य के साथ मार्मिकता से भरी हुई। कई दिनों तक आदमी ही नहीं कौवे भी भूखे थे। इस कविता में चक्की का जिक्र है, अर्थात यह गांव का यथार्थ है। बच्चों के रोने, स्त्री की उदासी और पुरुषों के लिए अन्न के लिए दौड़-भाग करते हुए थक-हार जाने के मानवीय दुख का कौतुक भरा बिंब है। मनुष्य के दुख में, सुख में पशु-पक्षी भी शामिल हैं। कविता में कुतिया, छिपकली, चूहे और कौवे आते हैं। घर भर की आंखें हैं। यह मनुष्य को उसके समूचे पर्यावरण के साथ देखना है। जिस देश के कई घरों में दाने आने की खुशी कई दिनों के बाद आती है और आंगन से चूल्हे का धुआँ कई दिनों के बाद उठता है, उस देश की राजनीतिक हालत बहुत बुरी कही जाएगी। आजादी के बाद भी अकाल एक भारतीय यथार्थ था। गांव ही इस अकाल की मार झेल रहे थे, शहर तो जगमग थे। नागार्जुन की प्रायः हर कविता में गांव है या गंवई व्यक्ति की तीखी नजर है।

नागार्जुन सिर्फ 20वीं सदी की क्रांतियों से प्रेरणा नहीं पा रहे थे, वह सिर्फ उत्थानशील आधुनिकता का ही सार ग्रहण नहीं कर रहे थे, वह एक दीर्घ क्लासिकल परंपरा की ताकत से भरे-पूरे थे। वह बुद्ध और कबीर के साहस से भरे थे। अतः स्वाभाविक है कि वह संध्या भाषा की जगह सीधे अपनी बात कहते थे। नव-औपनिवेशिक माहौल में लिख रहे 'तीसरी दुनिया' के कवियों की भाषा में 'पहली दुनिया' के कवियों की तरह सौंदर्यात्मक बारीकी नहीं मिलेगी। दुनिया की चीजों का वैसा कल्पनाशील सौंदर्यीकरण नहीं मिलेगा। इसके बावजूद यह नहीं कहा जा सकता कि नागार्जुन की कविताएँ गरीबी, दमन, भेदभाव एवं तीसरी दुनिया की राजनीतिक दशाओं पर महज सतही आक्रमणात्मक टिप्पणियाँ हैं और उनमें कविता का सौंदर्य नहीं है।

कविता जिस दौर में स्वप्निल यथार्थ के लोक से ठोस वास्तविकताओं की

जमीन पर उतर रही थी–प्रगतिवाद की धूम थी, नागार्जुन का कवि व्यक्तित्व इसी परिवेश में आकार पा रहा था। उत्तर-छायावादी दौर के बदले साहित्यिक परिदृश्य में पहली जरूरत छायावादी मिजाज से छुटकारा पाने की थी। इसलिए नागार्जुन ने व्यंग्यपूर्वक लिखा था, "मृदु-मसृण विधु वदनी छवि है/ढलते दिनमान का छायावादी कवि है/फलित नहीं पुष्पित होकर रह गया प्रेम, हाय/शरीर संपर्कहीन" (कवि, 1950)। इसका यह अर्थ नहीं है कि नागार्जुन रोमांटिसिज्म से मुक्त हो गए। उनमें कल्पना का साहस है, जो रोमांटिसिज्म से ही हासिल होता है।

छायावाद में सिर्फ मृदुलता और कोमलता नहीं रही है, उपनिवेशवाद -विरोधी संघर्ष का माद्दा भी रहा है। नागार्जुन ने इस सघर्ष को आगे बढ़ाने का काम किया। उनमें त्याग की जिद है, सामंती संकीर्णताओं से मुक्ति की आकांक्षा है। उनमें आवेग और उदात्तता है। उनकी आंखों में सुखमय जीवन का नाचता स्वप्न है। उनके वैश्विक बोध के साथ लगातार भारत का राष्ट्रीय बिंब है। हम नागार्जुन में यथार्थपरक रोमांटिकता पाते हैं, अर्थात उनका रोमांटिसिज्म यथार्थवाद के नियंत्रण में है। उन्हें मृदु-मसृण, वायवीय और निष्फल सोच से एतराज है, रोमांटिसिज्म मात्र से नहीं। क्रांतियाँ इसीलिए ठहर गईं कि हमारे कामरेडों के भीतर रोमांटिसिज्म चुक गया, उपभोक्तावाद घुस गया।

नागार्जुन आम जन के लिए सिर्फ कविता में चिंतित नहीं थे। वह प्रत्यक्ष संघर्ष में भी कूद पड़े थे। साहित्य में जो प्रतिवाद है, वह समाज में प्रतिरोध है। कवियों-लेखकों द्वारा प्रतिरोध में हिस्सा लेने की एक परंपरा है। नागार्जुन 1939 में बिहार के किसान आंदोलन में जेल गए थे। उनके कवि का जन्म औपनिवेशिक -सामंती व्यवस्था के खिलाफ खुले संघर्ष के साथ हुआ था। यह उल्लेखनीय है कि वह अपनी राजनीतिक चिंताओं के बावजूद प्रकृति से गहरा रिश्ता स्थगित नहीं करते, उन्हें प्रकृति से जीवन मिलता है। ऐसा सौंदर्य मिलता है, जो आशा पैदा करता है। उनकी 1939 की कविता है 'रजनीगंधा'। जेल के प्रहरी के बूटों की कर्कश टापों के कठोर यथार्थवादी माहौल में रजनीगंधा आशा बनकर आती है।

तुम खिलो रात की रानी
हो म्लान भले यह जीवन और जवानी
तुम खिलो रात की रानी
प्रहरी परिवेष्टित इस बंदीशाला में
मैं सड़ूं सही, पर ताजा रहे कहानी
तुम खिलो रात की रानी

हम जानते हैं कि छायावाद के बाद कवि नागार्जुन ही उपनिवेशवाद से सबसे प्रत्यक्ष साहित्यिक मुठभेड़ करते हैं। वह ऐसे कवि हैं, जिन पर बौद्धिक उपनिवेशवाद का जरा भी बोझ नहीं है। इसमें कोई संदेह नहीं कि उन्होंने अंतर्राष्ट्रीयतावादी मन के बावजूद किसी भी अन्य प्रगतिशील बुद्धिजीवी की तुलना में भारत के राष्ट्रीय बिंब को ज्यादा तरजीह दी है। उपनिवेशवाद भारतीय बौद्धिकता में विघटन नहीं ला पाया था, जबकि नव-उपनिवेशवाद ने ला दिया था। इसलिए राष्ट्रीय बिंबों की जरूरत बनी हुई थी। नागार्जुन अपने प्रगतिशील और क्रांतिकारी दृष्टिकोण से 'भारत' को कभी ओझल नहीं होने देते। यह 19वीं सदी के राष्ट्रीय जागरण की निरंतरता है। एक साक्षात्कार में नागार्जुन ने कहा है, "भारत या एशिया में क्रांति तभी होगी, जब सारे मार्क्सवादी पहले जनसंस्कृति और राष्ट्रीयता से जुड़ेंगे। क्यों यह सब आरएसएस वालों के लिए छोड़ दिया गया है ?" (मेरे साक्षात्कार)। नागार्जुन की राष्ट्रीयता धर्म से नहीं जनसंस्कृति से जुड़ी है, जिसमें कट्टरता नहीं है, बल्कि उदारता या मिश्रणशीलता उसका केंद्रीय प्राणतत्व है।

नागार्जुन 'बाकी बच गया अंडा'1950) कविता में गांधी, सुभाष, जिन्ना और जवाहरलाल के अलावा भारतमाता के उस प्रतिपक्षी पूत को खास अहमियत देते हैं, जिसे आजाद देश की 'पुलिस पकड़कर जेल ले गई'। 1950 के दशक में भारतमाता के पांच पूतों की ट्रैजिक-कामिक कथा भारतीय विडंबना का चित्र है। यह महत्वपूर्ण है कि नागार्जुन आम जनता के मन में बसे 'भारतमाता' के नवजागरणकालीन बिंब को बार-बार महत्व देते हैं। उनके पहले कविता संग्रह 'युगधारा' (1953) में 'जनपंदना' के साथ 'भारतमाता' कविता है, "जन युग का यह रिक्त हस्त कवि/देवि तुम्हारे लिए आज निज शीश झुकाता/जय जय जय हे, भारतमाता।" राष्ट्रीयता के बारे में सोचना आधुनिक बौद्धिक दुनिया में जब हास्यास्पद चीज होती जा रही थी, नागार्जुन ने नव-औपनिवेशिक संदर्भ में इसकी जरूरत तल्खी से महसूस की। वैश्वीकरण के युग में पश्चिमी देशों में बढ़ रहे ताजा राष्ट्रीय संरक्षणवाद के संदर्भ में कहना न होगा कि 'भारत' का प्रश्न एकबार पुनः महत्वपूर्ण हो उठा है।

नागार्जुन भी निराला की तरह क्लासिकल परंपरा और यथार्थवाद के संगम थे। पूरी तरह भारत के हवा-पानी से बने। इसलिए यथार्थवाद या विकास की किसी भी मंजिल पर भारत उनकी कल्पना से छिटक नहीं पाया। आखिरकार क्या कारण है कि नई कविता के युग में साम्राज्यवाद-विरोध का झंडा इतनी मजबूती से मुख्यतः कवि नागार्जुन ने ही पकड़ रखा था ? व्यक्तिवादी कवि इस दौर में साहित्य के पश्चिमीकरण में लगे थे। अपने क्लासिकल कनेक्शन, लोकसंस्कृति

से लगाव और राष्ट्रीय आत्मपहचान के आदर्श से प्रतिबद्धता की वजह से नागार्जुन साम्राज्यवाद की उस सांस्कृतिक आँधी में नहीं बहे, जो हमारे दौर में प्रचंड रूप ले चुकी है। अंग्रेजी राज के खात्मे से लेकर देश में विदेशी पूँजी के अबाध आगमन तक, मिथिलांचल-प्रेम एवं वैश्विक लगावों के बावजूद भारत नागार्जुन की चिंता-भावना के केंद्र में है। भारत के लोगों की हँसी-खुशी, दुख-संघर्ष और आशा-मोहभंग ही उनके मुख्य काव्य विषय हैं।

यह विडंबना है, कई मार्क्सवादियों को जरूरी मौकों पर, उदाहरण के तौर पर भारत-चीन युद्ध के समय राष्ट्रीय भावना खाई-खड्ड में गिरने जैसी घटना लगी। इसकी वजह से उन्हें जनता से विच्छिन्नता झेलनी पड़ी, खासकर हिंदी पट्टी में। उस दौर में नागार्जुन ने बेझिझक चीन को धिक्कारने वाली भाषा में कविताएँ लिखीं, उन्होंने यह स्वतंत्रता ली।

वैश्वीकरण के युग में भारत का बिंब तेजी से टूट रहा है। इस टूटते बिंब की पुनर्रचना का पुनः क्या अर्थ है, यह हर उस व्यक्ति के विचार का विषय है, जिसके सोच में 'भारत' बना हुआ है या जिसकी आकांक्षा में भारत अभी 'इंडिया' नहीं है। आज 'इंडिया' भले महज एक बाजार का नाम हो, या क्रिकेट-बुखार के दिनों का क्षणभंगुर राष्ट्रवादी उन्माद, परंतु कभी उसका रूप 'भारतमाता' का था। स्थानीय-जातीय संबद्धता के साथ देशभक्ति का सूचक और एक महान मातृऋण का अहसास करानेवाला शब्द। नागार्जुन ने नवजागरण के इस जन बिंब को अपने मानस में सुरक्षित रखा था, भले बीसवीं सदी के उत्तरार्ध में यह बिंब धीरे-धीरे पिछड़ेपन का चिह्न हो गया। उत्तर-आधुनिक भारतीयों का लक्ष्य है इन्टर-कांटिनेन्टल या ग्लोबल होना, जबकि बीसवीं सदी के पूर्वार्ध की तरुणाई का स्वर भिन्न था।

3

एक विलक्षण बात है, नागार्जुन गांधी की कभी आलोचना नहीं करते। वह लेनिन पर भी कविता लिखते हैं और मन खुला रखकर गांधी पर भी। उस काल में मार्क्सवादियों द्वारा रवींद्रनाथ की ही तरह गांधी का कुछ ज्यादा ही पोस्टमार्टम हो रहा था। उन्हें बुर्जुआ कहकर लांछित किया जा रहा था। नागार्जुन उस हवा में नहीं बहते। इसपर सोचना चाहिए कि नागार्जुन ने गांधी और नेहरू में गांधी को ही क्यों चुना। मार्क्सवादी होते हुए भी उनका गांधी से संवाद लगातार बना हुआ था, "तुम ग्रामात्मा तुम ग्राम प्राण/तुम ग्राम हृदय तुम ग्राम दृष्टि।"(1969)। गांधी ने आधुनिकता से होकर गुजरने के बाद भी अपना देसी मन नहीं छोड़ा था,

नागार्जुन भी ग्रामकेंद्रित आधुनिक विकास चाहते थे। वह शुरू से ही भूल नहीं करते और बार-बार कतई भूल नहीं करते। गांधी की हत्या पर उन्होंने जो कविता (शपथ) लिखी, उसमें धार्मिक फासीवाद को ललकारने के अलावा वह आम जनता के शोक में शामिल होते हैं। वह तेलंगाना के कृषक संघर्ष पर 'लाल भवानी' कविता लिखकर जनता के लाल तूफान का अभिनंदन करते हैं, पर गांधी के खिलाफ कभी नहीं जाते। नागार्जुन के इस मन को समझना शायद आज ज्यादा मुश्किल न हो। उसमें न इकहरा स्वीकार था और न इकहरा अस्वीकार। वह लक्षित करते हैं, कलकत्ते की ट्राम में एक बंगाली भद्र महिला अपने बच्चे को गांधी की कांस्य प्रतिमा दिखा रही है, 'द्याक्चो खोकोन ओइ जे गांधी महात्ता'। पीढी-दर-पीढ़ी जनता के मन में फकीर से दिखते गांधी बसे हैं, पर गांधीवादियों ने जनता के साथ ही नहीं खुद गांधी के साथ भी विश्वासघात किया (तीनों बंदर बापू के)। नागार्जुन को यह प्रश्न उद्वेलित करता है, "जाने कबसे खोंचावाला तराजू लिए खड़ा है/क्या हुआ हिंद में आज भी गांधी नहीं बड़ा है?" क्यों गांधी की जगह ब्रिटेन की रानी का असर ज्यादा है, यह प्रश्न नागार्जुन ने उठायाःऔर भारत में पश्चिमीकरण और नव-उपनिवेशवाद के जाल की आलोचना की।

नागार्जुन राष्ट्रीय जागरण के अग्रदूत भारतेन्दु पर लिखते हुए कहते हैं, 'कामनवेल्थी महाभंवर में फंसी बेचारी/बिलख रही है रह-रह भारतमाता प्यारी।' (1950)। यूनियन जैक हटाकर तिरंगा लहराने के बाद भी उपनिवेशवाद तेजी से आधुनिकता में घुल रहा था। कामनवेल्थ लिटरेचर, कामनवेल्थ गेम्स, कामनवेल्थ सम्मेलनों के जरिये उपनिवेशवाद का नया सिलसिला बनाना शुरू हो चुका था। ब्रिटेन की रानी ही इन सबकी अध्यक्ष थीं। अब 'ब्रिटिश' की जगह 'कामनवेल्थ' आ गया था। अंग्रेजी में लिखने वाले भारतीय लेखकों या भारतीय मूल के अंग्रेजी लेखकों का यह भव्य आश्रय था। दिल्ली का पिछला कामनवेल्थ खेलकूद (2010) अपने साथ भ्रष्टाचार का सुनामी भी ले आया। उपनिवेशवाद हमेशा भ्रष्टाचार बढ़ाता है और भ्रष्टाचार बढ़ने का अर्थ है गरीबों का हक छिनता। भारतीय कवियों में नागार्जुन ने कामनवेल्थ पर सबसे कटु प्रहार किया। उन्होंने 'औपनिवेशिक छद्मवेश पर प्रहार करने के उद्देश्य से लिखा, 'आओ रानी हम ढोएँगे पालकी/यही हुई है राय जवाहरलाल की।' (1961)। यह कविता 1997 में इंग्लैंड की महारानी के दुबारा भारत आने पर नए सिरे से लोकप्रिय हो गई थी। उपनिवेशवाद को मिलती गई प्रत्यक्ष-अप्रत्यक्ष सांस्कृतिक वैधता से सबसे दुर्द्धर्ष लड़ाई नागार्जुन की है। इस पर विचार करना चाहिए कि उनका गांधी और नेहरू में गांधी को चुनना आधुनिक विकास का विरोधी होना है, राजनीतिक अदूरदर्शिता है या यह आधुनिक विकास को नव-औपनिवेशिक विडंबनाओं से बचाने के संघर्ष का अंग है।

औपनिवेशिक काल में ही साम्राज्यवादी ताकतों ने भारत के आधुनिक विकास को इतना अधिक पश्चिम-मुखी बना दिया था और भेदभाव इतने गहरे कर दिए थे कि जब साम्राज्यवाद अलविदा हो गया, तब भी आम जनता पर 'सत्ता' के परंपरागत नृशंस अत्याचार जारी थे और विषमता बढ़ रही थी। नागार्जुन की कविता उस दौर की है, जब आजादी बिल्कुल करीब थी या आजादी के बाद भी देशी शासन का औपनिवेशिक रंग-ढंग बना हुआ था। उन्हें यह रंग-ढंग या अ-परिवर्तन असह्य था। इसलिए उन्होंने राष्ट्रीय विकास के उपनिवेशवादी परिप्रेक्ष्य का बड़ी आक्रामकता से विरोध किया। उनकी कविता में अन-उपनिवेशन, वर्चस्वों के अंत और पुनर्निर्माण की तीखी आवाज है। इसमें कामनवेल्थ की पश्चिमी छतरी का ही लगातार विरोध नहीं है, साम्राज्यवादी शासन में युद्ध, नस्लभेद, जातिवाद, संप्रदायवाद, सांस्कृतिक बहिष्कारपरकता और विभाजन को जो बढ़ावा मिला था, इन सबका भी स्पष्ट प्रतिवाद है।

यह सही है कि प्रबल उपनिवेशवाद -विरोधी रुख की वजह से नागार्जुन में राष्ट्रीयता और उच्च राष्ट्रीय परंपराओं के प्रति आकर्षण है। वह अपनी लंबी कविता 'जयति जयति सर्वमंगला' (1952) में अपनी निजी विवशताओं के साथ राष्ट्रीय संस्कृति को लेकर व्यापक चिंता व्यक्त करते हैं, 'रे, एक-एक कर लील जाएगा संस्कृति के सारे प्रतीक यह विकट वृकोदर।' वह निर्भीकतापूर्वक कहते हैं, 'सावधान ओ पंडित नेहरू/पैर तुम्हारे धंसे जा रहे डालर की दलदल में प्रतिपल।' आज बहुत देर से जो महसूस हो रहा है, वह नागार्जुन ने अपनी घुच्ची आंखों से काफी पहले देखा था। हम इस कविता में लक्षित करते हैं कि इसमें एक व्यापक विश्वबोध मौजूद है। उनकी भारत से ऊपर उठकर एशिया को लेकर गहरी चिंता उनके विश्वबोध का एक दुर्लभ रूप है। आज भारत ही नहीं, संपूर्ण एशिया में उत्तर-औपनिवेशिक विखंडता बढ़ती जा रही है। यह मिथ्या अंतर्विरोधों को प्रधानता देने और वास्तविक अंतर्विरोधों को भूल जाने की वजह से हो रहा है। अतीत में, पूर्व में अद्भुत भाईचारा था। अतीत में 'टुकड़े' मिलकर एक हुए। नागार्जुन सोचते हैं, यह आगे भी बेशक संभव है।

> निकट-पूर्व क्या दूर-पूर्व क्या, सकल एशिया
> मृगयोचित रमणीय क्षेत्र है इनके खातिर
> नील नदी का तर अंचल हो या दमिश्क के खुश्क इलाके
> रत्नगर्भ भारत हो चाहे पाक भूमि हो स्वर्ण-प्रसविनी
> ....

वियतनाम हो या कि कोरिया
यह समग्र एशिया इन्हीं का चरागाह है
अन्न चाहिए हमें, इन्हें नर-कंकाल चाहिए
नमक चाहिए हमें, इन्हें बारूद चाहिए
जो लेना हो इनसे ले लो, मगर शांति का नाम न लेना
कहीं न तुम भी पकड़े जाओ, कहीं सफाई पड़े न देना

आज पहले की तरह साम्राज्यवाद नहीं है, लेकिन पश्चिम-मुखापेक्षिता बढ़ी है। एशियाई आसमान में दशकों से मंडराते पश्चिमी युद्ध-विमानों की गड़गड़ाहट और कई एशियाई देशों का पश्चिमी 'अभिभावकों' के सामने बार-बार सफाई देने की मुद्रा में आज भी खड़ा होना एशिया की दयनीय स्थिति का द्योतक है। एशिया के लोग हिंसा, भय और दुख से ठीक से सो नहीं पाते। इस महादेश में 'अभिनय तक सीमित रहता भाईचारा'। अब यह हथियारों की खपतवाला दुनिया का सबसे बड़ा बाजार होता जा रहा है। भारत रेहन पर चढ़ता जा रहा है। इन बातों पर नागार्जुन काफी पहले गंभीर चिंता व्यक्त कर चुके हैं। वह राष्ट्रीय विडंबना देखकर अपना निजी दुख-कष्ट भूल गए। एक ग्रामीण आदमी का मन अंधियारे से निकल कर कितना फैल सकता है, यह नागार्जुन को देखकर पता चलता है। वह अंततः एशिया की तरफ से गरज उठते हैं, "जय सचेत जनता की जय हो/ युद्ध चाहनेवालों की मर्मांतक क्षय हो।" वह एक कविता 'ऐक्शन में आ गए हैं'(1966) में कहते हैं, "जलनिधि उद्वेलित, विस्मय हिमवान/अपना महादेश है यह कितना महान।" एशिया में जब इराक-ईरान के बीच युद्ध छिड़ गया और प्रणय मुखर द्राक्षाकुंज लहूलुहान होने लगे नागार्जुन ने लिखा, 'उमर खैय्याम कभी इतना नहीं रोया था ! ' (1981)। यूरोपवासी 'यूरोपियन कम्युनिटी' बना चुके हैं, जबकि नागार्जुन का 'महान एशिया' अभी भी खून से लथपथ है।

नागार्जुन के मिथिलांचल-प्रेम, कृषक जागरण या साम्राज्यवाद-विरोध का अर्थ आधुनिकीकरण का विरोध नहीं है। वह नहीं चाहते कि गांव के पिछड़ेपन को बचाकर रखा जाए, विकास न हो। आज कंप्यूटर छा गए हों, पर किसी समय देश में ओटोमेशन का बड़ा विरोध होता था। गांव से आकर भी नागार्जुन अपना आधुनिकीकरण-प्रेम जाहिर करने में कोई संकोच नहीं करते। वह 'ओटोमेशन-द्वेषी आदिमानव-सुलभ गुस्सा' को जायज नहीं ठहराते। उन्होंने सड़कों, बिजली, पुलों, मशीनों आदि का हमेशा अभिनंदन किया ही था, एक्सिलरेटर पर भी चढ़कर नाटकीय ढंग से खूब प्रसन्नता व्यक्त की थी, "दसियों-बीसियों चढ़ रहे-

उतर रहे/उत्सुक ग्रामीण, तरुण, चपल-तरल बालिकाएँ/वो देखो, वो देखो, चढ़ गए कैसे/वो देखो, वो देखो उतर गए कैसे/सरकाऊ सीढ़ियां!" (सरकाऊ सीढ़ियां, 1969)। वह आधुनिक विकास चाहते थे, ग्रामीण लोगों को उजाड़ने की जगह उन्हें विकसित करते हुए।

आजकल जिस नव-उपनिवेशवाद का खतरा महसूस किया जा रहा है, वह सरल रेखावाला नहीं है, मायावी है। वह प्रत्यक्ष से ज्यादा अप्रत्यक्ष है। हम कुछ समय पहले भारत को एक 'विकासशील समाज' के रूप में देखते थे। विकासशील समाज की अवधारणा एक साम्राज्यवादी अवधारणा में बदल जाती है, जब कुछ समाजों को हमेशा के लिए 'विकसित' तथा बहुत सारे समाजों को हमेशा के लिए 'विकासशील' रखकर दोनों के बीच परवर्ती की कीमत पर खाई लगातार बढ़ाई जाती है। विकास को परिवर्तन के विकल्प के रूप में पेश करके आज विकासशील समाज की जगह 'उभरती हुई अर्थव्यवस्था' का सब्जबाग खड़ा किया जा रहा है। नागार्जुन ने दिखाया है कि साम्राज्यवाद अब किस तरह आर्थिक रिमोट कंट्रोल से काम करता है। इसकी नई साजिश को वह अपनी कविता 'बड़ी मछली छोटी मछली' (1981) में रखते हैं –

> बड़ी मछली झपाटे से छोटी मछली के करीब आई
> 'गुफ्तगू' वाली शैली में बोली -
> तेरे अंदर मौजूद हैं
> परिवर्तन और विकास के तत्त्व · ·
> तू खुद ही एक दिन
> बड़ी मछली में तब्दील हो जाएगी · ·
> तेरी अस्थि-धातु के अंदर
> वे सभी आणविक तत्त्व मैं स्पष्ट देख रही हूँ
> तेरी हड्डियों में अपने-आप
> मांस की गुद्दियाँ पनपने लगेंगी · ·
> पतझर के बाद ठूँठ क्या हरा-भरा नहीं होता?
> इतना कहकर बड़ी मछली मुँह फाड़कर
> छोटी मछली के बिलकुल करीब आ गई

पूंजीवाद का उच्चतम रूप कभी साम्राज्यवाद था, आज वैश्वीकरण है। साम्राज्यवाद 'सभ्यता' के नाम पर नए-नए देशों में जबर्दस्ती औपनिवेशिक शासन स्थापित करने का नाम है, ताकि उपनिवेशक पश्चिमी राष्ट्रों की आर्थिक

उन्नति हो। इसी तरह भूमंडलीकरण 'विकास' के नाम पर एकध्रुवीय बाजार-शासन स्थापित करने का नाम है, ताकि अधिक सफाई से विस्तृत नव-उपनिवेशन हो सके और आम जन छोटे-छोटे सुखों में अपना असंतोष खो दें। सबकुछ ग्लोबल हो जाए, पर युद्ध, हिंसा और दरिद्रता सिर्फ एशिया, अफ्रीका और दक्षिण अमेरिका महादेशों में हों। सिद्धांत में जो भूमंडलीकरण है, वह व्यवहार में नव-उपनिवेशन है—सैनिक-पारमाणविक स्तर से लेकर शिक्षा, जीवन शैली, मनोरंजन और सूचना की दुनिया तक।

यह स्वाभाविक है कि नागार्जुन की नजर अमेरिका का सालों से हमला झेल रहे वियतनाम की ओर जाती है, "एशिया के सीने पर अमरीका के बूट'। (सुलग रहा वियतनाम,1966)। वह 'जयति कोरिया देश' (1953) में लिखते हैं, "तुम हो वे अंगार जहाँ एशिया आज स्वाधीन।" कोरिया साम्राज्यवादी हस्तक्षेप का शिकार था। वह चीन पर लिखी अपनी एक पुरानी कविता(1953) में कहते हैं, "हमलोगों का प्रेम अमर है अविचल भाईचारा/विश्वशांति है टेक हमारी जनहित लक्ष्य हमारा।" नागार्जुन लुमुंबा पर लिखते हुए कहते हैं, "मैं सुनता हूँ अफ्रीकी की आत्मा का आक्रोश। मैं सुनता हूँ काली धरती के कण-कण का रोष।" (लुमुंबा,1963)। वह पीड़ित अश्वेतों के नेता जोमो केन्याता (1953) से कहते हैं, "स्वाधिकार-रक्षा खातिर लड़ने वाली अफ्रीकी जनता के अगुआ/छिन्न करो साम्राज्यवाद के नागपाश को।" वह संपूर्ण विश्व के बारे में सोचते हैं। 'शांति का मोर्चा' (1960) में कहते हैं कि बड़ी ताकतें महाविनाशकारी बम बना रही हैं, ताकि ताकत के इन चिह्नों के बल पर सोना बटोर सकें। यह बम जनाकीर्ण आबादी पर ही नहीं गिरेंगे। ये गिरेंगे "आम-जामु-लीची-कटहल के उद्यानों पर/झारखंड के नृत्यनिरत उत्सव निमग्न संथाल जनों पर/रवि ठाकुर के कलाकेंद्र पर/शांत सुभग नर्मदा तीर पर/भूमि स्वर्ग कहलानेवाले काश्मीर पर/केरल-कोंकण-कच्छ-दुर्ग पर/सोमनाथ पर/विश्वनाथ पर/उज्जयिनी के महाकाल पर।" इन कविताओं में जरा मिथिलांचल से आए ग्रामीण कवि के मन का विस्तार देखिए। इनमें युद्ध के विरुद्ध शांति का स्वर है ही। ये सभी कविताएँ नव-उपनिवेशवाद से संघर्षरत भारत की अंतरात्मा की आवाजें हैं। इनमें एक भिन्न विश्व मानव की कल्पना है, जो स्वतंत्रता, समानता और शांति की देन है। यह विश्व मानव ग्लोबल लूट-मार की उपज नहीं है।

धरती धरती है —
सचल-अचल वस्तुओं की जननी
सर्वसहनशीला अन्नपूर्णा वसुंधरा

स्तुति नहीं, श्रम-कठोर श्रम मांगती
चाहती आई है सदा से धरती...
मातृसुलभ ममता
पितृसुलभ परिपोषण
चाहती आई है सदा से धरती
अविरल अविराम अनाविल स्नेह
सरस सुस्वादु बहुविधि रसभरित फल-फूल -अन्न
उपजाती आई है जाने कब से...
निछावर हम इस पर
तुम्हारी नहीं, हमारी है धरती
सुनो हे वज्रपाणि युद्ध व्यसनी दानव !

आज भी सात अरब लोगों की धरती साम्राज्यवादी राजनीति की रणभूमि है। इसलिए नागार्जुन की दृष्टि में इस धरती पर पर्यावरण का प्रश्न एक विच्छिन्न प्रश्न नहीं है, यह एक राजनीतिक प्रश्न है। वह चाहते हैं, कि भारत के लोग नव-औपनिवेशिक दुरभिसंधियों को समझें। एक समय युद्ध के विरुद्ध शांति के शक्तिशाली जन-अभियान चलते थे। अब लगता है भूमंडलीकरण के सुखवाद ने जन-अभियानों को लगभग सुला दिया है या इन्हें 'एनजीओ' को सुपुर्द कर दिया है, जो खुद उपर्युक्त राजनीति के 'सेफ्टी बाल्व' हैं।

नागार्जुन ने एक कविता में नेहरू की गुटनिरपेक्ष आंदोलन के शांतिवादी नेता के रूप में प्रशंसा की थी, "हे नेहरू, हे उज्ज्वल चरित्र/हे मानवता के महामित्र।" (जय विश्वबंधु 1955)। फिर उन्हें लगा कि नेहरू औपनिवेशिक आधुनिकता के प्रति क्रिटिकल हैं, पर उससे मिश्रित भी हो जाते हैं, "पंडित जी जानेवाले हैं, रानी के दरबार में/दिल दिमाग को पेश करेंगे अबकी वह उपहार में।" नागार्जुन को नव-उपनिवेशवाद के आगे भारत का आत्मविसर्जन मंजूर न था।

अमेरिका का रोग सोवियत रूस में घुस चुका था। नागार्जुन का एक महान विश्वास आहत हुआ। सोवियत रूस का विघटन उनके लिए एक दुखदायी घटना थी। रूस ने जब चेकोस्लाविकिया की राजधानी प्राहा में अपने टैंक उतारे, नागार्जुन ने कविता लिखी "क्रांति तुम्हारी तुम्हें मुबारक/भ्रांति तुम्हारी तुम्हें मुबारक/कूट कपट की भीतरघाती/शांति तुम्हारी तुम्हें मुबारक/लाल चीन को वहम मुबारक/तुमको अपना अहम् मुबारक।"(1969)। वह 'ताकत' की धौंस में

आने की जगह उसे हमेशा प्रश्नांकित करते थे। शांति नव-उपनिवेशवाद का सबसे महत्वपूर्ण नारा था, यह भेड़िये की शांति थी।

नागार्जुन ने भारत के नव-उपनिवेशन की उन प्रत्यक्ष-अप्रत्यक्ष जजीरों को पहचान लिया, जिन्हें उत्तर-आधुनिक लोग आभूषणों की तरह पहनते हैं। उन्होंने चेतावनी दी, "बहुविधि-बहुभाषी जनगण है/तो क्या हुआ/ उनकी तिकड़म अ-छोर है/असीम है उनकी सत्यानाशी दुर्बुद्धि/अपूर्व है/नाभिकीय संग्राम की/उनकी तैयारियाँ/जन गण अजेय है/इतना भर सोच-सोचकर/हम बेफिक्र न हो जाएँ.../ जागते रहें निरंतर/इलाज करें आपसी फूट-फाट का।" (जागते रहें निरंतर, 1988)। पूंजीवाद बढ़ रहा था, स्थिति सरल नहीं थी। झूठ में सुंदरताएँ पैदा की जा रही थीं, जबकि नागार्जुन के लिए झूठ के ध्वंस में सौंदर्य था। वह देश की गरीब जनता की विभाजित कतार को लेकर एक गहरी मनोव्यथा से घिरे थे। राजनीतिक संकीर्णता बढ़ती जा रही थी, जनता की कतार टूट रही थी। नागार्जुन की कविता किसी राजनीतिक निर्देश या संकीर्णता में बंध नहीं सकती थी। वह जनता को जोड़ती थी। वह जनता की राजनीतिक आंख थी। नागार्जुन उपेक्षित किए गए, जबकि उन्होंने देश की जनता को साम्राज्यवाद-सामंतवाद से लड़ने के बौद्धिक हथियार दिए।

4

नए उपनिवेशवाद ने जिस तरह ताकत के बड़े-बड़े चिह्न निर्मित किए और किसानों को उनके ही देश में बेगाना बनाया, राष्ट्रीय मन को भी फाड़ने का काम किया। विभिन्न जातीयताओं, धर्मों और जातियों के लोगों का साथ मिल कर रहना कठिन होता गया। एक ही राष्ट्र-राज्य में 'दूसरा' या 'बाहरी' की कठोर धारणा पैदा होने लगी। कई जगहों पर पृथकतावादी आंदोलन शुरू हो गए। नए उपनिवेशवाद में पैर जैसे-जैसे धंसते गए, वह चुनौती की जगह बारात के रूप में देखा जाने लगा।

नागार्जुन ने शांति को अपनी कविता की एक वैश्विक विषयवस्तु के रूप में जरूर चुना, पर साम्राज्यवाद के प्रति अति कठोर रुख की वजह से उनके लिए राष्ट्रीय एकता भी एक बड़ी समस्या थी, क्योंकि बिना राष्ट्रीय परिप्रेक्ष्य के न साम्राज्यवाद का मुकाबला करना संभव था और न उसके द्वारा की जा रही सांस्कृतिक तोड़फोड़ का जवाब बनाना संभव था। दरअसल अब कई अंग्रेजीदां सबाल्टर्नवादी बुद्धिजीवी अपने नव-औपनिवेशिक बौद्धिक संपर्कों के कारण 'नियो-

ओरियंटलिज्म' का प्रचार कर रहे हैं। वे कहने लगे हैं कि भारत एक राष्ट्र नहीं है, क्योंकि इसी रास्ते से भारत 'पहली दुनिया' में एक बिकाऊ माल बन सकता है। दरअसल वे एकेडेमिक शिखरों पर बैठे बौद्धिक व्यापारी हैं, जिन्हें न भारत के किसानों की आकांक्षाओं का पता है और न उनके परिवार से निकले उन 'श्रमजीवियों ' की ख्वाहिशें मालूम हैं, जो दूसरे राज्यों और समुदायों के बीच दर्द-भरा प्रवासी जीवन जीते हैं। हम जानते हैं कि इनके अस्तित्व-रक्षा का हथियार 'राष्ट्र' ही है।

हम जब नागार्जुन की कविताओं में व्यक्त उनकी राष्ट्रीय आकांक्षाएँ देखते हैं, उनके विराट मन का बोध होता है। उनके राष्ट्रीय मन में इस तरह के प्रश्न पैदा होते हैं, क्या दिल्ली में बंगाल के चित्तरंजन दास की प्रतिमा स्थापित नहीं होगी, क्या मद्रास में लाजपत राय की प्रतिमा नहीं लग सकती, क्या तिलक पूना के बाहर नहीं निकलेंगे? (द्याक्चो खोकन ओइ जे गांधी महात्ता,1960)। औपनिवेशिक ताकत का काम है देश के लोगों का ऊपर से 'होमोजेनाइजेशन' करना और भीतर से उनको विभाजित करना। नागार्जुन की कविता दोनों से सावधान करती है। वह एक कविता में कहते हैं कि तमिलनाडु के किसी ग्रामांचल में जाकर किसान परिवारों के साथ ओतप्पम् का नाश्ता करेंगे और तमिल के सौ शब्द सीखेंगे। (बंधु डा. जगन्नाथन,1976)। उनके दिल में केरल की 'धान-नारियल-काजू वन की हरियाली लहराती है।' (हमारे दिल में, 1978)। वह एक दूसरी कविता में कहते हैं, "केरल का वह कृषक पुत्र हूँ/ओणम अपना निजी पर्व है/...छल से जिसको सहज घृणा है/मैं तो वह कच्छी किसान हूँ।" (बार-बार हारा है, 1985)। उनमें ऐसा राष्ट्रीय बोध किसान होने और गांवों से जुड़े होने की वजह से है। भारत के किसानों के जीवन में विविधता होते हुए भी उनकी बुनियादी समस्याएँ एक हैं, जिनका समाधान छिटपुट हिंसक संघर्ष से नहीं बल्कि एक बड़े राष्ट्रीय हस्तक्षेप से ही संभव है। नागार्जुन में किसानी राष्ट्रीयता है। शहरी राष्ट्रीयता अंध-जातीय खुदगर्जी लाती है, जबकि किसानों के उदार मन में 'स्थानीय' के साथ 'भारत का बिंब' अधिक जिंदा है। हम देखते हैं कि कृषक किसी भी जगह पृथकतावादी आंदोलन में शरीक नहीं होते।

उत्तर-औपनिवेशिक चिंतक कहते हैं कि राष्ट्रीयता की आड़ में स्त्री, दलित और पिछड़ी जातियों और सीमांत के समुदायों की विशिष्टता समझी नहीं जाती और वस्तुतः इनका दमन होता है। वे वस्तुतः नव-उपनिवेशवादी राजनीति और पुराने प्राच्यविदों की आवाज में आवाज मिलाते हुए ऐसा कहते हैं।

नागार्जुन की राष्ट्रीयता जितनी समावेशी है, 'राष्ट्र' में मौजूद वर्चस्वों से

उनकी उतनी ही तीव्र असहमति है। पुरुष-वर्चस्व लें। नागार्जुन कुछ वर्षों के लिए बौद्ध हो गए थे, पर बौद्ध धर्म की परंपरा के प्रतिकूल उन्होंने स्त्री की गरिमा और स्वत्वाधिकार के लिए आवाज उठाई। वह स्त्री की स्वतंत्रता के समर्थक थे। यह उनकी 'भिक्षुणी' (1946) कविता में जवान बौद्ध भिक्षुणी की इस मांग से स्पष्ट है, 'भगवान अमिताभ, सहचर मैं चाहती'। हिंदू मिथ अहल्या के पत्थर बनने के प्रसंग में भी यह कहकर 'पत्नी के प्रति पति का यह अन्याय' (1947) पुरुष धिक्कारा जाता है। हजारों साल के पुरुष -प्रभुत्व को चुनौती मिलती है। 'तालाब की मछलियां' (1948) में मछलियाँ कोशी की बाढ़ में तालाब से निकल कर बाहर आ गई हैं, "उथल-पुथल है जनजीवन में/सभी ओर उत्क्रांति हो रही/टूट रहे हैं अंत:पुर के ढांचे/आज या कि कल तुम भी निकलोगी बाहर/हवेलियों से डेवढ़ियों से / फिर जनपद के खंड नरक ये मिट जाएँगे।" नवजागरण, राष्ट्रीय आंदोलनों और स्त्री -विमर्शों के बीच से स्त्री मुक्त हो रही है, नागार्जुन इसके सदा अभिनंदन में खड़े थे। उनकी किसान जीवन के तेज से निकली राष्ट्रीयता क्रांतिकारी किस्म की है, यह कन्जर्वेटिव राष्ट्रीयता नहीं है।

स्त्री विमर्श को इस तरह रखना कि स्त्री-मुक्ति संघर्ष में अतीत के सामाजिक आंदोलनों की कोई भूमिका नहीं है और स्त्री का सरोकार सिर्फ स्त्री-स्वाधीनता है, कभी सही नहीं कहा जा सकता। स्त्री पर पुरुष के अत्याचार और प्रभुत्व का अंत नहीं हो पाया है, फिर भी काफी पुरुष आधुनिक विचारों और सामाजिक आंदोलनों के असर से बदल रहे हैं और वे स्त्री के संघर्ष में साथ दे रहे हैं। सबसे जरूरी है स्त्री के प्रति पुरुष की कामुक एकायामी दृष्टि में परिवर्तन, जो उपभोक्तावाद के युग में लगातार मुश्किल होता जा रहा है। उपभोक्तावाद कुंठाओं का जंगल खड़ा करता है। नागार्जुन का दूसरे घर-परिवार की स्त्रियों से अंकुठ लगाव, उनसे खुलकर बोलना-बतियाना और कालेज की छात्राओं के साथ भी अकुंठ अड्डेबाजी एक भिन्न पुरुष-मानसिकता का आदर्श उपस्थित करती है। वह एक कविता में एक चुप-सहमी, निराश हो चुकी अजीब नेचर की लड़की के बारे में लिखते हैं, "कहा-आ, ओ री बौड़म/..चलें अपन मद्रासी होटल, गरम-गरम काफी पी आएँ !/ गालों पर पड़ गई प्यार की दो चपतें तो/ लगा दिया छत फाड़ ठहाका।" (1956)। नागार्जुन जब हँसते हैं, उनके पास हजार वॉट की हँसी होती है।

इधर प्रचलित आधुनिकता ने अकुंठ हँसी-खुशी, मेलजोल, बातचीत छीन ली है। इसने स्त्री की जिंदगी में एक नया नरक पैदा कर दिया है। पुरुष को काकटेल पार्टी की आधुनिकता भी चाहिए और स्त्री की परंपरागत सेवाएँ भी।

मेधावी लड़कियाँ विवाह के बाद डल हो जाती हैं या पागल घोषित हो जाती हैं। स्त्री पर अत्याचार के कई रूप हैं। आदमी का मन जितना संकीर्ण होता जा रहा है, प्रेम का अर्थ भी महज सेक्स में सीमित होता जा रहा है। प्रेम के आयाम सिकुड़ रहे हैं। इसलिए सौंदर्य का अद्वितीय बोध भी नहीं है।

भुरुगुवा तारा उगा
मुझे भूली बात-सी आ गई कुछ याद
पास ही सोई पड़ी श्लथकुंतला
प्रेयसी की थपथपाई पीठ
जग गई तो दिखाकर तारे बचे दो-चार
कहा मैंने पकड़ उसका हाथ—
दो घड़ी का हमारा - इनका रहा है साथ
हो रहे अब विदा, गा दो सुमुखि, एक विहाग
तुम जगी, संसार जाए जाग

स्त्री आधी दुनिया है, पर स्त्री जागरण पूरे संसार का जागना है। 'तुम जगी संसार जाए जाग' (1951) के संदर्भ में बुद्ध की बात याद आती है—सब दुक्ख है, सब क्षणिक है। नागार्जुन तब भी ताल में घुसकर अधखिला कमल तोड़ लाते हैं, क्षणिक भी सुंदर है! जीवन सौंदर्य औपनिवेशिक आधुनिकता के नरक के बाहर है। नागार्जुन गरीबी, महंगाई, दमन और नव-उपनिवेशन पर लिखते हुए सृष्टि की सुंदरताओं को देखते हैं, हमेशा क्रांतिकारी ही नहीं बने रहते। वह हमेशा क्रांतिकारी बने रहते हैं, क्योंकि सृष्टि की सुंदरताएँ उन्हें जीवन में वैसी गहन सुंदरता पाने के लिए अग्निमानव बना देती हैं। आज कहाँ हैं ऐसे हजार वॉट की हँसी वाले अग्निमानव ?

नागार्जुन ने स्त्री के प्रेम के बारे में बड़े आदर से लिखा। स्त्री का प्रेम प्रकृति की सर्जनात्मकता का प्रस्फुटन है।

कर गई चाक
तिमिर का सीना
जोत की फाँक
यह तुम थीं

पुरुष का प्रेम भी कम महान नहीं होना चाहिए। कालिदास ने 'मेघदूत' में दिखाया है, पुरुष के प्रेम में कितनी सच्चाई और गहराई है। उन्होंने 'मेघदूत' हो

या 'कुमारसंभव' उसमें अपनी आत्मा का सारा सौंदर्य उड़ेल दिया है। कवि अपनी मांसल अभिव्यक्ति में भी कितना संवेदनशील हो सकता है, यह नागार्जुन को कालिदास को देखकर बोध हुआ। कालिदास से ही नागार्जुन ने पुरुष के प्रेम और इसके विस्तार को जाना। स्पष्ट हो जाता है कि वह अपनी कविता 'कालिदास' में खुद ही कालिदास हो उठे थे। निर्दय पुरुष रोता नहीं, पर कालिदास के बहाने खुद नागार्जुन का पुरुष रो उठा होगा ! उनकी कविता से पता चलता है कि गरज वही सकता है, जो रो सकता है, यानी जो दूसरों की पीड़ा का वास्तविक सहभागी बन सकता है।

उन पुष्करावर्त्त मेघों का
साथी बनकर उड़ने वाले
कालिदास सच-सच बतलाना
परपीड़ा से पूर-पूर हो
थक-थककर औ' चूर-चूर हो
अमल धवल गिरि के शिखरों पर
प्रियवर, तुम कब तक सोये थे ?
रोया यक्ष कि तुम रोये थे ?

नागार्जुन प्रगतिशील कवियों में राष्ट्रीयता से सबसे ज्यादा ओतप्रोत थे। उन्होंने सैद्धांतिक रूप से जाति-विडंबना से आंखें चुराने की जगह उसे एक सामाजिक सच्चाई के रूप में पहचाना। उनके साहित्यिक उद्देश्य और सामाजिक उद्देश्य के बीच फांक नहीं है। फिर भी कवि का काम समाजविज्ञानी के काम से अलग होता है। समाजविज्ञानी कई बार एक खिलते फूल को नोचकर, अलग-अलग करके देखते हैं। कवि ऐसा नहीं करता।

नागार्जुन ने आदिवासियों, उत्तर-पूर्व के अशांत क्षेत्रों और दलितों को अपनी कविता का विषय बनाया। ये लोग राष्ट्रीय केंद्रवाद और विषमता से सबसे ज्यादा आक्रांत थे। यह समझना चाहिए कि नागार्जुन ऐसे ही अपने को 'तरल आवेगों वाला अति भावुक, हृदयधर्मी जनकवि' नहीं कहते थे।

20वीं सदी का भारत अशांत था, क्योंकि यह स्वतंत्रता के लिए बहुविध संघर्ष की सदी थी। नागार्जुन इसी सदी के कवि हैं। वह शहरी मध्यवर्गीय स्वतंत्रता से परे भी स्वतंत्रता के कई रूप देखते हैं। इसलिए चाहते हैं कि आदिवासियों के बच्चे विकसित हों, 'भील, गोंड, हो, मुंडा और 'संथाल/अब भी तो विकसित हों बाल।' (1947)। उनका ध्यान सदा बच्चों पर है। 1973 में वह

'शालवनों के निविड़ टापू में' बताते हैं कि बस्तर के आदिवासी लोग किस तरह शहरवासियों को दिखाने के लिए लोकनृत्य की शोभा से अधिक कुछ नहीं समझे जाते। उन्हें पढ़ाया -लिखाया नहीं जाता। 'दरख्तों की सघन बगीची' (1979) में तीर-कमान संभाले आदिवासियों के बीच से आवाज उठाती जो सांवली आदिवासी औरत है, उसकी पीठ पर एक शिशु है, 'नन्हीं-नन्हीं आंखों से सभी कुछ/देख रहा था तिर्छे।' तिर्छे का व्यंग्यार्थ है, वह कुछ भिन्न देखना चाहता है। आदिवासियों के लिए जल, जंगल और जमीन का प्रश्न महत्वपूर्ण है। कारखाने के नाम पर सफेदपोश बाबू लोग आदिवासियों से उनके जंगल छीने जा रहे थे, "कहीं का न रहने दिया हमें/आज हम पूरी तरह उनके गुलाम हैं।" नागार्जुन आदिवासियों की पीड़ा को अपनाते हैं।

नागार्जुन की नजर 'मेहतर यूनियन जिंदाबाद' कहते हुए भंगियों -भंगिनों की जुझारू जमात की ओर भी गई (1956)। उनकी एक मैथिली कविता में 'आदिवासी गोत्र की मेहतरनी' का दिव्य श्रम-सौंदर्य अंकित है। वह बेलछी के दलित जनसंहार पर 'हरिजन-गाथा' (1977) लिखते हैं। इसमें दलितों को जलाने की बढ़ रही घटनाओं पर दुख मिश्रित गुस्सा है, 'ऐसा तो कभी नहीं हुआ था।' यह बर्बरता का चरम था। इस कविता के केंद्र में भी मुख्यत: दलित के घर का नवजातक है, "दिल ने कहा–अरे यह बालक/निम्न वर्ग का नायक होगा/नई ऋचाओं का निर्माता नए वेद का गायक होगा।" नए नारे होंगे, नया ज्ञान होगा, जिन्हें रचकर दलित के बच्चे किसी सामूहिक मानवीय विप्लव के सहभागी और नायक बनेंगे। नागार्जुन की कविताओं में बार-बार आए बच्चे 'होप' के चिह्न हैं, क्योंकि राजनैतिक परिदृश्य लगातार निराशाजनक होता जा रहा था।

'हरिजन-गाथा' में मनुपुत्रों की बर्बरता के बाद की मुख्य चिंताएँ दलित बच्चों की सुरक्षा,शिक्षा, संकीर्णताओं से ऊपर उठकर प्रखर राजनीतिक चेतना के निर्माण और भावी परिवर्तन में उनके सबल नेतृत्व की हैं। इसमें कुछ भी आश्चर्यजनक नहीं है यदि हम पाते हैं कि नागार्जुन शिक्षा पर बहुत जोर देते हैं, क्योंकि वह देश में निरक्षरता के घाव नजदीक से देख रहे थे। उनका स्वप्न है, 'शत-प्रतिशत शिक्षित होना है।' (शांति-मैत्री, 1983)। 'हरिजन-गाथा' में जाति-प्रश्न के साथ वर्गीय परिप्रेक्ष्य पर जोर है, क्योंकि दलित बच्चे को कुली-मजदूरों के बीच ही पलना और शिक्षित होना है। यह भी है, "हिंसा और अहिंसा दोनों बहनें प्यार करेंगी/इसके आगे आपस में वे कभी नहीं तकरार करेंगी।" निश्चय ही कविता में 'संपूर्ण क्रांति' और 'खुखरी, भाला, गंडासा, बम, तलवार' दो विपरीत विचारधाराएँ एकसाथ हैं। इनपर 'हरिजन-गाथा' की दलित व्याख्या में

एतराज है, खासकर 'हिंसा का रास्ता दलित बच्चों के भयावह भविष्य की कल्पना है।'' 'हरिजन-गाथा' में अहिंसा का रास्ता खुला हुआ है। मुख्य बात है, उस समय एक लक्ष्य स्पष्ट था – समाज को बदलना होगा। इसके लिए एक प्रखर राष्ट्रीय, मानवीय और क्रांतिकारी परिप्रेक्ष्य की जरूरत है, खंड-खंड की जगह एक बड़े परिप्रेक्ष्य की जरूरत है। नागार्जुन अपनी कविता में इससे अधिक कुछ और नहीं कहना चाहते थे।

'हरिजन -गाथा' में 'हरिजन' शब्द का इस्तेमाल दलित के निषेध में नहीं है। उन्होंने भेदभाव कभी नहीं माना, बल्कि वह उन दिनों की याद करते हैं, जब भेदभाव से मुक्त समाज बन रहा था। आज-सा जाति-विद्वेष न था, आज-सा सबकुछ जाति के आधार पर तय नहीं होता था। आधुनिकीकरण ने जाति-विद्वेष खत्म करने की जगह बढ़ाया। किसी जमाने में गिरजा पंडित जैसे अवधिया किसान गाँव में किसी के बिच्छू काटने पर दो बजे रात को धुआँही लालटेन लेकर ओझा-गुनी बुलाने चले जाते थे। नागार्जुन यह प्रसंग उठाकर अपने दिल का दुख व्यक्त करते हैं, ''चमार को कोई रविदास कहके/नहीं बुलाता था/फिर भी वह युग था/आपसी एका का/इन दिनों की सद्भाव-यात्रा/बिलकुल नकली/फीकी लगती है।'' (वो तो परमेसुर के अवतार रहे, 1994)। यह उनके जीवन के आखिरी वर्षों की कविता है, जब राजनीतिक मुद्दे बाजार के चालू सिक्कों में बदल चुके थे।

बीसवीं सदी का भारत इसलिए भी याद किया जाएगा कि इसी सदी में इसने अपने महान आदर्श अर्जित किए, इसी सदी के उत्तरार्ध से इसने धीरे-धीरे अपने उन आदर्शों को खोना भी शुरू कर दिया। भारत के लोकतंत्र पर पूंजीवादी ग्रहण लगा ही था, जातिवाद, धार्मिक कट्टरवाद, क्षेत्रीयता और प्रभुत्ववाद के नए-नए गोत्र भी चढ़ बैठे। भारतीय राष्ट्रीयता विकसित होने की जगह उसी तरह टुकड़ों में खंडित की जाने लगी, जिस तरह समाज में बुद्धिवाद और मानवतावाद का विकास अवरुद्ध हो गया। नागार्जुन गांधी की हत्या के समय ही भारतीय राष्ट्र की अवधारणा के सबसे विस्फोटक तत्व संप्रदायवाद के मंसूबे भांप चुके थे। उन्होंने उसी वक्त शपथ ली थी, ''संप्रदायवादी दैत्यों के विकट खोह/जब तक खंडहर नहीं बनेंगे/ तब तक मैं इनके खिलाफ लिखता जाऊँगा/लौह लेखनी कभी विराम नहीं लेगी।'' ऐसा हुआ भी। न उनकी कविता कहीं झुकी और थमी, न वह खुद कभी झुके और थके। वह कभी संध्या भाषा में नहीं लिखते थे, जो कहते थे साफ और दो-टूक।

नागार्जुन का अपनी बात कहने का एक ठेठ और निश्छल अंदाज है। उनकी कविता में राजनीतिक प्रतिक्रियाएँ किसी आग के झरने की तरह हैं। उन्होंने इतिहास की विशाल धरती पर मानो एक कैंप फायर लगा दिया हो। उनकी छोटी-छोटी घटनाओं पर तीखी दृष्टि थी। उनमें वह कोई बड़ा संकेत खोज लेते थे। बहुत साधारण था जो, वही उनका टारगेट था। वह कई दूसरे आधुनिक कवियों जैसे क्षणवादी न थे। फिर भी, हो सकता है बौद्ध धर्म से होकर गुजरने या भौतिकवादी रुझान की वजह से वह वर्तमान क्षण को ज्यादा महत्व देने लगे हों।

कवि हूँ, सच है
किन्तु क्षणिक तथ्यों को
यूँ अवहेलित करके
शाश्वत का सीमांत
कभी क्या छू पाऊँगा ?

नागार्जुन ने न कुछ भी शाश्वत माना, न कुछ भी शाश्वत कहा। जीवन में कभी बौद्ध हो गए तो किसी समय बेहिचक चोला उतार भी दिया। अपनी गलतियों को स्वीकार करने से वह कभी नहीं हिचके। कभी जनता का साथ नहीं छोड़ा। वह जब-जब शोषक वर्ग और अत्याचारियों का मखौल उड़ाते थे, जनता के कलेजे में बल आ जाता था।

नागार्जुन ने एक कविता में लिखा है, 'इर्द-गिर्द की घटनाएँ/मेरे लिए बीज जुटाती हैं।' दरअसल दूसरे किसी कवि ने इतिहास की घटनाओं का इतना पीछा नहीं किया होगा, जितना नागार्जुन ने। इस संदर्भ में रेखांकित करने योग्य बात यह है कि उन्होंने इतिहास के सिर्फ केंद्र की ही नहीं, परिधि की घटनाओं को भी जमकर विषय बनाया। उन्होंने नेहरू, विनोबा, जयप्रकाश, इंदिरा गांधी आदि इतिहास के महानायकों पर ही नहीं लिखा आम जनता के बीच से कुली-मजूरों, शिक्षकों, स्त्रियों, दलितों, मुसलमानों, बच्चों, आदिवासियों, कृषकों, कश्मीरियों, उत्तर-पूर्वी भारतीयों पर भी लिखा, जो इतिहास द्वारा कुचले गए हैं। उनकी कविता में वे भी हैं, जो इतिहास से बाहर रह गए हैं। उनकी सत्ता-केंद्रों की घटनाओं पर आधारित कविताओं में तात्कालिकता हो सकती है, लेकिन परिधि की घटनाओं पर आधारित कविताओं में तात्कालिकता न होकर, वृहत्तर कालचेतना है। नागार्जुन की कविता में सिर्फ राजनीति के महानायक नहीं हैं, आम आदमी भी वहाँ अपने पूरे व्यक्तित्व के साथ उपस्थित है। बल्कि सत्ता के महावृत्तांतों के

उनके विखंडन का मुख्य उद्देश्य ही है परिधि की कथाओं में अर्थ की खोज।

पूंजीवाद और संप्रदायवाद के बीच तनाव होना चाहिए, क्योंकि संप्रदायवाद पूंजीवादी बाजार पर बुरा असर डालता है। नागार्जुन दिखाते हैं, भारत में स्थिति भिन्न है। उनकी महाराष्ट्र की सांप्रदायिक स्थिति पर नाटकीय तेवर की कविता है, "बर्बरता के ढाल ठाकरे/प्रजातंत्र के काल ठाकरे/धन-पिशाच के इंगित पाकर/ऊँचा करता भाल ठाकरे/चला पूछने मुसोलिनी से अपने दिल का हाल ठाकरे।" (1970)। नागार्जुन प्राचीन क्लासिकल साहित्य से गहरा नाता रखते हुए भी संप्रदायवाद के जबर्दस्त विरोधी थे। एकबार वह सांप्रदायिकता से त्रस्त मेरठ नगर में घूम रहे थे। उन्हें रिक्शा पकड़ना था, " 'चलो बाबा जी/किधर ले चलूँ/छीपी तालाब? बेगम पुल?'/कि इतने में एक और युवक/इन कानों में/फुसफुसा के कह गया–'खबरदार यह मुसलमान है.../इसके रिक्शे पर/कभी ना बैठना आप'!" (तेरी खोपड़ी के अंदर,1983)। उन्होंने एक छोटी स्थानीय घटना के भीतर राष्ट्रीय जीवन में फैल रहे जहर को पहचाना। यह भी देखा, संप्रदायवाद अपनी एक राजनीति ही नहीं एक बाजार भी बना रहा है। रिक्शवाले ने रुद्राक्ष की माला पहन रखी है, भाल पर तिलक लगा रखा है। कलीमुद्दीन परेम परकास बन गया है। ये सारी चीजें दंगाग्रस्त इलाके के मुसलमानों के भय की एक दर्दनाक छवि बनाती हैं।

यायावर नागार्जुन कभी एक जगह स्थिर नहीं थे। इसलिए उनके इर्द-गिर्द की घटनाओं का दायरा देशव्यापी है। उनकी कविताएँ घटनाओं की कार्बन कॉपी नहीं हैं, बल्कि विविध तरह की घटनाओं के बीज को नागार्जुन अपनी काव्य-कुशलता के साथ पर्याप्त अंकुरित -विकसित करते हैं। एक नन्हीं बच्ची के चुंबन से लेकर अमेरिका द्वारा की जा रही साजिश तक विस्तृत है उनकी घटनाओं का संसार।

भारत में तर्क और जनतांत्रिक परंपराओं को कुचलने का एक लंबा इतिहास है, क्योंकि निरंकुशता और तानाशाही की जड़ें इस जमीन में बहुत गहरी हैं। वे जो निरंकुशता और तानाशाही से लड़ने के लिए कमर कसे रहते हैं और जनतंत्र का नाम लेते हैं, वे भी इस कठोर व्यवस्था के असर में सत्ता में आने पर निरंकुशता और तानाशाही प्रदर्शित करने लगते हैं। इससे लड़ाई मुश्किल हो जाती है, नव-उपनिवेशवाद निरंतर अबाध रास्ता पाता है। पूंजीवाद जितना फैल रहा था, सामंती निरंकुशता उतनी ही बढ़ रही थी। कुछ के सुख-वैभव के समानांतर आम जन लगातार तबाह हो रहा था। नागार्जुन पूंजीवाद हो या सामंती निरंकुशता किसी के असर में बज्रासन मारकर बैठनेवाले नहीं थे। उन्हें लग रहा था कि आधुनिक सभ्यता के शिखर की ओर

बढ़ते हुए भी आदिम बर्बरता पहले से ज्यादा मौजूद है। विकास का मुखौटा लगाकर राज्य नए सिरे से बर्बर होता जा रहा है।

हम फिर से
पुरानी गुफाओं के अंदर
पहुँच गए हैं...
हमने अपने दाँत-नाखून-पंजे
फिर से पैने कर दिए हैं
विगत युगों के
जानलेवा जीवन संग्राम
फिर से वापस
ले आए हैं हम

यह मनुष्यजाति ही है, जिसके लोग एक-दूसरे को मारते हैं, लूटते हैं या आपस में भेदभाव रखते हैं। कौवा कौवे के साथ ऐसा नहीं करता, हिरण हिरण के साथ ऐसा नहीं करता, हाथी हाथी के साथ ऐसा नहीं करता। पशु-पक्षी अपनी-अपनी जाति में ऐसा नहीं करते, क्योंकि वे सभ्य नहीं हैं।

आपातकाल जनतांत्रिक परंपराओं को कुचलने और आतंक का एक खास दौर था। नागार्जुन के लिए यह विवादास्पद मामला नहीं था, हालांकि वे कुछ खास राजनीतिक शक्तियों के प्रति संदेहशील थे। निःसंदेह देश में पूंजीवाद फासिज्म की तरफ बढ़ रहा था। चुनाव प्रहसन बना दिया गया था। चुनाव में धनबल और बाहुबल ही सबकुछ होता जा रहा था। अब स्वेच्छाचारिता खुलकर सामने आ गई थी। नागार्जुन प्रजातंत्र पर हमले के विरोध में 'अब तो बंद करो हे देवी, यह चुनाव का प्रहसन', 'इंदु जी क्या हुआ आपको', 'सत्य' जैसी कविताएँ लिखते हैं। वह यहाँ तक कहते हैं, 'भटक गया है देश दलों के बीहड़ वन में/कदम-कदम पर संशय ही उगता है मन में।' वह पूछते हैं, 'राष्ट्र कहाँ है शेष? उन्हें गुजरात और बिहार आंदोलन में तरुणों की व्यापक हिस्सेदारी आकर्षित करती है, पर वह चेतावनी देने में पीछे नहीं रहते कि अग्निगर्भी संकल्प, उत्सर्ग, करुणा, अनुशासन, असीम साहस, अध्यवसाय जैसी चीजों के बिना क्रांति नहीं हुआ करती। क्रांति आसान नहीं है। वे बिहार-आंदोलन के प्रति दुविधा में होते हैं। इसमें हिस्सा लेते हैं, जेल जाते हैं और अंतर्विरोधों को देखकर इसे खिचड़ी विप्लव भी कहते हैं। इसका यह अर्थ नहीं है कि वह आपातकाल का जरा भी समर्थन करते हैं और फासिज्म के विरोध में नरमी लाते हैं।

सबसे महत्वपूर्ण बात है, नागार्जुन ने जेल में कुछ अच्छी कविताएँ लिखीं, 'चंदू मैने सपना देखा', 'मोर न होगा उल्लू होंगे', 'फिसल रही चांदनी', 'नेवला'। इन कविताओं में जेल में रहते हुए आजादी के सुंदर बिंब दिए गए हैं– वह चंदू हो, चांदनी हो या नेवला हो। नागार्जुन पर जब एक राजनीतिक पक्ष से दूसरे राजनीतिक पक्ष में आने का आरोप लगा, उन्होंने इस पर कहा, "तुमसे क्या झगड़ा है/हमने तो रगड़ा है-/इनको भी, उनको भी, उनको भी !" वह हमेशा सिर्फ जनता के पक्ष में थे। वह अपने पीछे बहुत सारी गीली लकड़ियाँ छोड़ते आ रहे थे, जो सुलग नहीं सकती थीं। उधर बेहिचक बढ़ जाते थे, जिधर थोड़ी भी क्रांतिकारी चिन्गारी दिखाई देती थी।

5

नागार्जुन की बुनियादी प्रतिबद्धता मार्क्सवाद से थी। इस विचारधारा ने ही उन्हें सिखाया था, कोई फैसला लेना हो तो सबसे पहले आम इन्सान की ओर देखो – वह क्या सोचता है। वह प्रतिबद्ध थे, 'बहुजन समाज की अनुपल प्रगति के निमित्त' और 'अपने आप को भी व्यामोह से बार-बार उबारने की खातिर'। कई प्रतिबद्ध लोग इस दूसरे काम से बचते हैं। इसलिए जड़ता, संकीर्णता या कट्टरता आ घेरती है। दुनिया आगे बढ़ जाती है, ये अपनी गलतियाँ गिनते हुए बार-बार पीछे रह जाते हैं। नागार्जुन की प्रतिबद्धता में खुलापन है, सांस लेने की जगह है। वह कभी दुविधा के शिकार हुए भी हों तो उनकी दुविधा का स्रोत वामपंथी राजनीति की दुविधाओं में है। उनके लिए वैचारिक प्रतिबद्धता ही सबकुछ नहीं है, बल्कि विराट चराचर सृष्टि से संबद्धता और स्वजनों-परिजनों, तरुण जनों और दंतुरित शिशुओं से स्नेहाबद्धता का भी बहुत मतलब है। सिर्फ प्रतिबद्धता कूपमंडूक और दंभी बना देगी। इसलिए नागार्जुन कहते हैं, "प्रतिबद्ध हूँ/संबद्ध हूँ/आबद्ध हूँ।" वह नकली क्रांतिकारियों पर आक्रमण करने से नहीं चूकते।

> प्रतिभा-पुत्र, अल्ट्रा लेफ्ट
> एँग्री यंगमैन
> फ्रेंच कट दाढ़ीवाला
> फिल्मी लहजे में अपने कंधों को
> झटकाएगा

शहरों में ऐसे बुद्धिजीवी भर गए। उनकी वेशभूषा ही नहीं, उनका लहजा, बात-व्यवहार, उठना-बैठना सब भिन्न है। क्रांति उस तरह भी नहीं हुआ करती। क्रांति इस तरह भी नहीं हुआ करती। क्रांति के लिए विचारधारा और साहस ही नहीं, नागार्जुन जैसी थोड़ी-सी साधारणता, बड़ा मन और साथियों के बीच निश्छल पारिवारिक भावना चाहिए।

साम्राज्यवाद के खिलाफ संघर्ष चल रहा था। आम जन की कतार मजबूत हो रही थी। बाधाएँ थीं, फिर भी एक मनोबल था। भीतर ही भीतर क्षयकारी घुन भी पीछा कर रहे थे, "मैंने बार-बार उसके पैरों की आहट सुनी है/जी, मैं पहचानता हूँ, वो सोशलिज्म है/वो कम्युनिज्म की तरफ तेजी से बढ़ रहा था/ हाय, बीच में ही उसका दम क्यों फूलने लगा?/ 'परेस्तोइका' का क्या हुआ !/ 'ग्लास्नोस्त'- शंखनाद का क्या हुआ ?" यह नागार्जुन ने 1991 में बड़ी पीड़ा से पूछा था। उन्होंने लगभग 55 साल तक अपनी कविता में कम्युनिज्म के पैरों की आहट लगातार सुनने के बाद यह सवाल पूछा था। यह आहट कभी शांतिपूर्ण जनतांत्रिक आंदोलनों और कभी सशस्त्र प्रतिहिंसा की शक्ल में थी। यह अचानक थम गई। एक झटका लगा। इसलिए 1995 में फिर पूछा, "सोवियत भूमि वह कहाँ गई ?/वह जो अमेरिका के समानांतर एक महाशक्ति थी/ आज वो कहाँ गई?" उनका एक महान लोकस्वप्न जैसे किसी ने छीन लिया हो। इस घटना के बाद, वैश्वीकरण के युग में, उन्होंने न 'वह कौन था', 'लाल भवानी' और 'भोजपुर' जैसी कोई कविता लिखी और न 'आदमी का नया संकल्प' और 'दोन-वोलगा, जमुना-गंगा आज' जैसी कविता ही। मुख्य बात यह है कि अब वह सिर्फ नई पीढ़ी की आँखों में कुछ खोज रहे थे। कुछ स्पष्ट था, कुछ स्पष्ट न था। दरअसल राजनीति तेजी से बदलती जा रही थी।

नागार्जुन एक 'गहरी राजनीतिक चेतना के कवि रहे हैं। उनके लिए राजनीति का अर्थ है संपूर्ण व्यवस्था में परिवर्तन लाने के लिए संघर्ष, सत्ता का जूस पीना नहीं। नोट से वोट हासिल करना नहीं। वह जनपक्ष से सत्ता को हमेशा ही मखौल का विषय बनाते हैं और निःशंक हर जन-प्रतिरोध के साथ खड़े हो जाते हैं। वह खुद को और अपनी कविता को मुख्य रूप से जनता के प्रति जवाबदेह पाते हैं। इसलिए दल-निर्देश से अधिक महत्वपूर्ण है आम जन की राजनीतिक आकांक्षा। उन्होंने शुरू से अभिव्यक्ति की आजादी ली है, इसलिए उनकी राजनीतिक कविताओं में जान है और विविधता है। एक मुश्किल तब आती है, जब उनकी सौंदर्यपरक और राजनीतिक कविताओं के बीच दीवार खड़ी की जाती है। उदाहरण के तौर पर 'कालिदास', 'सिंदूर तिलकित भाल', 'कल्पना

के पुत्र हे भगवान' जैसी कविताओं में कोई राजनीति नहीं है और 'वह कौन था', 'अकाल और उसके बाद', 'तीन दिन तीन रात', 'हरिजन-गाथा' या 'भोजपुर' जैसी कविताओं में कोई सौंदर्यबोध नहीं है। दूसरी मुश्किल तब पैदा होती है, जब नक्सलवाद से जुड़ी कविताओं में उनकी राजनीतिक चेतना सीमित कर दी जाती है, नागार्जुन की तोड़फोड़ होती है। उन्हें अपने कद के आसपास लाकर खड़ा कर दिया जाता है। निश्चय ही नागार्जुन की राजनीतिक कविताओं और उनकी विचारधारात्मक स्थितियों को एक व्यापक परिप्रेक्ष्य में देखने की जरूरत है।

नागार्जुन का सृजन काल लगभग साठ सालों का है। इतनी लंबी अवधि में कोई समय ऐसा नहीं आया, जब वे कविता के पिच पर अपने पूरे फॉर्म में न थे। हिंदी में ऐसे कवि बहुत कम हुए। उनके दीर्घ रचना-काल को देखते हुए कहा जा सकता है कि वे किसी एक युग के नहीं, आधुनिकता के कई युगों के अनथके-अपराजेय कवि हैं। उनकी कविता में कई स्थान-कई युग बोलते हैं। साहित्य के नए आधुनिक दौर में जब अकेलापन, अनास्था और निस्सहायता के रूप छाए हुए थे, उन्होंने जनजीवन की आशाओं, समस्याओं और संघर्षों को यथार्थपरक ढंग से उठाया। उनकी कविता की राजनीतिक धार के मूल में विभिन्न जन-आंदोलन हैं। हमें भूलना नहीं चाहिए कि उनके काव्य में जो हँसमुखपन है, व्यंग्य-हास्य है उसके पीछे एक गहरा राष्ट्रीय दुख और ट्रैजडी है। कहा जा सकता है, यदि बीसवीं सदी के प्रथम चार दशकों के भारत को जानना हो तो प्रेमचंद को पढ़ना होगा और उत्तरार्ध के भारत को जानना हो तो नागार्जुन को।

बीसवीं सदी के 1941-50 का दशक जन युग के आगमन का एक महत्वपूर्ण विश्वव्यापी समय था। हिटलर की पराजय, भारतीय उपमहाद्वीप की आजादी और चीनी क्रांति की महान घटनाओं ने विश्व की मेहनतकश जनता को आशा-उल्लास से भर दिया था। नागार्जुन का जवान मन इन्हीं घटनाओं के बीच निर्मित हुआ। उस जमाने की तरुणाई आत्मविसर्जन नहीं जानती थी, वह भोगवादी नही थी। कहना होगा, नागार्जुन ने अपने कृषक कुल के जीवंत संस्कारों को कभी नहीं छोड़ा। इसलिए उनकी तरुणाई के काव्यात्मक खेलों में सदा एक सोंधापन है, जैसा जड़ों में होता है। शहरी बारीकी के साथ गँवई ठसक। तर्क के साथ आवेग। अश्वघोष के साथ कालिदास। गुस्से के साथ विनोद। इसी तरह नागार्जुन की कविता में शब्द के साथ संगीत और कथा जुड़े हैं, जो कविता की आदि शक्तियाँ हैं। उनकी कविता में जहाँ छंद-लय नहीं है, वहाँ नाटकीयता है। उन्होंने अभिजात की जगह लोकप्रिय सांस्कृतिक रूपों को अपनाया। वह चमत्कार-

प्रदर्शन या निछक शब्द-क्रीड़ा में नहीं गए, हालांकि उनकी कविता में नई-नई सूझें हैं। चिकने-चुपड़े ढंग से या पॉलिश मारकर नागार्जुन ने कुछ नहीं कहा। इसमें संदेह नहीं कि नागार्जुन की सदाबहार बौद्धिक तरुणाई उनके समय के कई विरुद्धों के सामंजस्य से बनी है। वह एकरेखीय या इकहरे कवि नहीं हैं।

नागार्जुन के काव्य में शुरू से ही प्रतिरोध के विविध रूप हैं, कठोर एकरूपबद्धता नहीं है। तेलंगाना में प्रगटी लाल भवानी का रूप है। दमन के माहौल में पृथ्वीपुत्रों द्वारा कहीं चुपचाप पोस्टर चिपका आना–लीफलेट बांट आना, यह रूप है। जनसभा, जुलूस, हड़ताल, शांतिपूर्ण जेल भरो आंदोलन– जनविक्षोभ के ये रूप भी हैं। 60 के दशक में ट्राम का किराया एक पैसा बढ़ने पर कलकत्ता में जनता के हड़ताल और प्रदर्शन ने ट्राम कंपनी और सरकार को हिला दिया था, यह नागार्जुन ने 'एक पैसे की लड़ाई' में दिखाया। 'अन्न ब्रह्म की माया' में है, 'कूच करेंगे भुक्खड़, थर्राएगी दुनिया सारी।' जो लोग हाथ में बंदूक थामकर नहीं लड़ते और शांतिपूर्ण जन आंदोलन में भाग लेते हैं, उनकी लड़ाई कम महत्वपूर्ण नहीं है। इस प्रश्न ने नागार्जुन को सदा परेशान किया, "पैटन टैंक उन्होंने तोड़े/महंगाई का टैंक कौन तोड़ेगा?" आज लगातार महंगाई बढ़ रही है, धार्मिक रिचुअल की तरह यांत्रिक ढंग से कुछ राजनीतिक प्रतिवाद दर्ज हो जाते हैं, ताकि सनद रहे। 'बस सर्विस बंद थी/तीन दिन तीन रात', हड़ताल के ऐसे दृश्य में एक समय जनता का हृदय बोलता था। नागार्जुन की केंद्रीय चिंता है 'कब अंत होगा–विश्व भर में फैले खंड-खंड नाटकों का ?' विश्व चिंता के साथ नए हिंदुस्तान की चिंता है, इसके खेतों, कारखानों को आजाद करने की समस्या। गरीबी, दुनीर्ति और अंतर्कलह को लेकर चिंता। एक तरफ जनता का असंतोष बढ़ता जा रहा था और देश तानाशाही की ओर बढ़ रहा था, दूसरी तरफ राजनीतिक विडंबनाएँ बढ़ती जा रही थीं। 'मंत्र' कविता(1969) इन्हीं विडंबनाओं की अभिव्यक्ति थी।

ओं वक्तव्य, ओं उद्‌गार, ओं घोषणाएँ
ओं भाषण ओं प्रवचन...
ओं नारे और नारे और नारे और नारे ···
ओं क्रांतिः क्रांतिः क्रांतिः सर्वग्यं क्रांतिः
ओं शांतिः शांतिः शांतिः सर्वग्यं शांतिः
ओं भ्रांतिः भ्रांतिः भ्रांतिः सर्वग्यं भ्रांतिः
ओं बचाओ बचाओ बचाओ बचाओ
ओं हटाओ हटाओ हटाओ हटाओ...

ओं मार मार मार मार मार मार मार
ओं अपोजिशन के मुंड बनें तेरे गले का हार
ओं ऐं ह्रीं क्लीं हूँ आङ्.
ओं हम चबाएँगे तिलक और गांधी की टांग···
ओं डालर ओं रूबल ओं पाउंड
ओं साउंड ओं साउंड ओं साउंड

नए औपनिवेशिक माहौल में तानाशाही की तरफ बढ़ते राष्ट्र की चिंताजनक राजनीतिक दशाओं पर यह तीखा व्यंग्य है, जो धार्मिक और तांत्रिक शब्दावलियों में व्यक्त हुआ है। धर्म और तांत्रिक साधना मखौल की वस्तु बनती है और नव-औपनिवेशिक राजनीति का भी मखौल उड़ाया जाता है। 'मंत्र' कविता में तिलक और गांधी से लेकर देश में बढ़ता राजनीतिक दमन, 'कांग्रेस हटाओ देश बचाओ' और 'डालर-रूबल-पाउंड' का बढ़ता दबाव सबकुछ है। इसमें कुछ नहीं होते हुए भी एक युग का सबकुछ है। पाठक या श्रोता पहले हँसता है, फिर सोचने लगता है। वह बेचैन होने लगता है। एक अच्छी रचना का लक्षण है, वह विकल करती है।

किसी व्यंग्य रचना में स्वस्थ ढंग से हँसाने की ताकत हो, यह साधारण बात नहीं है। नागार्जुन की कई कविताएँ हास्य पैदा करती हैं। व्यंग्य के दो काम हैं – हँसाना और प्रहार करना। हँसना मनुष्य की आत्मा में एक ऐसी खिड़की खोलना है, जिससे एक ताजगी और आशा प्रवेश करती है। नागार्जुन साधारण व्यंग्यकार नहीं हैं। उनकी रचनाएँ कुछ क्षणों के लिए पाठक को रूढ़ियों और कुंठाओं से आज़ाद कर देती हैं। उसे आनंद के ऐसे संसार में ले जाती हैं, जहाँ एक-एक कर हर दानव का चेहरा ध्वस्त हो रहा होता है और लगता है कि बरसों के स्वप्न अब यथार्थ होंगे। निश्चय ही क्रांतिकारी तेवर की कविताएँ ही नहीं, व्यंग्यपरक कविताएँ भी मनुष्य की अपराजेयता में विश्वास पैदा करती हैं। हास्य और व्यंग्य के निरंतर प्रदूषित हो रहे माहौल में कबीर और भारतेन्दु के बाद नागार्जुन दिखाई देते हैं, जिनके व्यंग्य में तर्क, ताजगी और एक गहरा आत्मविश्वास है।

एक अच्छी कविता पाठक को असहज बनाती है। नागार्जुन की कविता सहज हो, पर वह पाठक को असहज कर देती है। पाठक को चैन नहीं मिलता, वह बेचैन हो जाता है। नागार्जुन के राजनीतिक व्यंग्य लट्ठमार हैं। उनके काव्य विकास से स्पष्ट हो जाता है कि आजादी के बाद उनके व्यंग्यात्मक प्रहार में

लगातार तीखापन आता गया, क्योंकि जनता का दुख, असंतोष और आक्रोश लगातार बढ़ता जा रहा था। उसकी राजनीतिक सचेतन भी बढ़ती जा रही थी, भले पिछले दो दशकों से स्थिति बदलने लगी है। इधर आम लोगों की राजनीतिक उदासीनता बढ़ती जा रही है। धार्मिक आयोजन, तंत्र-मंत्र, प्रवचन, फैशन, रीअलिटी शो, क्रिकेट और बाजार की चीजों का आकर्षण बढ़ता जा रहा है, पर राजनीति से मन उचटता जा रहा है।

एक समय मुख्य धारा के कम्युनिस्ट संग्राम में आजाद छापामार टुकड़ी की एक बड़ी भूमिका थी। नागार्जुन इसे आशा से देखने लगे थे। दोनों कम्युनिस्ट पार्टियों में सशस्त्र संघर्ष और संसदीय रास्ते में धीरे-धीरे संसदीय रास्ता ही केंद्रीय रास्ता हो गया था। 1967 में पश्चिम बंगाल के नक्सलबाड़ी गांव में जमींदार वर्ग के विरुद्ध एक जबर्दस्त हिंसात्मक संघर्ष हुआ और कम्युनिस्ट आंदोलन में फिर एक छोटी-सी टूट हुई। इसी समय नक्सलवाद राजनीतिक आसमान में विद्युत गर्जन की तरह आया। इसमें किसानों के अलावा शिक्षित जांबाज तरुण आगे थे। स्वाभाविक था, सबसे पहले नागार्जुन ही इसकी तरफ आकर्षित हुए और 'आएँ नक्सलपंथी आएँ, बड़े बड़ों के भूत भगाएँ'(लाएँ मीठे वचन कहाँ से, 1970) कहकर उन्होंने उसका अभिनंदन किया।

दरअसल समाज में शांतिपूर्ण तरीके से चले जन-आंदोलन विषमता के निचले तलों को छू नहीं पा रहे थे। नक्सलवादी हिंसा असंबोधित विषमता की संतान है। समाज में जहाँ-जहाँ विषमता के भयंकर रूप होंगे, हिंसा होगी। एक रूप में नहीं तो दूसरे रूप में होगी। भले वह हेलीकैप्टरों और अत्याधुनिक हथियारों से लैश असाधारण शक्ति संपन्न पूंजीवादी सत्ता का बाल बांका न कर सके और भले वह कई बार सिर्फ गरीब लोगों को ही खूनी निशाना बनाकर चुक जाए। फिर भी यह तथ्य है कि सिर्फ नक्सलवादियों का ही नहीं, उनके नाम पर आम अबोध जनता और बुद्धिजीवियों का भी बार-बार भयानक दमन किया गया और उनकी हर स्तर पर कमर तोड़ दी गई। फिर भी नक्सलवादियों के सपने, कुर्बानियाँ और संकेत असाधारण हैं। बिहार में भी नक्सलवादी संघर्ष फैला था। नागार्जुन 'नदियाँ बदला ले ही लेंगी' और 'भोजपुर' में नक्सलवादी संग्राम का समर्थन करते हैं। इस संग्राम को भगत सिंह, चंद्रशेखर आजाद की परंपरा में देखते हैं। वह कहने से नहीं हिचकते, "मैं प्यार भी बांटता हूँ/मैं नफरत की भट्ठी भी झोंकता हूँ।"(मध्य रात्रि में, 1981)। क्या इन चीजों से नागार्जुन नक्सलवादी हो गए ? निश्चय ही महज ऐसे ही एक कवि के रूप में उनका मूल्यांकन सही नहीं है।

नव दुर्वासा, शबर पुत्र मैं, शबर पितामह
सभी रसों को गला-गलाकर
अभिनव द्रव्य तैयार करूंगा
महासिद्ध मैं, मैं नागार्जुन
अष्टधातुओं के चूरे की छाई में मैं फूंक भरूंगा।
देखोगे सौ बार मरूंगा
देखोगे सौ बार जियूंगा
हिंसा मुझसे थर्राएगी
मैं तो उसके खून पिऊंगा
प्रतिहिंसा ही स्थायी भाव है मेरे कवि का
जन-जन में जो ऊर्जा भर दे, मैं उद्‌गाता हूँ उस रवि का

जब संसदीय जनतंत्र के वीभत्स रूप दिखाई पड़ने लगे और 'संपूर्ण क्रांति' सिर्फ आपातकाल मिटाकर चुक गई, नागार्जुन को नक्सलवाद आकर्षित करने लगा। बिहार के नक्सलवादी क्षेत्रों में एक नई हलचल थी। फिर भी 1979 की उपर्युक्त कविता में 'प्रतिहिंसा' का अर्थ नक्सलवादी रास्ता नहीं है। सत्ता हमेशा हिंसक होती है, पर नव-औपनिवेशिक-सामंती सांठगांठ पर आधारित सत्ता की हिंसा अति भयंकर होती है। वह भारत में आमतौर पर परिष्कृत है, पर कभी नग्न हो जाती है। यह कई बार नग्न रूप में सामने आई। इसी हिंसा का खून पीने की बात है। प्रतिहिंसा या जवाबी हमले के कई रूप हो सकते हैं। नागार्जुन की कविता का स्थायी भाव वह 'प्रतिहिंसा' है, जो जन-जन में ऊर्जा भर सके और जिसमें आम लोगों को बड़े पैमाने पर शामिल किया जा सके। इसका यह अर्थ नहीं है कि स्थानीय सशस्त्र संघर्ष ही वह प्रतिहिंसा है। इसमें वैसे भी भारत के आम जन, जो शांतिप्रिय हैं, शामिल नहीं हो पाते। आम राष्ट्रीय एकता के बिना न हिंसक क्रांति का कोई अर्थ है और न किसी भी 'प्रतिहिंसा' का।

यह भूलने की चीज नहीं है कि 1970 में नक्सलवादी आंदोलन का अभिनंदन करने के बावजूद नागार्जुन ने 1974-75 के बिहार जन-आदोलन में हिस्सा लिया था। यह शांतिपूर्ण आंदोलन था। इसके अलावा , 'नदियाँ बदला ले ही लेंगी' (1980) में उन्हें नक्सलवादियों के संघर्ष में कम्युनिस्ट आंदोलन की निरंतरता इसलिए दिखाई पड़ी कि वह अपनी ही राजनीतिक बिरादरी में प्रवेश करती जा रही पूंजीवादी आदतों से खीझ उठे थे, 'खीझ उठा हूँ खुद ही खुद पर, क्यों न तुम्हारा यश मैं गाता!' इसीलिए वह देख रहे थे, 'खेतों में बंदूकें उगतीं,

टके सेर तो बम बिकता है'। पर नक्सलवादी संघर्ष पर उन्हें संदेह था। वह उपर्युक्त कविता में जनता से तुरंत पूछते हैं, 'क्रांति दूर है, सच सच बतला/बुद्धू, तुझको क्या दिखता है?' नागार्जुन के भीतर एक 'कामन मैन' अपनी आंखें हमेशा खोले रखता है। बुद्धू एक 'कामन मैन' है। उससे यही पूछते हैं, क्या देश में नक्सलवादी रास्ते से कभी क्रांति होगी? नागार्जुन को नक्सलवादियों की ईमानदारी और बलिदानी-भावना ने आकर्षित किया, उनके पथ ने अंततः नहीं।

भारत में जनता का जनतांत्रिक संघर्ष एकरूपबद्ध नहीं रहा है। इसलिए नागार्जुन जगह-जगह जाकर अपने आप से और जनता से पूछते रहते थे, क्या ये लोग परिवर्तन लाएँगे, क्या इस रास्ते से परिवर्तन होगा। वह वर्तमान से कभी-कभी निराश हो जाते थे, "मैं तुम्हारा ही पता लगाने के लिए/घूमता फिर रहा हूँ/सारा-सारा दिन : सारी सारी रात/आगामी युगों के मुक्ति सैनिक कहाँ हो तुम?... आओ, सामने आओ बेटे/मैं तुम्हारा चुंबन लूंगा।" यह सिर्फ नागार्जुन की नहीं, संपूर्ण भारतीय आत्मा की बेचैनी है। नागार्जुन का चुंबन किसी परिपूर्ण भारतीय जनसंग्राम से वैचारिक एकात्मता की आकांक्षा है। कहाँ है ऐसा भारतीय जनसंग्राम, जो नए उपनिवेशवाद, पूंजीवाद और सामंतवाद की जड़ें खोद कर एक नया भारत ला दे, एक नया विश्व ला दे ? क्या चाहा, क्या आया – वैश्वीकरण आया। नागार्जुन सबसे कहते हैं –

आओ, खेत-मजदूर और भूमिदास नौजवान
आओ, खदान-श्रमिक और फैक्टरी वर्कर नौजवान
आओ कैंप के छात्र और फैक्टरी वर्कर नौजवान
हाँ, हाँ, तुम्हारे ही अंदर तैयार हो रहे हैं
आगामी युगों के लिबरेटर
आओ भई, सामने आओ !
मै तुम्हारा चुंबन लूंगा !
मैं तुममें से एक-एक का सिर सूँघूँगा
आओ भाई, सामने आओ !

मुक्तिबोध का रक्तालोक स्नात पुरुष या कहें 'क्रांति मानव' दिखता है, फिर छिप जाता है, बार-बार छिप जाता है – सामने नहीं आता। नागार्जुन भी बार-बार आह्वान करते हैं, सामने आओ ! मुक्तिबोध का 'क्रांति मानव' अस्पष्ट है, नागार्जुन का 'क्रांति मानव' अपेक्षाकृत मूर्त है। वह नौजवान है। इस कैटगरी में किसान, श्रमिक, स्त्री, दलित, आदिवासी, पिछड़े और मध्यवर्ग सभी आ जाते

हैं – सभी धर्मों और जातीयताओं की एक ऊर्जावान विराट पीढ़ी आ जाती है।

भोजपुर में धुआं उठा। नागार्जुन ने एक जगह लिखा था, 'बुझने न पाए जन-मन की आग ?' आग थोड़ी देर के लिए फिर सामने आई। नागार्जुन कह उठे, "यहीं धुआं मैं ढूंढ़ रहा था/यही आग मैं खोज रहा था/यही गंध थी मुझे चाहिए/बारूदी छर्रे की खुशबू ! ... ठहरो-ठहरो इन नथनों में इसको भर लूँ।" नागार्जुन दृष्टि के तेज, घ्राण के तेज। जितने राजनीतिक उतने ही ऐंद्रिक और सौंदर्यबोधी। बारूदी छर्रे की खुशबू एक अपूर्व क्रांतिकारी सौंदर्यशास्त्र है। इसका अर्थ यह नहीं है कि नागार्जुन की राजनीतिक चेतना नक्सलवादी हो गई। जे.पी.आंदोलन के समर्थन में कुछ कविताएँ लिख दीं, इसका यह अर्थ नहीं है कि वह जयप्रकाशवादी बन गए। गांधी पर जब भी लिखा सराहना में लिखा, इसका यह अर्थ नहीं है कि वह गांधीवादी थे। उन्होंने नेहरू की भी गुटनिरपेक्ष आंदोलन और विश्वशांति में उनकी भूमिका के संदर्भ में प्रशंसा की। उन्हें कोई नेहरूवादी नहीं कहता। वह बौद्ध हो गए थे, कोई उन्हें बौद्ध कवि नहीं कहता। उन्होंने एकबार सिंडिकेट का विरोध करके अप्रत्यक्ष रूप से इंदिरा गांधी का समर्थन किया। इसका यह अर्थ नहीं है कि वह 'अब तो देवी बंद करो यह चुनाव का प्रहसन' नहीं लिख सकते थे। क्या इन चीजों को नागार्जुन का राजनीतिक अंतर्विरोध कहा जाए?

नागार्जुन ने एकबार झुंझलाकर कहा था, "जी हाँ ! मैं अंतर्विरोधों से ग्रस्त रहूँगा और हर भला आदमी अपने अंतर्विरोधों से ग्रस्त रहता है। साथ ही, मैं यह भी मानता हूँ कि अंतर्विरोधों पर हावी होकर आगे की राह निकालना भी अनिवार्य है।" (मेरे साक्षात्कार)। जहाँ अंतर्विरोध बिल्कुल नहीं होता, वह जगह है शव। एक शव में कोई अंतर्विरोध नहीं होता। नागार्जुन की कविता में जीवन है, इसलिए उसमें अंतर्विरोध स्वाभाविक है। मुख्य बात है कि वह नव-औपनिवेशिक पूंजीवादी व्यवस्था से हमेशा अपनी असहमति व्यक्त करते हैं और जन-आंदोलनों का साथ देते हैं। उन्होंने एकबार लिखा था, "राज्याश्रय सच्चे साहित्यकार के लिए ठंडी कब्र है।" उन्होंने कभी किसी सत्ता, राजनीतिक पार्टी या बड़े व्यक्तित्व की अधीनता स्वीकार नहीं की। वह किसी खास राजनीतिक दल से कभी एकात्म नहीं हुए। उनकी आस्था एक वृहत्तर कम्युनिस्ट आंदोलन में है। इसके लिए वह अपना वैचारिक मन हमेशा खुला रखते हैं और आगे की राह हमेशा खोजते रहते हैं। कोई मतांधता उनकी राह की दीवार नहीं बन सकी।

राजनीति और लेखक के संबंध को लेकर पिछले दशकों में काफी बहस हुई है। राजनीतिक संकीर्णता और साहित्यिक विशुद्धता – ये दो ध्रुव बने हैं। कवि के रूप में नागार्जुन राजनीति में जितने सक्रिय रहे हैं, राजनीतिज्ञों की साहित्यकारों

के प्रति उदासीनता देखकर वह उतने ही खिन्न भी रहे हैं। इस मामले में वह निराला की तरह दुखी थे। उन्हें लगता था कि राजनीतिज्ञ साहित्य से ही दूर नहीं हैं, वे विचारधारा और संस्कृति की भी परवाह नहीं करते।

राजनीति में सार्वभौम रूप से विचारधारा और संस्कृति की लगातार कमी आती गई, जो 20वीं सदी के उत्तरार्ध के सबसे दुर्भाग्यजनक दृश्यों में एक है। इसलिए अपने समय की राजनीति और राजनीतिज्ञों पर गुस्से में नागार्जुन बरस पड़े। उनके गुस्से और दर्द का घोल इन प्रश्नों में है, "साहित्य क्या राजनीति के आगे फटी जूती भी नहीं है? साहित्य क्या अशोक चक्र वाली विवर्ण पताका के समक्ष घूरे पर का चिथड़ा भी नहीं है?"(एक व्यक्ति एक युग)। यह हकीकत सामने है कि राजनीति की जरूरत से अधिक घुसपैठ ने नौकरशाही की तरह ही बुद्धिजीवी समुदाय को भी मेरुदंडविहीन कर दिया। मध्यवर्गीय जीवन में धीरे-धीरे वाशिंग मशीन, लैप टॉप, कार, फ्रिज, बाडी स्प्रे जैसे उपभोक्ता सामान बढ़ते गए और मूल्यबोध घटता गया। क्या सांस्कृतिक चीजों का 'चैंबर ऑफ पालिटिक्स' से निकल कर 'चैंबर ऑफ कामर्स' में जाना उनकी उत्तर-आधुनिक उन्मुक्ति है ? ऐसे बदलते परिवेश में नागार्जुन की चिंताएँ मूल्यवान लगती हैं।

नागार्जुन साहित्यकारों की विडंबना की ओर भी ध्यान आकर्षित करते हैं, "साहित्यकार दो विसंगतियों का शिकार होता है। अब तक जिन रूढ़ियों को भंजन करने के नाते उसने ख्याति प्राप्त की है, तथाकथित भले और संभ्रांत व्यक्तियों की बिरादरी में सम्मिलित होने की उतावली में जाने-अनजाने उन्हीं या वैसी रूढ़ियों की गिरफ्त में जकड़ जाता है। दूसरी विसंगति यह होती है कि अपना फ्यूज होना वह कबूल नहीं करता है और बूढ़े मोर की भांति अपने को पंखविहीन, मात्र सींकोंवाला, पूंछ उठाए स्खलित गतियों और यतिभंगों की साकार प्रतिमा बन डोलता रहता है।" (मेरे साक्षात्कार)। पहली विसंगति नव-औपनिवेशिक अंतर्मिश्रण है, उसी व्यवस्था द्वारा हड़प लिया जाना है, जिसका लेखक विरोध करता है। नागार्जुन को कोई पश्चिमी व्यवस्था अपना अंग नहीं बना पाई। वह पश्चिमी मुहावरों में नहीं फंसे, जिनकी ओर आकर्षित होकर उस जमाने की कला-संस्कृति तेजी से बढ़ रही थी। उनका युग शिल्पी हमेशा जिंदा था, जबकि कई कवि थोड़ी ही दूर चलने के बाद थक गए या अपने को दुहराने लगे।

नागार्जुन ने प्रगतिशीलता और वामपंथ को संकीर्णताओं से मुक्त होकर देखा। उनके लिए मार्क्सवाद आंख मूंदकर कुछ शब्दोच्चार करते जाना भर नहीं था, बल्कि उनके सामाजिक आचरण का अंग था। उनकी वैचारिक प्रतिबद्धता के बारे में एक खुली धारणा थी। यह एक रचनाकार की धारणा थी, "वैचारिक

प्रतिबद्धता को किसी पार्टी या राजनीति की परिधि में नहीं समझा जा सकता। वह धरती की ही तरह विराट और समुद्र की तरह गहरी होती है। रचनाकार किसी का गुलाम नहीं होता। उसकी आभा फूटती है किरणों की तरह। रचना में वैचारिक प्रतिबद्धता होनी चाहिए पूरी मानवजाति के कल्याण के लिए। हम हमेशा गरीब किसान के साथ हैं, मजदूर और हरिजन के साथ हैं यह जरूरी मानता हूँ, राजनीतिक पार्टियाँ लेखक को नियंत्रित न करें। हमारी वैचारिक प्रतिबद्धता मानवजाति के लिए है।" (मेरे साक्षात्कार)। अद्‌भुत लग सकता है कि जो बुद्धिजीवी प्रतिबद्धता का बड़ा भारी राजनीतिक गदा भांजते थे, वे 'एप्रोप्रिएटेड' हो गए – वे स्वतंत्रतावादियों की तरह ही हजम हो जाते देखे गए, और जिनकी प्रतिबद्धता किरणों की आभा लिए धरती की तरह हरी-भरी और समुद्र की तरह अनंत थी, उन्हें कोई व्यवस्था गटक न सकी।

6

वैश्वीकरण के दौर में नागार्जुन ने अपनी कविताओं में जो कहा, उसमें उनका किसान मन फिर ज्यादा मुखर हो उठता है। इस दौर की कविताएँ 'अपने खेत में'(1996) संकलन में हैं। इनमें 'राष्ट्र' की चिंता किसान की चिंता के रूप मे आई है। जब राष्ट्र को वैश्वीकरण की कुल्हाड़ी की मूठ बनाया जा रहा हो, किसान जागरण अर्थपूर्ण हो उठता है। नागार्जुन शरीर से अवश होते जा रहे थे, पर मन से सचेत थे। अब बादल घिर और गरजकर बरस नहीं रहे थे, सिर्फ आवारा -से चक्कर लगा रहे थे (1994)। नया समय एक बड़ा फर्क ला रहा था।

अब एक भिन्न हवा है जो 'बहका रही है/छलावे में टहला रही है।' नागार्जुन महापुरुषों से ऊबकर फिर बच्चों के पास आ जाते हैं। उन्हें नीम का पौधा दिख जाता है, 'अरे हाँ, इस झुरमुट में नीम भी छिपा है'। नीले आसमान में छोटी मछलियों की खोज में निकले बगुलों के बीच बच्चों और नौजवानों की पतंगें उड़ रही हैं। वह कहते हैं, 'भूल जाओ पुराने सपने', पर सपने रंग-बिरंगे पतंग बनकर बचे हुए हैं। भले पिज्जा हट बढ़ रहे हों, नागार्जुन को 'लिट्टी इंटरनैशनल' की चिंता है। हम पश्चिम के आगोश में समाते जाएँगे या हमारी अपनी चीजों का भी भूमंडलीकरण होगा ? अपने जीवन के अंतिम दिन नागार्जुन दरभंगा में थे, दिल्ली और कोलकाता में नहीं। वह ठेठ किसान बन चुके थे। उनकी आखिरी कविताओं में एक महत्वपूर्ण कविता है 'अपने खेत में'। इसमें ढलती सदी का दर्द बाजारवाद पर जवाबी हमला बनकर टूटता है।

जाहिर है
बाजारू बीजों की
निर्मम छंटाई करूँगा
खाद और उर्वरक और
सिंचाई के साधनों में भी
पहले से जियादा ही
चौकसी बरतनी है
मकबूल फिदा हुसैन की
चौंकाऊ या बाजारू टेकनीक
हमारी खेती को चौपट
कर देगी !...
अभी हम हल चला रहे हैं
आज ढाई बजे तक हमें
बुआई करनी है।

कविता में जिस खेती के चौपट होने की आशंका व्यक्त की गई है, वह सामान्य कृषि न होकर भारत की संपूर्ण बौद्धिक, सांस्कृतिक और भौतिक संपदा है। उपर्युक्त कविता में कृषक जीवन में बहुराष्ट्रीय कंपनियों के हस्तक्षेप और संस्कृति के बाजारीकरण के विरुद्ध आक्रोश है। विश्व बाजार के मुँह में सब कुछ समाता जा रहा है। सिर्फ कला-संस्कृति और राजनीति ही नहीं, खेत भी समाते जा रहे हैं। किसान तबाह है। चारों तरफ बगुला भगत भरे हैं। अब बादल कालिदास के नहीं हैं, ये अब अमेरिकी इशारे पर चलते हैं। फिर भी नए बच्चे हैं, पतंगें हैं और खेत हैं। ये राष्ट्रीय आशा के रूपक हैं। सारी बुआई नए सिरे से करनी होगी, बुआई देर तक करनी होगी।

नागार्जुन के लिए वैश्वीकरण एक आनंदोत्सव नहीं है, कहर है। यह उपनिवेशवाद और पूंजीवादी आधुनिकता का विस्तार है। यह एक आकर्षक जाल है, जो पुराने वर्चस्वों को शक्तिमान बनाते हुए सत्ता के नए रूप खड़े कर रहा है। प्रतिरोध और फिर से नई तैयारी की भावना झुरमुट में बस नीम के पेड़ की तरह बची है। नागार्जुन में आत्मविवेक के साथ जन जीवन की धड़कनें हैं। उन्हें अमरीकी चीजें श्रेष्ठ और अपनी चीजें हीन नहीं लगतीं। उन्हें अपनी सांस्कृतिक जड़ों, आत्म-पहचान और राष्ट्रीय स्वप्नों को बचाने की गहरी चिंता है। वह किसी सुपर बाजार में नहीं, अपने खेत में सोच रहे हैं। निश्चय ही तभी वह सोच पा रहे

हैं। सोचने का एक गैर-पश्चिमी तरीका भी हो सकता है। नागार्जुन का नव-उपनिवेशवाद से संघर्ष कभी स्थगित नहीं होता, वह आत्मविसर्जन नहीं करते।

आधुनिकता कैसे भोगवाद का पर्याय बन गई, तीसरी दुनिया में पहली दुनिया अपने कैसे-कैसे नव-उपनिवेशवादी मठ बना रही है, साथ ही धर्म, जाति, लिंग, पुराजातीयता और किसान के संदर्भ में पुराने वर्चस्व अब कितने हिंसक हो उठे हैं – नागार्जुन ने अपनी घुच्ची आखों से यह सब देखा था। देश में दमन के अनगिनत रूप थे। नेहरू युग से लेकर वैश्वीकरण तक सत्ता ने कई चोले बदले। जनता के दुख-कष्ट बढ़ते गए। नागार्जुन की कविता इन सबका न सिर्फ प्रामाणिक साक्ष्य है, बल्कि प्रतिवाद भी है। यह जन-आंदोलनों के साथ है। आज वैश्वीकरण के जमाने में अब एकबार फिर आंदोलन बर्दाश्त नहीं किए जा रहे हैं। प्रतिवाद कूड़ेदान में फेंके जा रहे हैं। नागार्जुन की आवाज अभी भी ताजा है। उन्होंने ऐसी विकट स्थितियों का सदा हँसकर सामना किया था और बताया था कि महाबली कितने हास्यास्पद हो चुके हैं।

आज भी आम इन्सान में कितनी रचनात्मक और क्रांतिकारी ताकत हो सकती है, यदि इसका उदाहरण देना हो तो बेखटके कहा जा सकता है, नागार्जुन को देखो। उनके संपूर्ण लेखन में आम जन के अनवरत संघर्ष की छवियाँ हैं। उसमें एक 'कामन मैन' की सजग आंख है। नागार्जुन बहुत सहजता से बहुत विलक्षण बातें कहते हैं। कहीं लाउड, कहीं धीमी। कहीं उग्र, कहीं कोमल। कभी शिष्ट, कभी लोक। खूब नफरत, खूब प्रेम। जितने प्रिय बादल उतने ही प्रिय तरुण। जितने प्रिय लेनिन उतने प्रिय गांधी। उनकी काव्य भाषा मायावी नहीं थी। उन्होंने जो कुछ लिखा, वह नव-औपनिवेशिक-सामंती महाशक्तियों के विरुद्ध जन-जन का राष्ट्रीय रूपक है।

सचमुच, क्या-क्या नहीं कह दिया नागार्जुन ने ! उन्होंने साबित किया, 'सबाल्टर्न' उत्तर-औपनिवेशिकता का शिकार हुए बिना अपनी राष्ट्रीय आवाज में बोल सकता है।

पृथ्वी के लिए कविता

यदि किसी देश में पुलिस फायरिंग से अनगिनत लोग मारे जा रहे हों, बेलछी जैसे जनसंहार घटित हो रहे हों या लोग कर्ज से बेहाल हों, क्या उस देश का कोई कवि पर्वत शिखरों पर घिरते बादलों की लीला में मग्न रह सकता है, उसको पर्वतीय सड़क से नदी चांदी की हँसुली जैसी दिख सकती है और गेहूं के खेत सोनिया समंदर की तरह लग सकते हैं ? नागार्जुन क्रांतिकारी बोध के कवि होने के बावजूद प्राकृतिक सौंदर्य पर रीझते थे और पर्यावरण के प्रति सजग थे। उनकी कविता में गरीबी के असंख्य चित्रों के बावजूद जीवन का उल्लास कम नहीं है। उन्हें पहाड़, नदी, सूर्य, खेत, पेड़-पौधे, पशु-पक्षी अपने जीवन परिवेश के अंग लगते थे। वह जनता से जितने प्रतिबद्ध थे, प्राकृतिक परिवेश से भी उतनी ही गहराई से संबद्ध थे।

हम छायावाद युग से ही पाते हैं कि मनुष्य और प्रकृति का चिर संबंध कविता का महत्वपूर्ण विषय है। आज सभ्यता के विकसित दौर में ग्लोबल पूंजीवाद द्वारा तरह-तरह से पर्यावरण-संकट पैदा किया जा रहा है और उसके प्रवक्ता बार-बार इस पर अपनी चिंता प्रचारित करते हैं। शिक्षित लोगों का हाल यह है कि उनका प्रकृति और पर्यावरण से रिश्ता रूखा होता जा रहा है। उनकी प्रकृति से प्रेम कुत्ता-प्रेम और पैकेज टूर तक सीमित हैं या दो-चार पौधे लगा लेने तक। उनमें अपने विस्तृत प्राकृतिक परिवेश के प्रति गहरी संवेदनशीलता नहीं है। ऐसे में देखा जा सकता है कि छायावाद के बाद के कवियों ने, खासकर नागार्जुन ने पृथ्वी और संपूर्ण प्रकृति में किस तरह रुचि ली।

नागार्जुन की पर्यावरण सचेतनता का संबंध पृथ्वी की चिंता और इसकी प्राकृतिक सुंदरता की कल्पना से है। वह जो देखते थे, वह लिखते थे। उनकी कविता जनजीवन के साथ प्रकृति की भी बहुत-सी हलचलों की गवाह है। उनकी कविताएँ इसका अहसास कराती हैं कि औद्योगिक समाज के लोगों में भी एक

प्रकृतिबोध होना चाहिए। नागार्जुन प्रकृति की ओर आकर्षित थे। वह प्रकृति के तटस्थ चित्रकार न थे, प्रकृति में डूबकर प्रकृति को देखते थे।

नागार्जुन की बिल्कुल शुरू की कविताओं में एक है 'बादल को घिरते देखा है' (1940)। इसमें हिमालय पर घिरते बादलों और स्थानीय जीवन संसार का एक काल्पनिक पर अर्थपूर्ण चित्र है। बादल पर जितनी नागार्जुन ने कविताएँ लिखीं, किसी अन्य हिंदी कवि ने नहीं। वह मानो कहीं भी जाकर अंततः बादलों के पास लौट आते थे। हम जानते हैं कि भारत के लोगों के जीवन में बादल का कितना महत्व है। उस पर किसानों का जीवन निर्भर है। बादलों से कृषि जीवन के अलावा पर्यावरणीय कल्पना का भी एक संबंध है, इसका बोध 'बादल को घिरते देखा है' से होता है। यह कविता सबसे पहले इंद्रियातीत लोक को ठुकरा कर इंद्रियगम्य संसार की स्वीकृति है।

कालिदास को बादल प्रिय थे। इसी तरह नागार्जुन की कल्पना भी बादल के साथ बहुत अधिक खेलती है। बादल आशा का आनंद बनकर उमड़ता-घुमड़ता हैं। वह जैसे निराशा के विरुद्ध आशा का दलील है। यह विस्मयजनक लग सकता है कि जो कवि साल भर पहले बिहार के किसान संघर्ष में हिस्सा ले चुका था, उसे हिमालय की पर्वतमालाएँ बेहद आकर्षित करती हैं। क्या यह उसका काव्यात्मक भटकाव है ?

अमल धवल गिरि के शिखरों पर
बादल को घिरते देखा है
छोटे-छोटे मोती जैसे
उसके शीतल तुहिन कणों को
मानसरोवर के उन स्वर्णिम
कमलों पर गिरते देखा है
बादल को घिरते देखा है

बादल पावस की उमस से आकुल पृथ्वी को हरा-भरा कर देते हैं। इनकी वजह से भोजन जुटता है, जीवन की उदासी दूर होती है, पशु-पक्षी खुश होते हैं और स्थानीय लोग आनंदोत्सव में डूबे जाते हैं। हम पाते हैं कि 'बादल को घिरते देखा है' में नूतन होती पृथ्वी का, बल्कि कहें एक सुखी और सुंदर संसार का यूटोपिया है। हर महत्वपूर्ण कवि के पास एक छिपा या मुखर यूटोपिया होता है, नागार्जुन भी यूटोपिया रचते हैं।

बादल बरसात के मौसम में पृथ्वी का कायाकल्प कर देते हैं, उसे पुनर्नवता

देते हैं। वे जीवन की ऊर्जा बन जाते हैं। नागार्जुन ने समतल इलाकों के अलावा पर्वतीय क्षेत्र के बादलों को भी बार-बार देखा। 'बादल को घिरते देखा है' में देखना वस्तुतः कल्पना करना है। इसमें एक रोमांटिक सौंदर्यबोध है, पर यह जीवन की ऊष्मा के साथ है। बादल मानसरोवर के स्वर्णिम कमलों पर नन्हीं बूंदें बनकर बरस रहे हैं, उनकी सुंदरता बढ़ा रहे हैं। इस मौसम में हिमालय की झीलों में मैदानी इलाकों के हंस भी अपना भोजन खोजते आ जाते हैं। प्रकृति की सुंदरता के बीच भूख का दृश्य है। सुबह की किरणों के साथ चिर अभिशप्त चकवा-चकई झील के किनारे रतिक्रीड़ा शुरू कर देते हैं, इस महादृश्य में प्रेम भी है। हिरण अपने भीतर छिपी कस्तूरी की गंध से अलग ही बेचैन हैं। ये भी एक अद्‌भुत सौंदर्य रचना करते हैं। कैलाश मानसरोवर में हिरण ! हिमालय की सुंदर पर्वतमालाओं के बीच स्थानीय लोगों का वजर्नामुक्त जीवन बादल घिरने के बाद संगीतमय आनंद से भर जाता है। यह कविता में किन्नर -किन्नरियों के रूप में है, जो भोजपत्रों से छाई कुटीर के भीतर हैं। यह एक मिथकीय कल्पना है कि कुबेर की अलकापुरी यहीं कहीं होगी और कालिदास का मेघ यहीं कहीं बरसा होगा।

उपर्युक्त कविता में निश्छल प्राकृतिक सौंदर्य के साथ भूख, प्रेम, आशा, स्मृति और जीवन का सुख-संगीत सारी चीजें हैं। उल्लेखनीय है कि नागार्जुन बहुत से वामपंथी भौतिकवादियों की तरह देश के परंपरागत सांस्कृतिक तत्वों को हमेशा धर्म से जोड़कर देखने की गलती नहीं करते, बल्कि उनसे सेकुलर जीवनशक्ति पाते हैं। यही वजह है कि उनकी कविता में सांस्कृतिक स्मृतियाँ अपने पूरे महत्व के साथ उपस्थित हैं।

नागार्जुन एक साधारण गांव से निकलकर एक तरफ रोजी-रोटी के लिए दूर सिंधु की ओर गए। दूसरी तरफ, राहुल सांकृत्यायन के साथ कैलाश की यात्रा की। वह थो लिङ महाविहार और तिब्बत के अन्य कई इलाकों में गए, जहाँ हिमालय के अद्वितीय रूप हैं। उन्हें सांस्कृतिक संबंध के कारण ही तिब्बती भाषा और लोगों से प्रेम था। वह स्मृतियों पर आधारित अपने एक यात्रा संस्मरण 'टिहरी से नेलङ' (1946) में लिखते हैं, "गढ़वाल बहुत ही उपजाऊ और बहुत ही सुंदर है। हमारा रास्ता गंगा के किनारे-किनारे ही चल रहा था। चारों ओर ऊंची-ऊंची पहाड़ियाँ थीं, जिन पर खड़े चीड़ के बड़े-बड़े दरख्त आसमान को चूम रहे थे। बीच-बीच में चरवाहों की सीटियाँ और सिसकारियाँ सुनाई पड़तीं, पहाड़ी गांवों के तराने सुनाई पड़ते।" वह हिमालय की यात्राओं में सिर्फ देखते ही नहीं, बहुत कुछ सुनते भी हैं। उनकी नजर पहाड़ों के साथ खेतों और चरवाहों पर भी

है। उन दिनों यात्रियों को पर्वतों पर अस्त-व्यस्त रूप में पड़ी शिलाओं से होकर चलना पड़ता था, कोई सहज रास्ता नहीं था, 'जरा भी चूके कि पैर टूटा!'

नागार्जुन अपने यात्रा-वर्णन में रास्ते के तिब्बती भोजन और चायपान का उत्साह से वर्णन करते हैं, अपने चटकार-चटकार कर खाने का। तेंदुए की गंध का जिक्र करते हैं। तिब्बत में कड़ी बर्फीली ठंड थी। वह अचेतावस्था में एक बार कंबल के भीतर तिब्बती स्त्री शेरब के नग्न शरीर की उष्ण स्पर्शानुभूति प्राप्त करते हैं। उसके वर्जनामुक्त आतिथ्य को नागार्जुन ने बड़ी कृतज्ञता से याद किया है। उनके यात्रा वृत्तांतों में उनकी ऐंद्रिक सजगता बार-बार दिखाई देती है। वह गौर पांडुर कांति से भरे एक तिब्बती नौजवान नमग्यल् का वर्णन करते हैं, जिसकी पीठ पर लटकती वेणी थी और कानों में फिरोजे थे। वह कस्तूरी मृगछाले पर बैठा था। नागार्जुन की कविता 'बादल को घिरते देखा है' में शेरब और नमग्यल के 'आतिथ्य सत्कार' का अनुभव ही किन्नर-किन्नरियों के मुक्त सुखमय जीवन का कल्पलोक बनकर उपस्थित होता है।

'बादल को घिरते देखा है' में हिमालय यात्रा के अनुभव हैं। यह एक अद्‌भुत कविता है, जो प्राचीन सांस्कृतिक संबंधों को उद्‌घाटित करते हुए भी मुख्यतः पृथ्वी के सौंदर्य के अभिनंदन में है। कहना न होगा कि बादल ही पृथ्वी में और इसके संपूर्ण जीवन में सौंदर्य लाता है। नागार्जुन अपनी स्वच्छंद कल्पनाशीलता, मिथकीय कथाओं और कवि समय का उपयोग करते हुए इस कविता में आम जीवन के दुख-दर्द से दूर जरूर जाते हैं, पर उनका मूल मकसद यह बताना है कि यह पृथ्वी दुख का घर नहीं है। यह जीवन सिर्फ दुख-कष्ट झेलने के लिए नहीं है। हर आदमी को सुख-सौंदर्य का बुनियादी हक है। वह कहना चाहते हैं कि पृथ्वी उजाड़ नहीं है। पृथ्वी पर मनुष्य जीवन को सुख, ऊर्जा और नवजीवन देनेवाली काफी चीजें हैं। इस पृथ्वी में अद्‌भुत जीवनदायी सौंदर्य है। इस पर अनगिनत स्वप्न पलते हैं। प्रकृति हमेशा उदासी की जगह आंतरिक आनंद देती है। वह दुख और एकांत में भी आशा जगाती है, साथ देती है। प्राकृतिक संसार में सबसे अनोखा है बादल, क्योंकि वह सबसे अधिक जीवनदायी है।

नागार्जुन के बादल मानवता को हरा-भरा करने के लिए आते हैं। यह अहसास जगता है कि प्रकृति और पर्यावरण की चिंता भी एक चीज है। 'बादल को घिरते देखा है' पृथ्वी की पुनर्नवता का गान है। नागार्जुन अपनी कविता में गहरे सांस्कृतिक अंतर्संबंध के बावजूद कोई आध्यात्मिक रूपक तैयार नहीं करते और न ही कोई धार्मिक झाड़झंखार लाते हैं। उनकी प्रति-औपनिवेशिकता उन्हें अतीत के अच्छे सांस्कृतिक चिह्नों की ओर जरूर ले जाती है और राष्ट्रीय

जागरण से किंचित जोड़ती है, पर बुद्धिवाद से एक क्षण के लिए भी विमुख नहीं करती। उल्टे एक मिथक टूटता है, 'नहीं ठिकाना कालिदास के व्योम प्रवाही गंगाजल का'! नागार्जुन साफ कहते हैं, उन्होंने कहीं भी आकाश से शिव की जटा पर उतरती गंगा नहीं देखी। उनके 'देखने' में एक ऐसी कल्पनाशीलता है, जिसका बुद्धिवाद से संबंध है। यह समझना मुश्किल नहीं है कि बुद्धिवाद से संपर्क के बावजूद उनकी कल्पना में इतनी रमणीयता क्यों है। नागार्जुन की प्रकृति से जुड़ी कविताओं में संगीत है। इन्हें गाया जा सकता है। नागार्जुन की राजनीतिक कविताओं में जिस तरह व्यंग्य की प्रधानता है, उनकी प्रकृति-मुखी कविताओं में संगीत है। लगता है, ऐसी कविताओं से वंशी, मृदंग, झाल-मजीरा, ढोलक की आवाज भी उठ रही है।

धिन धिन धा धमक धमक
मेघ बजे
दामिनी यह गई दमक
मेघ बजे
दादुर का कंठ खुला
मेघ बजे
धरती का हृदय धुला
मेघ बजे
पंक बना हरिचंदन
मेघ बजे

बादल के बरसने पर गांवों में गिली मिट्टी चंदन से अधिक पवित्र हो जाती है (मेघ बजे, 1964)। ग्रामीण परिवेश का बादल हिमशिखरों के बादल से कम उदात्त नहीं है, यहाँ साधारण में उदात्तता है। नागार्जुन ने निरंतर मेघ-लीला देखी और दिखाई है। उनका मन बादलों में बनते नए-नए चित्रों पर मुग्ध होता है। बादल कभी हाथियों के यूथ की तरह लगते हैं, कभी नभ में चौकड़ियाँ भरते शिशु नभ-कुरंग जैसे। कभी जहरीखाल के बार-बार रूप बदलनेवाले पहाड़ी बादल हैं, कभी मैदान के हेमंती बादल। वे यात्रा में कवि के साथ दूर-दूर तक चलते हैं। कभी वह कहते हैं 'बादल बरसे, चमक रहे हैं नवल शाल के पात'। कभी वह देखते हैं, उसकी छाया-छत 'विराट, अघोर, स्निग्ध-धूसर शामियाना' की तरह है, यह 'सारा दिन - सारी रात' तनी रहे। वे बादलों का कई तरह से बरसना देखते हैं, 'कभी मूसल धार, कभी रिमझिम/कभी टिप-टिप, कभी फुहारें कभी

झीसियां/कभी बरफ की-सी हीरे के चूरन की-सी महीन कनियां।' वह इनमें घिर कर बार-बार आनंद लेते हैं, कभी छिपते नहीं।

देख रहा हूँ, बरफ पड़ रही कैसे
बरस रहे हैं आसमान से धुनी रूई के फाहे
या कि विमानों में भर-भर कर यक्ष और किन्नर बरसाते
कास कुसुम अविराम
ढंके जा रहे देवदार की हरियाली को अरे दूधिया झाग
ठिठुर रही उंगलियाँ मुझे तो याद आ रही आग
....
ठंड कड़ी है
सर्वश्वेत पार्वती प्रकृति निस्तब्ध खड़ी है
बरफ पड़ी है

बर्फ गिरने के इन सुंदर बिंबों की एक खूबी इनका सांस्कृतिक अंतर्संबंध है। दूसरी खूबी है, अनोखे ठंडे परिवेश में आम आदमी द्वारा कष्ट का अनुभव। तीसरी खूबी है, प्रकृति से अकृत्रिम प्रेम। प्रकृति की सुंदर विराटता को आम मानवीय जीवन की आंख से देखना कविता को छायावादी मानवीकरण से ही अलग नहीं करता, उसे प्रकृति के उपभोगवाद से भी अलग करता है। नागार्जुन प्रकृति को प्रकृति के बीच के आदमी की आंख से देखते हैं। आधुनिक युग में प्रकृति से मनुष्य का जीवित संबंध धीरे-धीरे विलुप्त होता गया है, प्रकृति उपभोग की वस्तु बन गई है। आज की भोगवादी आधुनिक सभ्यता के असर से विश्व भर में न सिर्फ प्रकृति का ध्वंस हो रहा है और 'ग्लोबल वार्मिंग' के संकेत हैं, बल्कि प्रकृति से जुड़े लोगों का जीवन संकट में पड़ा है।

नागार्जुन प्रकृति के बारे में सोचकर नहीं रह जाते, प्रकृति और संस्कृति का रिश्ता भी जोड़ते हैं, जो भारतीय परिवेश में स्वाभाविक है। 'बरफ पड़ी है' (1949) में पर्वतों और देवदार पर बर्फ का विस्तार सर्वश्वेत पार्वती की कल्पना में ढल जाता है। पार्वती एक धार्मिक मिथक है। अर्ध-धार्मिक अभिव्यंजना 'भारतमाता' हो या धार्मिक मिथक 'पार्वती' या मिथकीय आभा युक्त 'कैलाश पर्वत', नागार्जुन हमेशा इनका सेकुलर इस्तेमाल करते हैं। इससे उनका प्रकृति से एक ऐसे सांस्कृतिक संबंध का बोध होता है, जो आम लोगों को अपील करता है। इससे किसी सांप्रदायिक भावना का बोध नहीं होता।

नागार्जुन के बादलों का सीधा संबंध 'धरती' से है, किसी खास 'समुदाय'

या 'स्थान' से नहीं। वे जंगल, पहाड़, नदी, झील, समंदर या गांव-शहर हर जगह बरसते हैं। प्रकृति से रिश्ता कवि के मन को उदार बनाता है। आज के कट्टरवाद का एक संबंध प्रकृति-प्रेम के अभाव से है या प्रकृति के प्रति उपभोक्तावादी नजरिये से है। हम देखते हैं कि नागार्जुन के प्रकृति-बोध के साथ कोई 'स्थानीय पर्यावरणवाद' भी नहीं है। उनकी देखी प्रकृति से जितना मानव-मन का उल्लास व्यक्त होता है, उतना ही उदारवाद भी झलकता है और इसके साथ धरती का एक संपूर्ण चित्र भी उभरता है। उनके प्रकृतिबोध की विराटता उनके किसान-मन की देन है। इसलिए यह स्वाभाविक है कि भारतीय परिदृश्य में बादलों के वैश्विक सौंदर्य-चित्र के अलावा इनका किसान जीवन से संबंध भी उजागर हो।

गीले बादल
ऊदे बादल
भरे-भरे मायावी बादल
....
अभी न इनमें
गर्जन-तर्जन का गुमान है
अभी-अभी तो
इनकी स्नेहिल गरिमा से प्रमुदित किसान है

यदि गौर करें, उन्हीं कवियों ने बादल को अपनी कविता का प्रमुख विषय बनाया, जो कृषकों से एक न एक रूप में जुड़े थे। निराला या फिर नागार्जुन। शहरी कवियों को प्रकृति के दूसरे रूप ज्यादा प्रिय थे। अज्ञेय को सागर, शमशेर को नीला दरिया, केदारनाथ अग्रवाल को केन नदी और मुक्तिबोध को पथरीले टीले। नागार्जुन बादल को लेकर पागल थे, क्योंकि वह मिट्टी की तपती धरती, पत्रहीन नग्न गाछ और जली दूब को देखकर व्याकुल हो जाते थे।

गंगा का एक मिथकीय संदर्भ है। नागार्जुन जब भी कोई ऐसा मामला सामने लाते हैं, मिथकीय संदर्भ को वास्तविक सांसारिक संदर्भ में बदल देते हैं। 'गीले पांक की दुनिया गई है छोड़' (1958) में गंगा 'भगवती भागीरथी' है। वह कभी गर्मी में 'विरहिणी की पीठ-लुंठित एकवेणी-सदृश' क्षीण हो जाती है – फैली रेत में पतली धार सी। यही नदी कभी बाढ़ में कई गांवों को नील जाती है। ऐसे कवि नहीं होंगे, जिन्होंने ग्रामीण अविकास के एक बहुत बड़े चिह्न बाढ़ को अपनी कविता का विषय बनाया हो। भोक्ता और दर्शक का सामाजिक फर्क स्पष्ट करने वाला बाढ़ का चित्र नए ढंग का है।

क्षुब्ध गंगा की विकट हिलकोर
सामने ही पड़ोसी के –
नीम, सहजन, आंवला, अमरूद
हो रहे आकंठ जल में मग्न
रह न पाए स्तंभ पुल के नग्न
दूधिया पानी बना उनका नया परिधान
रेलगाड़ी के पसिंजर खड़े होकर
खिड़कियों से झांकते हैं
देखते हैं बाढ़ का यह दृश्य

गांव के जीवन के लिए जितना सूखा अभिशाप है, उतना ही बाढ़। बाढ़ जीवन में युद्ध की-सी तबाही लाती है। फिर भी बाढ़ के साथ जीवन बह नहीं जाता। नागार्जुन बाढ़ उतर जाने के बाद मल्लाहों के जीवन का एक रोचक दृश्य उपस्थित करते हैं।

हटी गंगा
किंतु गीले पांक की दुनिया गई है छोड़
और उस पर
मल्लाहों के छोकरों की क्रमांकित पद-पंक्ति
खूब सुंदर लग रही है
मन यही करता कि मैं भी
उन्हीं में से एक होता

नागार्जुन कल्पना करते हैं कि वह उन्हीं मल्लाहों में से एक हैं। वह गीले पांक में उन्हीं की तरह दौड़ने की इच्छा व्यक्त करते हैं। वह जिंदगी का पूरा रस लेना चाहते हैं। जिंदगी से इतना प्रेम, इतनी ऐंद्रिक सजगता और रस-खोजी मन की इतनी बालसुलभ आतुरता मनुष्य के एक ऐसे अनोखे विस्तार को सूचित करती है, जो भागदौड़ और लूट-बटोर की वर्तमान सभ्यता से गायब होता जा रहा है। नागार्जुन की कविता का महत्व उस औपनिवेशिक आधुनिकता के बरक्स स्पष्ट है, जो मनुष्य को संकुचित करती जा रही है। नागार्जुन का प्रकृति-प्रेम ऐसी आधुनिकता को चुनौती है, क्योंकि प्रकृति-प्रेम वस्तुतः जन-प्रेम की ओर ले जाता है। यह मनुष्य के मन को विस्तृत करता है। कविता विस्मित करे, चमत्कृत करे या क्रुद्ध करे, पर वह मनुष्य को अंत:विस्तृत न करे तो वह न्यूनतम कविता होगी।

बादल, सूर्य और गीली मिट्टी का मानव जीवन में कितना योगदान है, यह वे ही समझ सकते हैं, जो किसान-मन के नजदीक हैं। बादल के बाद नागार्जुन को कुछ ज्यादा पसंद है तो वह है सूर्य। उन्हें कोहरा चीर कर दमकता सूर्य पसंद है। उन्होंने भोर के उगते सूर्य की अगवानी का अतिरिक्त उत्साह प्रदर्शित करते हुए कविता लिखी 'पछाड़ दिया मेरे आस्तिक ने' (1964), जिसमें वह खुद अपना मखौल उड़ाने में संकोच नहीं करते। दूसरों पर हँसना आसान है। नागार्जुन ऐसे कवि थे, जो अपने पर भी खुलकर हँस सकते थे। वह सूर्य की सुंदरता और उसके जादू पर इतना मुग्ध होते हैं कि अर्ध्य दे डालते हैं। वह अनीश्वरवादी होने के बावजूद दीवानगी में "डेविएशन' से नहीं हिचकते, बल्कि एक नौजवान को साक्षी तक बना लेते हैं, 'साक्षी रहा तुम्हारे जैसा नौजवान 'पोस्ट ग्रेजुएट'/मेरे इस 'डेविएशन' का।" यह उस राजनीति पर भी व्यंग्य है, जो अपने सूखेपन में ही ज्यादा सिकुड़ी-सिमटी रहती है।

मुख्य बात यह है कि नागार्जुन परमान नदी के किनारे-किनारे खेतों की मेड़ों से चलते हुए बिल्कुल बच्चों-सा भोला हो गए हैं। उन्हें दुधारू भैंसे दिखती हैं, जो पंकिल कछार पर चलकर गई थीं। वह नीलकंठ को उड़कर एक जगह से दूसरी जगह जाता देखते हैं। उन्हें उगता सूर्य देखना है, पर 'अगहनी धान की दुद्धी मंजरियां' से लेकर 'नीलकंठ' तक एक गतिशील प्राकृतिक परिवेश उनकी आंख़ के सामने होता है।

> देखेंगे आज भी भर
> उगते सूरज का अरुण-अरुण पूर्ण बिंब
> जाने कब से नहीं देखा था शिशु भास्कर
> आओ रत्नेश्वर, कृतार्थ हों हमारे नेत्र !
> देखना भई, जल्दी न करना
> लौटना तो है ही
> मगर यह कहाँ दिखता है रोज-रोज
> सोते ही बिता देता हूँ शत-शत प्रभात

शहर के आधुनिक जीवन की विडंबना है कि अरुणोदय का सौंदर्य बड़े मकानों से कहीं दूर छिपा होता है। लोग सुबह देर से सोकर उठते हैं, कहाँ से देखें उगता सूर्य। उनके जीवन को न दुद्धी मंजरियों का दर्शन सुलभ है, न पंकिल कछार का, न नीलकंठ का और न सूर्य के लाल जादू का। फिर वे पाएँ कहाँ से बच्चों-सी निष्कलंकता, अल्हड़ता और उन्मुक्तता।

नागार्जुन प्रकृति के विविध रूप-रंग देखते हैं और उनसे अंतरंगता स्थापित करते हैं। वह आज के पैकेज टूर के टूरिस्ट या तमाशबीन जैसे नहीं हैं। उनका देखना एक टूरिस्ट या तमाशबीन की तरह देखना नहीं है। वह प्रकृति में उन्मुक्त मन लेकर बड़े इत्मीनान से जीते हैं। वह वस्तुतः हर घटना को ही अपने जीवन के अंग के रूप में देखते हैं।

आधुनिकीकरण मनुष्य को उसके प्राकृतिक परिवेश से विमुख करता है। महानगर जितना विराट होता जा रहा है, इसके लोगों में उतना ही भावनात्मक बौनापन आता जा रहा है। नागार्जुन को लगता है कि प्रकृति मानव-मन को बड़ा बनाती है। उसके साथ जीने का एक मजा है। वह हजारों साल से मनुष्य का जिया परिवेश है। यह विविधता से भरा परिवेश है, विविधता की शिक्षा देता-सा। इससे मनुष्य का जीवन और सपने जुड़े हुए हैं। एक समय दुनिया मनुष्य के सपनों के अनुरूप बदल रही थी। मनुष्य ही, जो प्रकृति का अंग है, दुनिया को बदल रहा था। वह प्रकृति की ऊर्जा से भरा था। यह जो नया सूर्य और उससे तपती धरती है या रंग-बिरंगे फूल हैं, उन सबमें श्रमजीवी मनुष्य की ही आभा है। (1960)।

नए गगन में नया सूर्य जो चमक रहा है
यह विशाल भूखंड आज जो दमक रहा है
मेरी भी आभा है इसमें
....
भीनी-भीनी खुशबूवाले
रंग-बिरंगे
यह जो इतने फूल खिले हैं
कल इनको मेरे प्राणों ने नहलाया था
कल इनको मेरे सपनों ने सहलाया था

नागार्जुन खुलासा करना चाहते हैं कि प्रकृति से जनजीवन की लय जुड़ी है, "जनजीवन की इस लय को पकड़ना आसान नहीं है। इसके लिए नदियों, तालाबों, पगडंडियों, बगीचों तक आना-जाना पड़ता है। बेतवा किनारे सिर्फ टहल आने से काम नहीं चलेगा। मोजा उतार कर पांवों को लहरों में डुबाना होगा।" (मेरे साक्षात्कार)। उनकी प्रकृति और परिवेश-चेतना का संबंध ऐसे जीवन से है, जहाँ आभिजात्य का अस्तित्व नहीं है।

इसमें संदेह नहीं कि छायावादी दौर में प्राकृतिक परिवेश को सर्वप्रथम

महत्व मिला था। छायावादी कवियों की विश्वदृष्टि प्राकृतिक परिवेश-संपन्न थी। छायावाद - बाद के कवियों में महत्वपूर्ण हैं अज्ञेय, शमशेर, केदारनाथ अग्रवाल, नागार्जुन और मुक्तिबोध। ये भी प्राकृतिक सौंदर्य के चितेरे भर नहीं थे। ये सभी कवि प्राकृतिक परिवेश को लेकर संवेदनशील थे, क्योंकि मनुष्य जीवन को लेकर सचेत थे। ये प्रकृति को उसकी विविधता, जटिलता और सह-अस्तित्व के बीच एक अखंड सत्ता के रूप में देखते थे। सामान्य रूप से कहा जा सकता है कि प्रकृति की ओर इनका सौंदर्यात्मक झुकाव कास्मोपोलिटन और महानगरीय आधुनिक बोध का अतिक्रमण है। नागार्जुन की प्राकृतिक परिवेश-चेतना विशेष रूप से कृषि जीवन के संदर्भ में आकार लेती है। उनकी चैत, आषाढ़, सावन आदि महत्वपूर्ण कृषि–महीनों पर मैथिली में कविताएँ हैं। कृषि जीवन के अन्य ब्योरे भी हैं। इससे यह नहीं समझ लेना चाहिए कि उनकी प्रकृति और परिवेश-चेतना शहरीकरण और मशीनों की विरोधी है। निश्चय ही नागार्जुन की प्रकृति चेतना के कृषि जीवन से विशेष संबंध का यह अर्थ नहीं है कि पिछड़े गांव हमेशा पिछड़े रहें, वहाँ विकास न पहुंचे या मनुष्य प्रकृति से एकदम चिपक जाए।

आज पर्यावरण और विकास एक दूसरे के विरुद्ध खड़्गहस्त हैं। पर्यावरणवादियों ने स्थानीय प्राकृतिक परिवेश के संरक्षण, पुराजातीयता, मानवाधिकार, अल्पसंख्यक के अधिकार, स्थानीय सांस्कृतिक विशिष्टता, सांस्कृतिक शुद्धता आदि के मुद्दे उठाए हैं। दूसरी तरफ, ग्लोबल मिश्रण और तकनीकी विकास के प्रश्न खड़े हैं। वैश्वीकरण के युग में प्राकृतिक संसाधनों पर कब्जे की होड़ स्पष्ट है। दूसरी तरफ, विशिष्टता की छाया में पलती गरीबी है। कहीं विस्थापन का दर्द है, गांव के गांव उजड़ रहे हैं। वहीं डिस्कवरी चैनल पर प्रकृति और वन्य जीवन के आकर्षक दृश्य हैं। क्या आधुनिक विकास और प्रकृति मानव जीवन के संदर्भ में इतने विपरीत मामले हैं ? नागार्जुन इन्हें 'एक ही नदी के दो तट' की नजर से देखते हैं। वह औद्योगिक सभ्यता और प्रकृति के बीच मानवीय संपर्क में सौंदर्य देखते हैं। आज के उद्योगों ने विज्ञापनों में प्रकृति को अपने प्रचार का एक साधन बना दिया है, जैसे साबुन-शैंपू में नीम या बादाम दिखाना, शीतल पेय में आम-संतरा-लीची होने का भ्रम पैदा करना, टूथ पेस्ट जड़ी-बूटियों से बना बताना। यह प्रकृति नहीं, प्रकृति का आभास है। नागार्जुन ने आधुनिक विकास और प्रकृति के बीच वास्तविक संबंध देखना चाहा। इसकी सूचना उनकी कविता 'नीम की दो टहनियां' (1957) से मिलती है। इसमें आधुनिकता और प्रकृति के बीच न नकली संबंध है और न ये आपस में शत्रु हैं।

नीम की दो टहनियां
झांकती हैं सींखचों के पार
यह कपूरी धूप
शिशिर की यह दुपहरी, यह प्रकृति का उल्लास
रोम-रोम बुझा लेगा ताजगी की प्यास
...बेखबर सोई हुई है छापने की यह विराट मशीन
उधर मुंह बाए पड़े हैं टाइपों के मलिन-धूसर केस
पर, इधर तो झांकती हैं दो सलोनी टहनियां

नागार्जुन की कविता में प्रकृति को लेकर असाधारण और साधारण का भेद नहीं है। यदि देवदार, अमलतास और कदंब हैं तो पीपल और नीम भी हैं। नीम का पेड़ भारतीय जीवन में लंबे काल से शामिल रहा है, फिर भी अभिजात सौंदर्यबोध के दबदबे की वजह से कविता में नहीं आया। नागार्जुन को नागरिकों में प्राकृतिक परिवेश-चेतना की कमी चिंतित करती है। इसके साथ-साथ प्राकृतिक विनाश और प्रदूषण के मामले भी चिंतित करते हैं। इन मामलों में एक है नीम के पेड़ के प्रति निष्ठुरता। उनके लिए नीम का बचा पेड़ एक आशा है, "अरे हाँ, इस झुरमुट में/नीम भी छिपा है/नीचे गली के किनारे होता तो उसे/दतुअन बनाकर जाने कब चबा गए होते।" (नीम का यह पौधा, 1995)। उन्हें जंगलों में लग रही आग को देखकर चिंता होती है, "बाघ का खानदान विस्थापित हो गया है/...वो अब किधर भटक रहा होगा?" उन्हें इसकी भी चिंता है, घास के मैदान और बगीचे अब व्यावसायिक निर्माणों के चलते सिकुड़ते जा रहे हैं। नागार्जुन हिंदी के सर्वाधिक गध-सचेत कवि रहे हैं। उनकी अधूरी रचना 'महादैत्य का दुःस्वप्न' (1979) में महानगरों के ऊंचे भवनों के बीच फैली रासायनिक दुर्गंध का जिक्र है। वह प्रदूषण से बेचैन हो जाते हैं।

अजीब सी रासायनिक दुर्गंध
पूस की ठिठुरनवाली उस हवा में महसूस हुई
...'क्या है यह' ? विचलित हो उठे अंतःकरण मेरे
'क्या है यह' छत पर निकल कर लगाऊं पता
आवाज दूं पड़ोसियों को –'क्या है यह'?
'आ रही है किधर से ऐसी अजीब बद-बू ?'
...चमक रहा था महागगन महानगर का
भारी-भारी जहाज-से खड़े थे महाप्रसाद

बीस मंजिला-तीस मंजिला-चालीस मंजिला
उनका विद्युत-श्रृंगार कर रहा था उपहास
चांदनी गरीबिन का – कोहरे की मारी हुई

आधुनिक शहरों की चमक-दमक में प्रकृति उपर्युक्त चांदनी की तरह 'गरीबिन' है। प्रकृति औद्योगिक सभ्यता में खो गई है। आज ढेर सारा कचरा और गंदगी रास्तों, नदियों और हवाओं में है। नागार्जुन को लगता है, यह प्रदूषण जैसे कोई नृत्यरत पिशाच है। इसने आधुनिक सभ्यता का मुखौटा लगा रखा है। ऐसी आधुनिकता सम्मोहक है और विनाशक भी। इन चिंताओं से नागार्जुन के विस्तृत काव्यात्मक सरोकार का बोध होता है। वह कविता में एक ही जगह खूंटा गाड़ कर नहीं बैठ जाते।

नागार्जुन कोई योगी-वैरागी न थे। उन्होंने शहर पंसद किए, आधुनिक विकासों का स्वागत किया। वह 'इंद्रियातीत' होने की जगह इंद्रिय-सुख जरूरी मानते थे। वह लोकायितकों की तरह भौतिकवादी और एक हद तक इंद्रियवादी थे। पर वह जिस तरह आधुनिकता को साथ लेते हुए विषमता से मुक्ति चाहते हैं, उसी तरह उन्हें प्राकृतिक परिवेश के प्रति सचेतनता भी जरूरी लगती है। इस ओर भी ध्यान देना होगा कि वह शहरी लोगों के इंद्रिय सुखवाद को विवेक के अनुशासन में लाना चाहते हैं। वह सोचते हैं कि आम, जामुन, लीची और कटहल के पेड़ यथासमय फल देते हैं, फूल के पौधे यथासमय फूल देते हैं। फिर आदमी ही इस धरती को कुछ न दे, सिर्फ ले और सिर्फ ले 'यह कैसे होगा - यह क्यों कर होगा ?' नागार्जुन की आकांक्षा है, मनुष्य की 'भीतर की आंखें' खुली हों (1956)।

भौतिक भोगमात्र सुलभ हों भूरि-भूरि
विवेक हो कुंठित !
तन हो कनकाभ मन हो तिमिरावृत्त !
कमलपत्री नेत्र हों बाहर-बाहर,
भीतर की आंखें निपट-निमीलित
यह कैसे होगा ?
यह क्योंकर होगा ?

आधुनिक मनुष्य की उपर्युक्त विसंगति पीड़ादायक है। आधुनिकता ने मनुष्य को ऊपर उठाया था। वह अब गिरा भी रही थी। नागार्जुन का आधुनिकताबोध विद्यापति की लोकभूमि के संस्कारों की पृष्ठभूमि में एक वृहत्तर ढाँचावाला

आधुनिकताबोध है। यह जड़ोंवाला आधुनिकताबोध है, उपभोक्तावाद में जड़ हो जानेवाला आधुनिकताबोध नहीं।

नागार्जुन की एक खूबी यह है कि वह मैथिली और हिंदी के बीच सेतु बना गए हैं। बहुभाषिक समाज में ऐसे सेतुओं को मजबूत बनाना चाहिए। दरअसल वैद्यनाथ मिश्र, यात्री, नागार्जुन और बाबा- ये सभी मिलकर ही एक पूर्ण व्यक्तित्व बनते हैं। इनको परस्पर अलगाया नहीं जा सकता। नागार्जुन अपनी लघु काया में एक विराट व्यक्तित्व थे, विविधता से भरेपूरे। मिथिला उनकी भावभूमि, कलकत्ता विचारभूमि और पूरा देश सौंदर्यभूमि है। उन्होंने साहित्य के जरिए लगातार यह कहना चाहा कि जातीय आत्मपहचान और अखंडता में वस्तुत: कोई अंतर्विरोध नहीं है।

नागार्जुन की प्रकृति को विषयवस्तु बनाकर लिखी गई कविताएँ उनकी राजनीतिक कविताओं की तरह 'लाउड' नहीं हैं, पर ये धीमे से ही सही जीवन को पर्यावरण-चेतस बनाती हैं। ये जीवन के विराट सौंदर्य के प्रति सचेत करती हैं। नागार्जुन के शब्दों में चमक है और आवाज भी है। उन्होंने जीवन के आखिरी दम तक भाषा को संस्कारा है और संस्कृति का एक भिन्न बोध दिया है। देखा गया है कि ऐसे अनगिनत जुझारू बुद्धिजीवी हैं, जो जनता को जगाते-जगाते खुद बीच रास्ते में सो गए और व्यवस्था में खो गए। नागार्जुन में जनता को जगाने और खुद जागे होने का भ्रम नहीं है। वह बार-बार आत्मनिरीक्षण करते हैं और अपनी बौद्धिक जड़ों की चिंता करते हैं।

यह भी लक्षित किया जा सकता है कि नागार्जुन ने छंद में भी लिखा, मुक्त छंद में भी लिखा। उनकी प्राकृतिक परिवेश पर लिखी कविताओं में अधिक छंद-सजगता और संगीतात्मकता है। निराला के ही समान छंदों की विविधता नागार्जुन के संप्रेषण कौशल का प्रमाण है। उनकी कविता में कला का बड़ा महत्व है और उतना ही महत्व है मानवीय 'विजन' का।

नागार्जुन प्रबल ऐंद्रिकबोध के कवि हैं। उनके ऐंद्रिकबोध में सामान्य से सामान्य और विराट से विराट को समेटने की शक्ति है। यह एक गतिशील, मूल्यपरक और लोकोन्मुख ऐंद्रिकबोध है। इसमें एक संपूर्णता है। इसलिए इसमें काव्यात्मक विश्वसनीयता के अलावा 'इंद्रियातीत' और 'अलौकिक' को चुनौती देने की गहरी शक्ति है। इसमें सब कुछ गोचर है, प्रत्यक्ष है, साक्षात है। 'बहुत दिनों के बाद' कविता (1958) ऐंद्रिकबोध के एक अच्छे उदाहरण के रूप में प्रस्तुत की जाती है। इसमें जी-भर पकी-सुनहली फसलें देखने, धान कूटती किशोरियों का गान सुनने मौलसिरी के टटके फूल सूँघने, तालमखाना खाने और

मिथिलांचल की चंदनवर्णी धूल को छूने का जिक्र है। बौद्ध दर्शन में एक उक्ति है, हम यदि कुछ खा रहे हैं, प्रत्येक ग्रास पूरे मन से लेना होता है, हर कण को पूरे मन से ग्रहण करना होता है, तभी हमारा खाना संपूर्ण है। टीवी देखते-देखते खा रहे हैं, यह खाना नहीं हुआ। आज 'प्रत्यक्ष यथार्थ' को सम्मान नहीं दिया जाता। जो 'अयथार्थ', 'अतार्किक', 'नकली', 'कृत्रिम' और 'आभासी यथार्थ' है, उसी पर मन लट्टू होता है।

नागार्जुन 'प्रत्यक्ष' की महत्ता के कवि हैं। वह जी भर देखने, सुनने, सूंघने, खाने और छूने, हर मामले में अपना पूरा मन शामिल करते हैं। उनमें संपूर्णता की बेचैनी है। इसलिए कविता के अंत में समेटकर कहते हैं, "अबकी मैंने जी-भर भोगे/गंध-रूप-रस-शब्द-स्पर्श सब साथ-साथ इस भू पर/बहुत दिनों के बाद।" यह काफी दिनों बाद घर लौटे आदमी की भावना है। कवि बहुत दिनों बाद शहर से अपने अंचल आया है, जिससे प्रबल लगाव है। दरअसल उसे अपनी जड़ों से प्यार है। नागार्जुन आधुनिकता की ओर आकर्षित होने के बावजूद अपने स्थान, स्थानीय प्राकृतिक परिवेश और स्थानीय संस्कृति को भूल नहीं पाते, जो खुद ही एक संदेश है।

'कास्मोपोलिटन' और 'रिजनल' का सांस्कृतिक अंतर्विरोध 21वीं सदी में पुनः सामने है। अंग्रेजी में लिखनेवाले कई उत्तर-औपनिवेशिक लेखक ग्लोबल मनोवृत्ति से जुड़े रहे हैं, जबकि प्राकृतिक परिवेश से लगाववाले नागार्जुन जैसे लेखक के लिए 'स्थानीय' महत्वपूर्ण है। इस समय अंग्रेजी में बड़े पैमाने पर ऐसा साहित्य आ रहा है, जिसमें 'स्थान' का कोई बोध नहीं है। चरित्र अपने देश से उखड़े हुए हैं, देशहीन हैं और उनका कोई राष्ट्र नहीं है। ग्लोबल या कास्मोपोलिटन मनोवृत्ति का आधुनिक लेखक राष्ट्रीयता का प्रबल विरोधी होता है। यह विलक्षण बात है कि ग्लोबल मनोवृत्ति से जुड़ी उत्तर-औपनिवेशिकता का राष्ट्रीयता के प्रति भले आलोचनात्मक रुख हो, पर सीमांत के समुदायों के प्रति – वे चाहे दलित, स्त्रियाँ और आदिवासी हों या अशांत इलाकों के उग्र लोग हों – इनके प्रति वह एकांगी रूप से संवेदनशील हो जाता है।

हम नागार्जुन में पाते हैं कि प्राकृतिक परिवेश-चेतना और स्थानीयता से गहरे रूप में जुड़े रहने के बावजूद वह शुद्धतावादी नहीं हैं। वह 'स्थान की शुद्धता' के समर्थक नहीं हैं, जैसा कि कई पर्यावरणवादी या अस्मिता की राजनीति करनेवाले नेता हैं। वह मिथिलांचल से लगाव रखते हैं, 'किंतु क्या मैं भूल पाऊंगा/तरौनी-सा ग्राम ?/ 'गरड़हा'- सा आम ?'(मैथिली कविता 'द्वंद्व',1947)। 'सिंदूर तिलकित भाल'(1943) में वह दूर शहर से ही अपने ग्रामांचल और

स्वजनों-परिजनों को जमकर याद करते हैं। इसका यह अर्थ नहीं है कि उनमें किसी प्रकार का नास्टलेजिया या स्थान-विरह है। उनके पास स्मृतियाँ हैं। वह कहते हैं, 'विपुल उनका ऋण, सधा सकता न मैं दशमांश'। उन्हें 'अन्य शहर' में यह पीड़ा जरूर है, 'किंतु जीवन-भर रहूँ फिर भी प्रवासी ही कहेंगे हाय !' यह सिर्फ नागार्जुन की पीड़ा नहीं है, केंद्रीकृत आधुनिकीकरण द्वारा विस्थापित उन लाखों लोगों की पीड़ा है, जो अपने मूल स्थान से दूर दूसरे प्रदेशों में चले गए हैं। इसका यह अर्थ नहीं है कि नागार्जुन इस पीड़ा में आकर 'स्थान' और 'अस्मिता की शुद्धता' की ओर कभी झुके या अंध-जातीयतावादी हुए। वह परायेपन की तकलीफ सहकर भी सच के साथ थे, क्षेत्रीयतावादी न थे।

यह समझने की जरूरत है कि नागार्जुन की कविता में स्थानीय के साथ-साथ एक भारतीय परिप्रेक्ष्य है। इसके अलावा, वह संपूर्ण पृथ्वी की चिंता करते हैं। वह विश्व के बारे में सोचते हैं। वह कभी सिर्फ स्थानीय कृषि-परिवेश तक सीमित नहीं हैं। उनकी कविता में 'भू', 'धरती', 'विश्व' शब्द बार-बार आए हैं। स्थानीयता, भारतीयता और वैश्विकता – ये मिलकर नागार्जुन के भारतीय मानस का बौद्धिक त्रिभुज बनाते हैं।

नागार्जुन की विश्व चिंता के बावजूद हम पाते हैं कि उनकी कविताओं में जो व्यक्ति या चरित्र आए हैं, उन सभी के पास अपना चेहरा है। वे चेहराविहीन, स्थानविहीन और राष्ट्रविहीन लोग नहीं हैं। हम अज्ञेय और शमशेर में वैश्विक मिजाज अधिक पाते हैं, पर नागार्जुन, केदारनाथ अग्रवाल और मुक्तिबोध की कविताओं में हमें 'स्थान' और 'चेहरे' मिलेंगे।

अमेरिका के पास एक बहुत बड़ा भूभाग है और वहाँ कम लोग हैं। भारत के पास एक छोटा भूभाग है और अपेक्षाकृत बहुत बड़ी आबादी है। मानवीय विषमता का एक रूप यह है। यह भी अनोखी विडंबना है कि भारत में जब कोई आणविक परियोजना बनती है, इसके लिए सर्वाधिक वन्य और गरीब इलाका चुना जाता है। इस देश में विभिन्न तरह से विकास को अवसर देने के लिए किसानों को उनकी धरती से विस्थापित किया जाना आम मामला है, जो अब भारी असंतोष पैदा कर रहा है। कारपोरेट जगत द्वारा जमीन भ्रष्ट तरीके से हड़पने के विरुद्ध किसानों और आदिवासियों के पास अपने जीवन और पर्यावरण की रक्षा का अधिकार होना चाहिए। नागार्जुन की कविताओं के संदर्भ में यह उल्लेखनीय है कि इनमें अभाव और दरिद्रता के बीच जीते लोग अपनी धरती को कसकर पकड़े मिलते हैं – वे अपना स्थान और चेहरा खोना नहीं चाहते।

आज जब साहित्य और शिक्षा में विश्वनागरिकतावादी मानसिकता छाती जा रही है, नागार्जुन की कविताओं से समझ में आता है कि स्थानीय और प्राकृतिक परिवेश की समझ के बिना और इस परिवेश में रहनेवाले साधारण जनों के जीवन से रूबरू हुए बिना कोई ज्ञान मुकम्मल नहीं हो सकता, ज्ञान का अन-उपनिवेशन मुश्किल है।

नागार्जुन की कविताओं में अति साधारण जगहों की जो घटनाएँ हैं, वे रूह कंपा देनेवाली हैं। उनकी कविताओं में आजाद भारत में चले दमन-चक्र के सच्चे चित्र हैं। पुलिस की गोलियाँ आज भी चलती हैं। राज्य की हिंसा जैसे एक स्वाभाविक मामला है। नागार्जुन ने अपनी कविताओं में ऐसे दमन का लगातार विरोध किया, जो भूलने की चीज नहीं है।

कविता की नई दुनिया में प्रतिरोध की आवाजों के साथ-साथ प्रयोग, कल्पनाशीलता और विभिन्न शैलियों का मिश्रण देखने को मिलता है। 1957 में नवादा जिले में पुलिस की गोली चली और दो नौजवान ढेर हो गए। इसके मार्मिक और उत्तेजक काव्यात्मक चित्र में जो उपमा है, वह विलक्षण है। कालिदास ने 'मेघदूत' में रेवा नदी का चित्र खींचा था, 'रेवा नदी हाथी की देह पर सफेद खड़िया से खिंची लकीरों जैसी।' हो सकता है, इसी प्रेरणा से नागार्जुन ने नवादा की सड़क पर नौजवानों के गिरे खून का चित्र कालिदास से भी अधिक अनोखे रूप में रखा।

पीच रोड पर
धूसर दाग लहू के देखे
बेदम बूढे हाथी की खुरदरी पीठ पर
मसल गया हो कोई ज्यों सूखा-सूखा सिंदूर !

नागार्जुन की कविताओं के केंद्र में वे आम जन हैं, जो अपनी परंपराओं के क्षितिज से उदित हुए हैं, जिनकी जड़ें इतिहास और प्रकृति में हैं और जो भविष्य की ओर आशाभरी नजरों से देख रहे हैं। नागार्जुन ने संसार की घटनाओं को व्यंग्य से देखा या आशा से। उनके छंदों में समय और समय को व्यापक बनाता संगीत वस्तुतः एक-दूसरे से लिपटे हुए हैं। उनके साहित्य में काल-चेतना और कला-चेतना का सामंजस्य है। क्लासिकल और लोकप्रिय का संगम है। स्थानीय और सार्वभौम का संगम भी बहुत कम भारतीय लेखकों के साहित्य में है, जैसा नागार्जुन में है। उन्होंने अपने जीवन के अंतिम दौर में (1985) एक और बुनियादी प्रश्न उठाया था।

सोचता हूँ भविष्य का मानव
इन्टर-कांटिनेन्टल होगा...भविष्य की
मानवी युनिवर्सल होगी और
तब आज के साहित्य की
प्रासंगिकता टिक पाएगी क्या ?

ग्लोबल और लोकल का विभाजन अब एक दर्दनाक मोड़ पर पहुंच गया है। साहित्य ही नहीं तर्क का युग, मूल्यबोध और पर्यावरण सभी गहरे संकट से घिरे हैं। छोटी जगहें अपनी सुंदरता, पहचान और गौरव खोने लगी हैं। नागार्जुन 'राष्ट्र' और 'वैकल्पिक आधुनिकता' को छोड़े बिना छोटी जगह, हाशिए के आम जन और प्रकृति के पक्ष से बोलते हैं। 20वीं सदी के आखिरी दशक में, जब वैश्वीकरण की लीला शुरू हुई थी, वह जनविमुख होकर पनप रही अंतर्महादेशीय, मेट्रोपोलिटन और उत्तर-औपनिवेशिक मानसिकता को लेकर चिंतित थे। नव-उपनिवेशवाद हर चीज को दिखावटी बना रहा था – व्यक्ति दिखावटी, संस्कृति दिखावटी, प्रकृति दिखावटी। वह 'सर्वे भवन्तु सुखिनः' का साइनबोर्ड लगाकर सिर्फ चंद व्यक्तियों के भौतिक सुख के लिए बड़े-बड़े शॉपिंग मॉल खोल रहा था। लोगों के भीषण रूप से अशांत जीवन में 'ऊं शांति' का जप चला रहा था। कोई ऐसा विकास नहीं है, जो मनुष्यता, संस्कृति और प्रकृति से न उजाड़ रहा हो और बर्बरता न ला रहा हो।

नागार्जुन के लिए प्राकृतिक परिवेश का प्रश्न एक मूल्य-सापेक्ष मामला है। उसका संबंध स्थानीय लोगों के जीवन-सौंदर्य, जीवन-रक्षा और 'जीवन को न्याय' से है। उल्लेखनीय है कि जड़विहीन अंतर्महादेशीय मानसिकता का विरोधी होने के बावजूद नागार्जुन शहरीकरण के विरोधी नहीं हैं और न वह यह मानते हैं कि शहर के फ्लैटों में रहनेवाले लोग पूर्णतः संस्कृतिविहीन हैं। नागार्जुन इतने गांववादी और निराश न थे। वह 'टूटता हुआ पुराना ग्रामतंत्र' और 'सामाजिक संस्थाओं में फटती हुई शत-शत दरार' देख चुके थे। वह यह भी देख रहे थे कि शहर और आधुनिक जीवन में ग्रामीण जीवन की श्रेष्ठ परंपराएँ मरी नहीं हैं। वे मौजूद हैं। समाज तेजी से बदल रहा है। एक खास तरह की चमक-दमकवाली आधुनिकता छा रही है। मध्यवर्ग उससे प्रभावित होकर जोकर-सा हो गया है। निश्चय ही ये तथ्य हैं, पर सभी लोग जड़विहीन नहीं हैं। नागार्जुन की नजर फिर बच्चों पर हैं। वह दिल्ली महानगर में कान्वेंट स्कूल में पढ़नेवाली लड़की को अपनी निस्संगता में बड़ी आशा से देखते हैं। वह दिवाली में मोमदीपिका जला गई है (इस नुक्कड़ पर 1979)।

करीब फ्लैटों में रहनेवाली
कोई संस्कारवती 'कान्वेंट गर्ल'
अपने सहज हुलास में
यहाँ जमा गई है
मोमवाली लघु दीपिका
इस वक्त यहाँ कोई नहीं है
मैं देर तक इसे देखता रहूँगा
इस नुक्कड़ में

नागार्जुन अपने जीवन के आखिरी वर्षों में 'स्थानीय' के प्रति गौरव से भरे थे। उन्हें गढ़वाल हो या दरभंगा काफी आकर्षित करता था। पहले अपने घर से वह जितनी दूर थे, अब मिथिलांचल की अपनी मिट्टी के उतने ही नजदीक थे। उन्होंने लिखा - "थोड़ी-थोड़ी देर बाद/आम चूसने को मिलते हैं/...यह अनूठा रसायन है इस मौसम में/आगे दस-एक रोज यही चले/यही चले तो दरभंगा तेरी जय-जयकार/करता हुआ दिल्ली पहुँचूँगा/कौन कहेगा/क्या रखा है दरभंगा में ?" (अपना घर : तीन चित्र, 1993)। यह ठीक है कि अभी भी महानगरों से दूर छोटे शहरों, कस्बों, गाँवों और भीतरी इलाकों में बाजार के प्रदूषण से बहुत कुछ बचा हुआ है – प्रकृति के निर्मल उपहार, मानव-संबंध, जीवन-आदर्श, हँसी-खुशी और आशा ! यह धारणा सही नहीं है कि छोटी जगहें अब बर्बर जगहें हैं या गांवों में सिर्फ हिंसा भरी है।

नागार्जुन की एक कविता में गढ़वाल के सद्यःजात बच्चे को दिखाकर उसकी दादी कहती है, "लड़का है, हमारे गढ़वाल की/पहाड़ी मिट्टी का नया अंकुर है/...भाई इसे आसीस दो/.../यह क्या बनेगा बतलाओ...फौजी न बने, ईमानवाला डॉक्टर बने भैया/गरीबों का दुख-दर्द समझे...हाँ/मन से इसको आसीस दो/तो हमने झुक के नवजात का सिर सूँघा.../दो बार-तीन बार/ओह, कितनी अच्छी दूधिया खुशबू आ रही थी !"(1995)। हम नागार्जुन के जीवन के अंतिम वर्षों की कविताएँ देखकर महसूस कर सकते हैं कि अब बादल हिमालय पर घिरनेवाला उल्लासमय बादल नहीं हैं। वे हवा के छलावे के शिकार हैं और भ्रम हैं। (बादल चक्कर लगा रहे हैं, 1994)। फिर भी समग्रतः नागार्जुन की कविता निरंतर उदास होते गए भारत में आशा का घोषणापत्र है, एक हँसमुख घोषणापत्र !

यायावर होने के कारण नागार्जुन ने दिक्-काल को बहुत से आयामों में

देखा था। उनकी काव्य वस्तु में विविधता है। उसमें राजनीति और सामाजिक प्रश्नों के साथ प्रकृति के लिए एक बड़ी जगह है। बल्कि कहना चाहिए, प्रकृति का प्रश्न उनके राजनीतिक, सामाजिक और सांस्कृतिक प्रश्नों से अलग नहीं है। उन्होंने प्रकृति को कभी विशिष्टवर्गी निगाह से नहीं देखा और हमेशा एक प्रति-वर्चस्वपरक रुख अपनाया। उनकी अपनी दृष्टिवाला वैश्वीकरण भू-सांस्कृतिक विविधता को स्वीकृति देनेवाला एक मानवीय वैश्वीकरण है। यह एक ऐसा प्रति-औपनिवेशिक वैश्वीकरण है, जिसका लक्ष्य इस पृथ्वी को एक रहने लायक मानवीय जगह बनाना है।

□□